中国特色社会主义法治理论与实践系列研究生教材 05

法律硕士专业学位研究生案例研究指导丛书

民事诉讼法学案例研究指导

主编 王娣

撰稿人（以撰写章节先后为序）

黄忠顺 唐玉富 王娣

赵晨 王肖 纪格非

刘颖 邱星美 史明洲

中国政法大学出版社

2019·北京

作者简介

王　娣　法学博士，中国政法大学民商经济法学院教授，硕士生导师，国家人文社科重点研究基地中国政法大学诉讼法学研究院兼职研究员，美国天普大学访问学者。兼任中国行为法学会执行行为研究会常务理事，中国法学会民事诉讼法学研究会理事，陕西省人民检察院专家咨询委员会委员。著有《强制执行竞合研究》《强制执行法学》《实用合同法》等，在《政法论坛》等期刊发表学术论文数十篇。研究领域：民事诉讼法学、证据法学、强制执行法学。主持教育部人文社科重点研究基地重大课题《民事执行参与分配制度研究》、最高人民法院研究项目《强制执行单独立法十大理论问题研究》等多项课题，参与《中华人民共和国强制执行法（专家建议稿)》的起草和论证工作。

邱星美　法学博士，中国政法大学民商经济法学院教授，硕士生导师。兼任中国法学会民事诉讼法研究会理事、执行行为法学会执行行为研究会常务理事。研究领域：民事诉讼法学、强制执行法学、公证法学。著有《调解的回顾与展望》，参加编写《我国调解的立法、理论与实践问题研究》《调解立法研究》《中华人民共和国民事诉讼法（专家建议稿）立法理由与立法意义》等。在《法学研究》《政法论坛》《比较法研究》等法学权威期刊、核心期刊等学术刊物上发表学术论文近40篇。

纪格非　法学博士，中国政法大学民商经济法学院教授，博士研究生导师，民事诉讼法学研究所所长。九三学社社中央法制委员会副主任。自2003年起任教于中国政法大学民商经济法学院，牛津大学访学学者。研究领域：民事诉讼法学、证据法学。在《中国法学》《中外法学》《现代法学》《法学评论》《法制与社会发展》《环球法律评论》《法学论坛》等刊物发表论文二十余篇。曾两次获得中国法学会"全国中青年民事诉讼法学研究成果"一等奖。主持国家级、省部级科研项目四项。

黄忠顺 法学博士、博士后，华南理工大学法学院教授，研究领域：民事诉讼法、强制执行法学。兼任中国人民大学纠纷解决研究中心研究员、《人大法律评论》编辑委员会委员、北京国际经济贸易学会理事等。出版个人专著两部，合著、参著、参编著作及教材十余部，发表学术论文六十余篇，主持省部级以上研究课题六项。学术成果获全国中青年民事诉讼法学优秀科研成果论文一等奖等多项奖励。曾被授予清华大学优秀博士后（2017 年）、中国人民大学"学术之星"（2015 年）、中国人民大学研究生"学术新星"（2013 年）等荣誉称号。

赵　晨 法学硕士，现任北京市海淀区人民法院温泉（金融与清算）人民法庭庭长，从事商事审判工作二十余年。曾获全国民商审判工作先进个人、海淀区十大杰出青年；曾被授予海淀五一劳动奖章。参与主编《买卖合同48 案》《买卖合同纠纷诉讼指引与实务解答》等著作，《我国民事诉讼审前准备程序实务问题研究》曾获全国法院第十四届学术讨论会三等奖，《试论我国法官助理制度的构建》曾获北京市法院第二十一届学术讨论会论文三等奖，参与撰写的《关于调解书督促、担保履行条款适用情况的调研报告》，获 2008 年度北京市高院调研成果三等奖。

刘　颖 法学博士，北京航空航天大学"卓越百人"副教授、博士生导师，兼任中国民事诉讼法学会研究会理事，日本民事诉讼法学会正会员，日本比较法研究所研究员。曾任日本中央大学法学部助教，曾获第八届日本倒产再生法制研究奖励金奖，入选北京市"百名法学英才"，最高人民法院第三批法律研修学者。

唐玉富 法学博士，浙江工商大学法学院讲师，华东政法大学博士后研究人员，主要从事民事诉讼法、证据法和 ADR 等研究，主持最高人民检察院检察理论研究课题、司法部国家法治与法学理论课题、浙江省哲学社会科学规划课题等多项省部级课题，参撰多本民事诉讼专著和证据法教材。在《法学研究》《现代法学》《法律科学》等核心期刊发表二十多篇学术论文。

史明洲 法学博士，中国政法大学民商经济法学院讲师，日本一桥大学法学博士。主要从事民事诉讼法教学研究工作，发表论文主要有："执行和解的法解释论展开：《民事诉讼法》第230 条评注""日本诉讼标的理论再认识""区块链时代的民事司法"等。

王　肖　法学硕士，北京市海淀区人民法院法官，主要从事普通民事案件审判和研究工作，参编《道路交通事故纠纷诉讼指引与实务解答》，发表论文主要有"关于省以下地方法院经费保障制度的调研——基于'省级统管'改革背景下的现状检视和体系重构"等。

法学学科是实践性很强的学科。2017 年 5 月 3 日，习近平总书记考察中国政法大学时对法学教育和法治人才培养提出了明确要求。他指出："法学教育要处理好法学知识教学和实践教学的关系。学生要养成良好的法学素养，首先要打牢法学基础知识，同时要强化法学实践教学。"如何使学生学习法治理论的同时，能够深入了解中国法治实践，拥有解决实际问题的知识和能力，是法学教育必须解决的首要问题。

法律硕士专业学位研究生教育最注重实践教学，日益成为法学教育的主要形式。近十几年来，法律硕士专业学位研究生教育快速发展，无论是举办高校数量还是招生规模都一路高企，呈现出一派繁荣景象。随着应用型硕士与学术型硕士的分野，二者之间在培养模式、培养标准、教学方式、教材体系等方面有何区别等问题亟待研究。可以说，法律硕士与法学硕士最大的区别在于人才培养目标不同，法律硕士培养应当服务、服从于法治实践，为实务部门培养具有法律专业素养和职业精神的优秀人才。有鉴于此，构建有别于学术型硕士的培养模式、制定统一的培养标准、改革教育教学方法、编写高质量教材，成为法律硕士专业学位研究生教育的当务之急。

法律硕士培养规律和实践表明，案例教学是强化实践教学的重要方式，也是增强学生问题意识，提高解决问题能力的有效途径。案例教学不仅能够使学生深入了解法治工作实际，提高他们正确适用法律的能力，而且可以促进理论和实践的有机结合，提升他们的理论素养。

中国政法大学作为全国第一批法律硕士专业学位研究生培养单位和第一所设立法律硕士学院的高校，在法律硕士专业学位研究生培养方面积累了一定经验。为进一步推动法律硕士专业学位研究生教学改革，深化培养模式改革，打通知识教学与实践教学之间的壁垒，强化实践教学和案例教学，学校组织有较高理论素养和实践能力的教师编写了《中国特色社会主义法治理论与实践系列研究生教材之法律硕士专业学位研究生案例研究指导丛书》（以下简称"案例研究指导丛书"），帮助学生从案例研究入手，更好地学习法学知识，掌握专业技巧，提高实践能力，以适应日益增长的社会需求。

案例研究指导丛书坚持以中国特色社会主义法治理论为指导，坚持从中国国情和实际出发，融通世界先进经验与中国智慧，结合中国法治实践，在夯实学生法学专业基础的同时，注重培养学生的理想信念、家国情怀、人文精神和责任担当，提高学生发现问题、分析问题、解决问题的能力，形成运用法律思维和法治方法分析解决问题的自觉意识。

衷心希望这套教材能够在法律硕士专业学位研究生培养中发挥积极作用，成为广大法律硕士专业学位研究生的案头必读书。

是为序！

中国政法大学　马怀德
2019 年 4 月 12 日

前　言

　　本教材是中国政法大学出版社出版的"中国特色社会主义法治理论与实践系列研究生教材·法律硕士专业学位研究生案例研究指导丛书"系列之一，读者是法律硕士专业学位研究生，主要用于满足法律硕士专业学位研究生教学和专业培养以及课下复习等需要。

　　本书的编写着眼于我国当前社会发展对高等法律人才培养的需求，在吸取近几年民事诉讼法学研究最新成果的基础上，通过对具体案例的研究，以达理论和实务并进、互补的目的。

　　本书主要有以下特点：

　　1. 前沿性。2013 年 1 月 1 日《民事诉讼法》经修订后重新颁布实施，2015 年 2 月 4 日，颁布实施了《最高人民法院关于适用〈中华人民共和国民事诉讼法〉的解释》，本书依据最新立法和司法解释进行编写，以保证教材内容与最新立法同步。

　　2. 实务性。法律硕士专业学位研究生的培养目标主要是实务性和应用性，所以，本书特别关注对实务问题的提炼和解决，包括选取具有真实性和权威性的案例并精炼出若干法律问题，在此基础上提供规范的案例分析报告和参考意见，在理论和实务并进、互补的同时，强化法律应用能力的培养。

　　3. 体例上创新性。本教材各章的内容以专题形式展开，各专题包含知识概要、经典案例、拓展案例等部分。其中，知识概要部分主要体现本专题的重要知识点；而经典案例则是以本专题涉及的重点问题为导向，通过对具体案例的分析，培养读者发现问题、分析问题和解决问题的能力；最后通过拓展案例，帮助读者进一步思考和关注更深层次的相关理论问题。

　　参与编写本教材的作者和具体分工如下：

　　王　娣　第三章；

黄忠顺　第一、四章；

唐玉富　第二、九章；

赵　晨　第五章；

王　肖　第六章；

纪格非　第七章；

刘　颖　第八章；

邱星美　第十、十一章；

史明洲　第十二、十三章。

王　娣
2019 年 4 月 15 日

本书总码

目 录

| 第一章 |

诉与诉权

专题一　诉权的泛化及其限定

📚 知识概要

　　罗马法谚称："有权利就必然有侵犯，有侵犯就必然有救济。"但是，鉴于私力救济的原始状态不利于人类生存，由全体人民组成并以卫护和保障每个结合者的人身和财富为宗旨的国家，负有原则上禁止私力救济和供给公力救济的义务。国家提供公力救济的最终手段是司法救济，相应地，公民享有要求国家提供司法救济的权利，也就是所谓的诉权。然而，对于何为"诉权"，人们素来存在争议。实际上，诉权的概念起源于罗马法，Actio 一词在罗马法中的原意是指某人诉诸官厅，而不论他处于原告还是被告的地位；随后又指诉诸官厅的权利，即诉权，或指为进行诉讼而采用的程序。[1]在罗马法时代，由于实体法与程序法不分，在"有诉才有救济"的制度中，所谓的"诉"，兼有实体法请求权与程序法诉权的双重属性。随着程序法的独立，学界为了解释当事人何以进行诉讼而发展出诉权学说。基于时代背景与法学理念的不同，诉权学说经历了漫长的演变，先后形成私法诉权说[2]、公法诉权

---

　　〔1〕　参见［罗马］查士丁尼：《法学总论：法学阶梯》，张企泰译，商务印书馆1989年版，第205页。

　　〔2〕　诉权私权说认为，诉权是基于私法产生的一项私权，但在诉权与实体权利之间的具体关系方面，诉权私权论者又存在三种不同见解：①以德国学者萨维尼为代表的部分学者持"发展阶段说"，将诉权视为民事权利被侵害时方才被激活的权能，即将诉权作为潜在的能力内含于实体权利之中；②以德国学者温德雪德为代表的部分学者持"组成部分说"，认为诉权是民事权利的组成部分，即民事权利由基础权、请求权、诉权三要素共同构成，各要素在不同阶段中展示各自内容；③以德国学者翁格为代表

说[1]、多元诉权说[2]等不同流派。

目前，德国有关诉权的通说是司法行为请求权说，[3]而日本则是本案判决请求权说。[4]司法行为请求权说认为，诉权是请求国家司法机关依实体法

的部分学者持"属性说"，认为诉权是民事权利的强制属性，因为权利按照它本来的概念来说，就包含通过审判予以实现的可能性，因而，诉权是权利固有的天然属性。参见江伟、单国军："关于诉权的若干问题的研究"，载陈光中、江伟主编：《诉讼法论丛》（第 1 卷），法律出版社 1998 年版，第 214～215 页。

〔1〕 公法诉权说又经历了抽象的公法诉权说（抽象诉权说）、具体的公法诉权说（具体诉权说、权利保护请求权说）、本案判决请求权说（纠纷解决请求权说）、司法行为请求权说（诉讼内诉权说）等不同学说。抽象诉权说是作为私法诉权说的对立面而产生的，认为诉权是个人对国家的一种自由权，是启动诉讼程序的权利，但与讼争的私权或民事权利没有关系，因而，抽象诉权说仅涉及请求法院为裁判，而并非就具体内容请求判决，即没有赋予诉权以"请求法院作出具体内容的判决"的内涵。针对这种局限性，具体诉权说试图对其进行修正，将诉权理解为在个案诉讼中原告向法院请求特定内容的胜诉判决的权利，但仍无法解释被告是否也拥有该项权利，该说后来被权利保护请求权所吸收，后者将诉权理解为当事人请求法院作出"利己判决"的权利，可以存在于原告或者被告中的任何一方，而判决的作用在于通过审理程序确定诉权究竟在原告方还是被告方。但由于具体诉权说（权利保护请求说）要求得到胜诉判决不符合诉讼现实，布拉伊在两次世界大战期间提出的本案判决请求权说受到日本学者兼子一教授的提倡，并被逐渐改良为纠纷解决权说。纠纷解决权说认为，本案判决请求权是介于抽象诉权与具体诉权之间的诉权，是当事人要求法院就自己请求是否正当作出判决的权利，而"取得对请求是否正当作出决定的判决的权利"，实质上要求在弄清当事人的主张的是非曲直的基础上，要求法院解决纠纷的权利，即纠纷解决请求权。司法行为请求权说产生于第二次世界大战之后，认为将诉权作为独立于诉讼之外的权利是不妥当的，主张将诉权界定为请求国家司法机关依实体法和程序法审理和裁判的权利，是诉讼开始后实施诉的权能。参见邵明：《现代民事诉讼基础理论：以现代正当程序和现代诉讼观为研究视角》，法律出版社 2011 年版，第 106～110 页。

〔2〕 苏联学者顾尔维奇采诉权三元论，认为诉权存在程序意义上的诉权、实体意义上的诉权以及认定诉讼资格意义上的诉权，程序意义上的诉权与抽象诉权说中所谓的诉权具有共通性，实体意义上的诉权着眼于民事权利所具有的内在强制性，与私法诉权论存在一定的共通之处，而诉讼资格意义上的诉权则与本书所谓的诉讼实施权概念大致相当。有关诉权三元论的详细论述，请参见［苏］M. A. 顾尔维奇：《诉权》，康宝田、沈其昌译，中国人民大学出版社 1958 年版，第 224 页。

〔3〕 德国民事诉讼法经典教材虽然没有对诉权进行阐述，但是，在其导论第 3 节"司法（行为）请求权和法律保护请求权"中表明了作者支持司法（行为）请求权、反对法律保护请求权的观点。参见［德］罗森贝克、施瓦布、戈特瓦尔德：《德国民事诉讼法（上）》，李大雪译，中国法制出版社 2007 年版，第 15～18 页。

〔4〕 本案判决请求权说经日本民事诉讼法学者兼子一教授倡导而成为通说，认为民事诉讼的目的不在于对私权的保护，而在于通过国家权力调整和解决私人之间的利害纷争。当私人之间发生争议时，私人能够利用民事诉讼制度，向作为国家司法裁判机关的法院寻求争议的解决。与抽象诉权论赋予任何人以诉权不同，本案判决请求权说仅在具有通过诉讼解决纠纷的必要性时，才赋予当事人以诉权，但又不以请求的正当性为要件，它认为诉权的存在与私法上权利关系存在与否没有关系，因而，诉权要件不包括实体权利保护要件，而仅指诉讼权利保护要件。参见张卫平：《民事诉讼法》，法律出版社 2013 年版，第 167 页。

和诉讼法审理和裁判的权利，是任何人对于作为国家司法机关的法院得请求作出裁判的公法上的权利，它并不是存在于诉讼外的权利，而是在诉讼开始后实施诉讼的权能。本案判决请求权说则将诉权界定为要求法院为本案判决的权利，即当事人请求法院就自己的请求是否正当作出判决的权利。[1] 显而易见，德国通说将诉权理解为国民请求司法机关依照实体法和诉讼法进行审判的权利，具有宪法诉权的内涵，而日本通说将诉权理解为当事人针对特定案件请求法院作出本案判决的权利，属于具体诉权的范畴。尽管如此，德国与日本均倾向于避免使用"诉权"的表述，而是直接采取司法行为请求权和本案判决请求权的表达，德国通过诉讼实施权解决具体诉权问题，而日本通过《日本宪法》第 32 条有关"不得剥夺任何人在法院接受裁判的权利"的规定实现抽象诉权所能实现的功能。

事实上，世界各主流国家和地区均从宪法高度保障公民诉诸诉讼的权利，并在具体制度层面确保当事人有权提起或者抗辩诉讼请求的权利，尽管各自对前述权利所采取的具体称谓有所不同。因而，从实质意义上讲，笔者赞同多元诉权说。但是，多元诉权说认为诉权存在多面性，人们在使用"诉权"一词时应当明确系在何种意义上使用该术语，因而有违语言经济原则（language economic principles）。[2] 更为严重的是，我国学者通常并不自觉贯彻体系强制原则，在使用"诉权"的概念时，往往并不事先说明其系何种意义上的"诉权"，甚至为了实现不同的论证目标而有意在同一部论著的不同地方使用不同层面的"诉权"概念，妨碍了学术交流的正常进行。即使仅将"诉权"的称谓用于表征宪法意义上的抽象诉权，但语言和思维上的惯性仍将对概念的理解产生消极作用。鉴于此，笔者倾向于参照德日做法，对抽象诉权与具体诉权采取不同的称谓，将作为宪法基本权利的抽象诉权称为裁判请求权（争讼

---

〔1〕　参见江伟主编：《民事诉讼法专论》，中国人民大学出版社 2005 年版，第 65 页。

〔2〕　语言经济原则，是指在保证交际畅通无阻的前提下，语言符号的使用者力求讲究效能、经济省力的原则。交际和表达的需要始终在发展、变化，促使人们采用更多、更新、更复杂、更具有特定作用的语言单位，而人在各方面表现出来的惰性则要求在言语活动中尽可能减少力量的消耗，使用比较少的、省力的、已经熟悉的或比较习惯了的，或者具有较大普遍性的语言单位。参见周绍珩："马丁内的语言功能观和语言经济原则"，载《国外语言学》1980 年第 4 期。

程序中的司法行为请求权），[1]而将提起或抗辩诉讼请求的具体诉权称为诉讼实施权。[2]诚然，将宪法意义上的抽象诉权称为司法行为请求权、裁判请求权抑或保留诉权，仅仅属于解释选择问题，只要保持其内涵不变，采用何种表述都能达到相同的目的，但不同称谓的使用成本是不尽相同的，采取"裁判请求权"的表述更为方便。与此相似地，对于剥离宪法意义上抽象诉权内涵所"剩余"的"具体诉权"，也宜通过另一个专有名词（诉讼实施权）来加以表述，这一点也符合传统大陆法系国家的发展趋势，如新堂幸司将"诉权论"放在"诉讼要件"项下加以论述研究，并将诉权界定为"请求以诉的利益及当事人适格为成立要件的本案判决之权利"。[3]

综上所述，尽管诉权理论存在多种学说，但宪法意义上的抽象诉权和诉讼法意义上的具体诉权的分类方法已经被绝大多数学者接受，并为域外立法例所普遍采纳，[4]只不过在具体表述方面有所不同。基于使用上的便利，宪法意义上的抽象诉权可以直接采取"司法行为请求权"来加以表述，但考虑

---

[1] 司法行为请求权属于抽象的诉权学说，包括无条件诉诸法院的权利以及要求法院公正审理和裁判的权利，法院相应地负担依据正当程序进行审理，并以程序性裁判或实体性裁判形式公正地作出终局性回应的义务。因而，相对于传统的抽象诉权说而言，司法行为请求权说不仅能够敦促立法者和司法者强化审理过程和结果的公正性，而且能进一步凸显现行立案审查制度的缺陷而为立案登记制提供辩护，还能保持一定的开放性而得将其延伸到行政诉讼程序与刑事诉讼程序。参见严仁群："回到抽象的诉权说"，载《法学研究》2011年第1期。法院有行使司法权的义务，当事人有权要求法院实施司法行为，而司法行为既不局限于民事裁判行为，也不局限于民事司法行为，因而，司法行为请求权可以统领三大司法领域，我国学者所倡导的"诉权入宪"应指"司法请求权入宪"。刘敏教授对司法行为请求权中的裁判请求权进行过系统研究，将争讼程序领域内的司法请求权表征为"裁判请求权"是妥当的，即任何人在其权利受到侵害或与他人发生争执时都享有请求独立的司法机关予以公正审判的权利。但是，这项基本权利在不同国家和地区有不同的称谓，法国称之为"诉讼权利"，日本称之为"接受裁判权"，我国称之为"诉讼权""诉诸司法权""接受法院裁判的权利""接受裁判的权利""诉权"，我国台湾地区称之为"诉讼权""接近法院的权利""请求受法院审判的权利"。参见刘敏：《裁判请求权研究——民事诉讼的宪法理念》，中国人民大学出版社2003年版，第18页。

[2] 诚然，诉讼实施权主体与诉权主体有所区别，前者涵盖所有类型的当事人，而后者仅指向原告。因而，有德国学者认为，"如果诉讼实施权限涉及原告，则人们可将之称为诉权"。从权利主体区分的角度上来讲，将诉讼实施权与提起或抗辩请求的具体诉权加以区分也是有必要的。参见［德］汉斯－约阿希姆·穆泽拉克：《德国民事诉讼法基础教程》，周翠译，中国政法大学出版社2005年版，第74页。

[3] 参见［日］新堂幸司：《新民事诉讼法》，林剑锋译，法律出版社2008年版，第179页。

[4] 体现宪法意义上的抽象诉权的立法，如《日本宪法》第32条规定，不得剥夺任何人在法院接受审判的权利。体现诉讼意义上的具体诉权，如《法国新民事诉讼法》第30条规定，对于提出某项请求的人，诉权是指其对该项请求之实体的意见陈述能为法官所听取，以便法官裁判该请求是否有依据的权利。对于他方当事人，诉权是指辩论此项请求是否有依据的权利。

到本书仅在争讼程序框架下研究相关议题，因而，也可以使用"裁判请求权"来指称宪法意义上的抽象诉权。至于诉讼法意义上的具体诉权，则可以用"诉讼实施权"的概念加以表述。[1]简言之，诉权、裁判请求权、诉讼实施权的关系大致可以用如下公式加以表述：诉权＝裁判请求权＋诉讼实施权。[2]

📑 经典案例

首钢矿业公司与迁安市马兰庄镇新水第二铁矿、迁安市马兰庄镇新水村委会建设用地使用权纠纷案[3]

一、基本案情

迁安市马兰庄镇新水第二铁矿（以下简称新水二矿）是迁安市马兰庄镇新水村委会（以下简称为新水村委会）投资设立的集体所有制企业，与首钢矿业公司的水厂铁矿新水尾矿库毗邻。新水二矿向水厂铁矿新水尾矿库某区域大量排放废土尾砂，首钢矿业公司以新水二矿和新水村委会为被告，以二被告的排土行为侵犯其建设用地使用权为由，诉至河北高院。二被告提供了数份迁安市安监局、迁安市安委办及马兰庄镇安委办的公文，内容是水厂铁矿新水尾矿库因采砂选矿作业存在重大安全隐患，一旦溃坝将危及下游群众的生命财产安全，要求原告停止采砂选矿作业、被告主动采取措施防范可能发生的风险。河北高院以"原告由北京市安监局管辖、被告由河北省安监系统管辖，两个行政主管部门分别就是否存在安全隐患问题作出了不同的认定结论，法院作为司法机关无法在现有证据的情况下就此问题作出判断，且这一问题不是民事审判的范畴"为由，认为其无法根据双方提供的证据判断二被告的越界排土是否构成自助，本案应先由有处理权的行政主管部门就原告的新水尾矿库是否存在

---

〔1〕 实际上，无论域外还是我国，诉权与诉讼实施权都存在混用的情形，对罗马法诉权理论继承较为全面的法国，其民事诉讼中的诉权就属于诉讼实施权。我国民国时期的司法实践也将诉权等同于诉讼实施权，如1934年最高法院在上字第1003号民事判决书中指出："按诉权之存在以当事人适格为要件。所谓当事人适格者。即指特定事件之当事人就其诉讼标的有实行诉讼之权能者而言。故在受诉讼者并有违诉讼之责任。即有法律上之必要。始为适格。"佚名："关于民事诉讼法：（一）诉讼当事人之适格"，载《最高法院民事判例汇刊》1934年第8期。

〔2〕 黄忠顺："再论诉讼实施权的基本界定"，载《法学家》2018年第1期。

〔3〕 最高人民法院（2012）民一终字第73号。

可能危及新水村群众生命财产安全的隐患问题作出确定结论，以 2012 年 4 月 6 日作出的（2011）冀民一初字第 14 号民事裁定书驳回原告的起诉。首钢矿业公司向最高人民法院提起上诉，最高人民法院经审理认为："上诉人和被上诉人均为本案适格主体，有明确的诉讼请求，具有法律上的利害关系。本案属于土地使用权的侵权纠纷，判定被上诉人是否存在侵权行为，应当在实体审判中进行。在民事诉讼中，当事人基于裁判请求权行使诉权通常也是不受限制的，法律对于一些特殊类型的纠纷，存在着诉讼前置程序。我国法律规定的诉讼前置程序主要体现在劳动争议诉讼、人事争议诉讼、证券市场虚假陈述引发的侵权赔偿诉讼中。本涉案及尾矿库是否存在安全隐患，需要借助专业鉴定机构鉴定，属于实体审理的部分，不属于民事诉讼前置程序。此外，上诉人已经提供了相关行政部门处理的依据，被上诉人也提供了相关的证据，双方提供的材料结论相左，需要通过实体审理才能确定。"据此，最高人民法院裁定撤销一审裁定，并要求河北高院审理本案。[1]

二、法律问题

在本案中，最高人民法院采取"当事人基于裁判请求权行使诉权通常也是不受限制"的表述，具有丰富的内涵。首先，最高人民法院承认了"裁判请求权"与"诉权"之间的区别，前者属于抽象的权利，而后者属于具体的权利。结合前文的分析，这里所谓的"诉权"应当指向具体的民事诉权，即诉讼实施权。其次，最高人民法院承认了裁判请求权通常不受限制，并且该程序性基本权利的属性决定了其具体化的诉讼实施权通常也不受限制。最后，最高人民法院间接表明，在例外情形下，除了诉讼实施权，裁判请求权也是可以予以限制的，即法律明文规定诉讼前置程序的，除了诉讼实施权，裁判请求权实际上也受到限制。

---

〔1〕 最高人民法院的前述裁判已经对地方人民法院产生事实上的参照适用效果，如山西省吕梁市中级人民法院针对牛祥华与交口县石口乡石口村村民委员会石楼村村民小组农村土地承包合同纠纷案作出的（2017）晋 11 民终 1463 号民事裁定书指出："在民事诉讼中，当事人基于裁判请求权行使诉权通常是不受限制的，而法律对这一特殊类型的纠纷，存在着诉讼前置程序。而本案属于法律所规定的诉讼前置情形之一，所以，土地确权问题不属于法院案件受理范围，应由涉案土地所在地的交口县人民政府处理。"

三、法理分析

鉴于本案不涉及限制裁判请求权问题，最高人民法院没有进一步分析限制裁判请求权的正当性基础问题。诉讼前置程序虽然不剥夺当事人的裁判请求权，但在客观上会给当事人行使裁判请求权（以及基于裁判请求权行使的诉讼实施权，下同）造成现实的妨碍，人民法院对当事人未经法定诉讼前置程序的案件拒绝审理的正当性基础亟待研究。对此，以立法论层面的诉前强制调解为例，我们认为限制裁判请求权的正当性基础可以作如下阐释：

（一）立论前提之一：正义实现路径的扩展

自二十世纪六七十年代开始，在西方国家针对保障公民利用司法和法院而进行的接近司法/正义运动（access-to-justice movement）中出现了"三次浪潮"：第一次浪潮是通过创立具有实际效果的法律援助和法律咨询制度，为经济能力较低的当事人提供接近司法审判的途径和保障；第二次浪潮是努力为弱势群体提供特别保护，包括集团诉讼、团体诉讼、公益诉讼等的兴起；第三次浪潮则是将正义与司法区分开来，重新理解和解释正义的内涵，使公民有机会获得具体而又切合实际的正义——纠纷解决的权利。[1]换言之，在该运动中，人们最初所理解的正义就是降低法院的门槛，最大限度地保障公民的裁判请求权。随后，由于司法资源的有限，国家无力纠正所有基于实际诉讼能力差距所造成的不平等，因而，只能将重点集中于对最需要援助的弱势群体的裁判请求权的保护。最后，司法和正义发生了一定程度的分离，由于所谓的"诉讼爆炸"和司法资源之间的关系日益紧张，人们不再将正义的实现全部寄托在法院的裁判功能上。正义的实现路径开始向 ADR 移转。学者开始动摇法院在纠纷解决中的功能，不再认为法院在解决纠纷中的主要贡献在于现实地解决具体纠纷，而认为"要从理论上将法院视为纠纷解决者转变为将它作为一种能够间接控制纠纷（及非纠纷）的全部线索的复杂体。与此相适应，争取正义的问题就即将从将纠纷诉诸法院的问题转变为另一个问题，即在纠纷当事人所处的场合中如何给予正义。这是法院的功能在间接且小范

---

[1] 参见范愉：《ADR 原理与实务》，厦门大学出版社 2002 年版，第 723～725 页。

围内的发挥"。[1]诚然，肯定特定类型的 ADR 负有实现类似诉讼所能实现正义的职能并不能免除诉前强制调解正当性的论证责任，而只是为其提供必要的理论前提。

（二）立论前提之二：诉讼实现正义的障碍

在审判中心主义观念盛行的当今社会，一方面，民事诉讼主管范围的放宽使得诉讼解决纠纷的功能愈加彰显；另一方面，大量新型纠纷难以有效通过司法解决也使得诉讼机制难以为所有的纠纷寻得其应有的正义。尽管诉讼程序本身可以进行类型化，根据不同类型的案件，设置不同的程序，从而寻求问题的缓解。然而，诉讼机制在实现特定类型案件正义的过程中存在着以下的障碍，从而为论证诉前强制调解提供了第二个立论前提：首先，诉讼机制并不能解决所有的纠纷。民事诉讼法学理论中，有纠纷的可诉性、诉的利益、起诉要件和诉讼要件等诸多理论对纠纷进入法院进行限制，而其限制理由中亦涉及价值衡量问题。根据"同等条件同等对待"的法治原则，将调解作为特殊的起诉要件，只要保持在合理的范围内，并有必要的防范措施，那么，证成其正当性还是存在着可能的。其次，诉讼机制并不能有效解决所有的纠纷。《德国基本法》第 19 条第 4 项明文规定，人民有"权利有效保护请求权"，学者将其纳入程序基本权的范畴，纠纷的解决、民事权益的保护需要的是国家有效的介入。[2]尽管我国《宪法》没有对诉权加以明确规定，但是学界普遍接受裁判请求权属于公民基本权利的观点，而裁判请求权内在地要求国家所提供的裁判行为必须能够有效地为当事人提供必要的救济。然而，对于某些民事权益争议或者民事纠纷而言，基于系争标的额与诉讼成本之间的严重不合比例，诉讼机制并不能有效对其进行救济。因而，将这些案件类型设置为诉前强制调解非但不侵犯裁判请求权，反而有利于对其进行有益补充，从而形成有机的权利保护体系。最后，诉讼机制并非总是解决任何纠纷的最佳机制。诉讼机制解决民事纠纷通常具有彻底性、强制性，但是对于特定的纠纷来说，当事人之间存在着需要维持的特定关系，强制性地解决纠纷不但不利于这些特定关系的维系，反而可能在今后的生活中带来更多的纠纷。

---

[1] ［意］莫诺·卡配莱蒂：《福利国家与接近正义》，刘俊祥等译，法律出版社 2000 年版，第 143 页。

[2] 沈冠伶：《诉讼权保障与裁判外纷争处理》，北京大学出版社 2008 年版，第 8～10 页。

对于特定类型的民事纠纷来说，即使诉讼机制能够有效解决纠纷，却并非最佳解纷机制，因而，诉前强制调解的适用具有生存空间。诚然，承认诉讼机制在解决纠纷方面存在着障碍而有必要通过调解等 ADR 加以补充并不意味着补充诉讼机制实现正义的调解就必须采取诉前强制调解的模式，但是，这却为论证诉前强制调解的正当性提供了必要的理论前提。

（三）立论：有限的正义实现方式

综合前述两方面的分析，基于诉讼机制承载纠纷解决功能的有限性，正义实现的路径已经从诉讼向 ADR 扩展；与此同时，基于诉讼机制实现特定纠纷正义存在障碍，ADR 对此起到补充的功能。诉前强制调解将当事人纠纷调解不成功的证明作为特殊的起诉要件，纠纷当事人固然可以通过参与调解但不达成调解协议的方式取得该证明，继而将系争标的诉诸法院，然而，不可否认的是，参与调解需要时间、金钱以及人力成本，纠纷当事人的裁判请求权显然受到了限制。我国绝大多数学者认为，裁判请求权因属于固有的权利而不能加以限制、剥夺，因而在论述诉前强制调解的正当性时，止于诉前强制调解不侵犯裁判请求权，而未尝深入论述是否对其构成限制，更未曾探索限制裁判请求权的事由是否足够充分且正当。对此，我们认为，尽管裁判请求权不能被剥夺，但是对其进行的限制是客观存在的。民事案件的受理范围、小额诉讼程序、简易程序、限制上诉制度等无不对裁判请求权进行了必要的限制，因而，问题不在于能否对裁判请求权的行使进行必要的限制，而在于限制范围是否妥当，限制理由是否足够充分且正当。具体来说，诉前强制调解并没有切断公民接近法院之路，因而，并没有剥夺裁判请求权。与此同时，诉前强制调解在公民通往法院之路上设置一定的障碍，使公民只有逾越障碍才能最终进入法院，这是对裁判请求权的限制。

设置诉前强制调解的最为重要的理由就在于以下几个方面：首先，得到基本正当的救济总比得不到及时救济好。各国增设诉前强制调解固然有多重目的，然而，其最为直接的动机就在于提高调解的适用率，以应对导致法院处于危机之中的洪流般的大量小额纠纷。[1]在抽象层面上讲，不管系争标的额

----

〔1〕〔德〕米夏埃尔·施蒂尔纳：《德国民事诉讼法学文萃》，赵秀举译，中国政法大学出版社2005 年版，第 155 页。

的大小，国家都有对公民裁判请求权进行保障的义务，但是，在现实层面，如此众多的小额纠纷如果全部涌进法院，法院将处于崩溃状态。即使这些纠纷经过长久的等待，最终得以解决，然而，"迟来的正义并非正义"。其次，各国诉前强制调解的经验表明，即使在一方或者双方当事人拒绝以调解的方式解决争议的情形下，在强制调解的过程中，仍然存在着当事人达成其事先没有意识到能够达成的调解协议的可能性，这被学者认为是设置诉前强制调解的各国尽管备受压力却仍然没有放弃该制度的原因。[1]换言之，即使调解协议的启动违背纠纷当事人的意愿，但是，在调解程序进行中，纠纷当事人在调解人的斡旋下仍然有自愿达成调解协议从而化解纠葛的可能。由于诉前强制调解未必违背当事人的意愿，即使刚开始违背当事人的意愿，也未必就达不成调解协议，如果当事人达成调解协议，则可以省去相应的司法资源开支；如果当事人在调解程序中不接受调解的，仍然可以将纠纷诉诸法院，因而，诉前强制调解属于给当事人提供了在调解人的斡旋下冷静解决纠纷的额外机制。再次，诉前强制调解有助于纯化法院的审判功能。在我国，民事诉讼法学者的思路是：相对于案件是属于法院之后的审前调解还是审中调解而言，诉前强制调解更容易触动裁判请求权的神经，但是，在德国，情况则恰恰相反。德国学者在对 1998 年修改后的《民事诉讼法施行法》第 15 条 a 项提出质疑的基础上进一步明确指出，在任何情况下，调解程序的进行应该独立于法院。[2]我国台湾地区"民事诉讼法"规定的调解程序，无论是任意申请还是拟制申请，均为起诉前程序。一经当事人起诉就不存在调解的余地。直至 1999 年修正时，为彻底解决纠纷，方才建立起诉后移付调解制度，即使如此，起诉后之调解属于例外，并且仅限于任意申请（即任意调解）。我们认为，相对于向法院起诉以后的调解而言，诉前强制调解具有将纠纷暂时排除在法院管辖之外的功能，基于法律将诉前调解作为受理案件的起诉要件，当事人本可以轻易逾越障碍而诉诸法院，但却没有及时逾越该障碍，当事人行使裁判请求权的态度尚不够明确，因而，此时的调解侧重点在于纠纷的妥当解决。但是，

---

[1] "Erich Suter As One Door Opens...Another Closes" [J], *New Law Journal*, 5 March 2010.

[2] ［英］阿德里安·A.S.朱克曼：《危机中的民事司法》，傅郁林等译，中国政法大学出版社 2005 年版，第 225 页。

一旦当事人逾越障碍而将案件诉诸法院，此时当事人行使裁判请求权的态度已经非常明朗，法院应该考虑的是民事权益的及时保护，因而，即使法院仍然可以试图适用调解，但是，应该仅限于任意调解并附加调解期限的严格限制，否则，就对裁判请求权造成不应有的保护延误。因而，诉前强制调解具有纯化法院审判功能、维护司法权威的功效。最后，诉前强制调解涉及司法资源的合理分配问题，而司法资源分配的合理与否属于公共利益问题。资源的有限性与纠纷解决需要的无限性构成了紧张关系，对于大量小额案件而言，由于其关涉的私人利益并非显著重要，如果将有限的司法资源过度地浪费在这些小额纠纷的解决上，将给整个司法体系带来危机，因而，对小额权益救济提供与其价值相当的救济程序并保留其寻求普通司法救济途径的余地具有正当性，符合公共利益。这与小额诉讼程序、简易诉讼程序、限制上诉的标的额、许可上诉等限制裁判请求权充分行使的制度存在着共通之处。

综上所述，裁判请求权并非不可限制，只是对其限制必须具有足够充分且正当的理由。一方面，诉前强制调解确实给裁判请求权的及时行使设置了障碍，但是，逾越该障碍显得如此的易如反掌，因而，其限制程度并没有超过必要限制；另一方面，尽管诉前强制调解对裁判请求权的及时行使造成了轻微的妨碍，却能够带来及时保护民事权益、促进当事人和谐解决纠纷、纯化法院审判功能、合理分配司法资源等方面的好处，因而，诉前强制调解对裁判请求权所进行的轻微限制具有充分且正当的理由。尽管如此，因为裁判请求权属于程序基本权，即使诉前强制调解对其限制幅度很小，也应当多方位防范潜在的弊端。换言之，诉前强制调解必须具备基本的程序正义以保障被移转的正义得以在调解程序中实现，如果诉前强制调解程序不具有基本的程序正义，那么，就算其给行使裁判请求权造成的障碍再轻微，也不具有正当性。从这个角度来分析，诉前强制调解的正当性与其适度性密不可分，在检讨诉前强制调解具有正当性的前提下，还有进一步探讨其限制性的必要，以求得公共利益维护与私人权益救济的平衡。[1]

——————————

〔1〕 参见肖建国、黄忠顺："诉前强制调解论纲"，载《法学论坛》2010 年第 6 期。

四、参考意见

诉讼前置程序不仅应当具备正当性，而且应当具备合法性。只有严格意义上的法律明确授权，允许法院可以拒绝审理未经特定前置程序的民事案件，法院才可以对未经该前置程序的民事案件拒绝审理。这是因为，裁判请求权是公民的程序性基本人权，即使宪法没有明确规定限制裁判请求权的情形，也应当采取法律保留的立法方式。在我国司法实践中，有些法院通过规范性文件试点诉讼前置程序，但以征求当事人同意为适用条件。至于强制性的诉讼前置程序之试点，在理论上应当通过全国人大常委会授权的方式进行，而不能直接由法院系统自主决定推行。显而易见，诉讼前置程序在当前的司法实践中具有分流案件、减轻审判负担的现实功能，如果不对其推动诉讼前置程序的试点予以限制，难免存在法院可能为了自身利益而无视当事人利益的合理怀疑。

拓展案例

梁某与中山市威信物业管理有限公司物业服务合同纠纷案[1]

一、基本案情

梁某向中山市第一人民法院提起诉讼，请求判决中山市威信物业管理有限公司（以下简称威信公司）立即恢复原告住宅楼下的公共绿化场地，其诉讼理由是：梁某住宅阳台楼下的公共绿化为小区的公共配套设施，被威信公司擅自铺设为水泥地面，用作摩托车和电动车的停车收费之用。中山市第一人民法院认为，本案是物业服务合同纠纷。本案原告（梁某）诉请主张的部分属于涉讼的上海城住宅小区全体业主的共有部分，当物业服务企业有可能存在侵犯全体业主共有权益的时候，有权提起诉讼的应该是全体业主。《中华人民共和国民事诉讼法》第119条第1款规定："起诉必须符合下列条件：①原告是与本案有直接利害关系的公民、法人和其他组织……"由于共有权的不可分割性，全体业主是共享权利、共担义务的，当全体业主的共有权益有可能被侵

---

[1] 广东省中山市中级人民法院（2017）粤20民终474号。

犯而需要提起诉讼时，诉讼标的是共同的，应由全体业主共同提起必要的共同诉讼。原告作为其中一名业主，没有独立的诉讼实施权，不能单独行使诉权，故原告的诉讼主体不适格，对于原告的起诉应予以驳回。

二、法律问题

在本案中，中山市上海城业主委员会与威信公司签订上海城住宅小区物业管理服务合同。物业管理服务合同具有涉他性：一方面，威信公司的服务对象是全体业主，而不是业主委员会本身；另一方面，向威信公司缴纳物业服务费的主体是业主，而不是业主委员会。尽管如此，在解释论上，相对于威信公司涉嫌违约的行为，业主属于部分直接利害关系人，本案原告缺乏独立的诉讼实施权，有权起诉威信公司违约的主体是中山市上海城业主委员会。诚然，在立法论上，在全部直接利害关系人无法或不愿提起诉讼的情形下，赋予部分直接利害关系人以整体性诉讼实施权，也是可以考虑的解决方案。

三、重点提示

"原告作为其中一名业主，没有独立的诉讼实施权，不能单独行使诉权，故原告的诉讼主体不适格，对于原告的起诉应予以驳回"的表述，混淆了"诉讼实施权"与"诉权"之间的关系，原告因为缺乏诉讼实施权而不能行使诉权，存在着逻辑混乱。通过本案可以看出，关于"诉权"与"诉讼实施权"之间的关系，司法实践尚未形成清晰的认识。

专题二　立案登记制与滥诉的应对

📑 知识概要

党的十八届四中全会通过的《中共中央关于全面推进依法治国若干重大问题的决定》（以下简称《决定》）指出："改革法院案件受理制度，变立案审查制为立案登记制；对人民法院依法应该受理的案件，做到有案必立、有诉必理，保障当事人诉权。"中央全面深化改革领导小组第十一次会议审议通过《关于人民法院推行立案登记制改革的意见》，自 2015 年 5 月 1 日起，全国法院全面实行立案登记制。立案登记制的确立背景是：立案审查制被认为造成了当事人"起诉难"。立案登记制是对我国《民事诉讼法》第 123 条关于"人民法院应当保障当事人依照法律规定享有的起诉权利"的贯彻措施。毫无疑问，立案登记制的确立有利于保障当事人的起诉权利，但法院受理案件的结果是将被告强行卷入诉讼程序，而且必将导致司法资源的消耗。为了保障被告不被不正当地卷入诉讼程序以及避免司法资源浪费，立案登记制在保障原告的起诉权利的同时，应当防范原告的滥诉行为。因而，立案登记制并不意味着法院对所有案件都应当予以立案登记，更不意味着法院应当对所有案件都进行实体审理，而是重点治理法院推诿受理依法应当受理的民事案件问题。因而，对于原告滥用起诉权利的案件，法院有权不予立案登记，已经立案登记的，应当裁定驳回起诉。

经典案例

陈某诉启东市王鲍镇中施村村民委员会和经济合作社（原启东市聚南乡合平村经济合作社）承包合同纠纷案[1]

一、基本案情

1994 年 1 月 1 日，原启东市聚南乡合平村经济合作社（以下简称合作社）与陈某签订村企业承包合同一份，约定合作社将村办水泥制品厂发包给陈某承包经营。1995 年 9 月 13 日，合作社以原负责人与陈某签订的承包合同中约定的承包金数额偏低，严重损害了该村集体经济利益为由，起诉要求解除双方签订的承包合同。启东市人民法院（以下简称启东法院）作出（1995）启王经初字第 32 号民事判决，判决解除合作社与陈某签订的承包合同，由陈某归还合作社提供的设备和设施。陈某上诉后，南通市中级人民法院（以下简称南通中院）作出（1996）通经终字第 130 号民事调解书。1996 年 8 月 29 日，合作社申请再审，南通中院作出（1999）通经再终字第 11 号民事判决书。2005 年 5 月，陈某针对南通中院（1999）通经再终字第 11 号民事判决，向江苏省高级人民法院（以下简称省高院）申请再审，省高院指定泰州市中级人民法院（以下简称泰州

---

[1] 江苏省南通市中级人民法院（2017）苏 06 民终 3557 号。

中院）立案审查。在该案审查过程中，省高院派员赴启东进行协调。合作社同意一次性给付陈某35 000元。陈某收到该款后，于2007年5月16日出具承诺书一份，保证其与合作社的承包合同纠纷一案及由此引发的举报、上访、申诉等问题彻底终结，一揽子解决，不再举报、上访、申诉。如违诺，承担相应的法律责任。当日，陈某以该案经省高院协调且已收到对方给付的35 000元、该案一次性了结为由，撤回再审申请。次日，泰州中院作出（2007）泰民监字第67号民事裁定书，准许陈某撤回再审申请。但在此后10年内，陈某围绕陈某与中施村村民委员会和经济合作社（以下简称中施村村委会）承包经营之争议，分别提起39起诉讼案件，经过一、二审及再审，均分别被裁定不予立案或不予受理或驳回起诉，二审予以维持，再审予以驳回再审请求。在本案中，陈某诉请判令"确认陈某与中施村村委会1994年1月1日签订的承包合同合法有效，合同条款第3条、第9条、第10条、第11条，依法应当得到法律保护"。启东法院在（2017）苏0681民初5654号民事裁定中指出，陈某于2007年5月拿到中施村村委会给付的35 000元并作出"一揽子解决"的承诺后，在长达10年的时间里，不间断地围绕涉案承包合同纠纷，利用法律赋予的诉讼权利提起各类诉讼，进而上诉、申诉，通过缠讼方式给法院以及对方当事人施压，以期达到获取更多经济利益的目的。陈某本次诉讼及此前提起的多次诉讼，因诉讼目的非正当性，且明显有悖诚信，违背了诉权行使的必要性，属于典型的滥用诉权行为。保障当事人的诉权与制约恶意缠讼均是审判权的应有之义。对于个别当事人反复多次提起轻率的、相同的或者类似的诉讼请求，或者明知无正当理由而反复提起的诉讼，人民法院对其起诉理应严格依法审查。根据审判权的应有之义，结合立法精神及民事诉讼法确定的民事诉讼遵循诚实信用原则，决定对陈某本次起诉不作实体审理。为维护法律的严肃性、有效保障司法资源之公平、正当使用，今后，对陈某基于其与中施村村委会因涉案承包合同之纠纷所提起的相关民事诉讼，责令其信守承诺，法院将不再处理。在启东法院驳回陈某的起诉后，陈某以"涉案承包合同确认有效，但未能实际履行，故重新起诉"为由，向南通中院提起上诉，被南通中院裁定驳回上诉，维持原裁定。

二、法律问题

为了断了陈某再次"缠诉"的心理，启东法院与南通中院没有简单地以重复起诉为由驳回陈某的本次起诉，而是充分地进行说理，并将"今后再提起与本案相关诉讼如何处理"作为本案的争议焦点。南通中院在（2017）苏06民终3557号民事裁定书中梳理了驳回原告起诉以及不再处理其今后起诉的以下理由：

1. 陈某依法享有诉权，但诉权的行使应当具有目的正当性且不违背诚实信用原则。民事诉权是当事人的民事权益受到侵犯或产生争议时，依法启动司法程序，请求法院进行裁判以解决纠纷的权利。诉权是我国宪法保障的公民基本人权中的实然性权利，是国家赋予当事人维护自己民事权益的重要手段。但是，任何权利的行使必然有其边界，不受约束的权利等于无权利，诉权为当事人基本权利之一，其行使亦应当有所限制，符合民事诉讼的目的正当性。即诉权的行使不得侵害国家、集体的正当利益和他人的合法权益，不得肆意通过诉讼手段追求个人非理性、不正当目的。《民事诉讼法》第13条第1款规定，民事诉讼应当遵循诚实信用原则。即民事诉权的行使应当受到诚实信用原则的规制，如当事人无正当理由和合法目的，反复多次就同一或同类纠纷提起不必要的、非理性的诉讼，其行使诉权的目的与民事诉讼保护权利、解决纠纷和维护社会秩序的目的之间显然存在背离。

2. 陈某就本案纠纷不具备起诉条件，依法不予受理。陈某就本案不具备提起诉讼的直接利害关系。《民事诉讼法》第119条规定，起诉的必要条件之一为"原告是与本案有直接利害关系的公民、法人和其他组织"，该直接利害关系并非当事人主观认知的利害关系，而是与诉讼标的具有法律上直接的牵连和利害关系。陈某就本案及与本案相关诉讼均源于其与中施村村委会之间的承包合同纠纷，该纠纷在实体和程序上均处理完毕，陈某就已被实体处理过并被法院裁定驳回起诉或不予受理的纠纷，以不同理由提起诉讼，不具有直接利害关系，本案纠纷实质上不具备可诉性。

3. 陈某的行为构成滥用诉权，缺乏诉的利益，依法不予受理。依法保障诉权和规制恶意诉讼、虚假诉讼、无意义的重复诉讼均为司法审判的应有之义。法院既要最大限度地保障当事人享有正当程序权利，又要采取必要的措施防止滥诉，规制滥用诉权的行为；同时，对滥用诉权的行为的规制，要保持在合理限度之内，严格把握和适用禁止滥诉的主客观要件。陈某就本案不具备诉的利益，其起诉行为符合滥用诉权的主客观要件。根据民事诉讼理论，当事人提起诉讼应当具有诉的利益，诉的利益主要是指提起诉讼的必要性和实效性，必要性和实效性指的是有无必要、能否通过判决来解决当事人之间的纠纷。陈某与中施村村委会之间的承包合同纠纷历经二十余年，三级法院为陈某提供了尽可能的权利救济途径，其实体权利和程序权利都得到了充分的保障和必要的救济，不再具有诉讼的必要性和裁判的可能性。陈某明知或应当知道就本案及与本案相关诉讼不具备诉的利益，且其权利已经得到充分救济，但依然多次、反复提起诉讼，其主观上具有滥用诉权的明显故意。客观上，涉案承包合同纠纷，自1995年以来，经一审、二审、再审程序，于2003年4月执结。2005年5月，陈某向省高院申请再审，经两次指定泰州中院审查，审查过程中，经省高院协调，陈某出具承诺书一份，保证就涉案承包合同纠纷彻底终结，一揽子解决，并不再举报、上访、申诉。但自2010年开始，陈某就涉案承包合同及相关纠纷提起行政、民事、刑事、国家赔偿诉讼81起（含一审39件及相关上诉、申诉案件）。其中，被起诉对象包括处理或参与处理其案件的公职人员、法院、纪检监察部门等。陈某以同一或同类事由提起多起诉讼，明显违背了诚实信用原则，其行为符合滥用诉权的主客观要件。

4. 陈某滥用诉权的行为严重背离立案登记制设置初衷。立案登记制的确立在于改变立案审查制给当事人起诉设置的不当障碍，但是，立案登记制并不意味着法院对所有案件不进行形式审查，也不意味着所有案件必然受理立案，对于陈某缺乏诉的利益、多次提起相同或类似诉讼的行为应当予以否定性评价。2015年4月1日，中央全面深化改革领导小组第十一次会议审议通过的《关于人民法院推行立案登记制改革的意见》第2条第2款规定，有下列情形之一的，不予登记立案：①违法起诉或者不符合法定起诉条件的；②诉讼已经终结的……综上，陈某今后再提起与本案纠纷相关的诉讼，法院有权径行不予登记立案。

三、法理分析

重复起诉属于违反诚实信用原则的滥诉行为，当事人缺乏对诉讼请求获得本案判决的必要性。对此，不应当存在争议。但是，两级法院不仅试图在本案中阐释驳回陈某起诉的理由，而且明确表达了对陈某今后再提起与本案纠纷相关诉讼的处理方式。对于陈某今后再提起与本案纠纷相关诉讼的处理，显然并非本案诉讼标的及诉讼请求所能涵盖。在通常情况下，受诉法院应当仅针对本案诉讼标的及诉讼请求进行审理，而不应当对未来可能提起的诉讼的处理作出回应。在本案中，陈某已经围绕着本案纠纷提起 39 件诉讼案件，并对不予受理裁定进行上诉和申诉，从而导致司法资源的严重浪费。为此，两级法院试图在本案裁定中授权法院对陈某今后再提起的与本案纠纷相关诉讼径行不予登记立案。这是两级法院为了突破立案登记制的限制以应对陈某滥诉行为的手段，也是司法机关以确定裁判的方式规劝陈某不再滥诉的方式。前述处理方式虽能产生良好的实践效果，但缺乏基础理论支撑而容易遭受学者质疑。根据《最高人民法院关于适用〈中华人民共和国民事诉讼法〉的解释》（以下简称《民诉法解释》）第 247 条第 2 款关于"当事人重复起诉的，裁定不予受理；已经受理的，裁定驳回起诉，但法律、司法解释另有规定的除外"的规定，即使没有两级法院的前述回应，对于陈某再次提起的相关诉讼，法院也应当直接裁定不予受理。诚然，两级法院只是在"本院认为"的说理部分阐释前述观点，其主要功能在于威慑（或曰教育）陈某不再滥诉。考虑到现行法律、司法解释仅针对恶意串通通过诉讼、仲裁、调解等方式侵害他人合法权益或逃避履行法律文书确定义务的滥诉行为规定了明确的惩戒措施，[1] 本书认为，可以将两级法院的前述说理理解为释明，从而规避超越审判范围的质疑。

四、参考意见

在立法论上，根据《关于人民法院推行立案登记制改革的意见》第 5 条第 4 款关于"加强诉讼诚信建设，规范行使诉权行为。推动完善相关立法，对虚假诉讼、恶意诉讼、无理缠诉等滥用诉权行为，明确行政处罚、司法处罚、刑事处罚标准，加大惩治力度"的规定，立法机关以及最高人民法院应当加紧出台对所有类型的滥诉行为的惩戒措施。

---

〔1〕 参见《民事诉讼法》第 112 条、第 113 条，《民诉法解释》第 144 条，最高人民法院《关于人民法院推行立案登记制改革的意见》第 5 条第 1 款。

📚 拓展案例

无锡阿法迪科技有限公司侵害实用新型专利权纠纷案[1]

一、基本案情

无锡阿法迪科技有限公司（以下简称阿法迪公司）以其法定代表人章某为被告，要求确认章某为专利权人的涉案专利归公司所有，并赔偿公司损失500元。经章某本人确认，章某不仅是阿法迪公司的法定代表人，也是公司的绝对控股股东和实际控制人。江苏省高级人民法院（以下简称江苏高院）认为："人民法院实行立案登记制，对当事人的起诉是否符合法定条件，不再进行实质审查，但这不代表对起诉不进行任何审查，而是要结合具体情况，对诉状内容进行必要的形式审查。司法资源是有限的，司法权介入社会纠纷解决，是国家以公权力作后盾，为纠纷相关当事人提供的一种带有公共福利性质的服务。对于明显缺乏诉的正当利益的起诉，应依法裁定不予立案登记。就本案而言，是否有必要以提供司法裁判的形式给当事人以救济，需要考虑的是当事人的起诉是否会造成司法资源的浪费，将该纠纷纳入司法程序处理是否是适当的或最佳的选择，以此来保证司法的权威和效率。阿法迪公司起诉其法定代表人章某，形式上为两个独立主体之间的民事诉讼，但原告和被告在意志表达上出现了重复，实质是自我起诉行为，其诉讼请求不具有审判的必要性，不能也没有必要通过诉讼的方式解决争议。一审法院对阿法迪公司的起诉裁定不予受理并无不当，应予维持。"

二、法律问题

阿法迪公司在上诉状中称："阿法迪公司不仅代表了章某个人意志，也代表公司所有股东的意志。诉争专利权权属纠纷的公正判决不但影响到公司股东利益，还影响到债权人利益，影响到专利权人依法纳税问题。本案不但形式上为两个独立的主体之间的民事诉讼，也是两个主体之间的利益纠纷，并不是章某自我起诉行为。"根据《民法总则》第57条以及《公司法》第3条

---

[1] 江苏省高级人民法院（2017）苏民终1643号民事裁定书。

的规定，阿法迪公司属于具有独立人格的法人，其与作为绝对控股股东与实际控制人的章某，属于相对独立的民事主体。但是，根据《民法总则》第61条第1款的规定，作为法定代表人的章某是代表公司从事民事活动的负责人。与此同时，绝对控股股东与实际控制人的章某对公司意志的形成具有决定作用。基于此，在本案中，阿法迪公司与章某在意志表达上出现了重复，实质是自我起诉行为，其诉讼请求不具有审判的必要性，不能也没有必要通过诉讼的方式解决争议。

三、重点提示

对于不应当予以立案的民事案件，我国现行《民事诉讼法》及其相关司法解释采取"不予受理"的处理方式。与此不同，《行政诉讼法》及其相关司法解释采取的是"不予登记立案"的表述。鉴于最高人民法院《关于人民法院推行立案登记制改革的意见》等规范性文件没有针对民事诉讼案件与行政诉讼案件进行区分，而是笼统地采取"裁决不予受理或者不予立案"的表述，导致部分地方人民法院在处理民事诉讼案件中也采取了裁定不予立案登记的处理方式。对此，我们认为，除非立法机关对《民事诉讼法》作出相应的修改，应当维持《民事诉讼法》及其相关司法解释的做法，坚持采取裁定不予受理的处理方式。

专题三　诉的类型与可执行性

📖 知识概要

民事权利可以按照其作用分为支配权、请求权、形成权、抗辩权，其中，抗辩权属于防御性权利，缺乏主动积极行使之必要，因此，在民事诉讼中，原告积极行使的民事权利是支配权、请求权、形成权，分别对应着确认之诉、给付之诉、形成之诉三种诉讼类型。确认之诉，是指原告请求法院确认其主张的民事法律关系或民事权益及特定的法律事实是否存在或者是否合法有效之诉。给付之诉，是指原告请求被告履行一定给付义务之诉。原告所主张的给付，包括被告的金钱给付、物之给付及行为给付（包括作为和不作为）。形成之诉，是指原告利用法院判决变动已成立或既存的民事法律关系或民事权益之诉。对于确认之诉，无论原告胜诉抑或败诉，法院作出的判决均是确认判决。对于给付之诉，原告胜诉的，法院作出的判决是给付判决；而原告败诉的，法院作出的判决是消极确认之诉（确认原告不享有请求权）。对于形成之诉，原告胜诉的，法院作出的判决是形成判决；而原告败诉的，法院作出的判决是消极确认判决（确认原告不享有形成权）。

根据传统民事诉讼法学理论，确认判决与形成判决无须付诸执行，只有给付判决才具备执行力。然而，在司法实践中，关于确认判决与形成判决的可执行性问题，向来存在着争议，学者对此也存在着分歧。前述争议集中表现为胜诉原告是否可以根据确权判决或形成判决申请法院强制将涉案不动产过户到自己名下。在理论上，无论是确权判决还是形成判决，均可以直接产生相应的法律效果，而无须对方当事人为或不为一定的行为，故不存在申请强制执行之必要性。根据《物权法》第 28 条的规定，因人民法院、仲裁委员会的法律文书或者人民政府的征收决定等导致物权设立、变更、转让或者消灭的，自法律文书或者人民政府的征收决定等生效时发生效力。但是，已经发生物权变动的财产，在外观上仍然登记在他人名下，胜诉原告仍然存在着过户到其名下的利益。

胜诉原告的过户利益客观存在，但其实现前述利益应当采取的方式，则存在着以下不同观点：①原告应当另行提起给付之诉请求法院判决被告协助办理过户手续,或者通过其他程序另行获得类似的执行名义，原告才可以申请强制执行。②原告可以持确权判决或形成判决请求行政机关办理过户，行政机关拒不办理过户手续的，原告可以申请行政复议和提起行政诉讼。③原告可以持确权判决或形成判决申请强制执行,法院向行政机关送达执行裁定书以及协助执行通知书，行政机关应当予以办理。④确权判决或形成判决确定之后，法院依职权向行政机关送达判决书副本以及司法建议书，行政机关应当据此办理过户手续。

第①②种观点建立在确权判决或形成判决不具有执行力的基本共识之上，确权判决或形成判决不足以实现原告要求被告履行协助办理过户登记手续的目的，对于登记在他人名下的财产，提起确认之诉或形成之诉被认为不能有效解决纠纷，法院应当向原告释明增加给付性诉讼请求，原告不同意追加诉讼请求的，法院应当以原告的起诉缺乏诉的利益为由裁定不予受理或驳回起诉，但原告对确权诉讼或形成之诉存在着其他利益或者因法定原因而尚未能要求被告给付该财产的除外。但是，第①种观点却允许原告单独提起确权诉讼或形成之诉，并在胜诉之后另行提起给付之诉，违反诉的利益理论。第②种观点意味着针对实现过户登记的简单诉讼目的，原告通过"一次民事诉讼＋（一次行政复议＋）一次行政诉讼"达成目的，同样涉嫌浪费司法资源。

根据第③种观点，确权判决或形成判决可以在例外的情形下成为执行名义，属于执行名义种类范围的扩张。协助办理过户手续通常属于财产给付义务的附随义务，在给付之诉中，原告没有必要单独将附随义务列入诉讼请求。但是，在登记在他人名下的财产为原告所实际占有的情况下，不存在原告要求被告履行主给付义务的必要性，此时，协助办理过户手续义务的性质界定，会对原告所应提起诉讼的类型产生重大影响。如果认为协助办理过户手续义务具有独立性，则应当要求原告提起给付之诉，并将协助办理过户手续列入诉讼请求（第①②种观点的理由）。如果坚持协助办理过户手续义务不具有独立性，则原告应当提起确权诉讼或形成之诉，并将协助办理过户手续视作确权判决或形成判决的应有之义，但在解释论上又突破了只有给付判决可以申请执行的限制，允许胜诉的原告持确权判决或形成判决申请强制执行（第③种观点的理由）。在通常情况下，协助办理过户手续是要求登记权利人向登记机关作出同意办理过户登记的意思表示，而要求登记权利人作出同意办理过户登记的意思表示，应当属于基于法律行为引起的物权变动情形。根据确权判决或形成判决，原告对其实际占有的特定财产享有所有权的事实已经不容争议，被告是否作出上述意思表示已无实际意义，故直接拟制被告已经作出相应的意思表示，原告可以持确定判决或形成判决单方要求登记机关予以办理过户登记，登记机关不得拒绝办理。但是，与域外某些国家以法院为登记机关不同，我国的不动产权属登记属于行政机关的职责，除非立法者明确规定登记机关应当根据原告单方的申请予以办理过户登记。登记机关以单方申请变更登记不符合行政管理规范为由拒绝办理的情形时有发生，故又有观点认为，应当允许原告持确权判决或形成判决申请强制执行，甚至认为作出此类确权判决或形成判决的法院应当依职权向登记机关发出协助执行通知书。既然认为提起确权诉讼或形成诉讼的原告所提出的诉讼请求内在地包含协助办理过户登记手续义务并且该义务具有独立性，那么就应当通过释明原告增加给付性诉讼请求，原告不同意追加诉讼请求的，法院应当以原告的起诉缺乏诉的利益为由裁定不予受理或驳回起诉。因而，此种解释方案充满着逻辑上的矛盾。

第④种观点属于折中方案，确权判决与形成判决不具有执行力，原告不能直接申请强制执行，法院更不能依职权采取执行措施，但登记机关与司法机关的分离导致登记机关不必然根据确权判决或形成判决按照胜诉原告的意愿予以变更登记，故有必要通过司法建议的柔性方式，促使登记机关根据胜诉原告单方申请办理相关登记手续。这种折中方案在现实中可能更具有生命力，这是因为，登记机关根据原告单方申请办理过户登记手续容易遭到被告及其他利害关系人的抗拒（含信访），法院向登记机关发出的司法建议函可以将矛盾转向司法机关，登记机关及其工作人员的职业风险可以得到有效的控制。

综上所述，确权之诉与形成之诉的诉讼请求不能涵盖协助办理过户登记手续的义务，涉案财产处于原告实际控制范围之内的，原告又缺乏提起要求被告交付该财产的给付之诉，协助办理过户登记手续的义务从附随义务转化为独立义务，原告应当将其列入诉讼请求，原告的诉讼类型相应地转化为给付之诉。原告拒绝根据法院释明增加该诉讼请求的，法院本应以此时提起确权诉讼或形成之诉缺乏实效性为由裁定不予受理或驳回起诉。[1]然而，法院忽视审查诉的利益而作出确权判决或形成判决，法院虽审查但错误地认为原告具有提起确权诉讼或形成之诉的利益而作出确权判决或形成判决，法院虽审查认为原告缺乏提起确权诉讼或形成之诉的利益但在原告拒绝根据其释明增加诉讼请求而作出确权判决或形成判决的，这三种情况在理论上存在着以下三种处理方式：①原告申请再审，撤销确权判决或形成判决后，重新提起给付之诉。②原告在确权判决或形成判决的基础上，提起给付之诉。③推定原告放弃给付请求，不得以此为由申请再审或另行提起给付之诉。笔者认为，在法院明确释明原告增加诉讼请求以及拒不追加诉讼请求将导致不能申请强制执行而原告仍拒绝追加诉讼请求的情况下，法院仍应当对确权诉讼与形成之诉

---

[1] 参见刘敏："论诉的利益之判断"，载《国家检察官学院学报》2012年第4期。

进行审判，而原告不得以缺乏诉的利益为由申请再审，也不得另行提起给付之诉。至于法院没有释明原告追加诉讼请求的，为了避免司法资源浪费和实质性保障程序争议，应当区别原告的身份作出不同的处理：①原告属于商事主体或者聘请律师的民事主体的，即使法院没有释明，也应当推定原告放弃执行申请权。②原告属于没有聘请律师的民事主体且自身没有获得法律职业资格证书的，允许原告另行提起给付之诉。

经典案例

广东汇力电气有限公司与化州水电设备有限公司

股东股份确认纠纷执行案[1]

一、基本案情

广东汇力电气有限公司（以下简称汇力公司）以化州水电设备有限公司（以下简称水电公司）、广东化州双龙水电设备有限公司工会委员会（以下简称双龙公司工会）为被告，向广东省化州市人民法院（以下简称化州法院）提起诉讼，其诉讼请求包括：①依法确认汇力公司持有水电公司的股权比例为82.35%；②判令水电公司将双龙公司工会代为持有的比例为56.59%的股权变更至原告名下；③本案的诉讼费用由被告承担。化州法院于2014年11月20日作出（2014）茂化法民初字第477号民事判决，判决主文内容为：①确认汇力公司持有水电公司82.35%股权；②驳回汇力公司的其他诉讼请求。本案案件受理费43430元，由水电公司承担。各方当事人均未上诉，该判决于2015年1月21日生效。2015年2月6日，汇力公司向化州法院申请执行，后因化州法院超过6个月未执结且未能在广东省茂名市中级人民法院（以下简称茂名中院）指定的1个月期限内执结，茂名中院裁定提级执行。茂名中院向化州市工商行政管理局发出（2016）粤09执41号协助执行通知书，要求协助办理将申请执行人汇力公司持有被执行人水电公司25.762%股权变更登记为82.35%。梁艺洪等8名持有水电公司职工股的职工获悉后，向茂名中院提出案外人异议，请求撤销（2016）粤09执监6-1号执行监督情况通知书和

---

[1] 广东省高级人民法院（2016）粤执复214号。

（2016）粤 09 执 41 号协助执行通知书。茂名中院作出（2016）粤 09 执异字 59 号执行裁定书，驳回梁艺洪等 8 人的异议，其理由主要包括：①"根据本案生效判决确认，汇力公司在水电公司占有的股权由 25.762% 增至 82.35%，这一股权比例的增加变更，必须以一方给付并登记为前提和基础。故本案执行依据虽是确认判决，但并非纯粹的确认判决，而是具有给付内容的确认判决，汇力公司申请执行的法律文书符合《最高人民法院关于人民法院执行工作若干问题的规定（试行）》第 18 条第 1 款第 4 项人民法院受理执行案件的条件"。②"如以本案执行依据为确认判决为由不予执行，而要求汇力公司另行提起股权变更登记诉讼，则不仅徒增双方诉讼负担，并且浪费司法资源"。③"在确认公司股权比例的诉讼中，原告诉讼的目的不仅包括明确股权比例，还必然包括这一股权比例在股权登记主管机关得到登记，否则无法从常理上解释原告诉讼的目的"。④"公司股权变更登记包括当事人合意变更登记、司法强制变更登记两种形式。在司法强制变更登记中，依照《中华人民共和国民事诉讼法》第 251 条的规定，执行法院应当向协助执行义务的有关单位发出协助执行通知书"。梁艺洪等 8 人、被执行人水电公司、利害关系人双龙公司工会等均向广东省高级人民法院（以下简称广东高院）申请复议，广东高院审查认为，"虽然该判决第一项支持了汇力公司持有水电公司 82.35% 股权的确认请求，但判决第二项明确驳回了汇力公司要求变更股权登记的给付请求。因此，该判决显系确认判决，不具有给付内容，汇力公司的该项执行申请与判决结果相悖，不符合《最高人民法院关于人民法院执行工作若干问题的规定（试行）》第 18 条关于人民法院受理执行案件'申请执行的法律文书有给付内容'的规定，化州法院受理汇力公司的该项执行申请不当。茂名中院提级执行后，驳回异议人异议、继续执行汇力公司该项申请亦违反上述司法解释规定。根据《最高人民法院关于执行案件立案、结案若干问题的意见》第 20 条'执行实施案件立案后，经审查发现不符合《最高人民法院关于人民法院执行工作若干问题的规定（试行）》第 18 条规定的受理条件，裁定驳回申请的，以驳回申请方式结案'的规定，应当驳回汇力公司'要求执行法院向化州市工商行政管理局发出协助执行通知书，协助办理汇力公司在水电公司占有 82.35% 股权的手续'的执行申请，并撤销茂名中院要求工商行政管理机关协助办理涉案股权变更登记的执行行为。复议申请人认为（2014）茂化法民初字第 477 号民事判决属确认判决、无给付内容、不具有可执行性的理由成立，本院予以支持"。据此，广东高院作出（2016）粤执复 214 号执行裁定书，支持了梁艺洪等 8 人及水电公司、双龙公司公会等的异议和复议请求。

二、法律问题

在本案中，汇力公司在请求法院确认持有水电公司股权比例的同时，请求判决水电公司将双龙公司工会代为持有的比例为 56.59% 的股权变更至自己名下。但是，化州法院（2014）茂化法民初字第 477 号民事判决书仅支持了原告的确认性请求，而驳回了其给付性请求，属于积极确认判决（确认汇力公司对水电公司的股权比例）与消极确认判决（确认汇力公司不享有给付请求权）的合并。化州法院驳回汇力公司给付性请求的主要理由是：水电公司的注册资本 50 万属于虚假增资，如果直接变更原告的股权比例为 82.347%，其对应的出资额（6 662 695.77 元）与原告实际购买股份投入的出资额（1 834 355 元）将相去甚远。显而易见，汇力公司已经明确提出给付性请求，化州法院经过实体审理否认了汇力公司的给付请求权。化州法院受理汇力公司的执行申请以及茂名中院根据该判决书工商行政管理部门发出协助执行通知书，缺乏具有明确给付内容的生效法律文书作为依据，故广东高院予以撤销是正确的。

三、法理分析

1. 关于"具有给付内容的确认判决"。茂名中院（2016）粤 09 执异字 59 号执行裁定书认为，"本案执行依据虽是确认判决，但并非纯粹的确认判决，而是具有给付内容的确认判决"。按照民事诉讼法学界的基本共识，给付判决可以包含确认内容，但确认判决不可能包含给付内容。如果确定判决具有给付内容，其性质应当属于给付判决，而并非确认判决。或许该裁定书的起草者将"具有给付内容的确认判决"理解为，在外观上具有确认判决的形式，但在实质上具有给付判决的内容，即通过解释论上的努力将形式意义上的确认判决解释为实质意义上的给付判决。

2. 关于另诉浪费司法资源。茂名中院（2016）粤 09 执异字 59 号执行裁定书认为，"汇力公司另行提起股权变更登记诉讼，则不仅徒增双方诉讼负担，并且浪费司法资源"。按照民事诉讼法学界的基本共识，只有原告不能直接提起给付之诉时，才具有仅提起确认之诉的合法性。原告本应当提起给付之诉却仅提起确认之诉的，倡导提高司法资源利用效率的学者主张，法院应当裁定不予受理或驳回起诉；而倡导保障当事人处分权的学者主张，法院可以受理并允许原告另行提起给付之诉。在本案中，如果原告没有提出给付性请求，以减轻当事人诉累和避免司法资源浪费为由，将形式意义上的确认判决解释为实质意义上的给付判决尚未具有讨论的空间，在原告的给付性请求被判决驳回的情形，原告的给付请求权已经遭受否认，则无论如何都不能基于诉讼效率考量而作出与确定判决相反的"解释"。

3. 关于确认公司股权比例的诉讼目的。茂名中院（2016）粤 09 执异字 59 号执行裁定书认为，"在确认公司股权比例的诉讼中，原告诉讼的目的不仅仅明确股权比例，还必然包括这一股权比例在股权登记主管机关得到登记，否则无法从常理上解释原告诉讼的目的"。一方面，原告不仅提出确认性请求，而且同时提出给付性请求，其确认性请求以给付性请求为目的，但因原告已经明确提出给付性请求，无须将给付性请求内含于确认性请求，在法院驳回其给付性请求的情况下，不具有通过确认性判项推导出给付性内容的正当性基础；另一方面，在法院判决支持确认性请求但驳回给付性请求的情形下，即使原告不能直接申请强制执行，但该股权份额的确定对于原告在行使分工、决策等方面能够发挥相应的作用，如果原告基于其他方面的考量而放弃给付性请求或者因其他法定原因而暂无法行使给付请求权，应当承认其提起的确认之诉具有诉的利益。换言之，即使强制原告通过一个诉讼程序同时提出确认性请求和给付性请求，也不能因为原告放弃给付请求而否认其具有提起确认之诉的利益，最多也只能否认其另行提起给付之诉的合法性。

4. 关于司法强制变更登记。茂名中院（2016）粤 09 执异字 59 号执行裁定书指出："公司股权变更登记包括当事人合意变更登记、司法强制变更登记两种形式。在司法强制变更登记中，依照《中华人民共和国民事诉讼法》第 251 条的规定，执行法院应当向协助执行义务的有关单位发出协助执行通知书。"所谓的"司法强制变更登记"，是指法院根据债权人的申请或者根据法律的规定依职权通过执行措施强制变更股权登记内容。在"司法强制变更登记"中，法院强制变更股权登记内容的，无须征得对方当事人的同意，或者拟制被告已经作出相应的意思表示，作为协助执行人的工商行政管理部门应当根据法院的协助执行通知书办理相关的变更登记手续。显而易见，"司法强制变更登记"只能发生在执行程序启动之后，而《民诉法解释》第463条第1款明确要求当事人申请执行的生效法律文书应当具备"权利义务主体明确"和"给付内容明确"两个条件，化州法院（2014）茂化法民初字第477号民事判决书的判决主文没有给付内容，不能充当启动执行程序的执行名义。

四、参考意见

在原告同时提出确认性请求及相应的给付性请求的情形下，法院支持给付性请求必然以支持确认性请求为前提，但法院支持确认性请求不必然要求同时支持其给付性请求。这是因为，原告的权利虽然获得确认，但要求对方给付的条件未必具备。在法院支持原告的确认性请求但驳回其给付性请求的情形下，据此作出的确认判决无论如何都不能充当执行名义。基于审执分离原理，在审判程序已经否认原告的给付请求权或者确认其给付请求权的行使条件尚不具备的情形下，执行机构无权变更审判机构的实体认定结果。

拓展案例

班某、李某、李玲某、李文某与延安市宝塔区李渠镇阳山村村民委员会侵权纠纷案[1]

一、基本案情

班某以延安市宝塔区李渠镇阳山村村民委员会（以下简称村委会）为被告提起侵权之诉，陕西省延安市中级人民法院（2004）延中民终字第00431号民事判决书仅确认"原告班某及其子女享有被告村村民的同等待遇"，驳回了原告的其他诉讼请求。班某连同其子女李某、李玲某、李文某向陕西省延安市宝塔区人民法院（以下简称宝塔法院）申请执行，提交了盖有被执行人公章的"阳山村2008年~2014年分红额金"作为执行证据，请求法院按照该标准执行申请执行人应得的分红。宝塔法院于2015年4月20日受理申请执行人的申请，5月4日向村委会发出（2015）宝执字第00303号执行通知书，村

---

〔1〕 陕西省延安市宝塔区人民法院（2015）宝执异字第00002号。

委会于 7 月 20 日以宝塔法院的执行行为违法为由提出异议，并不认可申请执行人提交的盖有被执行人公章的"阳山村 2008 年～2014 年分红额金"执行证据。宝塔法院裁定撤销本院向村委会作出的执行通知书，其理由是："该生效判决结果是确认判决，仅确认了申请执行人的村民同等待遇，并未按侵权之诉明确被执行人的履行义务和给付内容以及具体的执行标的。因此，本案申请执行人申请人民法院执行的生效法律文书不具备法定条件，也不符合人民法院受理执行案件的法定条件。对于申请执行人提供的'阳山村 2008 年～2014 年分红额金'执行金额，被执行人对此证据明确提出了异议。本院认为，因该执行证据并不是依法生效裁判的标的额，故一方如有异议，便不能成为法定的执行依据。当然，申请执行人的同等村民待遇的实现，应待于新的生效法律文书明确标的后另行解决。"

二、法律问题

延安中院（2004）延中民终字第 00431 号民事判决书中载明的原告仅有班某，判决主文却同时确认对班某的子女享有村民同等待遇，其中可能涉及诉讼担当原理之运用。鉴于前述判决已经确定且没有进入审判监督程序，班某及其子女可以依据该判决向村委员要求提供村民同等待遇。但是，前述判决属于确认判决，并未按侵权之诉明确被执行人的履行义务和给付内容以及具体的执行标的，故不能作为可以申请强制执行的生效法律文书。

三、重点提示

在本案中，申请执行人向法院提交了盖有被执行人公章的"阳山村 2008 年～2014 年分红额金"作为执行证据，根据该份证据，宝塔法院可以计算出申请执行人应得的分红。一方面，作为被执行人的村委会不认可该份证据，申请执行人应得的分红金额未能在双方当事人之间达成协议；另一方面，即使被执行人认可该份证据，甚至认可申请执行人主张的给付金额，也不能据此启动执行程序。这是因为，尽管给付金额不明确可以通过执行和解协议予以明确，但前提是具有给付判决等载有给付内容的生效法律文书，而本案的判决书属于确认判决，判决主文没有载明任何给付义务，不存在执行和解制度的适用空间。因而，笔者认为，宝塔法院关于"因该执行证据并不是依法生效裁判的标的额，故一方如有异议，便不能成为法定的执行依据"的表述过于暧昧，本案不存在通过双方当事人合意确定给付金额就可以直接执行的空间。诚然，鉴于"班某及其子女享有被告村村民的同等待遇"已经生效法律文书确认，在双方当事人对给付金额不存在实质性争议的情况下，班某及其子女可以通过略式权益判定程序快速获得执行名义，以节约司法资源和减轻当事人诉讼负担。

拓展资料

第一章专题一 理论拓展

第一章专题二 理论拓展

第一章专题三 理论拓展

第一章 拓展阅读文献

第二章

民事诉讼法的基本原则与基本制度

专题一　平等原则

💠 知识概要

《民事诉讼法》第 8 条规定了民事诉讼中的当事人平等原则。根据法律规定，当事人平等原则既要求当事人诉讼地位平等，也要求法院平等保障当事人诉讼权利。这两点进一步引申，可分为当事人在诉讼程序中的地位平等、机会平等和风险平等。其中，地位平等是指当事人不问其在诉讼中为原告或被告，也不问双方在实体法律关系中是否有隶属关系，均享有相同的地位。机会平等是指当事人享有平等接近法院、使用司法制度抑或在诉讼中提出攻击防御方法的机会，例如民事诉讼法中所设置的诉讼费用减、缓、免交制度以及便于当事人主张权利的小额诉讼程序、便于现代纠纷中受害人共同主张权利的代表人诉讼程序、救济扩散性易腐权利的公益诉讼程序等制度。风险平等是指双方当事人胜败风险平等。除上述方面以外，当事人平等原则还涉及形式平等与实质平等这两个层面。

💠 经典案例

雷某某与北京亿方物业管理有限责任公司第二分公司
供用热力合同纠纷[1]

一、基本案情

一审原告亿方物业公司系北京市海淀区稻香园小区 16 号楼的供暖单位。一

---

〔1〕　北京市第一中级人民法院（2017）京 01 民终 6080 号。

审被告雷某某原系中国中化集团公司职工。中国中化集团公司分配给雷某某的住房即位于北京市海淀区稻香园小区 16 号楼。2001 年 6 月 28 日，中化国际物业酒店管理有限公司（甲方）与雷某某（乙方）签订《物业收费协议书》，约定雷某某同意缴纳位于稻香园小区房屋的供暖费，并委托中化国际物业酒店管理有限公司代收代缴。2008 年 3 月，中化国际物业酒店管理有限公司将中化社区（包括稻香园小区 16 号楼）的物业管理权移交给北京怡生园国际会议中心。2009 年 6 月 30 日，北京怡生园国际会议中心名称变更为北京怡生园国际会议中心有限公司。2007 年至 2010 年，分别由中化国际物业酒店管理有限公司及北京怡生园国际会议中心有限公司向亿方物业公司支付供暖费。2011 年 6 月 30 日，北京怡生园国际会议中心有限公司社区物业管理部与亿方物业公司签订《关于稻香园小区 16、17 号楼供暖费移交亿方物业公司收取的协议》，该协议约定将海淀区稻香园小区 16 号楼、17 号楼的供暖费移交给亿方物业公司直接向采暖用户收取，自 2011 年 7 月起由亿方物业公司负责收缴供暖费。因此，自 2011 年开始，供暖费已移交为由亿方物业公司收取。

根据自 2010 年 4 月 1 日起施行的《北京市供热采暖管理办法》的规定，供热单位应当直接向用户收取采暖费，用户与供热单位签订合同的，由合同约定的交费人支付采暖费，未签订合同的，由房屋所有权人按照规定支付采暖费。亿方物业公司为稻香园小区 16 号楼提供了供暖服务，雷某某作为该小区 16 号楼房屋业主，享受了亿方物业公司提供的服务，应支付相应的费用。另从北京怡生园国际会议中心有限公司社区物业管理部与亿方物业公司签订的协议内容来看，雷某某亦应支付 2011 年 11 月之后的供暖费。

在诉讼中，雷某某对未支付 2011 年 11 月至 2016 年 3 月供暖费的事实无异议，但以亿方物业公司起诉主体有误为由予以抗辩，并以上述《物业收费协议书》为据。本案一、二审法院均基于上述理由否定该抗辩成立。另外，一审中，雷某某称其与中化集团之间存在协议约定房屋供暖费应由中国中化集团公司负担，但其并未向法院充分举证。经一审承办人与北京怡生园国际会议中心有限公司物业管理部经理谭某电话询问，谭经理表示雷某某原系中国中化集团公司职工，于 2001 年自动辞职。雷某某自 2001 年至今未缴纳供暖费。2011 年 6 月，该公司与亿方物业公司签订协议，约定 2011 年之后的供暖费应当由亿方物业公司向雷某某个人收取，该公司不再负责缴纳。故法院据此对雷某某上述陈述不予采信。若双方就供暖费的承担存在争议，雷某某可与中国中化集团公司另行解决。雷某某上诉称，一审法院违法取证，判决不具有法律效力。一审判决书中将对北京怡生园国际会议中心有限公司物业管理部经理谭某的电话询问作为认定事实的证据，但该证据并未在庭上质证，不能作为定案的依据，且一审法院主动收集证据违反当事人平等原则。

二、法律问题

1. 涉案证据调查方式是否确实违反当事人平等原则？
2. 法院根据涉案证据调查方式所得心证作出的裁判生效后能否对其再审？

三、法理分析

1. 涉案证据调查方式违反当事人平等原则。当事人平等原则保障当事人享有平等提出攻击防御方法的机会，并使双方当事人诉讼风险平等。这里的攻击防御，包括当事人主张事实、提出证据，以及就对方当事人所提出的事实为否认、抗辩之陈述，也包括就对方所提出的证据进行质证、提出证据抗辩或反证。可见当事人平等制度并非仅在形式上保障双方当事人的平等地位，抑或仅赋予双方当事人平等的诉讼权利。作为法院裁判的事实基础，事实及证据等资料至关重要，因而关于案件的事实及证据资料方面，亦应注重维持双方当事人的平等。就此而言，除依据辩论原则要求当事人主张事实及提出证据外，确保双方当事人在上述方面的平等，亦属于实质的程序平等的内涵之一。

为辅助地达成上述目标，在民事诉讼中也设有法院阐明（或称为释明）行为、证明妨碍、文书提出命令、损害赔偿额酌定、证据收集协力（例如要求协助进行勘验或鉴定）等制度。法院的释明行为，系法院在欠缺法律知识的当事人未能妥当、充分或完全陈述或主张乃至于实施举证行为（甚至包括提出诉讼请求）的情形下通过发问或明示的方式促使该当事人明确其诉讼行为。证明妨碍则是在一方当事人的举证受到对方当事人的阻碍的情形下，为保障双方当事人之间的平等，由法院根据当事人妨碍对方举证的样态、所妨碍证据的重要性等情形裁量认定对方当事人所主张的事实为真，以示制裁。文书提出命令、损害赔偿额酌定、证据收集协力等制度设置的初衷也是如此。

在民事诉讼中法院主动调查收集证据的情形下，一些证据虽然并非由对方当事人提出，但也足以影响法院心证及裁判，同一证据可能为双方当事人利用（即所谓的证据共通原则），对双方当事人有利或不利，或仅对其中一方有利或不利，且为防止法院最终形成的心证确信对双方当事人构成认定事实上的诉讼突袭，故也应赋予双方当事人对该证据加以质证的权利。

2. 法院根据涉案证据调查方式所得心证作出的裁判生效后，不能对其再审。

根据《民诉法解释》第 334 条之规定，原判决、裁定认定事实或者适用法律虽有瑕疵，但裁判结果正确的，第二审人民法院可以在判决、裁定中纠正瑕疵后，依照《民事诉讼法》第 170 条第 1 款第 1 项规定予以维持。这里所说的瑕疵，系指原判决、裁定认定事实或者适用法律中所存在的问题与判决内容欠缺因果关系等情形。原判决、裁定认定事实或者适用法律中虽有瑕疵，但第二审仍为事实审，第二审法院仍能自行纠正该瑕疵。

四、参考意见

本案中，一审法院承办人直接与北京怡生园国际会议中心有限公司物业管理部经理谭某电话询问相关案情，其判断偏颇的可能性较高。这一证据调查并未赋予当事人质证机会，已属违反当事人平等原则的行为。民事诉讼法上对于一般所谓法律规范构成要件事实之所以采用严格证明及法定证据方法的形式，正是要通过对于证据收集、调查程序的明文限制排除司法恣意，确保包括当事人平等原则在内的程序保障要求的实现。本案二审法院却仅在判决书中指出一审法院上述证据调查行为"有失妥当"，认为这一瑕疵不影响其判决结果的正确性，最终作出维持原判的处理。

拓展案例

罗江某与罗少某、罗惠某合同纠纷[1]

一、基本案情

一审原告罗江某诉称，被告罗少某、罗惠某于 2007 年 3 月先后三次与其商

---

[1] 湖北省高级人民法院（2015）鄂民申字第 02054 号。

量购买其所有的房屋，并提出以一套面积相当的稀缺楼层的商品房作为购房对价，这与原告要求罗少某、罗惠某给予其位于二楼或者三楼面积为149.46平方米的商品房和同面积的一楼临街门面为对价存在较大差异，双方未能达成买卖房屋意向。2007年7月16日，罗少某、罗惠某在原告不知情的情况下欺骗其子罗建某签订了《房屋转让合同书》，但罗建某并没有处分房屋的权限。原告房屋自2007年由罗少某、罗惠某强行非法占有后，造成原告可预期所得租金十几万元的损失。原告房屋的宅基地面积为149.46平方米、建筑面积为107.36平方米，依据相关法律规定，原告请求人民法院依法判令罗少某、罗惠某赔偿其所有损失，包括按2013年年底房屋价格赔偿原告40.35万元购买一套位于罗马街二、三楼面积为149.46平方米商品房以及面积为149.46平方米的一楼临街门面房；或者按2013年年底房屋价格赔偿其34.26万元购买一套位于罗马街二、三楼面积为126.90平方米商品房以及面积为126.90平方米的一楼临街门面房和相连22.56平方米的土地；若罗少某、罗惠某不同意以上请求，请求人民法院依法判令罗少某、罗惠某立即将原告房屋恢复原状。

二、法律问题

本案中，原告提出的诉讼请求是否违反当事人平等原则？

三、重点提示

本案一审法院认为，原告提出的上述实体主张，既不特定唯一，又不具体明确；造成法院在处理案件时遇到判决涉及的对象以及判决既判力的客观范围不特定、不具体的难题。在原告提出多个可供选择的诉讼请求，使裁判的对象不特定、不具体时，依据《民事诉讼法》确定的"当事人平等原则"，认为原告起诉没有具体的诉讼请求、不符合起诉的完备条件是相对公平的。依照此种论证路径，本案处理并无不当。

在学理上，原告提出不具体、不明确的诉讼请求是否一概损害对方当事人程序及实体利益并因此造成当事人不平等状态，仍有疑问。宜从法院作出裁判的可能性、受理范围以及当事人提出诉讼请求的真实意思等方面加以确定。尤其是在涉及环境污染的不作为请求诉讼中，如要求原告提出详细具体的诉讼请求，则较为困难，因原告非该行业的专家，此时原告并不容易知晓在某些特定类型的诉讼中需如何提出具体的诉讼请求（特定其诉讼请求）。

专题二　处分原则

📚 知识概要

《民事诉讼法》第13条第2款"当事人有权在法律规定的范围内处分自己的民事权利和诉讼权利"之规定是处分原则的体现。民事诉讼是通过国家公权力实现民事权利的程序，因为民事权利一般具有可处分性，所以当事人在民事诉讼程序中也可以处分其民事权利与诉讼权利。所谓处分，是指当事人决定是否起诉或终结诉讼，于何时或在何等范围、对象内对何人争讼。

📚 经典案例

北京新中实经济发展有限责任公司、海南中实（集团）有限公司与华润置地（北京）股份有限公司房地产项目权益纠纷案[1]

一、基本案情

2003年8月7日，华润置地（北京）股份有限公司（以下简称华润公司）向一审法院起诉称，1992年6月25日，海南中实企业有限公司［海南中实（集团）有限公司（以下简称海南中实公司）前身］与北京市西城区华远建设开发公司（华润公司前身，以下简称华远公司）签订合作开发北京市西城区阜外大街危改区房地产项目协议约定，华远公司负责项目三通一平及工程建设的各种手续，分得房屋售后利润的20%，海南中实公司负责资金安排，分得利润的80%。同年9月19日，双方签订补充协议，进一步明确分工，约定华润公司利润扩大到25%。1993年2月8日，双方签订危改公建工程补充合同，约定将补充协议中的利润分成改为一次性包死，由海南中实公司支付5000万元并交付5000平方米的房产。华远公司出具委托书，全权委托海南中实公司开发项目。1994年10月20日，北京新中实经济发展有限责任公司

---

〔1〕　最高人民法院（2004）民一终字第107号。

（以下简称新中实公司）承诺代为履行上述协议项下应由海南中实公司履行的全部义务。1995年12月26日，华远公司与新中实公司签订了双方分配股利和利润的补充协议，将原约定交付5000平方米房屋改为支付现金方式。新中实公司于1996年8月9日及1997年1月27日分别支付了1000万元利润和200万元逾期付款的利息后，未再付款。故华润公司要求新中实公司支付项目转让费9000万元、违约金4579万元（截止到2003年7月9日）并承担诉讼费用。

一审法院经审理认为，房地产的开发经营和转让应当依法进行。华润公司与海南中实公司为合作开发危改项目于1992年6月和9月签订了合作开发协议及补充协议，两份协议均是以华润公司负责立项并提供相应的建设用地手续，海南中实公司负责建设资金及建设施工，双方按照约定的比例分配利润等为主要内容，协议体现了双方真实意思，不违背法律。由此，可确认上述两份协议具有合作开发房地产项目的性质，属有效合同。在此基础上，双方于1993年2月8日签订补充协议，对1992年9月签订的协议中华润公司利润分成部分进行修改，变为华润公司的利润分成一次性包死，但双方合作开发的性质并无改变。双方签订的该份协议仍以合作开发为基础，具有合作的性质，双方在向政府申报立项的文件中明确，不改变原有合作条件和利润分成，准许以新中实公司的名义办理立项更名手续。政府在批准变更立项单位为新中实公司的同时，要求危改任务仍由华润公司和新中实公司合作承担。故应确认为在不改变合作关系的前提下，双方同意将项目交新中实公司开发建设，新中实公司因此取得了项目的开发建设手续，成为项目所有人，也实际进行了建设。根据上述查明的事实和证据，新中实公司取得危改项目开发建设权完全是基于双方的合作关系，并非华润公司项目权的转让。华润公司主张项目转让缺乏依据，不予确认。一审法院于庭审结束后至判决前，多次向华润公司行使释明权，告知其变更诉讼请求，否则自行承担诉讼风险，但华润公司拒绝对诉讼请求予以变更。综上，新中实公司和海南中实公司多次通过不同形式对华润公司应取得的收益，向华润公司付款予以确认并承诺给付，但至今未向华润公司全部兑现，违背了诚信原则。故对华润公司要求新中实公司给付转让款9000万元的诉讼请求，予以支持。因海南中实公司是双方合作协议及补充协议的签约主体，其将合同权利义务转由其所属的新中实公司享有和履行，属企业内部行为，华润公司并无异议，现项目虽由新中实公司取得，但不能免除海南中实公司的合同责任。因此，海南中实公司应与新中实公司共同对华润公司承担给付责任。

二、法律问题

一审法院在原告经释明未变更诉讼请求的情况下，径行对其未予主张的法律关系予以裁判，是否符合处分原则？

三、法理分析

基于私法自治原则，当事人有权处分其民事权利，因而在发生民事纠纷时，当事人原则上也可决定是否起诉或终结诉讼，以及何时或在何种内容范围对何人起诉。所以，法院不得依职权自行开始进行民事诉讼，只能被动地受理并审理案件。当事人既然有权决定提起诉讼，那么就必须同时决定起诉的内容与范围，即应表明何人为被告及诉讼标的内容，以及请求范围，原告不得交由法院决定其请求的内容和范围。原告在诉讼程序中原则上有权决定其诉讼是否续行或终结，亦即对其起诉所依据的请求权也可处分。例如，当事人得在判决生效以前撤回起诉或撤回上诉，当事人也可在诉讼中达成调解而终结诉讼程序。

诉讼中，原告有权指定（或称特定）其所行使的民事权利，据此可根据此一权利确定法院审理的对象范围。原告起诉所主张的权利或法律关系，可能不止一项，例如，所有权人起诉请求无权占有人返还标的物，其所主张的权利不仅包含诉讼请求中所指定的所有物返还请求权，也包括该所有物返还请求权行使所基于的所有权；但处分原则之下当事人所提出的、对法院裁判对象及范围有限定效力的权利或法律关系，依据传统学说，应通过诉讼请求及生活事实关系加以确定。诉讼请求在确定原告起诉所主张的民事权利方面具有重要作用，并非当事人起诉所依据的所有民事实体权利或法律关系均构成本案诉讼标的，当事人起诉所依据的民事权利必须具体体现在诉讼请求的内容方面。

根据《最高人民法院关于民事诉讼证据的若干规定》（以下简称《民事证据规定》）第 35 条第 1 款之规定，诉讼过程中，当事人主张的法律关系的性质或者民事行为的效力与人民法院根据案件事实作出的认定不一致的，人民法院应当告知当事人可以变更诉讼请求。这体现了处分原则下当事人所确定的诉讼标的内容和请求范围对于法院也有拘束力。法院裁判不能异于当事人所确定的诉讼标的内容，也不能超出当事人请求的范围。在司法实务中，请求权竞合的情形通常并未被当作重复起诉的情形。

四、参考意见

在本案中，原告的起诉系提出"房地产项目转让关系"作为法院裁判对象并拘束法院，一审法院根据已查明的事实，认为双方之间并非项目转让关系而是合作开发关系，并对原告所未提出的项目合作开发关系进行审理，最终作出裁判。这超出当事人诉讼请求，与民事诉讼处分原则存在矛盾之处。

此外，《民事证据规定》第 35 条虽未明示当事人不变更诉讼请求时法院直接根据对案件事实作出的认定进行裁判的后果，但从条文逻辑可以推导出，法院不宜直接根据对案件事实作出的认定进行裁判，否则其履行阐明义务告知当事人可变更诉讼请求即失去意义。此种结论也符合实务主流趋势。

拓展案例

吉林延边石岘白麓纸业股份有限公司与佶缔纳士机械有限公司承揽合同纠纷案[1]

一、基本案情

2001 年 8 月 20 日，佶缔纳士机械有限公司与吉林延边石岘白麓纸业股份有限公司订立了加工承揽合同，该合同约定由佶缔纳士机械有限公司为吉林延边石岘白麓纸业股份有限公司定作生产有特定技术要求的真空系统、冷却塔等产品，该合同还对产品名称、合同价款、付款期限、交货时间等作了明确约定。合同订立后，佶缔纳士机械有限公司依约全面、及时地履行了合同义务，但吉林延边石岘白麓纸业股份有限公司一直拖欠佶缔纳士机械有限公司的价款。

2007 年 1 月 22 日，佶缔纳士机械有限公司起诉要求吉林延边石岘白麓纸业股份有限公司支付逾期付款违约金 4 万元。法院于 2007 年 7 月 11 日作出判决，在该判决中，法院认为"原、被告双方在合同中对价款的支付时间作了明确具体的约定，原告履行交付定作物的义务后，被告应当按照约定的时间支付价款，

---

〔1〕　山东省淄博市中级人民法院（2008）淄民四终字第 776 号。

即应在 2002 年 4 月 27 日前支付合同价款总额的 90%，计 4 902 300 元，但被告截至目前实际仅支付原告价款 4 487 600 元，应确认被告在 2002 年 4 月 27 日之前尚有价款 414 700 元未支付。此后被告应在 2002 年 7 月 27 日前支付合同价款总额的 5%，计 272 350 元，在 2004 年 5 月前支付合同价款总额的 5%，计 272 350 元，但在合同的实际履行过程中，被告均未按时支付上述价款。被告违反了合同的约定，没有按时支付价款，应该按照日万分之二点一的赔偿标准赔偿原告逾期付款违约金。被告应该赔偿的逾期付款违约金分别计算为 148 918.77（414 700 元 × 0.000 21 × 57 个月 × 30 天/月）元，92 653.47（272 350 元 × 0.000 21 × 54 个月 × 30 天/月）元，54 905.76（272 350 元 × 0.000 21 × 32 个月 × 30 天/月）元，合计 296 478 元。原告在本案中实际要求被告支付逾期付款违约金 4 万元，符合法律规定，法院对该诉讼请求予以支持。"该判决生效之后，双方当事人于 2007 年 10 月 23 日签订《执行和解协议》一份，双方对被告如何支付给原告报酬本金 959 400 元、逾期付款违约金 4 万元及其他费用等进行了约定。截至 2008 年 7 月 31 日，被告履行了上述判决所要求其承担的全部义务。

在该判决生效后，佶缔纳士机械有限公司又对吉林延边石岘白麓纸业股份有限公司提起诉讼，要求被告偿付价款本金及逾期付款违约金。原告主张，按合同约定，被告应偿付原告逾期付款违约金 296 478 元，但在该诉讼中，原告只主张了 4 万元，对剩余的 256 478 元逾期付款违约金保留继续诉讼的权利，现原告要求依法判令被告立即偿付逾期付款违约金 256 478 元。

二、法律问题

本案中，原告提出的诉讼请求是否违反处分原则？

三、重点提示

一般而言，根据处分原则，当事人可通过权利主张确定法院裁判对象，这里就存在着一个疑问，亦即民事权利人能否将其权利分次行使，或者，分次行使的权利能否构成不同的诉讼请求。除民事诉讼法上诉讼经济原则、纠纷一次性解决等理念外，当事人在实体上及程序上的处分权限也是较为重要的考量点。

一般而言，民事权利人可将其民事权利分次行使，分次行使的权利也构成不同的诉讼请求，其论据即为民事诉讼的处分原则。在私法自治原则下，债权人有权在诉讼外将债权分割行使，因此，当事人也可在起诉时将权利分割行使。况且，为保护原告的民事权利，也应承认民事权利可以分割请求。因为，若非如此，原告将被迫在诉讼胜负结果未卜时（起诉时），即以全部债权数额作为诉讼标的额，如此将有可能产生较高的诉讼费用及律师费用。在侵权损害赔偿诉讼中，部分请求更有其必要性。倘若不允许原告分割其权利分次起诉，则原告可能会畏于过重的诉讼费用负担而踌躇不起诉，则原告的权利将难以得到保护。因此，原告提出的诉讼请求并不违反处分原则，为贯彻处分原则，应当允许原告分割其权利分次起诉，这也是司法实务中的通行做法。

专题三　辩论原则

◈ 知识概要

《民事诉讼法》第 12 条规定，人民法院审理民事案件时，当事人有权辩论。这是辩论原则的体现。民事诉讼法的这一规定，可溯至我国《宪法》第 139 条关于当事人及其他诉讼参与人诉讼权之规定，也与域外大陆法系国家约束性辩论原则有一定的关联。《民事诉讼法》第 12 条所保障的辩论权，系借此使当事人有表示意见的机会；据此，当事人有权及时得到关于诉讼程序进行的通知（受送达、开庭通知等），有权主动对于本案事实及法律问题提出陈述、举证，法院也需要判断当事人的陈述事项并在裁判中说明理由。

◈ 经典案例

甘肃伊曼斯顿食品有限公司与平凉路永益食品
添加剂经营部买卖合同纠纷案[1]

一、基本案情

一审法院认定事实：平凉路永益食品添加剂经营部（以下简称永益经营部）

---

〔1〕　甘肃省兰州市中级人民法院（2017）甘 01 民终 3245 号。

与甘肃伊曼斯顿食品有限公司（以下简称伊曼斯顿公司）就烘焙西点原辅料等产品供货事宜形成长期供需合作关系。至 2015 年 12 月，双方签订了《平凉路永益食品添加剂经营部供货合同》，双方主要约定由永益经营部长期向伊曼斯顿公司供应烘焙西点原辅料等产品，伊曼斯顿公司根据《入库单》《验收确认单》《送货单》等实际签收货物数量向永益经营部支付价款；永益经营部定期提供结算单，伊曼斯顿公司对结算单进行核对后 3 个工作日内付款；未按期足额向永益经营部支付货款的，每逾期一日向永益经营部支付货款总额 1% 的违约金，逾期超过 10 日，向永益经营部支付货款总额 20% 的违约金。2016 年 3 月 1 日，永益经营部与伊曼斯顿公司就所欠货款进行对账，出具对账单载明："截至 2015 年 8 月 3 日，甘肃伊曼斯顿食品有限公司应付平凉路永益食品添加剂经营部货款大写：柒拾捌万壹仟伍佰伍拾陆元捌角整（￥781 556.8 元）"。2016 年 3 月 27 日，双方再次出具对账单，载明："2017 年 1 月 1 日～2017 年 1 月 31 日内，甘肃伊曼斯顿食品有限公司应付平凉路永益食品添加剂经营部部分货款 69 527 元。"对账单由双方加盖公章确认。之后，伊曼斯顿公司对所欠货款一直不予支付，遂酿成纠纷。一审法院向伊曼斯顿公司送达民事起诉状、应诉通知书、开庭传票等诉讼文书时程序合法，而一审开庭审理前，上诉人伊曼斯顿公司向法院说明因法定代表人常某某母亲病故回老家办理后事，无法按时到庭参加庭审，申请延期审理，一审法院以安排公司员工列席旁听的方式缺席审理此案。上诉人伊曼斯顿公司对一审判决提出上诉，主张一审违反当事人辩论原则，且认定证据均未经双方当事人质证即作为定案依据，严重违反定案证据，必须经双方当事人质证的认定标准。

二、法律问题

本案中，上诉人认为一审违反辩论原则是否符合程序规定？

三、法理分析

辩论原则既包括非约束性辩论原则，也包括约束性辩论原则。非约束性辩论原则赋予当事人辩论权，使当事人有表示意见的机会；这意味着，作为法院裁判基础的事实、证据调查结果或法律观点，应由当事人及其代理人提出意见；即使是法院依职权调查的事实、所形成的心证及对于法律的解释与适用观点等专属于法院职权的事项，也是如此。在诉讼辩论中，不仅有当事人陈述事实、提出上述意见，也有当事人提供证据的活动。而当事人主张、否认事实、提出抗辩及举证的活动，对于裁判基础的形成也有重要意义。

约束性辩论原则主要包括以下三方面：

1. 当事人的事实主张对法院有拘束力，亦即，当事人未主张的事实，法院不得据以裁判。但该规则不适用于法律的解释及适用，因为法律的解释与适用属于法院的职权范围。另外，辩论原则只涉及法院与当事人之间关于诉讼资料搜集、提出方面的分工，而不针对双方当事人之间的分工。即使对该事实负客观证明责任的一方当事人未提出事实，只要对方当事人曾提出该事实，经过对该事实负客观证明责任的一方当事人援用，也可完成主张责任。再者，辩论原则仅适用于主要事实（法律要件事实，直接事实），间接事实或辅助事实不适用于辩论原则。这就意味着，间接事实及辅助事实虽未经当事人主张，也能加以斟酌。因为民事诉讼由法官形成心证认定案件事实，当事人不能通过不主张此等事实拘束法院进而影响法官心证形成。

2. 一方当事人所主张的对对方当事人不利的事实，如对方当事人加以承认，则毋庸证明。但自认内容明显违反真实时是否亦有自认效果，学理上存在争议。《民事证据规定》及《民诉法解释》均采取否定立场。

3. 民事诉讼中原则上仅能由当事人自行收集提出证据，除法律及司法解释另有规定外，法院通常不得依职权调查取证。另外，依据辩论原则，当事人所订立的证据契约，在一定的范围内得到容许。

四、参考意见

辩论原则虽然保障当事人辩论的机会，但并不确保当事人实际能提出辩论内容，亦即，该原则虽赋予程序保障，但实际当事人未行使程序保障仍具有可能性。在程序保障穷尽的情形下，例如当事人在不符合延期审理的情形下拒绝出庭参加诉讼，辩论原则所赋予的程序保障已经充分，法院对其作出缺席判决并不违反辩论原则。从这一点看，该案例中，法院并未违反辩论原则。

拓展案例

洪某某与葛某某名誉权、荣誉权纠纷案[1]

一、基本案情

葛某某与葛振林系父子关系，葛振林系"狼牙山五壮士"一员。2015 年 8 月，葛某某起诉至一审法院称：2013 年 8 月 27 日，张姓网民在网络公开发表歪曲"狼牙山五壮士"的言论，造成不良的社会影响。经公安机关侦查，张姓网民承认自己虚构信息、散布谣言的违法事实，公安机关依法对其予以行政拘留 7 日的处罚。2013 年 9 月 9 日，洪某某针对上述事实，在财经网公开发表《小学课本〈狼牙山五壮士〉有多处不实》一文，称"越秀警方以虚构信息、散布谣言的罪名直接抓人，这开了一个谈论历史有可能获罪被抓的先河"，该文迅即被多个网站转载。其后，洪某某又在《炎黄春秋》2013 年第 11 期杂志上发表了《"狼牙山五壮士"的细节分歧》一文。该文不顾"狼牙山五壮士"英勇抗击日寇，为掩护老百姓和主力部队转移，主动将日寇引上与主力部队撤退方向相反的山峰绝路，且战且退，直至退至狼牙山绝顶，最后弹尽毁枪，高呼口号，英勇跳崖，慷慨就义的事实，而是用隐晦阴暗的手法，通过所谓"考据历史"之名义或者假借网民、红卫兵之口等手段，引用不同信息来源细节表述上的微小差异，以断章取义、主观推断和故意误导等方式，污蔑、抹黑狼牙山五壮士。其言：狼牙山五壮士不是五个人，是六人，其中一人中途当了汉奸；五壮士不是掩护老百姓和主力部队，只是追赶主力部队；五壮士不是跳崖，其中二人是溜下山坡；五壮士战斗期间拔地里萝卜，违反三大纪律等。洪某某的微博和文章言论，肆意抹黑"狼牙山五壮士"，在社会上产生了恶劣的负面影响。

在法院二审审理阶段，洪某某一改过去引而不发的手法，在上诉状和庭

---

[1] 北京市第二中级人民法院（2016）京 02 民终 6272 号。

审中公开否认"狼牙山五壮士"英勇抗敌、舍生取义的基本事实，并明确表示，训令等文件关于作战对象、被困军民四万人突围、敌军死伤情况等的描述全系撒谎，是虚假战绩，葛振林荣誉的获得，与其撒谎有关，存在重大瑕疵，是不当得利，不能将其所得荣誉视为理所应当并竭力维护。

二、法律问题

如何适用辩论原则判断本案名誉权、荣誉权损害行为的发生？

三、重点提示

根据约束性辩论原则的内涵，当事人在诉讼辩论中的事实主张情形对法院有拘束力，民事裁判的事实及证据资料主要应由双方当事人提出。一方当事人所主张的对对方当事人不利的事实，如对方当事人加以承认，则毋庸证明。

在本案中，洪某某上诉主张葛振林欺骗组织，夸大战绩，自我美化，其是否跳崖、如何跳崖难免让人生疑等。这些陈述表明，洪某某撰写文章确有贬低葛振林的主观目的。因而，本案二审法院将洪某某上述陈述作为对侵权行为故意事实的自认，并依据这一自认认定洪某某的侵权行为具有主观故意，从而构成侵权行为，最终判决其承担侵权责任。

专题四　诚实信用原则

知识概要

《民事诉讼法》第13条第1款规定了民事诉讼的诚实信用原则。诚实信用原则体现了个人本位的传统诉讼观向社会诉讼观转变的需要。在诉讼中，当事人不仅要使其诉讼行为符合程序法的规定，也要本着诚信态度从事诉讼行为。诉讼法中的诚信原则也是民法中诚信原则的延伸，其主要体现在当事人的真实及完全陈述义务、否定或限制滥用诉讼权利损害相对方当事人及公共利益等做法。

📚 经典案例

陈某与绿地集团北京京纬置业有限公司商品房预售合同纠纷案[1]

一、基本案情

2018 年 5 月，密云法院在审理原告陈某与被告绿地集团北京京纬置业有限公司（以下简称绿地京纬公司）商品房预售合同纠纷一案中，被告绿地京纬公司在提交答辩状期间对管辖权提出异议，认为其主要办事机构所在地为北京市朝阳区，根据《民事诉讼法》的相关规定，故本案应移送至北京市朝阳区人民法院审理。

法院调查发现，在上述案件提起管辖权异议之前，密云法院已经受理了 70 余件此类涉该公司的案件。除个别外，绿地京纬公司均以其住所地在北京市朝阳区为由，对管辖权提出异议。截至目前，已有 30 余件经密云法院及北京市第三中级人民法院认定，绿地京纬公司的住所地在北京市密云区，密云法院对所涉案件有管辖权。

经查实，密云法院裁定驳回绿地京纬公司对该案管辖权提出的异议。绿地京纬公司对裁定不服，上诉至北京市第三中级人民法院。北京市第三中级人民法院裁定驳回绿地京纬公司的上诉，维持原裁定。

密云法院认为，绿地京纬公司在明知密云法院对本案件具有管辖权的情况下，仍执意以其住所地在北京市朝阳区为由，对案件管辖权提出异议，并在法院驳回其异议后又提起上诉，其行为系恶意滥用程序权利，违反诚实信用原则，拖延案件审理进程，浪费司法资源，妨害民事诉讼的正常进行，故依照相关法律规定，对绿地京纬公司作出 50 万元的罚款决定。因在规定期限内，该公司未主动缴纳罚款，现案件已移送执行。

二、法律问题

本案中，被告的行为是否违反诚实信用原则？

---

[1] 参见于忠洋："滥用管辖异议权利 绿地京纬公司被罚 50 万"，https://baijiahao. baidu. com/s？id＝1610319557386141138&wfr＝spider&fov＝pc，最后访问时间：2018 年 10 月 16 日。

三、法理分析

诚信原则是高度抽象的指导理念，为确保其能适当地、正确地运用，需要借助个案实现实质的公平，因而有必要进行精确的类型化分析。既有研究认为，民事诉讼法适用诚信原则的类型包括：禁反言、诉讼上权能的失效、诉讼状态不当形成的排除、诉讼上权能滥用的禁止。

禁反言是指禁止当事人实施与先行行为相互矛盾的举动。也就是说，如果当事人在诉讼中或诉讼外先有某个行为（先行行为），之后又在诉讼中实施与此相互矛盾的行为时，如果承认矛盾行为的效力，将损害信赖这一先行行为的相对人（或法院、案外人等）的利益，这时就需根据诚信原则否定该后续矛盾行为的效力。适用禁反言的要件包括：①当事人在诉讼中或诉讼外已经表明一定的态度，之后又实施与此态度相互矛盾的诉讼行为；②相对人信赖上述态度，并基于这一态度决定自己的法律地位；③承认当事人后续矛盾行为的效力，将不当损害信赖先行行为的相对人利益；④应当综合衡量双方当事人因承认或否定矛盾行为的效力所能获得的利益或所承受的不利益。

所谓诉讼上权能的失效，是指当事人因长期不行使诉讼上权能，导致对方当事人有充分理由认为该当事人已经不会再行使该项权能，并以此为前提采取行动时，如再容许该当事人行使此项权能将损害其他当事人的利益，则可基于民诉法上的诚实信用原则认为该权能已经丧失。在日本的民事诉讼实务中，就有原告不采取诉讼措施长达35年之久导致法院依据诚信原则以其诉不合法为由驳回诉讼的例子。当然，由于起诉权涉及公民的诉讼权，多数观点认为对此应采取更为慎重的态度。

而所谓诉讼状态不当形成的排除，是指倘若一方当事人狡猾地制造出对自己有利的诉讼法规适用状态而不当适用法规，或不当规避不利于自己的法规适用，或不当妨害对方当事人有效地实施诉讼行为，则根据诚信原则否定该恶意当事人所期待的效果。例如，债权人为骗取诉讼救助，故意将其债权通过信托让与的方式转由无资力的第三人，并由该第三人向法院起诉获得诉讼救助；又如，当事人为骗取法院管辖，故意将其主要办事机构所在地迁往该地。再如，在日本的民事诉讼实务中，就有明知自己一定会遭受败诉判决的被告债务人为避免将来受到强制执行，恶意地以极其低廉的对价取得第三人对原告的实际上毫无价值的债权并以此提出抵销抗辩的情形。

四、参考意见

如前所述，民诉法上的诚实信用原则也体现在"诉讼上权能滥用的禁止"这一点上。民诉法对于法院、当事人及其他诉讼参与人均规定诸多的诉讼权能，但如果这些主体违反法律赋予上述权能的目的去行使诉讼权能时，就属于诉讼权能的滥用。例如，当事人意图拖延诉讼而滥用管辖权异议制度、申请回避制度等。此外，虚假诉讼、提起显然没有理由的诉讼也属于这种情形。

在上述案件中，当事人提起民事诉讼、参与诉讼活动的行为均应当坚持诚实信用的原则，正当、严肃、实事求是地行使法律赋予的诉讼权利和实体权利，充分认识和尊重民事诉讼活动的严肃性和对方当事人的合法权利；当事人不应当虚构纠纷，随意启动管辖权异议程序并提起上诉。本案原告在显无理由的情形下随意启动司法程序，且通过上诉程序进一步迟滞诉讼，此举既无端浪费了有限的司法资源，影响了正常的诉讼活动的开展，又给对方当事人造成了一定负面影响和诉讼成本支出，因而属于违反诚实信用原则的行为。

◈ 拓展案例

耿某某与李某民间借贷纠纷案[1]

一、基本案情

原告耿某某与被告李某民间借贷纠纷一案，原告耿某某诉称，2012 年 8 月 20 日，李某因做生意缺少资金，向他借款 120 000 元并出具借条 1 份。同年 9 月 8 日又因家庭开销及生意周转为由再次向他借款 155 000 元，当时李某出具了总借条 1 份。嗣后，经他再三催要，李某以种种理由敷衍搪塞不肯还款。为此诉至法院，要求判令李某立即归还借款 275 000 元并承担本案诉讼费用。

被告李某辩称，他向耿某某出具借条是事实，但借款 275 000 元不是事实，他仅先后向耿某某借款 20 000 元。在 2012 年 3 月至 9 月，他与耿某某经常一起到酒吧、歌厅等场所消费，耿某某共花费 100 000 元左右。为此，耿某

---

[1] 江苏省江阴市人民法院（2013）澄青民初字第 0399 号。

某要求他共同承担，并提出让他出具 275 000 元的借条，用以问他家里要钱偿还耿某某借的高利贷，余款用于 2 人以后的花销。对于他向耿某某的借款 20 000 元，他同意归还，但其余款项不同意承担。

经审理查明，耿某某与李某系初中同学关系。2012 年 3 月起，耿某某和李某经常一起去娱乐场所消费，其间李某陆续向耿某某借款 20 000 元。2012 年 10 月中旬以后的一天，李某向耿某某出具借条一份，载明："本人因家庭开销和生意周转向耿某某借款人民币贰拾柒万伍仟元（¥275 000 元），于 4 个月后（2012.12.8）归还。"李某在借款人处签名并捺指印，落款时间为 2012 年 9 月 8 日。2012 年 12 月 9 日，耿某某持该借条到李某家中催要款项时，双方发生纠纷，李某家人报警。江阴市公安局南闸派出所出警并给双方做了询问笔录。2013 年 5 月，耿某某诉至本院要求被告李某归还借款 275 000 元并承担本案诉讼费。

关于借款经过，耿某某于 2012 年 12 月 9 日在派出所陈述："2012 年 9 月 3 日左右，李某到我租住地某小区某室找我"，要求借款。"我爸妈帮我筹了 12 万，2012 年 9 月 8 日，我在我的租住地某小区某室把那 12 万元借给了李某，当时他给我写了张借条。""过了 10 天左右，李某又打电话说钱还不够还要问我借 10 万元左右"，"2012 年 10 月初的一天，我在我的租住地把我凑到的 13 万元借给李某，当时他没有写借条，他答应给我 25 000 元的利息，总共要还我 275 000 元"，"到 2012 年 10 月初的一天晚上 6 点多钟，李某在某浴室包厢补写一张借条给我"。而耿某某在 2013 年 5 月 24 日第一次庭审中陈述："李某于 2012 年 7 月份开始提出借钱，我 8 月份把钱给他的。""我在八月底一次性给他的，同时他打了张 120 000 元的借条给我"，"是在我当时的出租房里给他的"。"第二次借钱是隔了 3、4 天，是 9 月 8 日晚上在南闸某浴室交给李某 155 000 元，同时李某出具了借条。"155 000 元借款的来源是"向我同学借了 50 000 元，我的汽车抵押了 30 000 元，我家里的 30 000 元和我老婆的 30 000 元，我的项链卖了 15 000 元"。关于借条形成经过，李某在派出所及庭审中均陈述，是 2012 年 11 月在某浴室所写。

法院也查明：耿某某承租江阴市某小区某室房屋是 2012 年 9 月 5 日左右，租金为 2000 元/月，共租赁 3 个月。法院责令耿某某限期提供其妻子陈某的银行存款交易记录，但耿某某未提供。

上述事实，有借条、江阴市公安局南闸派出所询问笔录、调查笔录及双方当事人当庭陈述等证据在卷予以佐证。

法院认为：合法的借贷关系受法律保护，本案的争议焦点是：原被告之间是否存在 275 000 元的借贷关系。参照江苏省高级人民法院审判委员会会议纪要【2013】1 号，原告仅提供借据主张借贷关系成立，被告提出反驳证据足以对借贷关系真实性产生合理性怀疑的，人民法院应当要求原告进一步提供证据。本案中，李某针对耿某某关于 2012 年 8 月底在其出租屋内向李某交付借款 120 000 元的陈述向本院申请调查，本院经调查可证明耿某某在 2012 年 9 月 5 日入住出租屋的事实。因此，本院对于耿某某主张的借贷关系的真实性足以产生合理怀疑。经进一步调查，耿某某在派出所所做出的借款经过的陈述与其诉状及庭审中的陈述的借款时间、借条出具时间、借款金额、借款地点、款项来源均有重大矛盾，并且直至本院出示派出所询问笔录后才改称借款经过以在派出所陈述为准。另外，对于耿某某陈述有部分借款来源是其妻子提供，但经本院限期举证，耿某某无正当理由未予提供。耿某某亦未对借款交付提供其他证据予以证明。故耿某某要求李某归还借款 275 000 元的诉讼请求所依据的事实无充分证据予以证明，本院不予支持。李某自认其向耿某某借款 20 000 元，并同意归还，符合法律规定，本院予以准许。

二、法律问题

耿某某在派出所所做出的借款经过的陈述与其诉状及庭审中的陈述的借款时间、借条出具时间、借款金额、借款地点、款项来源等事项不符，是否符合诚实信用原则？

三、重点提示

在上述案件中，法院认为，即使耿某某因时间间隔对借款时间记忆有偏差，但其对如此大额借款的金额及发生地点陈述前后矛盾，显然违反了民事诉讼应当遵循诚实信用原则的规定。从学理上看，耿某某的陈述已符合"禁反言"原则的适用要件，并且本案也并不涉及人身关系，因此耿某某上述行为违反诚实信用原则。不过，在婚姻关系等涉及人身关系的案件中，其公益性质浓厚且更重视客观真实，因此"禁反言"原则的适用也受到限制。

专题五　公开审判制度

知识概要

公开审判制度是指人民法院对于民事案件的审理和宣判应当依法公开进行的制度。在此意义上，公开审判是允许当事人以外第三人进入法庭旁听的制度。司法审判需要公开，以避免法院的恣意，从而确保审判公正，此外也能获得民众对于法院的信赖。公开审判制度的另一层涵义，则是相对于当事人而言的公开，是指诉讼当事人在法院调查证据及辩论期日，有受合法传唤到庭、参与诉讼程序的权利。

经典案例

中国中旅（集团）公司与华证资产管理有限公司股权
转让纠纷执行案[1]

一、基本案情

案外人：天津环球玉树纸业有限责任公司（以下简称环球公司）。

申请执行人：中国中旅（集团）公司（以下简称中旅公司）。

被执行人：华证资产管理有限公司（以下简称华证公司）。

中旅公司与华证公司股权转让纠纷一案，北京市第二中级人民法院执行过程中，案外人环球公司提出异议称，法院所查封的天津市河西区友谊路3号友城名居10号楼1门、2门的房产是其公司于2003年向天津市泉隆房地产开发公司（以下简称泉隆公司）购买的财产，价款6 299 020元于2004年已支付给泉隆公司。后泉隆公司涉及债务纠纷，在收取售房款后又将上述房屋转让给了华证公司。2007年，经诉讼，环球公司与华证公司达成调解协议，并由天津市河西区人民法院作出（2007）西民一初字第379、380号民事调解书，确定环球公司向华证公司支付1 695 890元，华证公司协助环球公司办理

---

〔1〕　北京市第二中级人民法院（2014）二中执异字第00107号。

过户手续。调解书送达前，环球公司将调解书涉及的款项交存于天津市河西区人民法院，但是由于华证公司不配合，该房屋至今未转移登记到环球公司名下。另外，自2004年起，环球公司已实际占有该房屋并使用至今。故请求北京市第二中级人民法院依法解除对上述房屋的查封措施。

中旅公司辩称，环球公司不是友城名居10号楼1门、2门房屋的产权人，该房产至今仍登记在华证公司名下。泉隆公司与环球公司签订的天津市商品房买卖合同以及补充合同，因为泉隆公司属于无权处分，故合同无效。在2007年河西区法院作出的调解书中，规定环球公司承担办理过户手续的契税，而土地出让金依法应当包含在契税之内，环球公司未缴纳土地出让金，致使调解协议无法履行，说明环球公司对房屋不能过户存在过错。而且，自2007年至今，环球公司未采取行动积极主张权利，应当对房产被法院查封承担不利后果。故请求北京市第二中级人民法院驳回环球公司的异议请求。

华证公司同意环球公司的异议请求，认可泉隆公司与环球公司签订房屋买卖合同的效力，承认其曾与环球公司在天津市河西区人民法院达成过调解协议。

北京市第二中级人民法院经审查查明，中旅公司与华证公司股权转让纠纷一案，北京市高级人民法院于2007年6月27日作出（2007）高民终字第603号民事判决。因华证公司未按生效法律文书履行义务，中旅公司申请强制执行。执行过程中，北京市第二中级人民法院于2013年12月10日查封了华证公司名下位于天津市河西区友谊路与围堤道交口友城名居10-1门（房产证号：津0134144）和10-2门（房产证号：津0134143）的房产。

2003年11月18日，环球公司与泉隆公司签订了天津市商品房买卖合同及补充合同，购买坐落于河西区友谊路3号10号楼1、2门的房屋，总价款7 873 775元。合同中载明，出让房屋对应的土地性质为划拨土地，补充合同中约定环球公司扣除总房款的20%作为办理房产证及泉隆公司各项承诺之保证金。2004年6月23日，环球公司向泉隆公司支付了6 299 020元。同日，泉隆公司向环球公司开具了收到预收购房款6 299 020元的天津市房地产开发企业预售款专用收据。为办理房产过户手续，2004年8月10日，环球公司与泉隆公司就上述房屋分别签订了天津市商品房买卖合同，房屋坐落分别为河西区友谊路3号友城名居10-1-101和河西区友谊路3号友城名居10-1-102，价款分别为3 510 325元和4 363 450元，总价款与2003年签订的合同价款一致。环球公司一直实际占有使用上述房屋，并交纳物业费、供暖费。

2007 年 5 月 8 日，天津市河西区人民法院开庭审理的华证公司诉泉隆公司、环球公司等腾房一案的开庭笔录中，华证公司主张：河西区友谊路与围堤道交口友城名居 10 - 1 门及 2 门原系泉隆公司所有，因泉隆公司与华夏证券有限公司（以下简称华夏公司）天津分公司有债权债务关系，2001 年 4 月 29 日，天津市高级人民法院作出（1998）高执执字第 18 号民事裁定，将上述房屋以物抵债给华夏公司天津分公司。2001 年 11 月 26 日，根据国务院相关文件，华夏公司将其名下的财产剥离给华证公司。为了房屋变现收回资金，2002 年 4 月 17 日，以华夏公司天津分公司名义与泉隆公司签订了协议书，约定华夏公司天津分公司委托泉隆公司协助办理所接收的泉隆公司抵债房产的房屋所有权权属登记、转让变现收回资金等事宜，协议期限为一年，泉隆公司协议期内未售房。2006 年 2 月 21 日，华证公司办理了上述房屋的产权证。为证明其主张，华证公司提交了（1998）高执执字第 18 号民事裁定、资产剥离协议及明细、产权证及华夏公司天津分公司与泉隆公司签订的协议书。庭审后，华证公司与环球公司达成调解协议：环球公司同意在原合同售价的基础上每平方米增付 100 元，房款总计 7 994 910 元，减去已付的房款 6 299 020 元，环球公司实际应付华证公司购房余款 1 695 890 元；调解书生效之日起，华证公司为环球公司办理过户手续，将友城名居 10 号楼 1 门、2 门产权过户到环球公司名下；办理产权过户手续，双方按规定承担相关费用，华证公司承担交易手续费、印花税；环球公司承担交易手续费、印花税、契税、登记费。环球公司向法院提存了上述房款。2008 年 3 月 7 日，环球公司向天津市河西区人民法院申请强制执行。2008 年 7 月 22 日，因本案不具备执行条件，天津市河西区人民法院终结本次执行程序。

北京市第二中级人民法院认为，华证公司作为天津市河西区友城名居 10 - 1 门、10 - 2 门房屋产权证登记的所有人，其与环球公司就上述房屋所有权转移达成的协议由天津市河西区人民法院（2007）西民一初字第 379、380 号民事调解书确定，该调解发生法律效力的时间早于本院查封生效的时间，且玉树纸业公司履行了金钱给付义务并通过申请强制执行积极主张权利。故环球公司作为上述房屋购买人的权利应当得到尊重和保护，其所提异议请求符合法律规定，应予支持。据此，依据《民事诉讼法》第 154 条第 1 款第 11 项、第 227

条之规定，裁定中止对天津市河西区友谊路与围堤道交口友城名居 10 - 1 门、10 - 2 门房屋的执行。

二、法律问题

案外人异议的审查方式是否适用公开审理制度？

三、法理分析

案外人异议属于执行裁决案件，宜避免对实体争议介入过深，否则将直接破坏审执分立的基本格局，不利于执行机构专业性的发挥，也难以保证审查质量。执行过程中案外人的异议主张，有独立的诉讼请求和理由，属于实体性权利争议，明显是诉的一种，适合通过普通民事诉讼程序来解决。此外，法律规定案外人异议程序的审查期限是 15 天，在如此短暂的时限内难以对实体争议进行实质调查举证并加以判断。因此，案外人异议只能按照"权利外观""物权公示"等原则和标准审查。

在执行程序中，执行法院应当调查被强制执行的财产是否属于债务人的责任财产。这属于实体法上权利义务关系的判断，严格而言，本应由诉讼法院为之。但是执行法院并非诉讼法院，无权确定执行标的之归属，且倘若由执行法院作出实体权利义务归属的判断，可能会妨碍执行程序迅速进行。故而，学理中一般认为，执行法院应根据"权利外观""物权公示"等原则和标准判断责任财产的归属，而无需调查确证该财产是否属于债务人。以动产为执行标的时，应以债务人是否占有为标准，但动产实行登记制度、动产占有外观显然不能证明该物系占有人所有（例如快递小哥持有的包裹物件）等情形不在此限。执行标的为不动产或船舶时，通常可通过登记簿册文件或其他证明文件（不动产契税发票、房屋等不动产建筑文件、水电气缴费收据等材料）证明。对于商标权、著作权、专利权等其他财产权执行时，则可先根据债权人的陈述迅速展开强制执行。这种调查只需达到"大致如此"的程度即可，不必达到民事诉讼中认定事实的证明标准。此后若执行法院发现执行标的物并非被执行人所有时，应撤销对该标的物的查封；而如果执行标的物是否属于被执行人尚有疑问，例如案外人对该执行标的物争执、主张权利，则可由该案外人对该物提出案外人异议及异议之诉。

在司法实践中，案外人提出异议的情形多种多样，繁简不一，而诉讼程序相对复杂，对案外人异议一律通过诉讼程序处理，在效率上可能会受到一定的影响，也可能会被案外人恶意利用，拖延执行。当然，案外人的异议主张本身就是基于实体权利而提起的，其不可避免地承载着一部分实体审查的职能。

四、参考意见

实践中，人民法院对于案外人异议及变更、追加执行当事人等重大执行事项，一般应当公开听证进行审查，例如《最高人民法院关于民事执行中变更、追加当事人若干问题的规定》第28条第2款之规定。案情简单，事实清楚，没有必要听证的，人民法院可以直接审查。完整的执行听证程序包括听证准备阶段、听证调查阶段、听证辩论阶段和听证裁决阶段，实际上就是简化的庭审。既然是按照"权利外观""物权公示"等原则和标准审查并涉及实体层面，那么此种执行听证审查程序作为简化庭审程序，适合采用公开的方式审理。

◆ 拓展案例

黄某与韩某离婚纠纷案[1]

一、基本案情

原告黄某与被告韩某离婚纠纷案，原告黄某诉称：原、被告于2013年3月经人介绍相识，于同年10月10日依法登记结婚。由于婚前双方缺乏了解，婚后性格和工作等方面差异较大，经常因为家庭琐事而发生争吵。由于被告在婚姻关系存续期间患严重的痛风，造成走路受限，心理出现严重变化，经常认为原告是由于其患病而不愿意与其共同生活，并经常因此发生争吵。2016年11月1日，双方再次发生争吵，原告在忍无可忍的情况下，与原告分居至今。经双方父母多次调解，均无法和好。现夫妻感情基本破裂，无和好可能。在婚姻关系存续期间，原、被告购买了一台尼桑轩逸牌轿车登记在原告名下，现价值7万元，原告花费评估费3000元。现原告诉至法院，要求判令原、被告离婚；依法分割车牌号辽××尼桑轩逸牌轿车；债务有原告主张

---

〔1〕　辽阳市白塔区人民法院（2016）辽1002民初314号。

欠原告父亲黄伟平 5000 元用于偿还车贷。

被告韩某辩称：原告将家里的财物都拿走了。原告名下 2 万元存单被原告拿走，具体情况其不清楚。白金项链、白金手镯是被告母亲门某某的，被告的结婚白金镶钻婚戒、车的手续与钥匙都是在被告不知情的情况下拿走了。车是被告方个人购买的，要求返还。被告要求原告给付被告生活费 10 万元。

法院经审理查明，原、被告于 2013 年 3 月份经人介绍相识，2013 年 10 月 10 日原、被告登记结婚，婚后无子女，婚初感情尚可。共同财产有：原告名下车牌号辽××尼桑轩逸牌轿车一台，该车辆系以原告名义偿还贷款，现已还清，经辽阳市价格评估有限公司评估，该车辆现价值为 7 万元。被告韩某患有四肢痛风石，病理性骨折，骨髓炎。

上述事实，有原告黄某提供的结婚证、车辆行驶证、还款计划表确认函、借记卡账户历史明细清单、银行取款和存款凭证、户口本；被告提供的照片及双方当事人陈述笔录在卷为凭，这些证明材料已经被采信。

法院认为，原告黄某与被告韩某虽系自由恋爱结婚，但婚后未能建立真挚的夫妻感情，原告要求离婚，经法院做和好工作，原告仍坚持离婚，说明夫妻感情确已破裂，依法应准予离婚。车牌号辽××尼桑轩逸牌轿车一台系婚后购买，属于夫妻共同财产，经评估机构出具评估意见，车辆现价值 7 万元，应依法平均分割，结合该车辆贷款登记在原告黄某名下、以原告黄某名义贷的款、现由原告黄某使用的实际情况，该车辆由原告黄某所有，原告黄某给付被告韩某车辆折价款 3.5 万元。被告辩称车辆系被告个人购买的，但是根据《婚姻法》规定，婚后婚姻存续期间赠与所获得的财产属于夫妻共同财产，故该车辆作为夫妻共同财产应依法分割。被告辩称车辆首付款 5 万元系向被告母亲借的，但是原告对此予以否认，且被告未提供充分的证据加以证明，故对于被告的辩称，无事实和法律依据，不予采信。原告主张欠原告父亲黄伟平 5000 元用于偿还车贷，但是没有打条，因此原告不能提供充分的证据对此加以证明，故对于原告该项主张，证据依据不足，不予支持。被告主张原告名下有 2 万元存单，但是未提供充分的证据加以证明，故对于被告该项主张，证据依据不足，不予支持。被告主张原告拿走了白金项链、白金手镯、白金镶钻婚戒，原告对此予以否认，且被告未提供充分的证据加以证明，故对于被告该项主张，证据依据不足，不予支持。被告主张原告给付生活费 10 万元，结合本案，因被告患病，作为妻子的原告应当对病夫依法履行扶养义务，因此，被告要求原告承担生活费的请求，有事实和法律依据，但是被告主张过高，根据实际情况，原告给付被告生活费 1 万元。

二、法律问题

本案法院并未不公开审理，是否违法？

三、重点提示

《民事诉讼法》第 134 条规定，人民法院审理民事案件，除涉及国家秘密、个人隐私或者法律另有规定的以外，应当公开进行。离婚案件，涉及商业秘密的案件，当事人申请不公开审理的，可以不公开审理。在该案中，当事人均未申请不公开审理，法院无需不公开审理。

专题六　回避制度

知识概要

回避制度是审判人员和其他有关人员在规定情形下退出某一案件审理活动的制度。回避制度是案件裁判实体公正的保障，也是程序公正的体现，其意在防止因感情作用而影响公正地作出是非判断。回避制度的适用，以审判人员为先，也适用于书记员、翻译人员、鉴定人、勘验人。回避的方式包括自行回避、申请回避与指令回避。

经典案例

朱某某与柏某某民间借贷纠纷案[1]

一、基本案情

原告朱某某与被告柏某某民间借贷纠纷一案，朱某某向法院提出诉讼请

---

[1]　湖南省道县人民法院（2018）湘 1124 民初 775 号。

求：①请求人民法院判令被告柏某某归还原告所借的人民币 120 000 元；②要求被告柏某某承担本次诉讼形成的所有诉讼费用。事实和理由：被告柏某某于 2018 年 2 月 1 日以一起开厂为由，向原告朱某某借款人民币 120 000 元。原告朱某某收到被告柏某某亲笔所写的借条 2 份，现被告柏某某有隐藏与转移财产的行为。原告要求被告归还借款，被告拒不接电话，不予归还。原告为维护自己的合法权益，请求人民法院支持原告的诉讼请求。

柏某某辩称，原告与被告系合伙协议纠纷，非民间借贷纠纷。被告与原告于 2016 年年底时口头协议合伙成立鞋厂，由原告出资 90 000 元，其余部分资金由被告负责，二人共负盈亏，共担风险。2017 年 3 月 19 日，二人合伙成立道县志成鞋厂，由被告管理（鞋厂为半成品来料加工，未经工商登记），经营到同年年底解散。2017 年 3 月、4 月、5 月、7 月共 4 个月期间，原告出资 9 万元用于支付鞋厂工人工资等。2017 年 8 月 5 日，原告借故从被告处支取 30 000 元。2017 年 12 月 25 日，原告从被告处支付 47 000 元用于偿还以原告名义向外借的款项。2017 年 3 月至 12 月，被告共出资 165 000 元用于鞋厂支付工人工资等。2018 年 2 月 1 日，原告要求被告就原告出资 90 000 元用于鞋厂所用向原告书写"借条"一张。被告与原告应对鞋厂进行清算。至 2017 年底，因二人对鞋厂经管理念不同，鞋厂解散，二人至今一直未对鞋厂进行清算。根据《合伙企业法》第 86 条"合伙企业解散，应当由清算人进行清算"的规定，应当由二人对鞋厂进行清算。综上，被告与原告系合伙协议纠纷，二人对鞋厂共负盈亏，共担风险，鞋厂解散后，依法进行清算，请法庭查明案件事实，驳回原告的起诉。

在审理过程中，被告柏某某以"审判员曾某某对本案事实认定先入为主，未审先定"为由，于 2018 年 4 月 5 日向法院申请审判员曾某某回避，经法院院长决定，依法准予被告的回避申请，并依法适用简易程序，由审判员杨军党独任审判，公开开庭进行了审理。原告朱某某到庭参加诉讼。被告柏某某及其委托诉讼代理人到庭参加诉讼。本案现已审理终结。

二、法律问题

本案适用回避制度是否违反法律规定？

三、法理分析

回避制度的适用事由，包括审判人员等是否具备应回避的身份，是否与本案有利害关系，是否与本案当事人、诉讼代理人有其他关系，可能影响对案件公正审理的。除此以外，《民事诉讼法》还规定了应当回避的其他事由，例如接受当事人、诉讼代理人请客送礼，或者违规会见当事人、诉讼代理人，《民诉法解释》对回避事由又有更具体的规定，其中也包括"有其他不正当行为，可能影响公正审理的"这一事由。这一事由可理解为，审判人员足认其执行职务有偏颇之虞的情形。

当事人以法官有偏颇为理由申请回避者，应以法官对于诉讼标的法律关系有特别利害关系，或与当事人一方有密切的交谊或嫌怨，或基于其他情形客观上足以怀疑其审判不公平作为其原因事实。总之，法官是否有偏颇，应就具体事实作客观认定，不能仅作主观推测。而法官在指挥诉讼时询问当事人及诉讼代理人的次数、向当事人及诉讼代理人的说明是否详尽，对于当事人提出的证据是否调查，推进诉讼程序是否迅速等情事，则不宜作为判断法官是否有偏颇的论据。

四、参考意见

在该案中，审判员曾某某对本案事实认定先入为主、未审先定，足以影响本案公正审理，对此当事人申请回避并无不妥之处。

◈ 拓展案例

宋某某诉黑龙江亚欧牧业有限公司等物权保护纠纷案[1]

一、基本案情

原告宋某某与被告黑龙江亚欧牧业有限公司、明水县人民政府、明水县双兴镇人民政府、明水县畜牧兽医局物权保护纠纷一案，明水县人民法院于2017年6月26日立案。宋某某诉称：①请求判令被告立即停止侵害、排除妨

---

〔1〕　黑龙江省绥化市中级人民法院（2017）黑12民辖6号。

害、拆除违法建筑、恢复原状；②判令被告承担本案诉讼费用。事实和理由：原告为原明水县东兴村东合村村民（原东兴乡和原双兴合并为现今的双兴乡）。为发展规模养殖业，原告于 1996 年 1 月 1 日与明水县东兴乡东合村签订了《明水县草原承包合同书》，承包合同签订后的 20 余年间为草原改良建设、养殖基础设施建设共计投入数百万元人民币。现发现，在未经原告同意的前提下，被告即大肆在原告承包的前述草原上进行违法施工，其行为严重地侵犯了原告的承包经营权，造成原告重大经济损失。被告的行为严重地违反了《中华人民共和国土地管理法》等若干法律、法规、规范性文件的规定。故为维护原告的合法权益，特依据《中华人民共和国民事诉讼法》向法院提起诉讼，请求法院支持原告的诉讼请求。明水县人民法院经审查认为，原告宋某某认为案件在审理过程中程序存在问题，申请该院回避，并且本涉案及明水县人民政府及招商引资企业，在当地影响较大，经该院审判委员会讨论决定，认为原告宋某某申请回避的理由成立，该院不宜行使管辖权。

上级法院认为，此涉案及明水县人民政府及明水县招商引资企业，在当地影响较大，且原告申请明水县人民法院回避，明水县人民法院认为其不宜行使管辖权，报请上级法院指定管辖。为保证案件的公平、公正审理，维护当事人的合法权益，实现案件审理法律效果与社会效果的统一，上级法院同意明水县人民法院的报请意见。

二、法律问题

本案适用回避制度进而报请上级法院指定管辖是否妥当？

三、重点提示

有管辖权的法院，在以下情形下有必要指定管辖：其一，因为法律或事实该法院不能实施审理与裁判活动。其二，因不同法院管辖区域境界不明，导致不能辨别有管辖权的法院。例如法院管辖区域在山中森林或海上渔场时，倘若发生境界不明的争执，就有必要指定管辖。其三，法院全体法官均应回避，即基于法律原因不能行使审判权。其四，法院因天灾、战争不能处理事务的情形，则构成因事实不能行使审判权的情形。在本案中，受案法院正是因为其全体法官均应依法回避而指定管辖的。因而适用回避制度是合理的。

专题七 合议制度

🐚 知识概要

合议制度是我国民事诉讼法的基本法律制度，是指由三名以上的审判人员组成合议庭，对民事案件进行审判的制度。按照《民事诉讼法》的规定，人民法院审理第一审民事案件，由审判员与陪审员共同组成合议庭或者由审判员组成合议庭进行审理。人民法院审理第二审民事案件，由审判员组成合议庭进行审理。发回重审的民事案件，由原审人民法院重新组成合议庭来进行审理。依照法律规定，简单民事案件可以由审判员一人进行独任审理。

🐚 经典案例

虎某某与李某民间借贷纠纷上诉案[1]

一、基本案情

一审被告虎某某于 2009 年 10 月 7 日向原告李某借款 30 万元，用于做工程机电生意，并向原告出具借条一份。借条内容为："今借到李某现金叁拾万元整，借款人虎某某09.10.7。"此款经原告催要，被告于 2010 年 5 月 22 日偿还 10 万元，剩余 20 万元经原告催要，被告均未还款。现原告诉至原审法院，请求判令被告偿还借款本金 20 万元及利息 19.8 万元。

一审法院认为：合法的借贷关系受法律保护。本案中，被告借原告现金 20 万元，事实清楚、证据充分，因双方未约定还款期限，故对原告请求被告虎某某偿还借款 20 万元的诉讼请求，原审法院予以支持。因自然人之间的借款合同对支付利息没有约定的，或者约定不明确的，视为不支付利息，故原审法院对原告请求被告支付利息的诉讼请求，不予支持。一审法院判决如下：①被告虎某某于本判决生效之日起 7 日内偿还原告李某借款 20 万元。②驳回原告李某的其他诉讼请求。如果未按本判决指定的期间履行给付金钱义务，

---

〔1〕 安徽省亳州市中级人民法院 （2014） 亳民一终字第 00897 号。

应当依照《中华人民共和国民事诉讼法》第 253 条之规定，加倍支付迟延履行期间的债务利息。案件受理费 7270 元，由原告负担 2970 元，由被告负担 4300 元。

宣判后，上诉人虎某某不服，书面上诉称一审程序违法。其主张，2013 年 5 月 9 日上午，一审庭审开的是简易庭，仅有承办人锁某某及书记员王某某，并无其他审判员和人民陪审员，而一审判决书体现的是合议庭、普通程序。此外，一审法院严重违反审限规定。一审用了十五个月零六天才作出判决，显然超出审限。被上诉人李某则书面答辩称：一审法院审判程序合法，上诉人第一条上诉理由不能成立。一审笔录显示，人民陪审员均签字合议，上诉人认为人民陪审员没有参加评议案件，并没有证据支持。一审法院为了化解矛盾，案结事了，多次组织当事人调解，按照法律规定，调解期间不计入审限，因此，上诉人认为一审超审限的理由也不能成立。

二审法院认为，虎某某虽提出一审违反合议制度，但并无证据表明，且一审庭审笔录中有合议庭人员签名，故对该项上诉理由不予认定。

二、法律问题

结合现有案情，本案审理是否违反合议制度？

三、法理分析

合议制审判中的角色分担，在学理上有审判长、受命法官、陪席法官之分，且各人的职务权限宜有不同设定。例如，审判长得指定期日、开闭庭及指挥言词辩论、行使阐明权、宣告裁判。受命法官仅得在受命范围内执行职务；例如，实施准备程序、调查证据、试行和解。陪席法官的职务权限小于审判长及受命法官，例如，在庭审中，陪席法官报告审判长后，得向当事人发问或阐明。在该案中，上诉人认为仅有作为陪席法官的承办人及书记员开庭审理，如这一事实得到确证，则由该承办人一人开启并单独指挥言词辩论程序，显然违反民事诉讼的合议制度。

但民事诉讼中，对于有长期性保存必要的重要诉讼行为，通常以书面形式保存，例如，起诉、上诉或申请再审原则上均以书面为之。此外，在同一案件中开庭多次时，因时间久远，当事人及证人陈述繁多，法官无法一一准确记忆，为防止遗忘，需要保存相关记录，例如，由法院制作准备程序笔录、调查证据笔录及言词辩论笔录，留供法官及当事人事后查考。而且，上级审法院对于下级审法院所实施的审判程序、证据评价、判断等事项审查时，也依赖准备程序笔录、调查证据笔录及言词辩论笔录等书面形式的资料。此外，法庭辩论虽主要通过言词方式为之，但同时也由法院书记员制作笔录保存，或由当事人提出辩论意见保存。民事诉讼庭审程序原则上虽然采用直接言词原则，但由于案件数量较多，要求所有诉讼资料都取自言词辩论程序并不现实，因而实务上不得不依赖书面材料。

四、参考意见

在司法实务中，庭审笔录（即言词辩论笔录）的参加人员、具体陈述、时间地点等事项均有明确记载并经参加人员签名捺印确认。故而此种庭审笔录有推定真实的效力。庭审辩论程序是否遵守法定程序，一般是通过笔录证明。在该案中，一审庭审笔录中有合议庭人员签名，上诉人也未能举出实质证据推翻一审庭审笔录记载的真实性，所以并无证据认定一审法院违反合议制度。

◈ 拓展案例

蒋某与郴州市公安局苏仙分局合同纠纷上诉案[1]

一、基本案情

1998 年 10 月 25 日，苏仙公安分局发布了一份"租赁门面指南"，主要内容为："租赁年限、租赁期限为：从一九九八年十一月起，截止至二○四八年十一月止，共计租赁期 50 年时间，租赁期间可继承、转让。租赁价格：十三套门面中一层一间的有 6 间，二层二间的有 4 套，二层三间的有 3 套，其中第一层价格为每平方米 3000 元，第二层价格为每平方米 1000 元（其中每套门面的租赁见附表）。付款方法：欲租赁者先付租赁总价的 30% 作为定金，一个月内，租赁者交清全部租赁款额，双方签订租赁合同即交付使用。"1998 年

---

〔1〕　湖南省郴州市中级人民法院（2017）湘 10 民终 2780 号。

10 月 16 日，苏仙公安分局将上述意见向其上级单位郴州市公安局请示，郴州市公安局于 1998 年 11 月 24 日批复同意苏仙公安分局的请示。1999 年 5 月 17 日，苏仙公安分局（甲方）与蒋某（乙方）签订一份《租赁合同书》，约定："①甲方将临街门面叁号（编号顺序是面对苏仙派出所大门正面从左向右依次为 1 至 13 号）租赁给蒋某使用……房屋的所有权始终为甲方所有，租赁期满，乙方必须按约定期限将房屋归还给甲方，违者，甲方有权按市价的三倍计收月租。⑤乙方若将房屋变更使用者（转让或继承），需及时通知甲方知晓备案，并履行有关手续后方可……"合同签订后，蒋某一直将房屋租给他人经营，苏仙公安分局未提出异议，直至 2012 年，因郴州市政府修建苏仙福地广场需要将原苏仙派出所临街十三个门面（包括蒋某所签合同的三号门面）拆除，苏仙公安分局欲将十三间出租门面收回，并于 2012 年 7 月 10 日以《租赁合同书》第 8 条为由向蒋某等十三户门面租赁户发出解除合同的通知。2012 年 7 月 30 日，除蒋某外的十二名合同业主与苏仙公安分局签订《解除门面〈租赁合同书〉及补偿协议》，由苏仙公安分局返还十二名业主剩余租赁期间的租金并补偿了十二名业主的门面装修费、门面水电开户费、门面经营权补偿款等，该十二名业主均已领取补偿款。但蒋某认为其是购买而不是租赁苏仙公安分局的门面，要求苏仙公安分局将门面拆迁补偿款归其所有未果，蒋某认为是苏仙公安分局主管门面拆迁工作的副局长邓某滥用职权而向各级部门举报邓某，并一直上访，苏仙公安分局为平息此纠纷，遂起诉请求确认双方之间系租赁关系而非买卖关系。

一审法院认为：本案争议的焦点是 1999 年 5 月苏仙公安分局与蒋某签订的《租赁合同书》的性质，即苏仙公安分局原位于苏仙派出所的三号门面，蒋某到底是买还是租。对此，一审法院评议如下：首先，从形式上看，双方签订的合同白纸黑字写的是"租赁"而非"买卖"。其次，从合同的内容看，租赁合同与买卖合同的根本区别是标的物的所有权是否转移。买卖合同是买受人支付价款给出卖人，出卖人将标的物的所有权转移给买受人的合同；而租赁合同是出租人将租赁物交付承租人使用、收益，承租人支付租金的合同。《租赁合同书》第 4 条约定，房屋的所有权始终归甲方即苏仙公安分局所有，租赁期满，乙方即蒋某必须按约定期限将房屋归还给甲方。同时，该合同还对门面的使用有一定的约束，如房屋四周不能开窗，不能改变房屋的结构，房屋使用者变更（转让或继承）需及时通知甲方知晓备案，如蒋某违法经营，苏仙公安分局可单方终止合同并收回房屋。故本案从合同内容看，房屋的所有权并未发生转移，房屋的所有权始终属苏仙公安分局所有，故一审法院确认《租赁合同书》系租赁合同而非买卖合同。关于蒋某提出苏仙公安分局当时发布的是出售公告，双方之间签订的是买卖合同的抗辩主张，蒋某提供的证据只有人证没有书证，退一步讲，即使苏仙公安分局当时发布的是出售公告，但双方后来实际签订的是租赁合同，也应以后面签订的租赁合同为准，故对其该项主张，一审法院不予采纳。关于蒋某提出 1999 年时任苏仙公安分局政委的廖振炎承诺"租就是买"的抗辩主张，因无证据证实，一审法院不予采信。关于蒋某提出《租赁合同书》约定租赁期限为 50 年、门面可以转让继承，故其实质是以租代买，符合当时的交易习惯的抗辩主张，因上述合同约定并不违反当时的法律有关租赁的规定，且蒋某是完全民事行为能力人，应当明白租赁关系与买卖关系的区别，故对该项主张，一审法院亦不予采纳。蒋某辩称苏仙公安分局滥用合同第 8 条情势变更条款约定解除合同是滥用权力的主张，因是另一个法律关系，一审法院在此不予处理。本案经专业法官会议讨论，一审法院作出如下判决："1999 年 5 月 17 日原告郴州市公安局苏仙分局与被告蒋某签订的《租赁合同书》系租赁关系。本案诉讼费 80 元，由原告郴州市公安局苏仙分局承担。"

对此，蒋某上诉请求：①撤销一审判决，改判确认蒋某与苏仙公安分局于 1999 年 5 月 17 日签订的《租赁合同》为买卖合同；②案件受理费由苏仙公安分局负担。在程序方面的事实和理由为：一审法院程序严重违法，一审法院称"本案经专业法官会议讨论"，以法院的行政管理代替合议制度，没有法律依据。

二、法律问题

本案审理是否违反合议制度？

三、重点提示

《最高人民法院关于完善人民法院司法责任制的若干意见》（以下简称《意见》）第 8 条第 1 款提出："人民法院可以分别建立由民事、刑事、行政等审判领域法官组成的专业法官会议，为合议庭正确理解和适用法律提供咨询意见。合议庭认为所审理的案件因重大、疑难、复杂而存在法律适用标准不统一的，可以将法律适用问题提交专业法官会议研究讨论。专业法官会议的讨论意见供合议庭复议时参考，采纳与否由合议庭决定，讨论记录应当入卷备查。"建立专业法官会议制度的目的是充分运用专家型法官的专业智慧和才能，帮助合议庭解决案件因重大、疑难、复杂而存在法律适用标准不统一的问题，即专业法官会议突出强调司法智库对审判实践的专业指导功能，侧重研究讨论合议庭在审理案件时所遇到的疑难法律适用问题。

专业法官会议是审判业务法律研讨机制，并非审判管理监督机构。根据《意见》第 18 条，合议庭审理案件时，审判长有权依照有关规定和程序将合议庭处理意见分歧较大的案件提交专业法官会议讨论。院长、副院长、庭长对《意见》第 24 条规定的四类案件审理过程或者评议结果有异议的，也可以决定将案件提交专业法官会议进行讨论。但院庭长的审判管理和监督活动严格控制在职责和权限的范围内，专业法官会议并非审判管理和审判监督的主体，其只不过因能及时汇集种类重大、疑难、复杂案件的审理信息流而成为发现问题的渠道，在功能上仍重在指导审判实践、统一裁判尺度、过滤审委会研讨案件、畅通审判权内部运行等，在性质上仍属于审判业务法律研讨的专业性组织。因此，本案审理并不违反合议制度。

专题八　两审终审制度

📚 知识概要

根据《民事诉讼法》第 10 条的规定，人民法院审理民事案件依照法律规定实行两审终审制度。两审终审制度是指某一案件经过两级人民法院审判后即告终结的制度。法院审判案件，就审判程序而言是两审终审制，就法院体系而言是四级两审制。地方各级法院对于按照级别管辖权的规定由它审判的第一审（初审）案件作出判决或裁定以后，若当事人不服，可以在法定期限内向上一级法院提起上诉；若同级的检察院不服，可以在法定期限内向上一级法院提起抗诉。上一级法院有权受理针对下一级法院第一审判决或裁定不服的上诉或抗诉，有权经过对第二审案件的审理，改变或维持第一审法院的判决或裁定。这时，上级法院的第二审判决、裁定，就是终审判决、裁定，当事人不得上诉。审级制度要求审判必须按审判程序严格进行，不得越级审理案件。

经典案例

刘某某等诉高某某民间借贷纠纷再审案[1]

一、基本案情

刘某某等诉高某某民间借贷纠纷再审案，刘某某、温某某申请再审称，请求：①依法撤销锦州市中级人民法院作出的（2017）辽07民终78号民事判决；②依法改判或发回重审，驳回被申请人的诉讼请求。由被申请人承担本案的全部诉讼费用。事实与理由：①本案案由与事实不符，一审时仅审理了"民间借贷"，未审理"买卖合同"。因被申请人起诉时未如实诉讼，隐瞒了申请人与被申请人之间的买卖关系，以索要27万元借款的名义起诉，故本案一、二审案由均是"民间借贷纠纷"。一审法院也仅是围绕"民间借贷"纠纷进行的审理和判决，未对"买卖合同"纠纷进行审理和判决。②以二审替代一审，剥夺了申请人举证、辩论、上诉的权利，违反了两审终审制度。二审虽然在审理过程中查明申请人与被申请人之间不存在"民间借贷"法律关系，而是"买卖合同"关系，但仍在明知一审判决认定事实错误的情况下维持了一审判决。因为在一审过程中已经确定了"民间借贷"的审理焦点，造成了申请人未能就是否存在"买卖合同纠纷"方面提供证据、进行辩论。在此情形下，二审判决的作出，存在以二审替代一审的问题，这剥夺了申请人就本案涉及的关于"买卖合同"纠纷部分的举证、辩论、上诉的权利，同时也违反了两审终审制度。综上所述，锦州市中级人民法院作出的（2017）辽07民终78号民事判决，违反了两审终审制度，剥夺了申请人就"买卖合同"纠纷案件的举证、辩论、上诉的权利。特向法院提出再审申请，望能够对本案进行再审，并依法改判或发回重审，驳回被申请人的诉讼请求，维护

---

〔1〕　辽宁省锦州市中级人民法院（2018）辽民申58号。

申请人的合法权益。

辽宁省锦州市中级人民法院经审查认为，原审依据查明的事实，判决再审申请人刘某某、温某某偿还被申请人高某某款项 27 万元是正确的。关于再审申请人刘某某、温某某提出的再审理由及请求，经查，虽然本案诉争的 27 万元款项并非严格意义上的民间借贷，但再审申请人刘某某出具《欠条》的行为符合法律意义上的债权债务关系，被申请人高某某实际向再审申请人支付了《欠条》所载的款项，上述款项并未与货款抵销，再审申请人应当予以偿还，且再审申请人以《收货收据》为依据，已经提起了另案诉讼。同时，再审申请人刘某某在原一审的抗辩意见是：其与高某某不存在欠款关系，《欠条》中所有文字都不是刘某某所写，《欠条》系高某某伪造，并在庭审中否认《欠条》中借款人处"刘某某"是其所书写。经再审申请人刘某某申请，原审法院委托"北京法源司法科学证据鉴定中心"鉴定，其结论为：倾向于认定检材借款人处的"刘某某"签名字迹与样本上的"刘某某"签名字迹是同一人所写。原审采信该鉴定意见，以再审申请人刘某某、温某某系夫妻关系，该行为发生在夫妻关系存续期间为由，判决再审申请人刘某某、温某某偿还本案诉争款项，并无不妥，应予以维持。至于再审申请人刘某某、温某某所提原二审剥夺其对买卖关系中的举证、辩论、上诉的权利问题，因再审申请人刘某某、温某某据以证明双方存在买卖关系的《收货收据》已提起另案诉讼，本案原二审并未对买卖关系予以审理，亦不存在剥夺诉权的情形。原审判决结果并无不当，应予以维持。综上所述，再审申请人刘某某、温某某的再审请求和理由，因缺乏事实和法律依据，本院不予支持。依照《中华人民共和国民事诉讼法》第 204 条第 1 款、《最高人民法院关于适用〈中华人民共和国民事诉讼法〉的解释》第 395 条第 2 款规定，裁定如下：驳回再审申请人刘某某、温某某的再审申请。

二、法律问题

结合现有案情，本案审理是否违反两审终审制度？

三、法理分析

基于某些特定的事实关系，当事人可以一诉主张多个诉讼标的法律关系。

这种情形在学理上称为诉的客观合并，它指的是同一原告对同一被告在同一诉讼中同时起诉主张多数相异的权利或法律关系。在通常情形下，诉讼中仅包含原告对被告提出的单一诉讼请求（诉讼标的）。但是在特别的情形下，如果原告对被告有多个请求权且这些请求权之间有一定的关联时，倘若不允许原告在诉讼中一并主张所有的请求权要求法院审理，则原告将不得不对被告同时或先后提起多个诉讼，法院及双方当事人也会浪费司法资源与诉讼成本。基于诉讼经济的原理，如果原告与被告之间的多个请求适合在同一诉讼程序中合并起诉及审判，则不妨允许原告在起诉时合并提出这些请求以减轻司法负担，避免法院重复审理相关的事实问题，并防止法院在分别进行的诉讼中作出矛盾裁判。

如当事人通过诉讼请求向对方当事人所主张的实体请求权之间存在竞合关系，即数个实体请求权之间具有同一给付目的，则当事人固可将此等实体请求权合并在一诉中提出。如将请求权、法律关系或形成权作为诉讼标的，则此种情形构成诉的合并，但此数个请求权不能同时获得承认，因而可能构成选择的合并或预备的合并。如认为构成某者，则原告是希望将数个请求权由法院选择其中之一判决承认其诉讼请求，此时原告起诉一并主张有同一给付目的之多个请求权，或主张有同一权利变动目的之多个形成权，原告系诉请法院对多个请求权或形成权之一作出胜诉判决，法院不需要对其余请求权或形成权作出裁判，但是如果法院要对原告作出败诉判决，则需要原告全部的请求权或形成权均无理由。若构成后者，则原告须指定不同请求权的裁判次序，如先位请求有理由，则不必审理备位请求，反之则需要审理备位请求。

四、参考意见

从司法解释规定及实务做法来看，依据不同的法律关系提起的前后诉一般被视为具有不同的诉讼标的。因此，在本案原审程序中，当事人提起诉讼时，有被认为民间借贷法律关系或买卖合同关系的可能。不过，刘某某、温某某据以证明双方存在买卖关系的《收货收据》已提起另案诉讼，所以本案原二审并未对买卖关系予以审理。这时发生诉的合并的分离。从这一点看，该诉讼标的已经从原审程序中分离，在另诉程序中，该诉讼标的法律关系足以获得两审终审的审级保障。因此，本案审理并不违反两审终审制度。

📖 拓展案例

江某诉嘉鱼新天地商业管理有限公司房屋租赁合同纠纷案[1]

一、基本案情

再审申请人江某因与被申请人嘉鱼新天地商业管理有限公司（以下简称新天地公司）房屋租赁合同纠纷一案，不服湖北省嘉鱼县人民法院（2017）鄂 1221 民初 387 号民事判决，向湖北省咸宁市中级人民法院提出再审申请。再审法院受理后，依法组成合议庭对本案进行了审查。本案现已审查终结。

江某申请再审称：①原审法院适用简易程序审理本案，其审判组织及适用程序不合法。本案诉讼当事人众多，案情复杂，争议较大，不适用简易程序审理。②再审申请人有新的证据推翻原审判决结果。再审申请人新收集的证据包括消防验收资料和竣工验收资料足以证明，新天地公司在与再审申请人签订房屋租赁合同时，违反法律法规强制性规定，将没有通过消防验收和竣工验收的商铺出租，原审法院没有对新天地公司的严重过错及相应责任作出判决，系根本错误。新天地公司向承租人交付的商铺没有通过消防验收和竣工验收，存在严重过错。③天地公司违约，导致再审申请人无法正常使用涉案商铺，构成合同可撤销的法定条件，对造成再审申请人的损失应当承担赔偿责任。请求依照《中华人民共和国民事诉讼法》第 200 条第 1 款第 1 项、第 6 项、第 7 项规定，对本案予以再审，撤销原审判决，依法改判或发回重审，由新天地公司承担本案全部诉讼费用。

新天地公司未提交书面答辩意见。

湖北省咸宁市中级人民法院经审查认为，我国民事诉讼实行两审终审制。《中华人民共和国民事诉讼法》第 164 条第 1 款规定，当事人不服地方人民法院第一审判决的，有权在判决书送达之日起 15 日内向上一级人民法院提起上诉。本案第一审嘉鱼县人民法院（2017）鄂 1221 民初 387 号民事判决作出后，依法已向江某宣判送达了该民事判决书，并释明："当事人如不服本判决，可在本判决书送达之日起 15 日内，向本院递交上诉状，并按对方当事人

---

[1] 湖北省咸宁市中级人民法院（2018）鄂 12 民申 28 号。

的人数提出副本，上诉于湖北省咸宁市中级人民法院"，明确告知了当事人如不服判决有权提出上诉的民事诉讼权利。在第二审诉讼程序中，第二审人民法院可针对当事人上诉请求的有关事实和适用法律进行全面审查，并依照二审诉讼程序依法解决当事人之间的诉讼争议。因此，两审终审制度是民事诉讼过程中最基本的诉讼制度。当事人如认为第一审人民法院所作出的判决、裁定存在错误，应当依照诉讼程序规定提起上诉，通过第二审诉讼程序行使诉讼权利，解决当事人之间的诉讼争议，这是当事人首先应当选择的民事诉讼审级制度内的常规司法救济程序，并遵循通过民事第一审、第二审诉讼程序，寻求权利保护的救济途径。同理，民事诉讼法所规定的再审诉讼程序，是针对民事生效裁定、判决可能出现的重大错误而赋予当事人的特殊司法诉讼救济程序，立法目的是如在穷尽了常规诉讼程序救济途径之后，当事人仍然认为生效裁定、判决法律文书确有错误的，则可以向人民法院提出申请再审请求的司法救济。但对于无正当理由在第一审人民法院判决作出后又未在民事诉讼法律规定的法定期限内选择提起上诉，通过第二审程序解决诉讼争议的当事人，一般不再为提出再审申请的当事人提供特殊的再审程序的司法救济机制解决诉讼争议；否则将导致变相鼓励或放纵不守诚信的当事人滥用再审诉讼救济程序，从而使得法律规定的特殊诉讼程序异化为普通诉讼程序。这不仅是对诉讼权利的滥用和对司法诉讼救济资源的浪费，也是对民事诉讼法两审终审制度的基本原则的违反和对司法诉讼程序权威的不尊重。本案中，江某不服嘉鱼县人民法院（2017）鄂 1221 民初 387 号民事判决，没有在法定上诉期内向本院提出上诉，该判决已发生法律效力。因江某在原审诉讼中对其提出的上述再审申请事由及请求事项没有在法定期限内提出明确的反诉请求，现江某以原审人民法院判决认定事实、适用法律及判决结果错误，从而提起再审申请的诉讼行为，明显与其在民事诉讼程序法律规定的合理诉讼期间内没有依法行使民事诉讼权利的行为相悖。江某的再审请求可另行主张权利，故本院对江某的再审申请事由，依法不予审查。

最终，湖北省咸宁市中级人民法院依照《中华人民共和国民事诉讼法》第 204 条第 1 款、《最高人民法院关于适用〈中华人民共和国民事诉讼法〉的解释》第 395 条第 2 款规定，裁定驳回江某的再审申请。

二、法律问题

本案审理是否违反两审终审制度？

三、重点提示

当事人未能于第一审判决宣告后上诉，其嗣后再提出再审申请时，需区分若干不同情形。一般而言，当事人未能及时提出上诉，其嗣后并无限制其申请再审权利的急迫性。例如，法院适用法律错误或其审判程序存在严重违法情形时，即不宜禁止当事人事后申请再审。若当事人明知有可上诉事由存在，但故意不上诉，则从利益衡量的角度看，其申请再审在道义上有所不当。

在本案中，该当事人如提出的再审申请实际包含明确的反诉请求，则此种请求本可分离另诉。从这一点看，该当事人未另诉，对于其自身程序利益造成损害，与两审终审制度赋予当事人充分程序保障可能的良好意旨并不契合。

拓展资料

第二章 法条链接

| 第三章 |

诉讼管辖

民事诉讼中的管辖，是指各级人民法院之间和同级人民法院之间受理第一审民事案件的分工和权限。合理地确定管辖，可以使法院的审判权得到落实，避免法院之间互相推诿或者争夺管辖权，可以使当事人正确行使诉权，有助于社会公平正义的实现。我国《民事诉讼法》第二章对管辖作了规定，将管辖分为级别管辖、地域管辖、移送管辖、管辖权的转移和指定管辖，其中，地域管辖又包括一般地域管辖、特殊地域管辖、协议管辖和专属管辖等内容。级别管辖和地域管辖又称为法定管辖，移送管辖、管辖权的转移和指定管辖称为裁定管辖。

专题一　级别管辖

📖 知识概要

级别管辖，是指法院系统内划分上下级法院之间受理第一审民事案件的分工和权限的制度。我国人民法院分为四级，即基层人民法院、中级人民法院、高级人民法院和最高人民法院。不同级别的法院受理第一审民事案件的权限范围是不同的。划分级别管辖的标准，主要包括案件的性质、案件的繁简程度、案件的影响范围和争议金额的大小。尽管我国《民事诉讼法》并没有将案件争议标的金额作为划分级别管辖的标准，但是，最高人民法院发布了《关于调整高级人民法院和中级人民法院管辖第一审民商事案件标准的通知》（法发［2015］7号），依照诉讼标的额，结合案件类型及其他因素两个标准，调整了第一审民商事案件的级别管辖标准。对各高级人民法院辖区内的中级人民法院立案标准，根据不同地区的经济发展水平，划分了四个档次。以争议标的数额作为标准来划分级别管辖的优点是简明、确定、便于操作。无论当事人还是法院都易于判断某一具体案件应当由哪一级法院管辖，从而避免理解上的分歧，减少管辖权争议的产生。

经典案例

北京大基康明医疗设备有限公司与北京中航国运科贸有限公司票据追索权纠纷案[1]

一、基本案情

上诉人北京大基康明医疗设备有限公司（住所地北京市北京经济技术开发区永昌北路 11 号）因与被上诉人北京中航国运科贸有限公司（住所地北京市怀柔区迎宾中路 36 号 2 层 22661 室）、原审被告北京海思威科技有限公司（住所地北京市海淀区八里庄路 62 号院 1 号楼 7 层 841）票据追索权纠纷一案，不服（2016）京 0108 民初 4830 号管辖权异议民事裁定，向法院提起上诉。

大基康明公司上诉称：依据《民事诉讼法》的规定，对法人提起的民事诉讼由被告住所地人民法院管辖，中级人民法院管辖在本辖区有重大影响的案件；中航国运公司起诉大基康明公司的案件诉讼总标的额为 1 亿元，故本案应由大基康明公司住所地的中级人民法院管辖；另，大基康明公司认为本案原被告无真实、对等的贸易或合同关系，中航国运公司亦未支付对价，本案事实理由与中航国运公司在北京市第二中级人民法院起诉的另案基本相同。故请求：撤销一审裁定、将本案移送至北京市第二中级人民法院审理。

法院认为，关于本案的级别管辖问题，根据《民事诉讼法》第 17 条、第 18 条的规定，除另有规定外，基层人民法院管辖第一审民事案件；中级人民法院管辖下列第一审民事案件：①重大涉外案件；②在本辖区有重大影响的案件；③最高人民法院确定由中级人民法院管辖的案件。本案不属于重大涉

---

〔1〕 北京市第一中级人民法院（2017）京 01 民辖终 163 号民事裁定书。

外案件或者最高人民法院确定由中级人民法院管辖的案件。根据北京市高级人民法院确定的北京市三级法院管辖民商事案件的标准，基层人民法院管辖诉讼标的额在 1 亿元以下的第一审民商事案件，中级人民法院管辖诉讼标的额在 1 亿元以上或者诉讼标的额在 5000 万元以上且当事人一方住所地不在本市辖区的第一审民商事案件。本案诉讼标的额在 5000 万以上但不足 1 亿元，且当事人住所地均在本市辖区，故不属于中级人民法院管辖范围，应由基层人民法院管辖。故大基康明公司上诉称本案诉讼总标的额为 1 亿元，应属于在辖区内有重大影响的案件，应将本案移送至其住所地的中级人民法院审理的上诉意见不能成立，法院不予支持。

关于本案的地域管辖问题，《民事诉讼法》第 25 条规定，因票据纠纷提起的诉讼，由票据支付地或者被告住所地人民法院管辖。本案被告之一海思威公司住所地为北京市海淀区八里庄路 62 号院 1 号楼 7 层 841，位于一审法院辖区，故一审法院裁定对本案有管辖权，于法有据。关于大基康明公司对本案案件事实方面的相关意见，不属于确定管辖权的审查范围。裁定驳回上诉，维持原裁定。

二、法律问题

1. 本案中，大基康明公司上诉称中级人民法院管辖在本辖区有重大影响的案件，那么，如何理解"重大影响"？"重大影响"与诉讼标的额大小有无关系？

2. 大基康明公司上诉称：依据《中华人民共和国民事诉讼法》的规定，对法人提起的民事诉讼由被告住所地人民法院管辖，这属于一般地域管辖，从本案的性质看本案是否适用一般地域管辖？

3. 本案有两个被告，且两个被告住所地不在同一法院辖区，应当如何确定管辖法院？

三、法理分析

本涉案及级别管辖和地域管辖的相关内容。

1. 根据《民事诉讼法》第 18 条的规定，中级人民法院管辖的第一审民事案件包括：重大涉外案件、在本辖区有重大影响的案件和最高人民法院确定由中级人民法院管辖的案件。最高人民法院确定由中级人民法院管辖的案件包括海事海商案件、专利、商标、著作权纠纷案件等，本案不属于重大涉外案件或者最高人民法院确定由中级人民法院管辖的案件。那么，本案是否属于在中级人民法院辖区有重大影响的案件？一般认为，在本辖区有重大影响，是指该案件的案情比较复杂，诉讼标的额较大，或者在中级人民法院辖区内已经具有较大的政治、经济和社会影响。其中，诉讼标的额大小是确定级别管辖的主要标准。

根据《最高人民法院关于调整高级人民法院和中级人民法院管辖第一审民商事案件标准的通知》（法发〔2015〕7号）第1条和第2条的规定，当事人住所地均在受理法院所处省级行政辖区的第一审民商事案件，北京所辖中级人民法院管辖诉讼标的额1亿元以上一审民商事案件；当事人一方住所地不在受理法院所处省级行政辖区的第一审民商事案件，北京所辖中级人民法院管辖诉讼标的额5000万元以上一审民商事案件。本案中，大基康明公司上诉称中航国运公司起诉大基康明公司的案件诉讼总标的额为1亿元，故本案应由大基康明公司住所地的中级人民法院管辖；但是，经法院查明，本案诉讼标的额在5000万以上但不足1亿元，而且，双方当事人住所地均在北京市，本案不属于北京市的中级人民法院管辖，只能由基层人民法院管辖。因此，法院对大基康明公司提出的将本案移送至其住所地的中级人民法院审理的上诉意见不予支持是正确的。

2. 大基康明公司上诉称，对法人提起的民事诉讼由被告住所地人民法院管辖，故本案应由大基康明公司住所地的中级人民法院管辖。这涉及本专题的下一个问题即地域管辖。一般地域管辖适用原告就被告原则，但是，本案属于票据纠纷，应当适用票据的特殊地域管辖，即《民事诉讼法》第25条的规定，因票据纠纷提起的诉讼，由票据支付地或者被告住所地人民法院管辖。所以，原告也可以向票据支付地人民法院起诉

3. 本案中有两个被告，即大基康明公司和北京海思威科技有限公司，前者住所地在北京市北京经济技术开发区，后者住所地在北京市海淀区。对此，《民事诉讼法》第21条规定，同一诉讼的几个被告住所地、经常居住地在两个以上人民法院辖区的，各该人民法院都有管辖权。本案北京经济技术开发区法院和海淀区法院都有管辖权，原告选择北京市海淀区人民法院起诉符合法律规定。

四、参考意见

在本案中，涉及两个方面的事实：一是级别管辖的事实，二是地域管辖的事实。

1. 级别管辖的事实方面，大基康明公司认为中航国运公司起诉大基康明公司的案件诉讼总标的额为 1 亿元，那么，法院需要查明的事实是诉讼标的额是多少？如果诉讼标的额是 5000 万元以上不足 1 亿元，此时还需要查明是否当事人一方住所地不在北京市。本案双方当事人住所地均在北京市，所以不属于中级人民法院管辖。应当注意的是：当事人一方住所地不在北京市，排除了当事人双方住所地均在北京市和当事人双方住所地均不在北京市的情形，也就是说，如果双方当事人住所地均不在北京市，也不属于中级人民法院管辖，只有一方当事人住所地不在北京市的，才能由中级人民法院管辖。

2. 地域管辖方面，需要明确海淀区法院是否是被告的住所地，这一点根据其中一个被告北京海思威科技有限公司的住所地就可以确定。因此，本案管辖方面的事实比较容易查明，大基康明公司的上诉是没有法律依据的。

◆ 拓展案例

案例一：林某与钱某、北京无线天利移动信息技术股份有限公司证券虚假陈述责任纠纷[1]

一、案情概要

原告林某（住福建省永春县）诉被告北京无线天利移动信息技术股份有限公司（以下简称无线天利公司，住所地北京市石景山区）、被告钱某（住上海市长宁区）证券虚假陈述责任纠纷，要求被告无线天利公司支付因虚假陈述引起的侵权赔偿款 464 280 元，被告钱某承担连带赔偿责任。北京市第一中级人民法院立案受理。

被告无线天利公司于提交答辩状期间对本案管辖权提出异议，认为：《中华人民共和国民事诉讼法》第 19 条规定："高级人民法院管辖在本辖区有重

---

〔1〕 北京市第一中级人民法院（2017）京 01 民初 210 号民事裁定书。

大影响的第一审民事案件。"在本辖区有重大影响,一般是指案情复杂、涉及范围广、诉讼标的金额大、案件处理结果会在本辖区产生重大影响,或者适用法律上有普遍意义等情形。而本案案情复杂、适用法律上具有普遍意义、社会关注度高、涉及范围广、整体诉讼标的金额大,符合"在本辖区有重大影响"的特征,属于应由北京市高级人民法院管辖的案件,故法院对本案无管辖权,申请将本案移送至北京市高级人民法院审理。

北京市第一中级人民法院认为:《中华人民共和国民事诉讼法》第18条规定:"中级人民法院管辖下列第一审民事案件:①重大涉外案件;②在本辖区有重大影响的案件;③最高人民法院确定由中级人民法院管辖的案件。"根据该规定,最高人民法院确定由中级人民法院管辖的案件,应由中级人民法院作为第一审管辖法院。《最高人民法院关于审理证券市场因虚假陈述引发的民事赔偿案件的若干规定》第8条规定,虚假陈述证券民事赔偿案件,由省、直辖市、自治区人民政府所在的市、计划单列市和经济特区中级人民法院管辖。《中华人民共和国民事诉讼法》第28条规定:"因侵权行为提起的诉讼,由侵权行为地或者被告住所地人民法院管辖。"本案中,林某系以证券虚假陈述责任纠纷为由对无线天利公司提起诉讼,无线天利公司住所地位于北京市石景山区,属于本院辖区,而本院属于直辖市所在地中级人民法院,故本院对本案有管辖权。无线天利公司提出本案属于应由北京市高级人民法院管辖的案件,该主张无事实与法律依据,法院对此不予采信。裁定驳回被告北京无线天利移动信息技术股份有限公司对本案管辖权提出的异议。

二、法律问题

1. 本案被告提出管辖权异议的法律依据是《民事诉讼法》第19条的规定,认为该案在高级人民法院辖区具有重大影响。那么,重大影响的标准是什么?如何理解《民事诉讼法》第19条规定的高级人民法院管辖在本辖区有重大影响的第一审民事案件?

2. 法院作出裁定的依据是《民事诉讼法》第18条第3项的规定,那么,法院认为其获得管辖权的依据又是什么?

三、重点提示

1. 尽管高级人民法院也管辖第一审民事案件,但是,由于高级人民法院的主要任务是通过审理不服中级人民法院判决、裁定上诉的案件，指导和监督下级人民法院的审判活动。所以，高级人民法院审判第一审民事案件的任务不能太重。在高级人民法院辖区有重大影响的民事案件，通常是指诉讼标的额大的民事案件。根据《最高人民法院关于调整高级人民法院和中级人民法院管辖第一审民商事案件标准的通知》（法发〔2015〕7号）第1条和第2条的规定，北京高级人民法院管辖诉讼标的额5亿元以上一审民商事案件，或者当事人一方住所地不在北京市的诉讼标的额3亿以上的一审民商事案件。从本案的诉讼标的额看，不属于北京市高级人民法院管辖。

2. 北京市第一中级人民法院管辖本案的依据是基于最高人民法院的授权，即本案是虚假陈述证券民事赔偿案件，属于最高人民法院确定由中级人民法院管辖的民事案件。

案例二：陈某、卫某房屋买卖合同纠纷[1]

一、基本案情

上诉人陈某因与被上诉人卫某（香港特别行政区居民）房屋买卖合同纠纷一案，不服广东省广州市番禺区人民法院驳回其管辖权异议的（2017）粤0113民初10372号民事裁定，向法院提出上诉称：①原审法院适用法律错误。本案所涉合同价值为608万元，属于标的额较大合同，并且从陈某提交的证据材料中能反映出本案案件事实复杂程度，法律关系也错综复杂。因此，本案属于案情复杂，在本辖区具有重大影响的案件，符合《中华人民共和国民事诉讼法》第18条第1款第2项的由中级人民法院管辖的一审案件，应由广州市中级人民法院审理。②不动产所在地专属管辖原则不能违反级别管辖。据此，陈某上诉请求：撤销原审裁定，将本案移送广州市中级人民法院审理。

二审法院查明，一审期间，卫某向原审法院提出的诉讼请求为：陈某向卫某支付房款人民币300 000元及违约金29 400元。

法院认为，本案系房屋买卖合同纠纷，属于因不动产纠纷而提起的诉讼，且卫某为香港特别行政区居民，故本案为涉港合同纠纷。从陈某提出的上诉

---

〔1〕　参见（2018）粤01民辖终1439号民事裁定书。

请求、事实及理由来看，陈某实际是对本案的级别管辖提出异议。首先，根据《最高人民法院关于明确第一审涉外民商事案件级别管辖标准以及归口办理有关问题的通知》（法〔2017〕359号）第1条的规定，广东省省会城市的市中级人民法院管辖诉讼标的额人民币2000万元以上的第一审涉外民商事案件。本案中，卫某提出的诉讼请求标的总额为329 400元，所涉合同的总价值为608万元，并未达到中级法院审理的第一审民商事案件的诉讼标的额。其次，本案属于一般平等民事主体之间的房屋买卖合同纠纷，从本案诉讼标的、案件类型、案件影响程度、当事人情况等来看，本案均不属于《中华人民共和国民事诉讼法》第18条规定的应由中级人民法院管辖的第一审民事案件范畴，陈某亦未能提供相关的证据证明本案存在法律规定的应由中级人民法院管辖第一审的情形。据此，陈某认为本案应由本院审理，依据不足，法院不予采纳。裁定驳回上诉，维持原裁定。

二、法律问题

1. 上诉人认为本案案件事实复杂，法律关系也错综复杂。因此，本案属于案情复杂，在本辖区具有重大影响的案件，符合《中华人民共和国民事诉讼法》第18条第2款规定的由中级人民法院管辖的一审案件，应由广州市中级人民法院审理。那么，本案当事人一方是香港居民，是否属于涉外案件？涉外案件是否全部由中级人民法院管辖？

2. 什么重大涉外案件？中级人民法院受理的重大涉外案件的诉讼标的额与非涉外案件的诉讼标的额是否有所不同？

三、重点提示

涉外案件是指具有涉外因素的民事案件，只有重大的涉外案件才能由中级人民法院管辖。重大涉外案件是指争议标的额大、案情复杂、居住在国外的当事人人数众多。香港是我国的特别行政区，所以，本案不属于涉外案件。但是，根据最高法院相关规定，涉香港、澳门特别行政区及我国台湾地区的案件，比照涉外案件处理。根据《最高人民法院关于明确第一审涉外民商事案件级别管辖标准以及归口办理有关问题的通知》（法〔2017〕359号）的规定，各中级人民法院受理的重大涉外案件的诉讼标的额与非涉外案件的诉讼标的额不同。

专题二　一般地域管辖

📚 知识概要

地域管辖是确定同级法院之间在各自的辖区受理第一审民事案件的分工和权限。确定地域管辖的标准，一是根据诉讼当事人所在地与法院辖区的联系，二是根据诉讼标的、诉讼标的物或者法律事实与法院辖区的联系。前者称为一般地域管辖，后者称为特殊地域管辖。

一般地域管辖是以当事人所在地为标准确定管辖法院的制度，以"原告就被告"为原则，以"被告就原告"为例外。对于公民来说，住所地是指公民的户籍所在地；经常居住地是指公民离开住所地至起诉时已连续居住1年以上的地方，但住院就医的地方除外。有经常居住地的，由该地人民法院管辖。对于法人或者其他组织来说，住所地是指法人或者其他组织的主要办事机构所在地，主要办事机构所在地不能确定的，法人或者其他组织的注册地或者登记地为住所地。同一诉讼的几个被告住所地、经常居住地在两个以上人民法院辖区的，各该人民法院都有管辖权。由原告住所地人民法院管辖的案件有四类：对不在中华人民共和国领域内居住的人提起的有关身份关系的诉讼，对下落不明或者宣告失踪的人提起的有关身份关系的诉讼，对被采取强制性教育措施的人提起的诉讼，对被监禁的人提起的诉讼。

📚 经典案例

刘某与边某民间借贷纠纷[1]

一、基本案情

原告刘某（住北京市海淀区）诉称，原被告原系同事关系。2015年原告垫付2万元拓展业务，经由单位报销后将2万元报销款支付给原告。其间，

---

〔1〕　北京市海淀区人民法院（2017）京0108民初41428号民事裁定书。

被告负责冀北区域费用报销，被告将单位报销后应给付原告的款项 2 万元借用，一直没有归还原告。被告于 2016 年 3 月 7 日出具欠条一张。由于被告一直拖欠未付，原告诉至法院，请求法院判令被告支付原告 2 万元，并从 2016 年 3 月 8 日起按照中国人民银行同期贷款利率支付利息至付清之日。

被告边某（住辽宁省）在提交答辩状期间，对管辖权提出异议认为，申请人边某与被申请人刘某在合同上并没有注明合同履行地；边某在 2017 年 2 月来到北京后在昌平区回龙观地区租房，且租房时间至今不满一年，现在租住的房子是通过蛋壳公寓公司租赁的；回龙观的居住地址不属于海淀区而是昌平区管辖。边某与刘某曾是亿利洁能科技有限公司同事关系，2016 年 3 月，边某从公司离职后，刘某因工作需要了解客户的问题经常给边某打电话询问一些事情，此时刘某亲口告诉边某，刘某在 2016 年 5 月份以后已不在北京办公了，并且在北京没有居住地，来北京也只算是出差。亿利节能科技有限公司在北京的办公地址是朝阳区光华路×××，因此，边某对刘某所提供的北京市海淀区×××403 室的常住地址存在质疑。请求法院将本案移送至辽宁省大连市经济技术开发区人民法院审理。

法院认为，因合同纠纷提起的诉讼，由被告住所地或者合同履行地人民法院管辖。合同对履行地点没有约定或者约定不明确，争议标的为给付货币的，接受货币一方所在地为合同履行地。本案中，原告以合同履行地为连接点向本院提起诉讼，而双方对合同履行地并未作出明确约定。因原告刘某诉请被告边某向其返还欠付款项 2 万元并支付相应利息，双方的争议标的为给付货币，故原告作为接受货币一方其所在地为合同履行地。

原告提交海淀派出所暂住人口信息查询打印表两份，两份表格均显示原告户籍地址为内蒙古鄂尔多斯市东胜区×××2020 号，暂住地址为北京市海淀区×××102 号。第一份表格中显示的居住证有效期间为 2014 年 10 月 27 日至 2015 年 11 月 20 日，第二份表格显示的居住证有效期间为 2016 年 1 月 27 日至 2017 年 1 月 26 日。原告刘某还提交北京市居住证复印件一份，显示原告现居住地址为北京市海淀区中关村×××403 室，有效期间为 2017 年 6 月 15 日至 2018 年 6 月 15 日。法院于 2017 年 8 月 4 日收到原告起诉状，于 2017 年 8 月 7 日立案。

依据《民事诉讼法》及其司法解释的相关规定，原告住所地与经常居住地不一致的，由原告经常居住地人民法院管辖。公民的住所地是指公民的户籍所在地；公民的经常居住地是指公民离开住所地至起诉时已连续居住一年以上的地方。在原告刘某的住所地不在本院管辖区域内的情况下，其提交的海淀派出所暂住人口信息查询打印表以及北京市居住证复印件不能证明其在立案时已在本院管辖区域内连续居住一年以上，即原告并未提交相关证据证明其在2016年8月7日至2017年8月6日期间连续一年居住在本院管辖区域内。故经法院审查，原告的住所地和经常居住地均不在本院管辖范围内，本案依据合同履行地进行管辖没有事实和法律依据，被告的管辖权异议成立。

经查明，被告边某的住所地为辽宁省大连市经济技术开发区金马路260号，其提交蛋壳公寓房屋租赁合同（合同编号××××）一份，显示房屋租赁期自2017年2月15日至2019年2月14日，证明其在2017年8月7日立案时并未离开住所地满一年以上。因此，本案应当依据被告住所地进行管辖，经查被告住所地内对本案具有管辖权的法院为辽宁省大连市经济技术开发区人民法院。裁定本案移送辽宁省大连市经济技术开发区人民法院处理。

二、法律问题

合同纠纷由被告住所地或者合同履行地法院管辖。原告没有向被告住所地法院起诉，而是向北京市海淀区法院起诉，那么，海淀区法院对该案是否可以作为合同履行地法院而享有管辖权成为本案的第一个问题；其次，海淀区法院立案后，被告提出管辖权异议，认为北京海淀区不是原告的住所地和经常居住地，这里又涉及一般地域管辖中当事人住所地和经常居住地的认定标准；最后，如果海淀区法院对该案没有管辖权，那么，应当移送到哪个法院？

三、法理分析

本案属于借贷合同纠纷，所以本案适用特殊地域管辖。但是，根据《民事诉讼法》第23条的规定，合同纠纷由被告住所地或者合同履行地法院管辖。由于本案双方当事人在合同中对合同履行地没有作出约定，根据《民诉法解释》第18条第2款的规定，合同对履行地点没有约定或者约定不明确，争议标的为给付货币的，接收货币一方所在地为合同履行地。本案争议标的为给付货币，原告刘某为接收货币的一方，其住所地应当作为合同履行地。

因此，北京市海淀区法院对本案是否享有管辖权要看北京市海淀区是否是原告刘某的住所地，而当事人住所地的确定涉及《民事诉讼法》中关于一般地域管辖的规定。

根据《民诉法解释》第 3 条和第 4 条的规定，公民的住所地是指公民的户籍所在地，公民的经常居住地是指公民离开住所地至起诉时连续居住一年以上的地方。根据《民事诉讼法》第 21 条和第 22 条规定的精神，当事人的住所地与经常居住地不一致的，由经常居住地人民法院管辖。原告刘某的户籍所在地为内蒙古鄂尔多斯市东胜区××× 2020 号，而根据刘某提供的北京市暂住证和居住证显示的信息，刘某到起诉时并未在北京市海淀区连续居住一年以上，因此，北京市海淀区不是刘某的经常居住地，对该案没有管辖权。

根据《民事诉讼法》第 36 条的规定，人民法院发现受理的案件不属于本院管辖的，应当将案件移送有管辖权的人民法院。北京市海淀区法院在立案后发现自己没有管辖权，裁定将案件移送被告住所地法院管辖，符合法律规定。

四、参考意见

在本案中，北京市海淀区法院由于既不是原告刘某的户籍所在地，也不是原告刘某的经常居住地，因此，在对该案没有管辖权的情况下将案件移送被告住所地法院管辖并不违反法律规定。但是，本案是否只有被告住所地法院有管辖权？这一问题值得探讨。

本案双方当事人对合同履行地点没有约定，根据《民诉法解释》第 18 条第 2 款的规定，合同对履行地点没有约定或者约定不明确，争议标的为给付货币的，接收货币一方所在地为合同履行地。由于北京市海淀区不能确认为原告刘某的经常居住地，应当认为刘某没有经常居住地，则刘某的户籍所在地即内蒙古鄂尔多斯市东胜区××× 2020 号是刘某的住所地，因此，内蒙古鄂尔多斯市东胜区法院对该案也具有管辖权。由此可见，内蒙古鄂尔多斯市东胜区人民法院和辽宁省大连市经济技术开发区人民法院对本案都有管辖权。北京市海淀区法院发现自己没有管辖权后，应当将案件移送到有管辖权的法院。本案两个以上的法院都有管辖权的情况下，应当征求原告的意见，原告可以选择自己住所地法院或者被告住所地法院管辖，如果原告拒绝选择，此时北京市海淀区法院才可以决定移送到自己认为合适的法院。[1]

那么，在何种情况下，本案只能由被告住所地人民法院管辖？根据《民诉法解释》第 18 条第 3 款的规定，合同没有实际履行，当事人双方住所地都不在合同约定的履行地的，由被告住所地人民法院管辖。可见，合同纠纷不适用合同履行地法院管辖的前提是合同没有实际履行。而且，即使合同没有实际履行，如果双方当事人对合同履行地有约定的，仍然适用合同履行地法院管辖，只有当事人双方住所地均不在合同约定的履行地的，或者合同既没有实际履行，双方当事人也没有约定履行地的，才由被告住所地人民法院管辖。

◈ 拓展案例

案例一：易方达基金管理有限公司诉中国城市建设控股集团有限公司公司债券交易纠纷[2]

一、基本案情

易方达公司（住所地广东省珠海市横琴新区宝中路 3 号 4004 - 8 室）诉称，中城建公司（主要办事机构所在地为北京市西城区）于 2015 年 7 月发布《中国城市建设控股集团有限公司 2015 年度第一期中期票据募集说明书》，公开发行面值总计人民币 18 亿元的中期票据，期限 5 年，固定票面利率为 4.93%，由兴业银行担任主承销商，中国光大银行股份有限公司担任联席主承销商。易方达公司是《易方达—华润信托 1 号资产管理计划资产管理合同》的管理人。易方达公司作为管理人，代表上述资产管理计划持有上述 1 亿元中期票据。2016 年以来，中城建公司债务情况不断恶化。因此，易方达公司向法院起诉，请求判令中城建公司立即向易方达公司偿还中期票据本金人民币 1 亿元及截至清偿之日的利息。北京市海淀区人民法院于 2017 年 5 月 27 日立案。

中城建公司在提交答辩状期间，对管辖权提出异议，认为本案系合同纠

---

〔1〕 参见沈德咏主编：《最高人民法院民事诉讼法司法解释理解与适用》（上），人民法院出版社 2015 年版，第 193 页。

〔2〕 北京市第一中级人民法院（2017）京 01 民初 282 号民事裁定书。

纷，依据《最高人民法院关于适用〈中华人民共和国民事诉讼法〉的解释》第18条第2款的规定，依法应当由被告住所地或者合同履行地人民法院管辖，本案合同履行地为易方达公司住所地，即广东省珠海市横琴新区宝中路3号4004－8室。依据《最高人民法院关于适用〈中华人民共和国民事诉讼法〉的解释》第3条第1款的规定，本案中，中城建公司主要办事机构所在地为北京市西城区鼓楼西大街150号。综上，本案合同履行地及被告住所地均不在北京市第一中级人民法院辖区，易方达公司不应向北京市第一中级人民法院提起诉讼，请求本院将本案移送至中城建公司住所地有管辖权的北京市第二中级人民法院审理。

法院经审查认为，《中华人民共和国民事诉讼法》第23条规定："因合同纠纷提起的诉讼，由被告住所地或者合同履行地人民法院管辖。"本案系合同纠纷，应由被告住所地或者合同履行地人民法院管辖。《最高人民法院关于适用〈中华人民共和国民事诉讼法〉的解释》第18条第2款规定："合同对履行地点没有约定或者约定不明确，争议标的为给付货币的，接收货币一方所在地为合同履行地；交付不动产的，不动产所在地为合同履行地；其他标的，履行义务一方所在地为合同履行地。即时结清的合同，交易行为地为合同履行地。"本案中，接收货币一方即易方达公司所在地为合同履行地，不属本院辖区。中城建公司注册地虽为北京市海淀区北太平庄路18号城建大厦，但中城建公司称其主要办事机构所在地为北京市西城区鼓楼西大街150号，且提供了相应证据。法院认为，基于以上论述及中城建公司提供的证据，本案合同履行地与被告住所地均不属于本院管辖，故中城建公司提出的本案应移送北京市第二中级人民法院审理的主张依据充分，法院予以采信。裁定：中国城市建设控股集团有限公司对管辖权提出的异议成立，本案移送北京市第二中级人民法院处理。

二、法律问题

1. 根据法律规定，合同纠纷由被告住所地或者合同履行地法院管辖。本案中，合同双方是否对合同履行地有约定以及约定是否明确？

2. 如果没有约定合同履行地，如何确定合同履行地？

3. 被告是法人的情况下，如何确定其住所地？

三、重点提示

1. 从本案案情看，合同双方没有在合同中明确约定合同履行地。

2. 根据《民诉法解释》第 18 条第 2 款的规定，诉讼请求是给付货币的，接收货币一方所在地为合同履行地，则易方达公司住所地广东省珠海市法院对案件有管辖权，同时，被告住所地法院也具有管辖权。

3. 在被告是法人的情况下，根据《民诉法解释》第 3 条第 1 款的规定，法人的住所地是指法人的主要办事机构所在地，因此，北京市第二中级人民法院也有管辖权。

案例二：山东华源创业投资有限公司与北京正润金控投资集团有限公司、山东地矿集团有限公司确认合同有效纠纷[1]

一、基本案情

原告山东华源创业投资有限公司（住所地山东省宁阳县）诉被告山东地矿集团有限公司（住所地山东省济南市历下区）、被告北京正润金控投资集团有限公司（注册地北京市海淀区，主要办事机构所在地北京市东城区）、第三人山东地矿股份有限公司（住所地山东省济南市高新区）确认合同有效纠纷，华源公司诉称，2012 年 9 月 26 日，华源公司、地矿集团公司、正润公司等八方与泰复实业股份有限公司（本案第三人地矿股份公司原名称）签订了《泰复实业股份有限公司发行股份购买资产协议》（以下简称股份发行协议）、《泰复实业股份有限公司盈利预测补偿协议》（以下简称补偿协议）。同日，华源公司与地矿集团公司、正润公司签订了《关于 ST 泰复资产重组盈利补偿事宜之补充协议》（以下简称补充协议）。补充协议约定：若拟购买资产未能达到发行对象承诺的净利润数额，八家发行对象应进行补偿。地矿股份公司发布公告显示，2014 年会计年度实际净利润数额未达到八家发行对象所承诺的数额（华源公司并不认可）。2015 年 6 月，地矿股份公司以华源公司应履行股份补偿义务为由，向山东省高级人民法院起诉华源公司等四方，山东省高级人民法院判令华源公司向地矿股份公司交付"山东地矿"股份，并向地

---

〔1〕　北京市第一中级人民法院（2017）京 01 民初 327 号民事裁定书。

矿股份公司支付违约金。华源公司上诉至最高人民法院。2017 年 1 月，最高人民法院终审维持原判。华源公司认为此案判决存在基本事实认定不清、程序违法等重大瑕疵，华源公司不应承担判决所认定的法律责任，已经准备提起申诉程序。华源公司与地矿集团公司、正润公司在补偿协议签订同日签署的补充协议第 2 条第 1 款约定：地矿集团公司、正润公司再次共同承诺，地矿集团公司、正润公司是盈利预测补偿事宜的实际补偿义务方和连带责任方，将采取多种措施确保完成拟购买资产的盈利预测指标，保证华源公司不因参与 ST 泰复本次重大资产重组事宜承担补偿义务。华源公司就地矿股份公司主张的补偿事宜向地矿集团公司、正润公司发函，明确补充协议中地矿集团公司、正润公司的义务，并要求共同处理补偿事宜，而地矿集团公司、正润公司通过回函方式明确否认补充协议的存在。华源公司向北京市第一中级人民法院起诉，请求：①确认《关于 ST 泰复资产重组盈利补偿事宜之补充协议》合法有效；②判令地矿集团公司、正润公司连带、无偿转让给华源公司"山东地矿"股份 23 945 190 股，或直接交付给地矿股份公司；③判令地矿集团公司、正润公司连带赔偿华源公司违约金。

地矿集团公司在提交答辩状期间，对管辖权提出异议认为：①华源公司提起的本案诉讼，已经被山东省济南市历下区人民法院以（2015）历商初字第 1141 号裁定驳回起诉，该裁定书已经发生法律效力。两诉当事人、诉讼标的、诉讼请求完全相同，构成重复诉讼，违反了"一事不再理"的诉讼原则。②华源公司认可（2015）历商初字第 1141 号裁定并参加了山东省高级人民法院（2015）鲁商初字第 48 号案件的一审诉讼和最高人民法院的二审诉讼，且在本案起诉状中明确提出不服最高人民法院终审判决，已经准备提起再审申请。根据《民事诉讼法》的规定，生效判决、裁定即使有误，也只有原审法院或上级法院依据审判监督程序再审纠正，其他法院无权改变。华源公司不服生效判决、裁定，只能向山东省济南市历下区人民法院或其上级法院申请再审，北京市第一中级人民法院（以下简称北京一中院）不是山东省济南市历下区人民法院的上级法院，对生效裁定、判决不具有管辖权。③地矿集团公司、地矿股份公司、华源公司住所地均在济南市，本案各当事人的主要办事机构所在地也不在北京一中院辖区，北京一中院无管辖权。请求依法驳回起诉或移送上市公司地矿股份公司所在地山东省济南市中级人民法院处理。

正润公司在提交答辩状期间，对管辖权提出异议认为：①华源公司提起本案诉讼构成重复诉讼，违反了"一事不再理"原则。②山东省济南市历下区人民法院作出的（2015）历商初字第 1141 号裁定对本案具有法律约束力，只要诉相同就应当适用。即使生效裁定有误，也应当依据法律规定由原审法院或上级法院按照审判监督程序再审纠正，其他法院无权改变。北京一中院不是山东省济南市历下区人民法院的上级法院，对生效裁定不具有管辖权。③正润公司承租了北京市东城区北三环东路 36 号 1 号楼用于办公，工商登记的原注册地已无任何办公人员，只是尚未办理注册地址变更，北京市第一中级人民法院对本案无管辖权。

法院认为：本案系合同纠纷。《中华人民共和国民事诉讼法》第 23 条规定："因合同纠纷提起的诉讼，由被告住所地或者合同履行地人民法院管辖。"地矿集团公司的住所地位于山东省，正润公司的住所地位于北京市，华源公司有权选择正润公司住所地有管辖权的法院提起诉讼。《最高人民法院关于适用〈中华人民共和国民事诉讼法〉的解释》第 3 条规定："法人或者其他组织的住所地是指法人或者其他组织的主要办事机构所在地。"《中华人民共和国公司法》第 10 条规定："公司以其主要办事机构所在地为住所。"北京市海淀区虽然是正润公司工商注册地址，但经法院现场勘查，正润公司已不在该地址办公，其主要办事机构所在地位于北京市东城区，该地址应认定为正润公司的住所地。因正润公司主要办事机构所在地位于北京市东城区，属北京市第二中级人民法院辖区。依据《最高人民法院关于调整高级人民法院和中级人民法院管辖第一审民商事案件标准的通知》第 2 条关于当事人一方住所地不在受理法院所处省级行政辖区的第一审民商事案件的相关规定，北京市高级人民法院所辖中级人民法院管辖诉讼标的额 5000 万元以上至 3 亿元的一审民商事案件，故本案应由北京市第二中级人民法院管辖。因此，法院裁定北京正润金控投资集团有限公司对管辖权提出的异议成立，本案移送北京市第二中级人民法院处理。

二、法律问题

1. 本案是合同纠纷，应当由被告住所地或者合同履行地人民法院管辖。本案中，两个被告的住所地分别在山东省济南市历下区和北京市东城区，那么，受理案件的北京市第一中级人民法院是否对该案具有管辖权？

2. 本案主要涉及被告住所地的确定。本案被告是法人，法人的住所地如何确定？

三、重点提示

根据《民诉法解释》第3条，法人的住所地是指法人的主要办事机构所在地。法人的主要办事机构所在地不能确定的，法人的注册地或者登记地为住所地。本案中，北京市海淀区只是正润公司的注册登记地，正润公司的主要办事机构所在地位于北京市东城区，因此，东城区应当是正润公司的住所地，属北京市第二中级人民法院辖区。北京市第一中级人民法院将案件移送北京市第二中级人民法院审理是正确的。另外，在案件中，两个被告的住所地在两个人民法院辖区的，各该人民法院都有管辖权。所以，地矿集团公司请求将案件移送上市公司地矿股份公司所在地山东省济南市中级人民法院处理的意见，法院不予支持是正确的。

专题三　特殊地域管辖

◈ 知识概要

特殊地域管辖，是指以诉讼标的所在地或者引起法律关系发生、变更、消灭的法律事实所在地等为标准确定的管辖。特殊地域管辖是相对于一般地域管辖而言的，是法律针对某些特殊类型的民事案件所作出的特别规定，包括合同纠纷的特殊地域管辖、公司诉讼的特殊地域管辖和侵权纠纷的特殊地域管辖等。

因合同纠纷提起的诉讼，由被告住所地或者合同履行地人民法院管辖。合同约定履行地点的，以约定的履行地点为合同履行地。合同对履行地点没有约定或者约定不明确，争议标的为给付货币的，接收货币一方所在地为合同履行地；交付不动产的，不动产所在地为合同履行地；其他标的，履行义务一方所在地为合同履行地。即时结清的合同，交易行为地为合同履行地。因侵权行为提起的诉讼，由侵权行为地或者被告住所地人民法院管辖。

此外，《民事诉讼法》还规定了专属管辖，是指法律明确规定某些特殊类型案件只能由特定的法院管辖，其他法院无权管辖，当事人也不能协议变更管辖的制度。专属管辖解决的是具体案件的地域管辖问题，不适用一般地域管辖和特殊地域管辖的规定；同时，专属管辖具有强制性和排他性，除法律明确规定的法院以外。其他任何法院无权管辖，当事人也不能协议变更专属管辖。

📖 经典案例

郑某诉肖某买卖合同纠纷[1]

一、基本案情

郑某（住湖南省隆回县）诉称，2014 年 7 月 3 日至 10 月 4 日，肖某（住云南省昆明市）从郑某处购买云南三七牙膏，应付货款 188 250.08 元。扣除垫付等费用，肖某还应支付 161 817.52 元，但拒不支付。故诉请人民法院判决肖某立即支付货款 161 817.52 元。湖南省隆回县人民法院于 2015 年 12 月 22 日立案。

肖某提出管辖异议称，肖某一直在云南省昆明市开办公司经商，经常居住地与住所地不一致，应由经常居住地昆明市的基层人民法院审理本案。

湖南省隆回县人民法院认为，本案系买卖合同纠纷，应由合同履行地或被告住所地人民法院管辖。从郑某的诉状及提供的证据中，无法得知隆回县人民法院系合同履行地人民法院。肖某提供的证据证明经常居住地在云南省昆明市滇池度假区，应由昆明市西山区人民法院管辖，隆回县人民法院对本案没有管辖权，肖某提出管辖异议的理由成立。2016 年 2 月 1 日，隆回县人民法院作出（2015）隆民一初字第 2149 - 1 号民事裁定，将本案移送云南省昆明市西山区人民法院审理。昆明市西山区人民法院认为湖南省隆回县人民法院裁定移送错误，遂逐级报请云南省高级人民法院。

2017 年 7 月 19 日，云南省高级人民法院以本案合同履行地在湖南省隆回县、湖南省隆回县人民法院对本案有管辖权为由，报请最高法院指定管辖。

最高人民法院认为，从郑某起诉的情况看，本案系买卖合同纠纷，肖某

---

〔1〕 最高人民法院（2017）民辖 26 号民事裁定书。

从郑某处购买了云南三七牙膏后，郑某主张肖某未支付全部货款，请求人民法院判决肖某履行给付货款的义务，故本案的争议标的为给付货币，合同履行地为接收货币一方即郑某的住所地湖南省隆回县。根据《中华人民共和国民事诉讼法》第23条关于"因合同纠纷提起的诉讼，由被告住所地或者合同履行地人民法院管辖"的规定，肖某住所地昆明市西山区人民法院和合同履行地湖南省隆回县人民法院对本案均有管辖权。湖南省隆回县人民法院在先立案的情况下，将本案移送昆明市西山区人民法院审理不当。依照《中华人民共和国民事诉讼法》第36条的规定，裁定本案由湖南省隆回县人民法院审理。

二、法律问题

本案中，被告肖某提出管辖权异议，认为湖南省隆回县法院没有管辖权，应由其经常居住地昆明市的基层法院审理。而湖南省隆回县法院认为，肖某提出的管辖异议理由成立。因为隆回县法院认为，尽管合同纠纷应由合同履行地或被告住所地法院管辖，但是，从原告郑某的诉状及提供的证据中，无法得知隆回县人民法院系合同履行地人民法院，所以，本案应由被告住所地或经常居住地法院管辖。

那么，本涉案及的法律问题是：合同履行地应当如何确定？在什么情况下不适用合同履行地来确定案件的管辖法院？

三、法理分析

关于合同履行地如何确定的问题。根据我国《民事诉讼法》第23条的规定，因合同纠纷提起的诉讼，由被告住所地或者合同履行地人民法院管辖。同时，根据最高人民法院《民诉法解释》第18条的规定，合同履行地应当按照以下标准确定：

1. 根据该条第1款的规定，双方当事人在合同中明确约定履行地点的，以双方约定的履行地点为合同履行地。这里的"约定"，应当是书面约定，包括合同书、信件和数据电文等形式。如果约定履行地点和实际履行地点不一致的，应当以约定为准。本案中，隆回县法院认为从原告郑某的诉状及提供的证据中，无法得知隆回县人民法院系合同履行地人民法院，由此，可以推定双方当事人在合同中没有约定或者没有明确约定合同履行地点。

2. 根据该条第 2 款的规定，双方当事人在合同中对履行地没有约定或者约定不明确的情况下，争议标的为给付货币的，接受货币一方所在地为合同履行地；交付不动产的，不动产所在地为合同履行地；其他标的，履行义务一方所在地为合同履行地。即时结清的合同，交易行为地为合同履行地。本案中，原告郑某诉请人民法院判决被告肖某立即支付货款 161 817.52 元，争议标的为给付货币的，则接受货币一方即郑某所在地隆回县为合同履行地，所以，隆回县人民法院对本案具有管辖权。尽管昆明市西山区人民法院基于其是被告住所地法院，也享有对该案的管辖权，但是，根据《民事诉讼法》第 36 条的规定，两个以上人民法院都有管辖权的诉讼，先立案的人民法院不得将案件移送给另一个有管辖权的人民法院，因此，隆回县人民法院在自己具有管辖权的情况下将案件移送昆明市西山区人民法院的裁定是错误的。

3. 本案在什么情况下只能由被告住所地即昆明市西山区人民法院管辖？根据《民诉法解释》第 18 条第 3 款的规定，合同没有实际履行，当事人双方住所地都不在合同约定的履行地的，由被告住所地人民法院管辖。这里的合同没有实际履行，应当理解为合同根本没有履行。由此可见，在合同没有实际履行的情况下，也并非一律按被告住所地确定管辖法院。如果双方当事人对合同履行地有明确约定，原则上应当以约定的履行地确定管辖法院，只有双方当事人住所地均不在合同约定的履行地的，案件才由被告住所地人民法院管辖。如果双方当事人对合同履行地没有约定或者约定不明确，那么，此时只能按照被告住所地来确定管辖法院了。

四、参考意见

《民事诉讼法》第 119 条规定管辖权是起诉的条件之一，也是法院受理案件的前提条件。本案中，湖南省隆回县人民法院在立案之前，应当根据原告提供的诉状及相关证据，对自己是否具有管辖权作出初步判断。首先，看双方当事人对合同履行地是否有约定，如果当事人对合同履行地没有约定或者约定不明确，再进一步根据当事人的诉讼请求来判断，例如本案当事人请求支付货币，则接受货币一方所在地即湖南省隆回县法院为合同履行地。如果以上判断是湖南省隆回县人民法院立案的依据的话，那么，在被告提出管辖权异议的情况下，隆回县法院就不应当裁定将案件移送给云南省昆明市西山区人民法院审理，而应当以异议理由不成立裁定驳回管辖权异议。

拓展案例

案例一：锋泾（中国）建材集团有限公司与上海艾一乐服饰有限公司买卖合同纠纷[1]

一、基本案情

法院受理原告锋泾（中国）建材集团有限公司（住所地山东省胶州市）与被告上海艾一乐服饰有限公司（住所地上海市）买卖合同纠纷一案后，被告上海艾一乐服饰有限公司在提交答辩状期间对管辖权提出异议，称根据法律规定的管辖原则，贵院作为原告所在地人民法院并无管辖权，根据一般管辖原则，被告的注册地管辖应由上海市松江区人民法院处理，同时，确认书上也明确记载了被告在上海市亦有经营及签收法律文书的地址。综上，请贵院将本案移送至上海市松江区法院审理。

经审查，法院认为，本案属买卖合同纠纷。原告诉称要求解除原被告双方签订的买卖合同并退货，判令被告返还原告预付款 38 342.30 元，诉讼费用由被告承担。《中华人民共和国民事诉讼法》第 21 条第 2 款规定："对法人或者其他组织提起的民事诉讼，由被告住所地人民法院管辖。同一诉讼的几个被告住所地、经常居住地在两个以上人民法院辖区的，各该人民法院都有管辖权。"本案被告住所地位于上海市，因此本案应由上海市松江区人民法院管辖，原告选择向胶州市人民法院起诉，不符合法律规定，法院对本案没有管辖权。被告对本案管辖权提出的异议成立。依照《中华人民共和国民事诉讼法》第 38 条的规定，裁定将案件移送至上海市松江区人民法院审理。

二、法律问题

1. 本案被告上海艾一乐服饰有限公司对管辖权提出异议，称根据一般管

---

[1] 山东省胶州市人民法院（2017）鲁 0281 民初 527 号－辖民事裁定书。

辖原则，本案应由被告的注册地上海市松江区人民法院管辖，这一异议是否成立？

2. 法院适用《民事诉讼法》第21条作出裁定，是否正确？

3. 本案原告住所地法院是否具有管辖权？

三、重点提示

1. 根据案件性质，本案是买卖合同纠纷，不应当适用一般地域管辖，而是属于适用特殊地域管辖的情形。按照特殊地域管辖规定，因合同纠纷提起的诉讼，由被告住所地或者合同履行地人民法院管辖。所以，如果山东省胶州市可以被确定为合同履行地，那么，山东省胶州市人民法院对案件也具有管辖权。于此情形下，则被告提出的管辖权异议不能成立。

2. 《民事诉讼法》第21条规定的"原告就被告"是一般地域管辖原则，不要求案件的特殊性。本案是合同纠纷，《民事诉讼法》第23条针对合同纠纷和侵权案件等特殊类型的案件作了特别规定，那么，山东省胶州市人民法院在审理本案时应当适用《民事诉讼法》第23条的规定而不是适用《民事诉讼法》第21条规定，属于适用法律错误。

3. 根据《民诉法解释》第18条的规定，如果双方当事人在合同中约定了履行地点的，以约定的履行地点为合同履行地。没有约定合同履行地或者约定不明确的，争议标的为给付货币的，接收货币一方所在地为合同履行地。从本案看，没有说明双方当事人是否约定了合同履行地，如果双方当事人没有约定合同履行地或者约定不明确，则原告为接收货币一方当事人，其所在地可以确定为合同履行地。在这种情况下，山东省胶州市人民法院也是有管辖权的法院，不能裁定将案件移送到被告住所地人民法院。

案例二：阳光佳润公司等四原告诉赤天化公司等三被告
优先购买权受侵害之诉[1]

一、基本案情

阳光佳润公司（深圳）、佳兴和润公司（深圳）、鹏瑞公司（深圳）和速

---

〔1〕 最高人民法院（2016）最高法民辖终216号裁定。

速达公司（深圳）是赤天化公司的股东。赤天化公司将其持有的高特佳公司（深圳）股权转让给京道凯翔有限合伙（厦门）。《股权转让合同》中约定，如发生纠纷由赤天化公司所在地（贵阳）人民法院管辖。

四名原告认为该股权转让协议侵害了其优先购买权，将股权转让合同的转让方赤天化公司、受让方京道凯翔有限合伙及目标公司高特佳公司列为被告，向广东省高院提起诉讼。

赤天化公司提出管辖权异议，广东省高院未予支持。赤天化公司上诉至最高人民法院。

本案争议焦点是广东省高院是否对该案享有管辖权。

赤天化公司认为广东省高院无管辖权，理由主要是：①《股权转让合同》中有约定管辖，应由赤天化公司所在地的贵州省高院管辖；②赤天化公司作为被告，根据《民事诉讼法》的规定，也应由其住所地法院，即贵州省高院管辖；③高特佳公司虽然也是被告，但股权转让与其无实质关系，不是本案适格被告。

四原告认为广东省高院有管辖权，主要理由是：①本案属于与公司有关的纠纷，应适用《民事诉讼法》第26条，由公司所在地法院即广东省高院管辖；②四原告并非股权转让合同当事人，约定的协议管辖条款不适用于本案；③目标公司作为被告符合法律和司法实践的规定，且其是否为适格被告需要经过实体审理后确定。

高特佳公司赞同四原告的观点。

最高人民法院认为：①股东因优先购买权受到侵害提起诉讼的，该诉讼虽与公司有关，但不具有公司组织法上纠纷的性质，也不涉及多项法律关系，判决仅对股权转让方、受让方及公司其他股东发生法律效力。因此，该诉讼应适用一般地域管辖，而不应适用公司诉讼特殊地域管辖（《民事诉讼法》第26条）的规定。②股东系主张其优先购买权（民事权益）受到侵害，应适用《民事诉讼法》第28条关于侵权地域管辖的规定，即以侵权行为地或被告住所地确定管辖。原告既然认为被告签订《股权转让合同》转让股权的行为侵害其优先购买权，该《股权转让合同》的签订地即为侵权行为地。③主张优先购买权受到侵害的股东，并非《股权转让合同》的缔约方，因此不受该合同协议管辖条款的限制。④目标公司与股东之间的优先购买权纠纷无直接利害关系，不能据其住所地确定管辖法院。根据《民事诉讼法》第35条的规定，两个以上法院有管辖权的，原告可以择一起诉。经征询四原告意见，其选择向福建省高院起诉。最高人民法院作出终审裁定，撤销广东省高院（2015）粤民初13号民事裁定，确定本案由福建省高院管辖。

二、法律问题

在本案中：

1. 如何理解《民事诉讼法》第26条规定的公司诉讼？从本案纠纷的性质看，是否属于公司诉讼？

2. 侵权行为地如何确定？

3. 《股权转让合同》中的协议管辖条款是否对四原告具有约束力？

4. 高特佳公司是否是适格当事人？

三、法理分析

本案属于共同诉讼，同时又涉及侵权诉讼的特殊地域管辖，明确了有限责任公司股东以优先购买权受侵害为由提起诉讼的地域管辖确定规则。

1. 我国《民事诉讼法》第26条规定了公司诉讼的特殊管辖，明确因公司设立、确认股东资格、分配利润、解散等纠纷提起的诉讼，由公司住所地人民法院管辖。可见，公司诉讼并不适用一般地域管辖，而是适用公司诉讼的特殊地域管辖即公司住所地人民法院管辖。需要注意的是：并非所有涉及公司的诉讼都属于公司诉讼，公司诉讼有其独特的内涵。公司诉讼是指因特定主体违反有关公司法规定的义务而引起的特殊的民事诉讼。从特征上看，公司诉讼大多是涉及公司组织法性质的诉讼，存在与公司组织相关的多数利害关系人，涉及多数利害关系人的多项法律关系的变动，且胜诉判决往往产生对世效力。公司诉讼的类型，根据《民事诉讼法》第26条和《民诉法解释》第22条的规定，主要包括以下几种：公司设立诉讼、确认股东资格诉讼、公司分配利润诉讼、公司解散诉讼、股东名册记载纠纷、公司组织形式变更诉讼、公司合并诉讼、公司分立诉讼和公司资产变动诉讼。本案因赤天化公司将其持有的高特佳公司股权转让给京道凯翔有限合伙而产生，属于股权转让诉讼。该诉讼虽与公司有关，但不具有公司诉讼的性质，也不属于法律规定的公司诉讼的类型，所以，对本案不应当适用《民事诉讼法》第26条确定管辖法院，四原告提出的本案应适用该条确定管辖的意见是不正确的。

2. 本案是公司股东以优先购买权受侵害为由提起的诉讼，属于侵权纠纷，适用侵权诉讼的特殊地域管辖。根据《民事诉讼法》第28条的规定，因侵权行为提起的诉讼，由侵权行为地或者被告住所地人民法院管辖。其中，侵权行为地，是指侵害他人合法权益的法律事实所在地，包括侵权行为实施地和侵权结果发生地。本案四原告认为被告进行股权转让侵害其权益，所以，《股权转让合同》签订地是侵权行为实施地。从案情看，股权转让合同签订地为贵阳，因此，贵阳是侵权行为地，该地法院对案件具有管辖权。

3. 由于被告住所地法院也对本案具有管辖权，那么，高特佳公司是被告之一，其住所地在广东，广东省高院是否具有管辖权？根据《民事诉讼法》第21条第3款规定，同一诉讼的几个被告住所地、经常居住地在两个以上人民法院辖区的，各该人民法院都有管辖权。这一规定适用的对象是共同诉讼，只要某一共同被告的住所地在受诉法院辖区，受诉法院就对全案具有管辖权。本案是侵权纠纷，四原告认为赤天化公司将其持有的高特佳公司股权转让给京道凯翔有限合伙，该股权转让行为侵害了他们的优先购买权，所以，本案的适格被告是赤天化公司和京道凯翔有限合伙，高特佳公司并没有实施侵权行为，不能成为共同被告，即不是本案的适格被告，不能以其住所地确定案件的管辖法院。对此，最高人民法院的裁定是正确的，广东省高院对本案没有管辖权。

4. 关于《股权转让合同》中规定的约定管辖问题，由于该合同是赤天化公司和京道凯翔有限合伙签订的，所以，合同中约定的协议管辖只能对合同双方具有约束力，对四原告没有法律效力，因此，本案不适用协议管辖。

四、参考意见

在本案管辖法院的确定上，首先应当了解公司诉讼的特征和主要类型，我国《民事诉讼法》和《民诉法解释》对此有明确规定，根据这些规定可以排除本案的公司诉讼的可能性。这样，就可以确定本案属于侵害股东优先购买权的侵权诉讼，适用侵权诉讼的特殊地域管辖。个人认为，侵权诉讼和公司诉讼都属于特殊地域管辖的内容，所以，即使不是公司诉讼，本案仍然属于特殊地域管辖，只不过适用侵权诉讼的特殊地域管辖，而不是适用公司诉讼的特殊地域管辖。对此，最高人民法院在裁判要旨中认为本案应适用一般地域管辖规定的说法不够确切。

另外，本案的被告应当是赤天化公司和京道凯翔有限合伙，二者共同侵权，构成共同诉讼。而四原告对高特佳公司的诉讼请求明显不能成立，但是，四原告却向高特佳公司的住所地广东省高院起诉，因此，本案四原告存在虚列被告的嫌疑。那么，法院应当如何应对原告虚列被告的现象？是先否定共同诉讼后再确定案件的管辖权，还是先以被告不适格为由裁定驳回起诉后再确定案件的管辖权？这一问题值得探讨。

案例三：央视国际网络有限公司诉北京卓易讯畅科技有限公司侵害作品信息网络传播权纠纷[1]

一、基本案情

原告央视国际网络有限公司（住所地北京市海淀区）诉被告北京卓易讯畅科技有限公司（住所地北京市朝阳区）侵害作品信息网络传播权纠纷案中，原告央视国际公司向北京市海淀区人民法院起诉，请求：①卓易讯畅公司赔偿央视国际公司经济损失 500 000 元、合理费用 50 000 元；②卓易讯畅公司承担本案全部诉讼费用。事实和理由：中央电视台授权央视国际公司独占通过信息网络向公众提供《舌尖上的中国》节目的下载权利，并有权许可或禁止他人行使或部分行使上述权利。卓易讯畅公司未经许可，在其开发经营的软件"豌豆荚"，向公众提供涉案节目的下载服务，侵犯了央视国际公司的合法权利，给央视国际公司造成了经济损失。

被告卓易讯畅公司在提交答辩状期间，对管辖权提出异议。卓易讯畅公司认为，其公司住所地为北京市朝阳区，要求将本案移送至北京市朝阳区人民法院审理。

北京市海淀区法院认为，根据《中华人民共和国民事诉讼法》的相关规定，因侵权行为提起的诉讼，由侵权行为地或者被告住所地人民法院管辖；

---

〔1〕　北京市海淀区人民法院（2017）京 0108 民初 35467 号民事裁定书。

侵权行为地包括侵权行为实施地和侵权结果发生地；信息网络侵权行为侵权结果发生地包括被侵权人住所地。本案是因信息网络侵权行为引发的侵害著作权纠纷，被侵权人央视国际公司住所地在北京市海淀区，故本院对本案有管辖权。对于卓易讯畅公司提出的管辖权异议，法院予以驳回。

二、法律问题

1. 本案纠纷的性质是侵权诉讼，能否适用一般地域管辖？
2. 侵权诉讼的管辖法院如何确定？信息网络侵权的侵权行为地如何认定？

三、重点提示

根据《民事诉讼法》第 28 条的规定，因侵权行为提起的诉讼，由侵权行为地或者被告住所地人民法院管辖，即适用侵权诉讼的特殊地域管辖，不能适用一般地域管辖的规定。所以，被告卓易讯畅公司在管辖权异议中提出的其公司住所地为北京市朝阳区，要求将本案移送至北京市朝阳区人民法院审理的主张没有法律依据。由于本案是信息网络侵权案件，根据《民诉法解释》第 25 条的规定，信息网络侵权行为实施地包括实施被诉侵权行为的计算机等信息设备所在地，结果发生地包括被侵权人住所地，因此，北京市朝阳区和北京市海淀区法院对该案都有管辖权。所以，北京市海淀区法院不能裁定将案件移送北京市朝阳区法院，海淀区法院裁定驳回管辖权异议是正确的。

案例四：涿州市兴凯汽车零部件有限公司与杨某生命权、
健康权、身体权纠纷管辖异议[1]

一、基本案情

原告杨某在一审起诉称：原告与其他几名同事一起为科络捷涿州分公司安装空调。运送空调时，电梯从三楼坠落至一楼，致使杨某摔伤。杨某住院期间，科络捷公司（住所地北京市石景山区）及科络捷涿州分公司（住所地河北省保定市涿州市开发区）支付了大部分治疗费。杨某诉至北京市石景山区

———————

〔1〕 北京市第一中级人民法院（2014）一中民终字第 3325 号民事裁定书。

人民法院，请求科络捷公司和科络捷涿州分公司赔偿误工费、伙食补助费、营养费、伤残赔偿金、交通费、抚养费及护理费等各种损失10万元。

科络捷公司反诉称：涿州市蓝洁制冷设备有限公司派杨某等人到科络捷涿州分公司从事空调移机工作，杨某等人未选用步行楼梯，而是选用兴凯公司的货运电梯运送空调机到三楼。该电梯不是科络捷涿州分公司的，且使用该电梯未征得科络捷公司的同意，故应当由兴凯公司承担责任。杨某受伤后指使家属到科络捷涿州分公司围堵工作人员并私自拉断生产车间电源，致使科络捷涿州分公司被迫停产2天，给科络捷公司造成损失。科络捷公司认为：①兴凯公司应对该电梯运行中造成的损害后果承担责任。因此，杨某应返还科络捷公司垫付的医药费76 510.41元。②杨某等人在科络捷涿州分公司滋事，造成直接损失34 800元。因此，反诉请求杨某返还科络捷公司垫付的医药费并且赔偿致使科络捷涿州分公司停工的损失。

一审法院追加兴凯公司为本案共同被告。兴凯公司在提交答辩状期间对管辖权提出异议，认为侵权行为发生地位于河北省涿州市，科络捷涿州分公司是本案相关行为人并具有民事诉讼主体资格，故兴凯公司以侵权行为地、适格被告住所地均为河北省涿州市为由，认为本案应由河北省涿州市法院办理。

一审法院认为，因侵权行为提起的诉讼，由侵权行为地或者被告住所地法院管辖，同一诉讼的几个被告住所地、经常居住地在两个以上法院辖区的，各法院都有管辖权。本案中，被告科络捷公司的住所地为北京市石景山区，故石景山区是本案的被告住所地，此案应属于该院管辖。裁定驳回兴凯公司的管辖权异议。

兴凯公司不服该裁定，向北京市第一中级人民法院提起上诉，认为：①科络捷公司不是事故的责任主体，其不应当作为本案的被告，也不能将科络捷公司及其涿州分公司作为共同被告。①科络捷涿州分公司具有诉讼主体资格，杨某应以科络捷涿州分公司为本案被告。③一审法院混淆了诉讼主体资格和民事责任主体资格这两个完全不同的概念。依照法律规定，在分公司不能清偿债务时，可以在执行程序中追加其总公司为被执行人，但不能在诉讼中直接将总公司列为被告，除非该分公司已经不存在，失去了诉讼主体资格。而本案中并不存在前述直接以总公司为被告的情形。④本案的合同履行地及事故发生地均为河北省涿州市，故一审法院对本案没有管辖权。

二审法院认为：杨某提起的是共同侵权之诉，应适用《中华人民共和国民事诉讼法》第21条第3款、第28条的规定确定本案的管辖权。兴凯公司有关适用《中华人民共和国民事诉讼法》第23条确定本案管辖权的上诉理由，因无事实依据，法院不予采信。关于兴凯公司所称科络捷公司为本案不适格被告，不应当以科络捷公司的住所地作为确定管辖连接点的上诉理由能否成立的问题。当事人以谁为被告、提起何种类型的诉讼，属于《民事诉讼法》第13条第2款规定的当事人合法处分自己诉讼权利的范畴，故应当受到程序上的保障。至于其所列被告是否应当承担民事责任，应当由法院在案件实体审理中依据相关实体法作出认定，不属于确定案件管辖权审理的范畴。据此，裁定驳回上诉，维持原审裁定。

二、法律问题

1. 本案中，哪些法院具有管辖权？
2. 科络捷公司能否作为本案的共同被告？

三、重点提示

本案中，原告杨某提起的是侵权诉讼，应当适用《民事诉讼法》第28条的规定，由侵权行为地或者被告住所地人民法院管辖，所以，河北省保定市涿州市开发区法院和北京市石景山区法院都有管辖权，原告向北京市石景山区法院起诉符合法律规定。关于科络捷公司能否作为本案的共同被告，尽管《民事诉讼法》第48条和《民诉法解释》第52条第5项都规定依法设立并领取营业执照的法人的分支机构是"其他组织"，可以作为民事诉讼主体，但是，这一规定并不排除总公司成为当事人。我国《公司法》第14条规定，分公司不具有法人资格，其民事责任由公司承担。本案中，如果原告选择只将科络捷涿州分公司作为被告，法院判决分公司承担民事责任后，并不免除总公司的责任，总公司仍对不足部分负有清偿义务。而本案原告是选择将总公司和分公司作为共同被告，这样在科络捷涿州分公司没有足够的支付能力的情况下，法院判决科络捷涿州分公司承担责任的同时，可以确定科络捷公司承担补充责任。这种选择是有法律依据的，兴凯公司的上诉理由不能成立，法院驳回是正确的。

专题四 协议管辖

📖 知识概要

协议管辖，是指根据双方当事人的约定确定管辖法院的制度，限于合同纠纷和其他财产权益纠纷。适用协议管辖，必须具备以下条件：①协议管辖适用于合同纠纷和财产争议案件。②协议管辖只适用于第一审人民法院管辖的案件。③当事人通过协议确立管辖法院必须以书面形式进行，口头协议无效。④当事人必须在法律规定的范围内协议选择管辖法院，包括被告住所地、合同履行地、合同签订地、原告住所地、标的物所在地的人民法院。管辖协议约定两个以上与争议有实际联系的地点的人民法院管辖的，原告可以向其中一个人民法院起诉。⑤双方当事人协议选择管辖法院时，不得违反民诉法对级别管辖和专属管辖的规定。

📖 经典案例

佳木斯采矿设备公司诉大同市龙煤煤矿机械销售有限公司买卖合同纠纷[1]

一、基本案情

大同市龙煤煤矿机械销售有限公司与佳木斯采矿设备有限公司签订销售合同，约定龙煤机械销售公司购买佳木斯采矿设备公司生产的掘进机及配件，合同中还约定合同签订地为佳木斯市，且约定合同履行过程中发生争议，由双方当事人协商解决；也可以由当地工商行政管理部门调解；协商或调解不成的，提交签订地仲裁委员会仲裁，或者向签订地人民法院起诉。后因龙煤机械销售公司拒绝支付货款，佳木斯采矿设备公司向黑龙江省高级人民法院提起诉讼，请求判令龙煤机械销售公司支付货款。

龙煤机械销售公司以黑龙江省高级人民法院对本案无管辖权为由，在答

---

[1] 最高人民法院（2016）最高法民辖终39号。

辩期间向该院提出管辖权异议，主张：佳木斯采矿设备公司起诉时所提交的销售合同是复印件，没有提交原件，且合同中"龙煤机械销售公司"的公章并非由龙煤机械销售公司加盖，因此，双方不存在真实的买卖合同关系，在佳木斯采矿设备公司不能举证证明销售合同具有真实性的情况下，一审法院不应认定销售合同关于管辖的约定。

佳木斯采矿设备公司辩称：首先，双方销售合同约定，履行过程中发生争议，提交签订地仲裁委员会仲裁或者向签订地人民法院起诉。合同签订地为黑龙江省佳木斯市，由于涉案诉讼标的额超过5000万元，且双方不属于同一省域，所以本案应由黑龙江省高级人民法院管辖。其次，龙煤机械销售公司虽对销售合同的真实性提出异议，但未提供证据证明，也未提出过鉴定申请，应当承担举证不能的法律后果。因此，黑龙江省高级人民法院对本案享有管辖权。

黑龙江省高级人民法院认为：

1. 本案双方当事人的争议为买卖合同纠纷。双方当事人签订的销售合同均约定合同争议解决的方式是：由双方协商解决；也可以由当地工商行政管理部门调解；协商或调解不成的，提交签订地仲裁委员会仲裁，或者向签订地人民法院起诉。因上述合同约定了争议可以向仲裁机构申请仲裁也可以向人民法院起诉，按照《最高人民法院关于适用〈中华人民共和国仲裁法〉若干问题的解释》第7条的规定，当事人约定争议可以向仲裁机构申请仲裁也可以向人民法院起诉的，仲裁协议无效。因此，该争议解决方式中对仲裁的约定应当认定无效。

2. 《中华人民共和国民事诉讼法》第34条规定，合同或者其他财产权益纠纷的当事人可以书面协议选择被告住所地、合同履行地、合同签订地、原告住所地、标的物所在地等与争议有实际联系的地点的人民法院管辖。因此，双方当事人签订的销售合同中约定向合同签订地人民法院起诉符合上述法律规定，该诉讼管辖条款应当认定有效，且根据《最高人民法院关于调整高级人民法院和中级人民法院管辖第一审民商事案件标准的通知》的规定，黑龙江省高级人民法院管辖当事人一方住所地不在本辖区的诉讼标的额5000万元以上一审民商事案件。本案双方当事人签订的销售合同中约定合同签订地为黑龙江省佳木斯市，佳木斯采矿设备公司向该院诉请龙煤机械销售公司支付货款 93 183 305.18 元，龙煤机械销售公司住所地在山西省大同市，因此，该院对本案具有管辖权。

3. 关于上述销售合同的真实性问题，属实体审理的范围，不应当在审理管辖权异议的程序中解决。因此，裁定驳回管辖权异议。

龙煤机械销售公司对黑龙江省高级人民法院作出的上述裁定不服，向最高人民法院提起上诉。

最高人民法院认为：

1. 本案系佳木斯采矿设备公司依据销售合同及询证函等证据主张机械产品销售价款所引发的诉讼，属于买卖合同纠纷。销售合同第 13 条约定的争议解决方式为：双方当事人协商解决，也可以由当地工商行政管理部门调解；协商或者调解不成的，提交签订地仲裁委员会仲裁，或向签订地人民法院起诉。根据《最高人民法院关于适用〈中华人民共和国仲裁法〉若干问题的解释》第 7 条之规定，当事人约定争议可以向仲裁机构申请仲裁也可以向人民法院起诉的，仲裁协议无效。故双方关于仲裁的约定无效。

2. 销售合同载明的签订地点为佳木斯，该合同同时约定，协商或者调解不成的，向签订地人民法院起诉，即存在约定管辖情形，该约定符合《中华人民共和国民事诉讼法》第 34 条关于约定管辖地应与争议有实际联系的规定。由于佳木斯采矿设备公司起诉的标的额为 94 888 041.98 元，且争议双方不在同一省辖区，根据《最高人民法院关于调整高级人民法院和中级人民法院管辖第一审民商事案件标准的通知》的规定，黑龙江省高级人民法院对本案行使管辖权，并无不当。

3. 关于龙煤机械销售公司提出的销售合同及询证函不具有真实性等主张，属于实体审查范畴，需在案件实体审理过程中通过双方举证、质证，以及法庭认证等程序综合予以认定，并作为衡量佳木斯采矿设备公司的诉讼请求能否成立之判断依据。佳木斯采矿设备公司起诉时提交了销售合同及询证函的复印件，原审法院组织询问时其亦向法庭举示了销售合同的原件，其所举示的证据已符合人民法院审查受理案件以及确定管辖之判断标准。据此，黑龙江省高级人民法院裁定驳回龙煤机械销售公司的管辖权异议，符合法律规定及合同约定，应当予以维持。裁定驳回上诉，维持原裁定。

二、法律问题

首先，本案是合同纠纷，双方当事人在合同中约定了协议管辖条款。但是，双方在协议管辖条款中约定，发生纠纷后，可以向合同签订地仲裁委员会申请仲裁，或者向合同签订地人民法院起诉。那么，这一协议属于仲裁协议还是法院管辖协议？为什么？其次，该管辖协议是否有效？最后，龙煤机械销售公司认为双方不存在真实的买卖合同关系，在佳木斯采矿设备公司不能举证证明销售合同具有真实性的情况下，一审法院不应认定销售合同关于管辖的约定，这一主张是否正确？

三、法理分析

本案涉及协议管辖的效力问题。

1. 法院和仲裁机构是两个各自独立的解决纠纷的机构，性质的不同导致了其纠纷解决方法的差异性。因此，各国都确立了"或裁或审"的原则。仲裁协议是双方当事人就纠纷解决方式达成一致的意思表示，双方当事人均受到他们所签订的仲裁协议的约束，即纠纷发生后，当事人只能通过仲裁方式，请求仲裁机构通过行使仲裁权给予解决，而丧失了就特定争议事项向法院提起诉讼的权利，即丧失了诉权。如果当事人约定将纠纷提交仲裁的同时又约定可以向法院提起诉讼，就违反了"或裁或审"的原则，这样的仲裁协议是无效的。对此，《最高人民法院关于适用〈中华人民共和国仲裁法〉若干问题的解释》第7条明确规定，当事人约定争议可以向仲裁机构申请仲裁也可以向人民法院起诉的，仲裁协议无效。所以，双方关于仲裁的约定无效。双方关于法院管辖的协议是否有效？根据《民事诉讼法》第34条和《民诉法解释》第29条、第30条的规定，协议管辖的有效要件是：①适用于合同纠纷和其他财产权益纠纷。②适用于第一审民事案件。③协议选择管辖法院的范围包括被告住所地、合同履行地、合同签订地、原告住所地、标的物所在地等与争议有实际联系地点的人民法院。④必须采用书面方式。⑤不得违反级别管辖和专属管辖的规定。本案双方当事人达成的协议符合协议管辖的条件，应当认定为有效。

2. 合同是否具有真实性，这是一个涉及案件实体法律事实的问题，应当适用严格的证明程序。而管辖是程序事项，并且应当及时确定，以免影响案件的审理，所以，管辖事项不需要经过严格的证明程序，只要当事人有一定的证据（如佳木斯采矿设备公司起诉时提交了销售合同的复印件），法官形成一定的心证即可，这在证据理论上称之为释明。所以，本案被告的主张不正确。法院裁定驳回其管辖权异议是有法理根据的。

四、参考意见

本涉案及的核心问题是如何认定双方当事人在合同中约定的或裁或审条款的效力。《最高人民法院关于适用〈中华人民共和国仲裁法〉若干问题的解释》第7条规定："当事人约定争议可以向仲裁机构申请仲裁也可以向人民法院起诉的，仲裁协议无效。但一方向仲裁机构申请仲裁，另一方未在仲裁法第20条第2款规定期间内提出异议的除外。"可见，在此情形下，该仲裁协议并不当然无效。本书认为，在一审中，被告提出管辖权异议，其主要理由是认为双方当事人之间并不存在真正的合同关系，既然合同是不真实的，那么合同中约定的协议管辖也是无效的，并基于这一理由，要求法院移送案件。也就是说，被告并没有就双方在合同中约定的或裁或审的内容提出异议，那么，法院收到异议后，只要就被告提出的管辖权异议理由是否成立进行审查即可，而不需要去审查或裁或审的约定是否有效，因为被告并没有对这一问题提出异议。这样做才比较符合辩论主义的宗旨。

◈ 拓展案例

案例一：北京链家房地产经纪有限公司诉刘某居间合同纠纷[1]

一、基本案情

原告链家经纪公司（住所地北京市朝阳区）向北京市海淀区法院起诉称，刘某通过该公司居间与产权人余某就本市海淀区翠微路某房屋签订《北京市存量房屋买卖合同》《居间服务合同》《补充协议》《房屋交易保障服务合同》。根据《居间服务合同》约定：刘某应当于签约当日支付居间服务费143 440元。

---

[1]　北京市海淀区人民法院（2017）京0108民初29109号民事裁定书。

之后，刘某以首付不足为由要求解约，三方签署《解约协议书》，但刘某违反协议约定，另行就上述房屋达成交易。现请求法院判令：刘某支付居间服务费 143 440 元并承担本案诉讼费。

被告刘某在提交答辩状期间，对管辖权提出异议，认为：其与链家经纪公司、余某三方签订《解约协议书》，解除了三方签署的有关房产买卖、代理居间及相关所有协议。上述《解约协议书》第 7 条约定"因签署或者履行本协议所引起的或与此相关的任何争议……可向丙方所在地人民法院诉讼解决"，丙方即链家经纪公司，链家经纪公司住所地为北京市朝阳区。本案属于合同纠纷，当事人已协议选择了管辖法院，并且不违反级别管辖和专属管辖的规定，本案应由北京市朝阳区人民法院管辖。综上，请求法院依法将本案移送至北京市朝阳区人民法院管辖。

法院认为，本案系合同纠纷。合同或者其他财产权益纠纷的当事人可以书面协议选择被告住所地、合同履行地、合同签订地、原告住所地、标的物所在地等与争议有实际联系的地点的人民法院管辖，但不得违反对级别管辖和专属管辖的规定。本案中，链家经纪公司、刘某及余某在《解约协议书》中第 7 条明确约定"因签署或履行本解约协议所引起的或与此相关的任何争议，三方应友好协商解决，协商不成的，可向丙方所在地人民法院诉讼解决"，丙方为链家经纪公司，上述管辖约定符合协议管辖的要件，应为有效。根据营业执照记载，链家经纪公司住所地位于北京市朝阳区。经询，链家经纪公司对其住所地位于北京市朝阳区未提出异议，并表示同意将本案移送北京市朝阳区人民法院审理。裁定本案移送北京市朝阳区人民法院处理。

二、法律问题

1. 本案合同涉及房屋买卖，是否属于不动产纠纷？

2. 本案能否由被告住所地人民法院管辖？

3. 如果链家经纪公司不同意将本案移送北京市朝阳区人民法院审理，法院应当如何处理？

三、重点提示

本案合同虽然涉及房屋买卖，但是不属于不动产纠纷，根据《民诉法解释》第28条的规定，不动产纠纷是指因不动产的权利确认、分割、相邻关系等引起的物权纠纷。农村土地承包经营合同纠纷、房屋租赁合同纠纷、建设工程施工合同纠纷、政策性房屋买卖合同纠纷，按照不动产纠纷确定关系。本案不是政策性房屋买卖合同纠纷，不适用不动产专属管辖规定，所以，不动产所在地北京市海淀区法院对本案没有管辖权。由于当事人双方在合同中协议选择了管辖法院，排除了本案的法定管辖的适用，所以，本案不能适用合同履行地或者被告住所地法院管辖。如果链家经纪公司不同意将本案移送北京市朝阳区人民法院审理，则海淀区法院应当裁定驳回起诉。

案例二：中国投融资担保有限公司诉河南林豫建安集团有限公司追偿权纠纷[1]

一、基本案情

中国投融资担保有限公司（以下简称中投保公司）向北京市海淀区人民法院起诉称：中投保公司（住所地北京市海淀区）与被告河南林豫建安集团有限公司（以下简称林豫建安集团，住所地河南省林州市）签订《担保授信及追偿合同》，合同中对管辖法院作出了约定，即"第14条 管辖：甲乙双方在履行本合同中发生的争议，由本合同签订地人民法院管辖"，合同文本上已明确注明签署地点是北京市海淀区。原告因与被告和招商银行股份有限公司郑州九如路支行的约定，以保证人身份履行保证责任，代债务人林豫建安集团向债权人九如路支行偿还了贷款。中投保公司现向债务人林豫建安集团及其保证人马某（住所地河南省林州市）等进行追偿。

一审法院向被告送达起诉状后，被告林豫建安集团、李某（住所地河南省林州市）在答辩期内向一审法院提出管辖权异议，林豫建安集团认为，其住所地在河南省林州市，属于安阳市管辖，林豫建安集团与中投保公司签订的《担保授信及追偿合同》中，约定发生纠纷由合同签订地人民法院管辖，本合同实际上是在安阳市的东方卧龙大酒店签订的，根本不是在北京市海淀区签订的，根据合同管辖的约定，案件应由河南省安阳市中级人民法院管辖。

---

〔1〕 北京市海淀区人民法院（2014）海民（商）初字第21677号。

李某提出其住所地在河南省林州市，属于安阳市管辖，应将案件移送至河南省安阳市中级人民法院审理。

法院认为，本案系中投保公司按照与林豫建安集团和九如路支行之间的约定，以保证人身份履行保证责任，代债务人林豫建安集团向债权人九如路支行偿还贷款，而后向债务人林豫建安集团及其提供的反担保之保证人马某、赵某、李某及出质债权的债务人管委会进行追偿而引发的纠纷。

案中，中投保公司行使追偿权依据的《担保授信及追偿合同》系主合同，中投保公司接纳马某、赵某、李某及徐某四人出具的《无限连带责任担保函》，中投保公司与四人之间设立担保合同，为从合同；中投保公司与林豫建安集团之间的《质押反担保合同》亦为从合同。本案系主、从合同引发的合同纠纷，按照《最高人民法院关于适用〈中华人民共和国担保法〉若干问题的解释》第129条"主合同和担保合同发生纠纷提起诉讼的，应当根据主合同确定案件管辖"的规定，本案应根据《担保授信及追偿合同》确定管辖法院。中投保公司与林豫建安集团在《担保授信及追偿合同》中对纠纷管辖法院作出了约定，即"第14条管辖：甲乙双方在履行本合同中发生的争议，由本合同签订地人民法院管辖"。因合同签订地点为北京市海淀区，且该合同约定的融资担保授信额度为2500万元，而本法院可以管辖诉讼标的额在5000万元以下且当事人一方住所地不在本市辖区的第一审民商事案件，故约定的管辖法院为本院，该约定符合前述法律规定，属有效，故法院对本案享有管辖权。

被告林豫建安集团和李某均提出，本案应适用《中华人民共和国民事诉讼法》第21条规定来确定管辖法院，法院对此认为，该条规定是对地域管辖的一般性规定，并不适用于本案之合同纠纷。林豫建安集团还提出了《担保授信及追偿合同》实际上是在安阳市的东方卧龙大酒店签订的，根本不是在北京市海淀区签订的，故合同签订地人民法院为河南省安阳市中级人民法院的意见。对此，法院认为，在本裁定书制作前，本院并未对实际签订地点是海淀区还是安阳市进行调查，主要是考虑到实际签订地点是海淀区还是安阳市对合同签订地的认定并无任何影响，因为《担保授信及追偿合同》文本上已明确注明签署地点是北京市海淀区，假设签署地点是安阳市，但按照《最高人民法院关于适用〈中华人民共和国合同法〉若干问题的解释（二）》第4条"采用书面形式订立合同，合同约定的签订地与实际签字或者盖章地点不符的，人民法院应当认定约定的签订地为合同签订地"的规定，北京市海淀区仍应被认定为合同签订地，故本院对林豫建安集团的意见不予采信。裁定驳回被告河南林豫建安集团有限公司、李某对本案管辖权提出的异议。

二、法律问题

1. 本案纠纷的性质是什么？被告李某提出其住所地在河南省林州市，属于安阳市管辖，应将案件移送至河南省安阳市中级人民法院审理的依据是什么？是否正确？

2. 本案双方当事人在签订合同时约定了协议管辖条款，该条款是否合法有效？

3. 合同中约定的合同签订地与合同实际签订地不一致的，以哪一个为准？

三、重点提示

本案属于合同纠纷，尽管根据法律规定，合同纠纷由被告住所地或者合同履行地法院管辖，但是，由于本案双方当事人在合同中约定了协议管辖条款，所以，不再适用法定管辖，而应当由双方当事人约定的法院管辖。因此，被告李某提出其住所地在河南省林州市，属于安阳市管辖，应将案件移送至河南省安阳市中级人民法院审理的意见是不符合法律规定的。当事人之间的协议管辖条款符合《民事诉讼法》第34条的规定，是有效的。根据《最高人民法院关于适用〈中华人民共和国合同法〉若干问题的解释（二）》第4条的规定，采用书面形式订立合同，合同约定的签订地与实际签字或者盖章地点不符的，人民法院应当认定约定的签订地为合同签订地，北京市海淀区人民法院应当被认定为合同签订地法院，对本案具有管辖权。

专题五 裁定管辖

💠 知识概要

移送管辖是裁定管辖的一种。裁定管辖是以人民法院作出裁定来确定案件管辖法院的制度。设立裁定管辖的目的在于弥补法定管辖的不足，以适应民事审判实践中特殊情况的需要。根据我国《民事诉讼法》的规定，裁定管辖有三种：移送管辖、指定管辖和管辖权转移。

移送管辖是指人民法院受理案件后，发现自己无管辖权，依照法律规定将案件移交给有管辖权的人民法院审理的制度。移送管辖应当具备三个条件：①人民法院已经受理了案件。②受理案件的人民法院对该案没有管辖权。③受移送的人民法院对该案件有管辖权。根据管辖恒定原则，有管辖权的人民法院受理案件后，当事人住所地变更的，不得将案件移送给变更后有管辖权的人民法院。两个以上人民法院都有管辖权的，先立案的人民法院不得将案件移送给另一个有管辖权的人民法院。

指定管辖是指上级人民法院用裁定的方式将某一具体案件交由某一个下级人民法院管辖的制度。指定管辖适用于以下情形：①在移送管辖的情况下，受移送的人民法院认为自己没有管辖权的。②有管辖权的人民法院因为特殊原因，不能行使管辖权的。③人民法院之间发生管辖权争议，双方协商不成的。

管辖权转移是指经上级人民法院的批准或者同意，将案件的管辖权从原来有管辖权的人民法院转移到无管辖权的人民法院，从而使无管辖权的人民法院因此而获得案件的管辖权的制度。管辖权的转移有两种情形：①上级向下级转移。根据《民事诉讼法》的规定，上级人民法院确有必要将本院管辖的第一审民事案件交给下级人民法院审理的，应当报请其上级人民法院批准。②下级转移给上级。上级人民法院有权审理下级人民法院管辖的第一审民事案件。

管辖权转移和移送管辖的性质、作用和程序都不相同。

经典案例

中钢设备有限公司诉大连华氏流体设备有限公司买卖合同纠纷[1]

一、基本案情

原告中钢设备有限公司（住所地北京市海淀区）诉被告大连华氏流体设

---

〔1〕 北京市海淀区人民法院（2017）京0108民初21955号民事裁定书。

备有限公司（住所地辽宁省大连市甘井子区）买卖合同纠纷一案，由北京市海淀区人民法院依法受理。被告华氏公司在答辩期间，对管辖权提出异议，认为：①华氏公司于2017年2月16日以买卖合同纠纷为由向辽宁省大连市甘井子区人民法院提起民事诉讼，案件号为（2017）辽0211民初1424号。中钢公司作为被告对管辖权提出异议。2017年3月27日，辽宁省大连市甘井子区人民法院驳回中钢公司提出的管辖权异议。中钢公司并未上诉。②中钢公司于2017年4月5日给华氏公司发来《合同解除函》。华氏公司认为中钢公司的要求违背合同约定和法律规定。华氏公司认为，根据《中华人民共和国民事诉讼法》第35条及《最高人民法院关于适用〈中华人民共和国民事诉讼法〉的解释》第36条，应将本案移送至辽宁省大连市甘井子区人民法院合并审理。

法院认为，依据《最高人民法院关于在经济审判工作中严格执行〈中华人民共和国民事诉讼法〉的若干规定》第2条之规定，当事人基于同一法律关系或者同一法律事实而发生纠纷的，以不同诉讼请求分别向有管辖权的不同法院起诉的，后立案的法院在得知有关法院先立案的情况后，应当在7日内裁定将案件移送先立案的法院合并审理。本案中，华氏公司于2017年2月16日以买卖合同纠纷为由向辽宁省大连市甘井子区人民法院起诉，且已被立案受理。华氏公司向辽宁省大连市甘井子区人民法院起诉的案件与本案系基于同一法律事实和同一法律关系，当事人以不同的诉讼请求向各自所在地人民法院提起诉讼，依法应当合并审理，故法院应依法将本案移送至大连市甘井子区人民法院审理。裁定本案移送辽宁省大连市甘井子区人民法院审理。

二、法律问题

本案首先涉及的问题是：中钢设备有限公司诉大连华氏流体设备有限公司买卖合同纠纷与华氏公司诉中钢设备有限公司买卖合同纠纷是否是相同的案件，如果是，则属于重复诉讼，人民法院应当裁定不予受理或者驳回起诉，这涉及对重复诉讼的认定标准。其次，如果不是重复诉讼，则本案中法院裁定移送管辖是否正确？

三、法理分析

本涉案及移送管辖的特殊情形。

中钢设备有限公司诉大连华氏流体设备有限公司买卖合同纠纷与华氏公司诉中钢设备有限公司买卖合同纠纷是否是同一事件，要根据同一事件的判断标准来确定。根据《民诉法解释》第247条的规定，当事人就已经提起诉讼的事项在诉讼过程中或者裁判生效后再次起诉，同时符合下列条件的，构成重复起诉：①后诉与前诉的当事人相同。②后诉与前诉的诉讼标的相同。③后诉与前诉的诉讼请求相同，或者后诉的诉讼请求实质上否定前诉裁判结果。当事人重复起诉的，裁定不予受理；已经受理的，裁定驳回起诉。也就是说，如果两个诉当事人相同、诉讼标的相同、请求相同，可以认定是重复诉讼。理论上一般认为，"当事人相同，包括前后两诉当事人互易其原被告本案之地位在内"[1]。本案当事人虽然互换了地位，但是仍然符合第一个条件，属于当事人相同。同时，由于两诉都是基于双方的同一个买卖合同纠纷发生争议，也符合第二个条件即诉讼标的相同。但是，从案情看，双方的诉讼请求是不同的，所以，第三个条件不成立。由此可见，中钢设备有限公司提起的诉大连华氏流体设备有限公司买卖合同案，不是重复诉讼，因此，法院没有裁定驳回起诉是正确的。

尽管本案中的两个诉不是相同的诉，但是，二者在当事人和诉讼标的方面都是相同的，存在一定的关联，为避免法院作出矛盾裁判，以及实现诉讼经济，法院应当合并审理。对此，《最高人民法院关于在经济审判工作中严格执行〈中华人民共和国民事诉讼法〉的若干规定》第2条规定，当事人基于同一法律关系或者同一法律事实而发生纠纷的，以不同诉讼请求分别向有管辖权的不同法院起诉的，后立案的法院在得知有关法院先立案的情况后，应当在7日内裁定将案件移送先立案的法院合并审理。

四、参考意见

本案中，后立案的北京市海淀区人民法院是否对该案具有管辖权是确定管辖的关键。原则上，只有人民法院在立案后发现自己没有管辖权，才能将案件移送给有管辖权的人民法院，本案虽然不属于重复诉讼，但是两个案件当事人相同，并且是基于同一法律关系，符合最高人民法院的司法解释中规

---

〔1〕 参见杨建华原著，郑杰夫增订：《民事诉讼法要论》，北京大学出版社2013年版，第193页。

定的应当移送的情形，所以，北京市海淀区人民法院裁定移送案件的做法是正确的。

拓展案例

案例一：怀化农村商业银行股份有限公司与彭某金融借款合同纠纷[1]

一、基本案情

原告怀化农村商业银行股份有限公司（住所地怀化市鹤城区）与被告彭某（住怀化市鹤城区）金融借款合同纠纷一案，怀化市鹤城区人民法院于2017年7月7日立案。

原告怀化农村商业银行股份有限公司诉称，2015年2月5日，被告彭某以购买煤炭缺少资金为由向怀化市鹤城区农村信用合作联社中转库分社（现已合并为怀化农村商业银行股份有限公司）申请抵押贷款50万元，其自愿以其所有的怀房权证字第××号、第××号房产为该贷款设定抵押担保，并且出具了房屋抵押承诺书。

2015年2月11日，双方签订了《个人借款合同》，约定借款金额为人民币50万元，借款期限为24个月，月利率为9.83‰，按月结息。

合同签订后，原告依约向被告发放了贷款，并且按照被告的要求进行了支付。

被告向原告出具了借据，但在支付利息至2016年4月5日后就未再向原告支付利息。

由于贷款期限已过，原告请求法院判决被告偿还原告贷款本金50万元，并且按《个人贷款合同》约定的利率支付利息至本息清偿之日止。

怀化市鹤城区人民法院认为，本案属于《怀化市中级人民法院关于化解怀化农村商业银行金融风险、积极帮助清收不良贷款方案》中规定的移送管辖的情形，向怀化市中级人民法院申请管辖权转移。

怀化市中级人民法院认为，本案系金融借款合同纠纷，按照地域管辖，属于怀化市鹤城区人民法院管辖。但鉴于怀化市鹤城区人民法院案多人少的

---

[1] 湖南省怀化市中级人民法院（2017）湘12民辖16号。

矛盾突出，为切实维护良好的金融秩序，积极化解银行金融风险，依法及时审理涉银行不良贷款案件，依照《中华人民共和国民事诉讼法》第 37 条第 1 款的规定，裁定本案指定中方县人民法院管辖。

二、法律问题

1. 本案是否符合管辖权转移的情形？
2. 本案能否指定管辖？

三、重点提示

1.《民事诉讼法》第 38 条第 2 款规定，下级人民法院对它所管辖的第一审民事案件，认为需要由上级人民法院审理的，可以报请上级人民法院审理。这属于管辖权自下而上的转移，如果上级人民法院同意的，管辖权发生转移，如果上级人民法院不同意，案件仍然由下级人民法院管辖。本案中，怀化市中级人民法院认为案件应当由鹤城区人民法院管辖，即本案仍然由基层人民法院管辖。

2. 上级人民法院对案件进行了指定管辖。根据《民事诉讼法》第 37 条第 1 款的规定，有管辖权的人民法院由于特殊原因，不能行使管辖权的，由上级人民法院指定管辖。所谓特殊原因，一般是指法律上的原因或者不可抗力的影响，以及法院之间发生了管辖权争议而协商不成的情况。本案中，怀化市中级人民法院认为鹤城区人民法院案多人少，属于由于特殊原因不能行使管辖权，从而指定中方县人民法院管辖，中方县人民法院因此而获得案件的管辖权。

案例二：南京高科消防机电工程有限公司与南通市鑫祥房地产开发有限公司破产清算纠纷管辖权异议上诉案[1]

一、基本案情

南京高科消防机电工程有限公司（以下简称高科公司）以南通市鑫祥房

---

[1] 江苏省高级人民法院（2015）苏商辖终字第 00010 号。

地产开发有限公司（以下简称鑫祥公司）不能清偿到期债务为由，向江苏省南通市中级人民法院提出对鑫祥公司破产清算的申请。

江苏省南通市中级人民法院经审查认为，被申请人鑫祥公司主要营业地、财产所在地均在江苏省如皋市人民法院辖区，且所涉多起案件正在该院审理或执行过程中，交由该院管辖更有利于破产案件的审理。依照《中华人民共和国民事诉讼法》第38条第1款、第154条第1款第11项之规定，作出（2014）通中商破字第0003号民事裁定，将案件移交江苏省如皋市人民法院审理。

鑫祥公司不服原审裁定，向江苏省高级人民法院提起上诉称：鑫祥公司资产被江苏省如皋市人民法院拍卖，尚有拍卖款存于该院，金额超过高科公司申请执行金额，鑫祥公司并不具备破产原因，原审法院应裁定驳回高科公司申请，不应将案件移交江苏省如皋市人民法院审理。综上，请求撤销原审裁定，驳回高科公司要求对鑫祥公司进行破产清算的申请。

江苏省高级人民法院认为：首先，《最高人民法院关于审理企业破产案件若干问题的规定》第3条规定，上级人民法院将本院管辖的企业破产案件移交下级人民法院审理，依照《民事诉讼法》关于管辖权转移的规定办理。原审法院以江苏省如皋市人民法院管辖更有利于破产案件审理为由，向该院移交案件管辖权，符合《中华人民共和国民事诉讼法》第38条第1款以及上述司法解释的规定，并无不当。其次，原审裁定仅涉及管辖权下移，并未涉及破产清算申请受理问题，鑫祥公司关于其不具备破产原因、原审法院应裁定驳回破产清算申请的上诉主张，不属于本案审查范围，该项主张本院不予理涉。依照《中华人民共和国民事诉讼法》第170条第1款第1项的规定，裁定驳回上诉，维持原裁定。

二、法律问题

1.《民事诉讼法》第38条第1款规定的管辖权转移包括几种情形？

2. 上级人民法院将自己管辖的案件交由下级人民法院审理，应当符合什么条件？

三、重点提示

管辖权转移包括自下而上的转移和自上而下的转移两种情形。本案是中级人民法院将自己具有管辖权的案件交由下级人民法院审理。根据《民诉法解释》第 42 条的规定，下列第一审民事案件，人民法院可以在开庭前交下级人民法院审理：①破产程序中有关债务人的诉讼案件。②当事人人数众多且不方便诉讼的案件。③最高人民法院确定的其他类型案件。因此，本案中管辖权的转移符合法律规定的条件，是正确的。

拓展资料

第三章 案例裁判文书

| 第四章 |

诉讼参加人

　　民事诉讼法律关系，是指民事诉讼法律、司法解释所调整的人民法院、当事人、诉讼代理人以及其他诉讼参与人之间存在的以诉讼权利和诉讼义务为内容的具体社会关系。由此可见，民事诉讼法律关系主体包括人民法院、诉讼参与人（当事人及其诉讼代理人）以及其他诉讼参与人（证人、鉴定人等其他参与诉讼活动的主体）。民事诉讼法律关系主体均因某种原因参加诉讼程序，在民事诉讼中享有诉讼权利和承担诉讼义务，故又被称为诉讼参与人。本章主要探讨当事人及其代理人，前者包括实质当事人和形式当事人，后者分为法定代理人与意定代理人。考虑到当事人制度的复杂性，本章分别设立实质当事人、形式当事人、诉讼代理人三个专题。专题一主要探讨与诉讼结果之间存在固有的直接利害关系的主体充当诉讼当事人的情形；专题二主要探讨与诉讼结果之间缺乏固有的直接利害关系的主体充当诉讼当事人的情形；专题三分析诉讼代理人制度在当前面临的困境及其完善路径。

专题一　实质当事人

　　根据我国《民事诉讼法》第 119 条、第 123 条的规定，提起诉讼的原告应当是与本案有直接利害关系的公民、法人和其他组织；人民法院应当在 7 日内审查起诉是否符合起诉条件，与本案没有直接利害关系的公民、法人和其他组织的起诉，除非法律另有规定，人民法院应当裁定不予受理，已经受理的，裁定驳回起诉。对不予受理或驳回起诉裁定不服的，当事人可以提起上诉。据此，尽管在理论上备受争议且受立案登记制的冲击，但提起诉讼的原告与本案有直接利害关系，在当前仍然属于起诉条件。在诉讼实施权常态配置模式下，提起诉讼的原告，既是启动诉讼程序的程序当事人，也是与本案有直接利害关系的实质当事人，还是享有民事权利、承担民事义务的实体当事人，同时拥有程序当事人、实质当事人、实体当事人三重身份，具有"三位一体"的特征。本专题主要讨论的是实质当事人以原告、被告、第三人身份提起或参加诉讼活动的三种情形。需要说明的是：在法律和司法解释有特别规定的情形下，形式当事人也可以充当原告、被告以及第三人。鉴于实质当事人充当原告、被告、诉讼第三人属于诉讼实施权的常态配置模式，本专题重点讨论的是当事人制度本体问题，其结论也适用于形式当事人充当原告、被告以及第三人的情形。

专题（一）　原告

📖 知识概要

所谓的"原告"，存在广义和狭义之分。广义的"原告"是指启动任何民事诉讼程序的一方当事人，而狭义的"原告"仅指启动第一审争讼程序的一方当事人。根据程序性质以及审理级别的不同，广义的"原告"存在着不同的称谓：在第一审程序（包括普通程序、简易程序、小额诉讼程序）中，称为"原告"（即狭义的"原告"）；第二审程序中，称为"上诉人"，根据《民事诉讼法》第164条的规定，第一审程序中的当事人（原告、被告、第三人）均可以因启动第二审程序而成为"上诉人"；在特别程序中，被称为"申请人"；在审判监督程序中，若适用第一审程序，称为"原审原告""原审被告""原审第三人"，若适用第二审程序，则称为"原审上诉人"和"原审被上诉人"；在执行程序中，则被称为"申请人"或"申请执行人"或"执行债权人"。限于篇幅以及写作分工，本部分仅以狭义的"原告"为研究对象。

传统民事诉讼程序强调"两造对抗"，以正当程序保障下的自我归责原则为根基。民事诉讼以保护民事权益和解决民事纠纷为目的，现代各国民事诉讼都是以两造对立作为当事人的基本结构，但在例外情形下也存在三方以上当事人相互攻击防御的状况。作为民事法律关系主体的实质当事人，因其与本案有直接利害关系，天然地享有诉讼实施权。因而，实质当事人为保护自身民事权益而向有管辖权的人民法院提起诉讼，通常不具有诉讼动力不足的问题。但是，在特殊情形下，预期诉讼收益不显著大于诉讼成本（包括机会成本）以及受其他因素制约，民事权益遭受损害的实质当事人同样存在诉讼动力不足的问题。在实质当事人放弃救济其遭受损害的民事权益不涉及第三人合法权益以及社会公共利益的情形下，基于实质当事人对其实体权益享有处分权以及享有程序主体性地位，立法者不具备强行干预之必要。但是，在实质当事人放弃救济民事权益、利用民事诉讼制度涉及第三人合法权益或者社会公共利益的情形下，立法者有必要通过适当的民事诉讼特别程序予以纠正。比如，在消费者权益保护领域，对于诉讼标的额较小的消费纠纷，按照普通民事诉讼程序，民事权益遭受损害的实质当事人因诉讼成本与诉讼收益不成比例而放弃维权，消费者普遍放弃维权的结果是经营者有恃无恐地违法经营。在此语境下，以降低诉讼费用和提高诉讼效率为宗旨的简易程序（含小额诉讼程序）应运而生，惩罚性赔偿制度也适用于消费者权益保护领域。通过特殊的制度设计，向诉讼动力不足的原告供给诉讼动力，成为实质当事人充当原告的特殊形态。

经典案例

江苏柏伦宝船业有限公司与薛某、常州亮迪电子光源有限公司
损害公司利益责任纠纷案[1]

一、基本案情

江苏柏伦宝船业有限公司（以下简称船业公司）以其法定代表人（董事长）薛某、常州亮迪电子光源有限公司（以下简称亮迪公司）损害公司利益为由，向江苏省常州市中级人民法院（以下简称常州中院）提起诉讼，请求判令薛某、亮迪公司赔偿船业公司损失 31 748 863 元并承担本案诉讼费用、

---

〔1〕　江苏省高级人民法院（2011）苏商终字第 0141 号。

保全费用。薛某与亮迪公司辩称，船业公司借用亮迪公司与幸福工程队签订建筑安装施工合同是为了合理避税，并主张船业公司作为本案原告主体不适格，即"王某未经监事会或董事会授权，没有资格以船业公司名义提起本案诉讼。王某在起诉状所盖的船业公司公章已废止，王某属冒名诉讼"。常州中院认为，船业公司总经理、副董事长王某不是公司法定代表人，只有经过船业公司的合法授权，才能代表船业公司提起诉讼，起诉状、授权委托书上船业公司的公章均是在王某的控制下所加盖的，王某并未得到船业公司的合法授权，故其不能代表船业公司提起诉讼。据此，常州中院作出（2011）常商初字第23-3号民事裁定书，裁定驳回船业公司的起诉。船业公司向江苏省高级人民法院（以下简称江苏高院）提起上诉称："本案为船业公司起诉其法定代表人薛某的侵权之诉，原审裁定认定必须由薛某代表船业公司起诉薛某本人，违反法律原则。船业公司起诉状中所盖的公章并未遗失，截至目前仍然正常使用。请求撤销原审裁定，由原审法院继续审理本案。"江苏高院经审理认为："在其他民事诉讼中，人民法院可以依据公司印章、法定代表人签字等材料确认公司提起诉讼系法人的真实意思表示。但本案诉讼有其特殊性，船业公司系起诉其法定代表人薛某、亮迪公司共同承担侵权赔偿责任，该诉讼是否是船业公司作为法人的真实意思表示，应当通过公司股东会、董事会、监事会的相关决议予以体现。……船业公司二审提供的董事会会议通知、会议签收表仅证实王某要求召开董事会授权王某提起本案诉讼，但是船业公司并未能够提交相关董事会决议证实王某提起诉讼已经董事会授权，故船业公司应当承担举证不能的法律责任。……王某作为船业公司股东，认为薛某侵害船业公司利益，应当首先以股东身份书面要求董事会、监事会提起诉讼，如其在竭尽内部救济手段后仍不能维护公司权利，王某可以股东名义代表公司进行诉讼。本案中，王某作为诉讼代表人，未经船业公司授权，径行以船业公司名义起诉法定代表人承担侵权责任、赔偿责任，缺乏法律依据。"据此，江苏高院作出（2011）苏商终字第0141号民事裁定书，裁定驳回上诉，维持原裁定。

二、法律问题

根据《民事诉讼法》第48条的规定，法人可以作为民事诉讼的当事人，由其法定代表人进行诉讼。在本案中，船业公司的法定代表人是薛某，只有薛某才有权代表船业公司进行诉讼。但是，本案是船业公司要求其法定代表人薛某与亮迪公司共同承担侵权损害赔偿责任，如果船业公司仍由薛某代表法人进行诉讼，实质上将呈现"自己告自己"的不合理诉讼现象，违反民事诉讼"两造对抗"的基本原理。基于自身利益的考量，法定代表人通常也不会签署起诉所需要的相关文件，从而使得公司无法提起诉讼。那么，此时，船业公司以及其他股东应当通过何种方式谋求保护公司的合法权益？

三、法理分析

江苏高院在二审中查明，船业公司的股东为四个自然人，王某持有股份45.5%、薛某持有股份34.5%、杭某持有股份10%、王友某持有股份10%，法定代表人是薛某，监事为王秋某，王某是实际控制公司经营的总经理和副董事长。尽管王某属于实际控制公司经营的大股东，但船业公司的法定代表人是薛某，王某向常州中院提交的授权委托书应当有法定代表人薛某的签名。此外，既然是以公司名义提起诉讼，起诉状以及授权委托书均应当加盖公司公章。但是在本案中，起诉状与授权委托书上加盖的公章早已被公告失效，相关诉讼材料又缺乏法定代表人的签章，王某在客观上存在"冒名诉讼"的嫌疑。

毫无疑问，作为实际控制公司经营的大股东，王某在客观上具有以公司或自己名义提起诉讼的经济动力。为了防止法定代表人滥用其代表权损害公司权益，立法者已经为公司及其股东设置了特殊的诉讼机制。根据《公司法》第149条、第151条的规定，董事、监事、高级管理人员执行公司职务时违反法律、行政法规或者公司章程的规定，给公司造成损失的，应当承担赔偿责任。董事、高级管理人员有前述情形的，有限责任公司的股东、股份有限公司连续180日以上单独或者合计持有公司1%以上股份的股东，可以书面请求监事会或者不设监事会的有限责任公司的监事向人民法院提起诉讼；监事有前述情形的，前述股东可以书面请求董事会或者不设董事会的有限责任公司的执行董事向人民法院提起诉讼。监事会、不设监事会的有限责任公司的监事，或者董事会、执行董事收到上述规定的股东书面请求后拒绝提起诉讼，或者自收到请求之日起30日内未提起诉讼，或者情况紧急、不立即提起诉讼将会使公司利益受到难以弥补的损害的，上述规定的股东有权为了公司的利益以自己的名义直接向人民法院提起诉讼。他人侵犯公司合法权益，给公司造成损失的，前述股东可以依照前述规则向人民法院提起诉讼。

在本案中，王某属于船业公司的大股东，认为董事长对公司构成侵权时，有权书面请求监事王秋某以公司名义向人民法院提起诉讼。由于案件不存在"情况紧急、不立即提起诉讼将会使公司利益受到难以弥补的损害"的情形，只有王秋某拒绝提起诉讼，或者自收到请求之日起 30 日内未提起诉讼，王某才具有以自己名义直接向人民法院提起诉讼的诉讼实施权。王某未经书面请求监事王秋某提起诉讼，直接以公司名义提起诉讼，属于原告不适格，人民法院裁定不予受理具备正当性基础。换言之，薛某属于公司董事（长），只有监事王秋某有权以公司名义对其损害公司的行为提起诉讼，王某只能请求王秋某以公司名义起诉薛某与亮迪公司，只有王秋某拒不起诉，王某才具有以自己的名义（而不是公司的名义）起诉薛某与亮迪公司的诉讼实施权，此时应列公司为第三人。[1]

值得注意的是，江苏高院（2011）苏商终字第 0141 号民事裁定书对公司起诉法定代表人案件的特殊性进行了较为深入的分析：与人民法院在其他民事诉讼中可以根据公司印章、法定代表人签字等材料确认公司起诉系法人真实意思表示不同，本案中的船业公司是否具有起诉法定代表人的真实意思表示，应当通过公司股东会、董事会、监事会的相关决议予以体现。换言之，监事会或者不设监事会的有限责任公司的监事、董事会或者不设董事会的有限责任公司的执行董事根据《公司法》第 151 条的规定以公司名义提起诉讼的，即使诉讼材料无法加盖公司印章或者法定代表人拒绝在诉讼材料上签章，也不影响前述主体以公司名义提起诉讼。因而，在本案中，王某缺乏诉讼实施权才是关键，诉讼材料上是否加盖公司正在使用的印章以及是否有法定代表人的签字，均不是人民法院裁定驳回起诉的根本性原因。诚然，作为对当事人答辩内容的回应，常州中院与江苏高院均对起诉状所盖的船业公司公章是否已经废止作出回应。实际上，即使两级人民法院认定诉讼材料上所使用

---

〔1〕 参见《最高人民法院关于适用〈中华人民共和国公司法〉若干问题的规定（四）》（法释〔2017〕16 号）第 23 条、第 24 条。

的公司印章系属有效，王某也缺乏以公司名义提起诉讼的诉讼实施权，人民法院仍然应当裁定驳回王某的起诉。

四、参考意见

王某属于船业公司的大股东及实际控制人，但在变更法定代表人之前，船业公司的诉讼活动仍然应当由薛某进行。考虑到薛某同时是案件的被告，难以合理期待薛某在相关诉讼材料上签字盖章。王某可以考虑依法将其变更为法定代表人，从而使其有权代表公司追究薛某与亮迪公司可能构成的侵权责任。在薛某仍然是法定代表人的情形下，有权以公司名义提起诉讼的是监事王秋某，王某应当书面请求其提起诉讼。王秋某以公司名义起诉薛某与亮迪公司的，不应当再强制性要求相关诉讼材料加盖公司印章以及获得薛某签字。如果王秋某拒绝以公司名义提起诉讼，王某则只能以自己名义提起诉讼。既然王某是以自己名义提起诉讼，就不存在要求相关诉讼材料加盖公司印章以及获得薛某签字。

拓展案例

"销售质量不合格稻种　造成农民损失被索赔偿"案[1]

一、基本案情

朱某等 56 名农民于 2005 年 11 月至 2006 年 4 月期间，分别从梁某经营的"三才种子农药经销部"购买数量不等的 305 稻种，并按季节下种育苗。但是，后来发现出苗率极低，发现时已经时值春稻插播季节，农民不得不寻买稻种，甚至被迫改种玉米，受到不同程度的经济损失。这些农民向区工商局以及消费者协会进行投诉。在工商局的组织、协调并垫付鉴定费的情况下，从农民宋某家提取剩余 305 稻种，经梁某确认签字，封存样品，并交北京市种子质量监督检验站检验，检验报告结论是：样品 305 稻种发芽率为 53%，

---

〔1〕　案件审理实录，请参见 https://www.chinacourt.org/chat/chat/2007/01/id/7888.shtml，2018 年 6 月 19 日访问。

而按照国家《农作物种子质量标准（一）（GB4404.1－1996粮食作物种子、禾谷类)》的规定，该稻种的发芽率不得低于80%。在此基础上，消费者协会组织当事人进行调解，要求梁某承担赔偿责任，遭到拒绝后，在挨家挨户地取得56名农民112份授权委托书的基础上，消费者协会垫付诉讼受理费用，并委派该协会的副秘书长郑某、法律支持中心主任李某（执业律师）以诉讼代理人身份向该区法院提起56个民事诉讼，起诉要求被告梁某赔偿经济损失、承担诉讼费用，其中原告之一的宋某还要求被告承担鉴定费用，区法院决定合并审理，并于2007年1月8日开庭审理后作出原告胜诉的判决。

二、法律问题

在本案中，56名农民均属于直接利害关系人，但预期诉讼收益较小且因举证难而极具不确定性，难以指望56名农民各自维权。根据《消费者权益保护法》第62条的规定，56名农民购买的种子属于直接用于农业生产的生产资料，对这些农民的保护，属于消费者协会的职责范围。在本案中，消费者协会通过委派诉讼代理人的方式向56名农民提供支持，该方式是否足以替代实现消费者集体性损害赔偿诉讼的功能？

三、重点提示

根据我国《民事诉讼法》第15条的规定，作为社会团体的消协可以支持受损害的消费者向法院起诉，而《消费者权益保护法》第37条第7款中更是将"就损害消费者合法权益的行为，支持受损害的消费者提起诉讼"作为消协的公益性职责加以规定。在字面解释上，支持起诉意味着消协仅能通过垫付诉讼费用、提供免费法律咨询、代为起草诉讼文书等方式在背后为消费者的起诉行为提供帮助，而不能越俎代庖地包揽后续诉讼活动。但是，鉴于消费集体诉讼制度长期缺位，而规模化解决消费纠纷的内在需求客观存在，人们已经普遍接受对支持起诉制度作目的性扩张解释，司法实践中的支持起诉制度已经远远地超过了起诉环节的限制，在支持起诉的方式方面也取得了很大的突破。上述案例就是支持起诉制度与诉讼代理制度有机结合的典范，或者说将诉讼代理作为支持消费者提起诉讼的具体方式。消协帮助消费者收集证据、垫付诉讼费用等行为属于传统的支持起诉方式，而委派郑某、李某以个人名义担任消费者的诉讼代理人的做法则属于诉讼代理制度的适用。在本案中，通过全体56名农民共同委托消协副秘书长和法律支持中心主任为诉讼代理人的方式，消协在事实上发挥着类似加入制集体诉讼所能发挥的凝集诉讼实施权的功能：将56名消费者各自的诉讼实施权统一交给消协委派的两名诉讼代理人行使，在法院决定合并审理全部案件的情况下，共同代理人诉讼实现集约化维护消费者权益的功能。然而，共同代理人诉讼系建立在消费者分别享有诉讼实施权、委托共同的诉讼代理人、法院对所有个别案件均享有管辖权、法院决定合并审理所有案件基础之上，而且消费者个人随时可以撤销代理权或者分别对诉讼代理权作出不同限制，所以，消协利用诉讼代理制度解决群体性消费纠纷的难度较大，难以替代实现消费者集体性损害赔偿诉讼的功能。

专题（二） 被告

📚 知识概要

所谓的"被告"，是指因原告的起诉以及法院的受理而被强制卷入诉讼程序的对方当事人。与"原告"相似地，根据程序性质以及审理级别的不同，"被告"也存在狭义和广义之分，前者特指被卷入第一审争讼程序的另一方当事人，后者则还包括第二审争讼程序中的"被上诉人"，特别程序中的"债务人"，审判监督程序中的"原审原告""原审被告""原审第三人""原审上诉人""原审被上诉人"，以及执行程序中的"被执行人"或"执行债务人"。本部分仅以被强制卷入第一审争讼程序的"被告"为研究对象。

根据《民事诉讼法》第119条、第121条的规定，原告的起诉必须针对"明确的被告"，并在起诉状中载明"被告的姓名、性别、工作单位、住所等信息，法人或者其他组织的名称、住所等信息"。由此可见，立法者仅要求原告的起诉所针对的被告是明确的，而没有进一步要求被告与本案有直接利害关系。这是因为，鉴于被告是被强制性卷入诉讼程序，除非其提起反诉或主张诉讼抵销，被告在诉讼程序中主要处于防御地位，无论与本案是否存在直接利害关系，被告均有从程序或实体进行抗辩的利益。换言之，被告可以通过否认其与本案存在直接利害关系的方式进行抗辩，原告应当就被告与本案存在直接利害关系承担证明责任。诚然，原告就被告是否与本案存在直接利害关系的证明，通常内含于其对民事法律关系存在的证明。根据《民诉法解释》第91条的规定，原告提起的诉讼请求通常以某种民事法律关系的存在为基础，而主张民事法律关系存在的当事人，应当对产生该法律关系的基础事实承担证明责任，其中必然涉及法律关系主体的证明事项。基于社会生活事实的复杂性，被告与本案是否存在直接利害关系有时并非显而易见。基于及时摆脱诉累的考量，被告通常也具有提供相反证据证明其与本案不具有直接利害关系的积极性。

经典案例

李某、喻某与北京市企业清算事务所有限公司、北京市炜衡律师事务所管理人责任纠纷案［最高人民法院（2013）民提字第201号］

一、基本案情

2002年2月22日，李某及其女儿喻某（以下简称李某等）作为买受人与北京丹耀房地产开发有限公司（以下简称丹耀公司）签订房屋买卖合同。双方相互交付房屋和价款后，因丹耀公司原因导致买受人无法取得房屋权属证书，李某等诉至东城法院请求解除合同及退还购房款。2004年7月20日，东城法院作出（2004）东民初字第3263号民事判决支持原告的诉讼请求。丹耀公司向北京市第二中级人民法院提起上诉，北京市第二中级人民法院于2004年11月25日作出（2004）二中民终字第11014号民事判决，驳回上诉，维持原判。判决生效后，双方均未履行判决书所确定的义务。丹耀公司于2007年6月14日被北京市第二中级人民法院宣告破产，北京市企业清算事务所有限公司（以下简称清算事务所）、北京市炜衡律师事务所（以下简称炜衡律所）被指定为破产管理人。经李某等申报债权，管理人确认其债权金额为7 547 094元。2008年1月，管理人向东城法院申请执行（2004）东民初字第3263号民事判决，要求李某等向管理人交还涉案房屋，被东城法院以超过执行申请期间为由拒绝受理。2010年1月18日，管理人向北京市第二中级人民法院提起诉讼，请求判令李某等向其返还涉案房屋，被北京市第二中级人民法院以违反

"一事不再理"原则为由裁定驳回起诉，管理人向北京市高级人民法院提起上诉，基于同样的理由被裁定驳回上诉。随后，丹耀公司于2010年12月21日发出通告，决定于2010年12月24日起停止对涉案房屋的水电供应。2011年3月21日，管理人未经李某、喻某及涉案房屋租户的同意，擅自打开涉案房屋的房门，将涉案房屋内的物品转移至他处，并收回了涉案房屋。李某等以清算事务所和炜衡律所为被告，以被告非法侵入其住宅、抢夺破坏其财产等理由，向北京市第二中级人民法院起诉，请求判令被告对其承担侵权责任。北京市第二中级人民法院认为，管理人或者相关人员执行职务致人损害所产生的债务为共益债务。丹耀公司破产后，管理人管理和处分债务人的财产，代表丹耀公司参加诉讼，依法履行职责，若在此期间，因管理人行为不当造成的法律后果，应由破产企业或管理人承担。本案中，清算事务所、炜衡律所只是管理人的组成单位，李某以清算事务所、炜衡律所为被告提起诉讼缺乏法律依据，李某向清算事务所、炜衡律所主张权利，属被告不适格。北京市第二中级人民法院以（2012）二中民初字第00234号裁定驳回起诉，李某等上诉至北京市高级人民法院。北京市高级人民法院认为，李某应以破产人丹耀公司为本案被告，其将丹耀公司管理人清算事务所和炜衡律所作为被告没有法律依据，故作出（2013）高民终字第520号民事裁定维持原裁定。李某等向最高人民法院申请再审，最高人民法院认为，被告不存在是否"适格"或"正确"的问题，除非原告有恶意滥诉的目的，否则法院不得以被告不正确为由，裁定驳回原告起诉。本案中，一审原告李某诉称侵权行为的直接实施人为清算事务所和炜衡律所，两被告是否应当对原告诉称的侵权行为承担责任，已经涉及案件实体问题的判断，应当经过案件审理程序，听取双方诉辩意见和举证质证后由法院作出裁判，不应以驳回起诉的程序性裁定来否定被告的责任承担。据此，最高人民法院作出（2013）民提字第201号民事裁定书，撤销北京市高级人民法院（2013）高民终字第520号民事裁定和北京市第二中级人民法院（2012）二中民初字第00234号民事裁定，指令北京市第二中级人民法院审理本案。

二、法律问题

《民事诉讼法》第119条规定的起诉条件对原告和被告作出不同的要求，

前者必须与本案有直接利害关系，后者仅要求身份明确。只要原告能够提供被告准确的名称、住址、联系方式等信息，就可视为有明确的被告，在符合其他受理条件的情况下，人民法院应当立案受理并使案件进入实体审理程序。但是，如果诉状所列被告明显与案件缺乏直接利害关系，受案法院仍然应当对案件进行实体审理，无异于强行将无关第三人卷入诉讼程序，有违诉讼实施权配置原理。此外，尽管立案条件不要求被告与案件之间存在直接利害关系，但在案件实体审理中，被告与本案是否具有利害关系仍然应当予以审理，被告实质上仍然存在是否"适格"问题，但对于"被告不适格"的处理，法院应当判决驳回原告诉讼请求还是裁定驳回原告起诉？

三、法理分析

原告与被告所享有的诉讼实施权具有不同的特点，原告享有的积极诉讼实施权具有强行将他人卷入诉讼的效果，被告享有的消极诉讼实施权仅具有针对提起诉讼的主体进行防御的效果。由于积极诉讼实施权具有强迫他人应诉的效果，其配置应当更为慎重。而消极诉讼实施权只是针对试图对其发动"进攻"的起诉者进行"防御"，不具有强行将他人卷入诉讼程序的效果，其配置可以更为宽松。此外，原告属于民事诉讼的发动者，在立案环节与法院存在着沟通环节，要求其阐明其与案件之间存在直接利害关系不为过，而被告通常在法院立案前没能与法院进行沟通，要求法院在立案环节对被告是否与案件存在直接利害关系作出判断，有时确属强人所难。基于此，《民事诉讼法》第119条对原告和被告提出了不同的要求，只有提起诉讼的主体与案件存在直接利害关系，才享有积极诉讼实施权，但凡是被列为被告的主体，无论其与案件是否存在直接利害关系，均享有消极诉讼实施权。诚然，在法院正式立案之前，未被卷入诉讼程序的"被告"通常不具备行使消极诉讼实施权的制度空间，法院具有防止原告无端将显与案件不存在利害关系的第三人卷入诉讼程序的职责。因而，最高人民法院前述判决在否认被告存在"适格"问题的同时，认可法院有权裁定驳回原告的滥诉。换言之，被告与本案显著不存在直接利害关系的，人民法院可以以被告不正确为由，拒绝对案件进行实体审理。但是，在被告与本案是否存在直接利害关系并非显而易见的情形下，只要原告能够提供足以明确被告身份的相关信息且案件符合其他受理条件，法院就应当予以受理。至于被告是否与案件存在直接利害关系以及被告是否应当承担原告声称的法律责任，则应当在实体审理环节适用争讼原理予以认定。

无论法院在立案环节以被告显著不正确而拒绝对案件启动实体审理程序，还是法院在案件实体审理环节以被告与案件不存在直接利害关系为由拒绝继续进行实体审理程序，均存在法院应当裁定驳回起诉（不予受理）还是判决驳回诉讼请求的问题。被告与案件不存在直接利害关系，意味着原告对被告不享有相关的实体请求权（或者其他实体权利，下同），法院应当以原告缺乏实体请求权为由判决驳回原告的诉讼请求。与被告欠缺消极诉讼实施权同时意味着原告的诉讼请求不足以成立不同，原告欠缺积极诉讼实施权不必然意味着原告对被告不享有实体请求权，如原告因存在其他法定前置性救济程序而不具备积极诉讼实施权的，法院拒绝进行对案件实体审理时尚未对原告的实体请求权是否成立及有效作出认定，不能判决驳回原告的诉讼请求，而应当裁定驳回原告的诉讼请求。也正是基于该原因，最高人民法院在前述判决中指出，被告不存在是否"适格"或"正确"的问题。

四、参考意见

在本案中，北京市第二中级人民法院与北京市高级人民法院认为本案属于被告显著不正确，而最高人民法院认为被告是否与本案有直接利害关系并非显而易见，李某等不存在滥诉的明确意图，故反对通过程序性裁定驳回李某等的起诉。北京市第二中级人民法院与北京市高级人民法院的裁定是否正确，取决于被告是否不正确以及该不正确是否显而易见。《企业破产法》第130条规定："管理人未依照本法规定勤勉尽责，忠实执行职务的，人民法院可以依法处以罚款；给债权人、债务人或者第三人造成损失的，依法承担赔偿责任。"法院对未依法勤勉尽责和忠实执行职务的管理人处以罚款，该罚款显然不能转由破产企业承担，否则，无法实现处罚目的。根据体系解释原则，管理人未依法勤勉尽责和忠实执行职务给债权人、债务人或者第三人造成损失的，受害人有权要求管理人用自己的财产承担赔偿责任。既然是未依法勤勉尽责和忠实执行职务的管理人本身承担赔偿责任，那么相对人自然也就可以仅起诉管理人的部分组成单位。因而，在本案中，清算事务所与炜衡律所是否依法勤勉尽责和忠实执行职务，是李某等是否有权要求其承担损害赔偿责任的判断标准。如果清算事务所与炜衡律所违反勤勉义务，李某等对清算事务所和炜衡律所享有损害赔偿请求权。如果清算事务所与炜衡律所没有违反勤勉义务，李某等只能要求丹耀公司（以管理人为代表）承担损害赔偿责任，相关赔偿款项应当列为《企业破产法》第43条规定的共益债务，优先于破产债权获得清偿。清算事务所和炜衡律所是否未依法勤勉尽责和忠实执行职务，显然应当在实体审理程序中予以认定，故最高人民法院关于本案不应当裁定驳回起诉的观点是正确的。

🔖 拓展案例

江苏江中集团有限公司与芜湖市天阳可再生能源利用有限公司建设工程施工合同纠纷案[1]

一、基本案情

江苏江中集团有限公司（以下简称江中集团）于2012年设立江苏江中集团安徽建设工程有限公司，法定代表人为周敏，朱某以该公司的名义承接业务。芜湖市天阳可再生能源利用有限公司（以下简称天阳能源公司）以江中集团为被告提起诉讼。芜湖市中级人民法院（以下简称芜湖中院）以（2013）芜中民二初字第00116号民事判决，判令江中集团公司向天阳公司支付工程款4 177 936.60元及相应的违约金，安徽省高级人民法院以（2014）皖民四终字第00008号民事判决维持芜湖中院上述判决。江中集团以被冒名应诉为由向最高人民申请再审。最高人民法院经审理查明，一审卷宗中，有江中集团法定代表人身份证明书、给委托代理人丁某的授权委托书以及江苏江中集团安徽建设工程有限公司的组织机构代码证复印件上均加盖江中集团公章，编号为320680012486，一审法院于2013年3月27日将应诉通知书等手续通过邮局EMS寄送给江中集团营业执照上载明的地址，快递查询单显示3月28日由该公司办公室沙凌云代收。2013年7月26日，一审法院将判决书寄送给江中

---

〔1〕 最高人民法院（2015）民申字第1774号。

集团，快递查询单显示 7 月 27 日由该公司办公室郭银利代收。二审卷宗中，有上诉状、营业执照副本复印件、法定代表人身份证明书、给委托代理人丁某的授权委托书上加盖的江中集团的公章编号为 3206820915550，朱某的授权委托书上加盖的江中集团的公章编号为 320680012486。二审上诉费由朱某缴纳，二审判决书送达给丁某、朱某。江中集团在公安机关备案的所有公章印文，均与上述文件上加盖的公章不一致。最高人民法院认为，本案并非朱某冒名诉讼，一、二审法院并未剥夺江中集团辩论权。从江中集团签收诉讼手续、接收法律文书看，其知晓朱某参加诉讼事宜。第一，一审诉讼手续由江中集团办公室沙凌云签收。江中集团如皋分公司总经理周敏在 2015 年 5 月 26 日如皋市公安局吴窑派出所的《询问笔录》中表示，该公司办公室主任是沙凌云。第二，2013 年 8 月 12 日，一审法院在一审判决后寄出预交上诉费的 EMS 快件，显示郭银利在 8 月 13 日签收。最高人民法院受理案件后给江中集团发送了受理案件通知书，快件回单上显示，郭银利在 2015 年 7 月 9 日签收。可见，郭银利系作为江中集团的工作人员代为收取快件。在江中集团收到一审法院寄送的诉讼材料后，朱某就委托丁某律师作为代理人参加本案一审、二审诉讼；江中集团签收预交诉讼费的通知后，朱某即将上诉费缴纳至法院账户。上述事实表明，江中集团理应知晓朱某以其名义签署合同，承接工程事宜。

二、法律问题

在本案中，江中集团在诉讼中使用的公章与其在公安机关备案所有公章均不符，朱某具有冒名应诉以及缺乏委托丁某律师代理诉讼活动的外观。但是，根据案件已经查明的事实，江中集团应当知悉朱某以江中集团名义与天阳能源公司签订建设工程合同，并且以江中集团的名义应诉。此时，是否应当认定朱某构成冒名诉讼？

三、重点提示

冒名诉讼应当同时具备客观条件和主观条件，在客观上存在他人以主张被冒名者名义进行诉讼的事实，在主观上主张被冒名者不知悉并且不应当知悉他人正在以自己的名义进行诉讼。在本案中，朱某与丁某所提交诉讼文书所加盖的印章并非源自江中集团在公安机关备案的公章，但江中集团对于朱某以其名义对外签订建设工程合同以及参加诉讼活动均应是知情，不具备认定冒名诉讼的主观条件。

专题（三） 诉讼第三人

知识概要

诉讼第三人，是指对于已经开始的诉讼，以该诉讼的原、被告为被告提出独立的诉讼请求，或者由该诉讼中的原告或被告引进后主张独立的利益，或者为了自己的利益，辅助该诉讼一方当事人进行辩论的诉讼参加人。由此可见，诉讼第三人包括有独立请求权的第三人和无独立请求权的第三人两种类型。有独立请求权的第三人，是指对于他人已经开始的诉讼，以该诉讼的原、被告为共同被告起诉并提出独立诉讼请求的主体。无独立请求权的第三人，是指对于他人已经开始的诉讼，由该诉讼中的原告或被告引进后主张独立的利益（准独立第三人），或者为了自己的利益而辅助该诉讼一方当事人进行辩论的诉讼参加人（辅助参加第三人）。由此可见，有独立请求权的第三人与准独立第三人的主要区别在于：前者向本诉双方当事人主张权益。而后者仅向本诉的一方当事人主张权益；准独立第三人与辅助参加第三人的主要区别在于：前者在诉讼中主张独立的权益，而后者在诉讼中不主张独立的权益。[1]需要说明的是：《民事诉讼法》第 56 条第 2 款所谓的"请求权"，通常被扩张解释为"民事权利"，亦即第三人提起的参加之诉的性质不局限于给付之诉，如第三人对本诉的系争标的物主张所有权，且该标的物处于第三人控制范围内的，第三人提起的参加之诉可以认定为确权诉讼。

无论是有独立请求权的第三人，还是无独立请求权的第三人，都无权对受诉法院的管辖权提出异议。这是因为："①有独立请求权的第三人主动

---

〔1〕 显而易见，准独立第三人具有原告的诉讼主体地位，但《民事诉讼法》第 53 条第 2 款仅承认被法院判决承担民事责任的第三人有当事人的诉讼权利义务。此外，《民诉法解释》第 150 条规定，人民法院调解民事案件，需由无独立请求权的第三人承担责任的，应当经其同意。该第三人在调解书送达前反悔的，人民法院应当及时裁判。

参加他人已开始的诉讼，应视为承认和接受了受诉法院的管辖，因而不发生对管辖权提出异议的问题；如果是受诉法院依职权通知他参加诉讼，则他有权选择是以有独立请求权的第三人的身份参加诉讼，还是以原告身份向其他有管辖权的法院另行起诉。②无独立请求的第三人参加他人已开始的诉讼，是通过支持一方当事人的主张，维护自己的利益。由于他在诉讼中始终辅助一方当事人，并以一方当事人的主张为转移。所以，他无权对受诉法院的管辖权提出异议。"[1]但是，有独立请求权的第三人提起参加之诉的，本诉当事人不仅有权提出管辖权异议，还可以针对是否应当追加第三人提出异议。这是因为，第三人可以放弃自身的程序利益，但不得损害本案当事人的程序利益。[2]

　　第三人参加诉讼以其知悉诉讼事件为前提，符合《民事诉讼法》第56条第1、2款规定的有权参加诉讼活动的第三人可能因不能归责于自己的事由而未参加诉讼。要求因不能归责于自己的事由而未参加诉讼程序的第三人承受对其民事权益遭受损害的案件处理结果，有违正当程序保障下的自我归责原则。但是，要求对所有诉讼事件均采取公告的方式告知可能存在的第三人可以申请参加诉讼，不仅通过公告送达的实际效果不尽理想，而且增加了当事人进行诉讼的时间与费用成本。因此，尽管第三人可以通过参加诉讼的方式获得前置性程序保障，但仍有必要为因不能归责于自己的事由而未参加诉讼的第三人提供后置性程序保障。随着虚假诉讼的问题越来越严重，根据2012年修改后的《民事诉讼法》第56条第3款，立法机关确立了第三人撤销之诉。

　　对于第三人撤销之诉所要应对的虚假诉讼而言，第三人既可能对系争标的享有独立请求权，也可能仅与案件的处理结果存在法律上的利害关系，因而，诉讼第三人制度在相当意义上符合前置性程序保障理念。但是，为防范诉讼第三人制度嬗变为践行地方保护主义的手段，理论界与实务界早已达成

---

〔1〕 参见《最高人民法院关于第三人能否对管辖权提出异议问题的批复》（法〔经〕复〔1990〕9号）。此外，《民诉法解释》第82条也明确规定无独立请求权的第三人无权提出管辖异议。

〔2〕 也正是因为第三人可以放弃自身的程序利益（包含审级利益在内），第一审程序中未参加诉讼的第三人，申请参加第二审程序的，二审法院可以准许，但二审法院不得直接追加第三人参加第二审程序。参见《民诉法解释》第81条第2款的规定。

限缩解释"案件处理结果同他有法律上的利害关系"的共识，无独立请求权诉讼第三人制度仅适用于"两个诉讼标的之间存在牵连性"的情形，并且通过一系列司法解释对其加以明确列举，形成司法解释未规定即不能适用第三人诉讼制度的外观。在此种语境下，最为常见的虚假诉讼方式——利用诉讼形式实现转移财产造成无财产可供执行的假象而损害债权人合法权益——就难以纳入诉讼第三人制度的适用范畴。尽管域外立法例基本上均将受诉讼诈害人作为独立诉讼参加人，但是受制于"请求权"的限制，我国司法实践中的多数受诉讼诈害人往往对系争标的并不享有实体请求权，而仅仅与案件处理结果存在利害关系，因而，有学者认为，最高人民法院宜稍微放宽《民事诉讼法》第56条第2款"案件处理结果同他有法律上的利害关系"的界定范围，通过司法解释的方式明确将无法适用《民事诉讼法》第56条第1款规定受诉讼诈害人纳入第2款的适用范围。[1] 由于"法律上的利害关系"在外延上可以涵盖"因为他人虚假诉讼而致其遭受不利益影响"，此种解释方式并没有造法之嫌疑，只不过是对过去过分限缩解释的适度松绑。然而，允许对诉讼标的不享有请求权的（潜在）受害人以无独立请求权诉讼第三人的身份参加诉讼是否存在诉讼权利保障方面的不足？对此，笔者认为，受诉讼诈害人以有独立请求权人身份参加诉讼更加契合"主参加人"的角色，在前置性程序保障方面，有独立请求权第三人系以原告身份提起第三人参加之诉，在防止虚假诉讼对其产生不利益影响的同时，还可以主动攻击虚假诉讼当事人；在防止遭受确定裁判不利益影响的同时，还可以请求对方当事人就已经造成的损失予以赔偿，因而更有助于一次性解决纠纷。

之所以受诉讼诈害人可以以有独立请求权第三人身份接受前置性程序保障或后置性程序保障，就是因为受诉讼诈害人在实体法上享有独立的请求权基础。受诉讼诈害人提起第三人撤销之诉的实体法基础主要在于我国《民法总则》第154条以及《合同法》第52条第2项的规定。但受诉讼诈害人以恶意串通损害第三人权益的民事行为无效为由请求撤销确定裁判的，在事实上

---

〔1〕 如最高人民法院吴兆祥、沈莉法官认为，原则上，案件的处理结果影响到第三人的利益的，都可以作为无独立请求权第三人；但在判决中被要求承担民事责任的无独立请求权的第三人，应当与案件的法律关系有关联，否则法院不宜判决其承担民事责任。吴兆祥、沈莉："民事诉讼法修改后的第三人撤销之诉与诉讼代理制度"，载《人民司法》2012年第23期。

负担有证明原审双方当事人恶意串通的责任，而完成该证明责任难度较大，司法实践中因恶意串通被宣告无效的合同也很少。[1] 与此不同，《合同法》第74 条规定的债权人撤销权则不要求受害人证明恶意的存在即可撤销对其造成不利益影响的财产处分行为，因而，如果能够从解释论层面对债权人撤销权进行扩张解释，将其适用于保护第三人所有类型的合法权益，则可以有效减轻案外人提起第三人撤销之诉的举证责任。然而，鉴于《合同法》第74 条明确列举债权人撤销权所针对的行为类型，而这些行为类型无法涵盖第三人撤销之诉谋求救济的诈害行为。

对此，笔者认为，《民事诉讼法》第56 条第3 款从程序法层面授予受诉讼诈害人提起第三人撤销之诉的诉讼提起权，在解释论上可以倒推出立法者默认以受诉讼诈害人在实体法层面有权请求撤销确定裁判所确定法律状态或权利义务关系为前提。因而，结合第三人撤销之诉防止虚假诉讼的立法目的，将《民事诉讼法》第56 条第3 款解释为立法者授予受诉讼诈害人的实体撤销权并非不妥当，因为受诉讼诈害人请求法院判决撤销确定裁判的真正意图在于解除裁判所确定的法律状态或权利义务关系对其所造成非正当的不利益影响。此外，我国2012 年《民事诉讼法》修改并没有触及诉讼第三人制度，前置性程序保障机制的滞后性迫使本应当仅发挥补充功能的第三人撤销之诉成为应对虚假诉讼的主要措施，从解释论层面努力弥补立法瑕疵的方案也无外乎扩张诉讼第三人制度的适用范围，而无独立请求权第三人制度由于内涵与外延不够明晰，如将受诉讼诈害人解释为无独立请求权第三人容易使其更为混乱，而通过前述解释论努力赋予受诉讼诈害人以实体撤销权，并以该实体撤销权作为充当"有独立请求权第三人"的独立请求权则能够较好地缓和前置性程序保障原理与后置性程序保障原理之间的紧张关系。事实上，通过有独立请求权第三人制度实现诈害防止功能的学术主张早已有之，例如，肖建华教授早在2000 年就曾精辟地指出，"主参加诉讼人对他人争议的诉讼标的有全部或部分的独立请求权，可以根据实体法上的形成权而发生，也可以通过赋予第三人诉讼法上的形成权而发生"[2]。

---

〔1〕 参见王利明：《合同法新问题研究》，中国社会科学出版社2003 年版，第309 页。
〔2〕 肖建华："主参加诉讼的诈害防止功能"，载《法学杂志》2000 年第5 期。

经典案例

中国建设银行股份有限公司广州天河支行与广州房实工程总承包有限公司、广州洪德置业有限公司金融借款合同纠纷案[1]

一、基本案情

广州房实工程总承包有限公司（以下简称房实公司）以广州洪德置业有限公司（以下简称洪德公司）为被告，向广州市中级人民法院（以下简称广州中院）提起诉讼，请求判令洪德公司支付拖欠的工程款及其利息，并确认房实公司就上述工程价款对所涉工程拍卖所得价款享有优先受偿权。洪德公司提起反诉，请求解除建设工程施工合同，并判令房实公司支付工程延期竣工罚金。广州中院作出（2006）穗中法民五初字第40号民事判决，判令洪德公司向房实公司支付工程款和房实公司向洪德公司移交涉案工程图纸等资料，驳回本诉和反诉的其他诉讼请求。房实公司、洪德公司均向广东高级人民法院（以下简称广东高院）提起上诉，广东高院于2012年11月26日作出（2010）粤高法民一终字第169号民事判决，调整了洪德公司应当支付的工程款金额，并判决房实公司就前述工程款本息对广州保利丰花园二期C栋折价或拍卖的价款享有优先受偿权。中国建设银行股份有限公司广州天河支行（以下简称建行天河支行）以房实公司和洪德公司为被告，向广东高院提起第三人撤销之诉。双方当事人争议焦点是：（2010）粤高法民一终字第169号民事判决第三项的工程款利息有优先权是否正确，建行天河支行是否因该判决而利益受损。对此，广东高院认为，房实公司请求对洪德公司拖欠的工程款本息享有优先受偿权，但房实公司依法享有的对洪德公司拖欠的工程款只包括承包人为建设工程应当支付的工作人员报酬、材料款等实际支出的费用的优先受偿权。（2010）粤高法民一终字第169号民事判决计付的利息，实质上是双方在合同中约定的逾期付款的违约金，属于因洪德公司迟延付款造成的损失，不属于优先受偿权的范围。根据已经发生法律效力的（2008）天法民二初字第2615

---

〔1〕 参见最高人民法院（2016）最高法民终174号民事判决书。

号民事判决[1]，建行天河支行对洪德公司名下的广州保利丰花园二期C栋部分建筑享有抵押权。(2010) 粤高法民一终字第169号民事判决判令房实公司对不属于优先受偿范围的利息也享有优先受偿权，从而改变了涉案工程款优先受偿权、抵押权及普通债权的受偿顺序。以上两个判决均在执行中，建行天河支行、房实公司的债权实现情况尚未明晰，而建行天河支行又未能进一步举证证明其实际受偿的金额减少，其合法权利实际受到损害，故其请求撤销 (2010) 粤高法民一终字第169号民事判决第三项关于房实公司就该判决第二项所述工程款的利息部分对广州保利丰花园二期C栋折价或拍卖的价款有优先受偿权，原审法院不予支持。据此，广东高院以 (2014) 粤高法民撤初字第2号民事判决驳回建行天河支行的诉讼请求。建行天河支行提起上诉，最高人民法院认为："本案中，根据已经发生法律效力的 (2008) 天法民二初字第2615号民事判决，建行天河支行对洪德公司名下的广州保利丰花园二期C栋部分建筑享有抵押权，该抵押权系担保物权，应属民事权益自无疑义。(2010) 粤高法民一终字第169号民事判决判令房实公司对不属于优先受偿范围的利息也享有优先受偿权，从而改变了涉案工程款优先受偿权、抵押权及普通债权的受偿顺序。而这一受偿顺序的改变，客观上减损了建行天河支行实现抵押权的责任财产，对将来建行天河支行实现抵押权构成不利益，使得建行天河支行的抵押权陷入不能充分实现之虞，亦即损害了建行天河支行的民事权益，该损害事实的认定，不以已然造成建行天河支行实际受偿金额的减少为必要条件，只需存在此种不当损害的客观危险性即为已足。原审判决以建行天河支行、房实公司的债权实现情况尚未明晰，建行天河支行不能证明其实际受偿的金额减少为由，否定建行天河支行合法权利实际受到损害，系对《中华人民共和国民事诉讼法》第56条中'损害其民事权益'理解错误，本院予以纠正。"最高人民法院以 (2016) 最高法民终174号民事判决撤销广东省高级人民法院 (2014) 粤高法民撤初字第2号民事判决以及广东省

---

[1] 广州市天河区人民法院（以下简称天河法院）审理建行天河支行诉广州市利洋实业有限公司（以下简称利洋公司）、洪德公司抵押借款合同纠纷一案，于2009年1月7日作出 (2008) 天法民二初字第2615号民事判决：①广州市利洋实业有限公司清偿建行天河支行借款本金29 875 000元及利息12 585 047.46元（利息暂计至2008年9月5日止）；②建行天河支行对洪德公司提供抵押的名下广州保利丰花园二期C栋部分建筑物享有优先受偿权；洪德公司在建行天河支行实现抵押权后，依法可以向利洋公司进行追偿。

高级人民法院（2010）粤高法民一终字第 169 号民事判决第三项关于广州房实工程总承包有限公司就该判决第二项所述工程款利息对广州保利丰花园二期 C 栋折价或拍卖的价款享有优先受偿权的内容部分。

二、法律问题

根据《民事诉讼法》第 56 条第 3 款的规定，第三人撤销之诉的提起应当具备以下条件：①属于第 56 条第 1、2 款规定的有独立请求权的第三人或者无独立请求权的第三人；②有证据证明存在因不能归责于本人的事由未参加诉讼的情形，如不知道诉讼而未参加诉讼、申请参加未获准许、知道诉讼但因客观原因无法参加等；[1]③有证据证明发生法律效力的判决、裁定、调解书的部分或者全部内容错误，亦即裁判文书主文和调解书中处理当事人民事权利义务的结果错误，[2]而不包括判决、裁定、调解书的其他内容错误；④发生法律效力的判决、裁定、调解书内容错误损害其民事权益；[3]⑤自知道或者应当知道其民事权益受到损害之日起 6 个月的不变期间内提起第三人撤销之诉。[4]其中，"发生法律效力的判决、裁定、调解书内容错误损害其民事权益"，是指裁判文书主文和调解书中处理当事人民事权利义务的结果（以下统称裁判主文）全部或部分错误，并因此导致第三人的民事权益遭受损害。裁判理由仅发生预决效力，第三人仅因裁判理由遭受损害的，可以在其他案件中通过相反证据予以推翻，故不存在提起第三人撤销之诉之必要。裁判主文存在错误并因此损害第三人民事权益的，才有提起第三人撤销之诉的必要。但是，"损害其民事权益"的含义尚未有司法解释予以明确，司法实践中存在着不同见解，影响到第三人撤销之诉制度适用的统一性。

三、法理分析

在本案中，（2010）粤高法民一终字第 169 号第三项判决房实公司就工程款及利息对所涉工程拍卖所得价款享有优先受偿权，违反了《最高人民法院

---

〔1〕 参见《民诉法解释》第 295 条。
〔2〕 参见《民诉法解释》第 296 条。
〔3〕 参见《民诉法解释》第 292 条。
〔4〕 参见《民诉法解释》第 127 条。

关于建设工程价款优先受偿权问题的批复》第 3 条的规定，属于判决主文存在实体处理内容错误的情形。根据文义解释，"损害其民事权益"相关情形的认定，应当属于《侵权责任法》的范畴。根据《侵权责任法》第 2 条第 2 款的规定，"民事权益"包括生命权、健康权、姓名权、名誉权、荣誉权、肖像权、隐私权、婚姻自主权、监护权、所有权、用益物权、担保物权、著作权、专利权、商标专用权、发现权、股权、继承权等人身、财产权益。在本案中，建行天河支行对洪德公司名下的广州保利丰花园二期 C 栋部分建筑享有抵押权，而抵押权显然属于《侵权责任法》第 2 条第 2 款规定的"民事权益"。(2010) 粤高法民一终字第 169 号第三项错误地扩大了工程价款优先受偿权的债权范围，对建行天河支行的抵押权的受偿顺位造成影响。广东高院与最高人民法院均认可（2010）粤高法民一终字第 169 号第三项存在错误，但广东高院认为，只有建行天河支行的抵押权受到现实的损害（即实际受偿的金额减少），才可以支持其诉讼请求（以下简称"现实损害说"）；而最高人民法院认为，只要建行天河支行的抵押权陷入不能充分实现之虞，即符合《民事诉讼法》第 56 条第 3 款规定的"损害其民事权益"要件，即可以支持其诉讼请求（以下简称"客观危险说"）。

关于"损害其民事权益"的两种判断标准之争，实际上反映的是司法实践中对第三人撤销之诉的制度功能存在着不同的理解。在采用"现实损害说"的语境下，只有已经遭受现实损害的案外人才可以提起第三人撤销之诉，提起第三人撤销之诉的案外人未能证明其民事权益已经遭受现实损害的，其诉讼请求将被判决驳回。广东高院（2014）粤高法民撤初字第 2 号民事判决仅以抵押权实现结果尚不明确为由驳回建行天河支行的诉讼请求，其潜台词是建行天河支行在其抵押权实现不能之后可以提起第三人撤销之诉，但建行天河支行在后续提起第三人撤销之诉中，必然面临着因违反"一事不再理"而不被受理的风险。即使建行天河支行后续提起的第三人撤销之诉获得法院的受理，也存在对民事权益进行的司法救济不及时以及浪费司法资源等问题。根据《侵权责任法》第 1、15 条的规定，可以请求司法救济的民事权益，不局限于已经遭受现实损害的民事权益，而且包括存在遭受现实损害危险的民事权益。在实际效果上，明知判决错误且对原告的民事权益造成客观危险，却非要求等待原告的民事权益遭受损害后才予以救济，实质上具有容忍侵权事件发生以及不适当转移债权实现不能风险的嫌疑。基于此，相对于"现实损害说"而言，"客观危险说"更加契合第三人撤销之诉的制度设计初衷和民事诉讼的基本原理。

四、参考意见

《民事诉讼法》第 56 条第 3 款规定的"损害其民事权益"应当作较为广泛的理解，"民事权益"应当包括民事实体法上所保护的权利和其他合法利益，对"损害"应当作目的性扩张解释，无论是"已经遭受现实损害"的民事权益，还是"可能遭受现实损害"的民事权益，都应当作为第三人撤销之诉的保护对象。

拓展案例

鞍山市中小企业信用担保中心与汪某、鲁某保证合同纠纷案[1]

一、基本案情

2008 年 12 月至 2009 年 1 月，汪某经营的鞍山金桥生猪良种繁育养殖厂（以下简称金桥养殖厂）向某信用社款 300 万元，鞍山市中小企业信用担保中心（以下简称担保中心）为其提供担保。贷款到期后，担保中心代金桥养殖厂偿还借款本息，担保中心向汪某行使担保追偿权。2010 年 12 月 3 日，鲁某与汪某签订《资产转让合同》，汪某将金桥养殖厂转让给鲁某，价格为 450 万元。鲁某未履行合同义务，汪某诉至鞍山市中级人民法院，该院判决鲁某将金桥养殖厂的资产归还汪某所有，鲁某赔偿汪某实际损失及违约金 1 632 573 元。[2]鲁某上诉至辽宁省高级人民法院（以下简称辽宁高院），经该院主持调解，双方达成如下协议：①金桥养殖厂归鲁某所有；②汪某与鲁某双方同意将原转让款 450 万元变更为 3 132 573 元。[3]担保中心向辽宁高院提起第三人撤销之诉，辽宁高院认为："担保中心与汪某之间是担保追偿权法律关系，鲁

---

〔1〕 最高人民法院（2016）最高法民终 145 号民事裁定书。
〔2〕 参见鞍山市中级人民法院（2013）鞍民三初字第 66 号民事判决书。
〔3〕 参见辽宁省高级人民法院（2014）辽民二终字第 00183 号民事调解书。

某与汪某之间是买卖合同法律关系，且双方已履行完毕。担保中心对鲁某与汪某买卖合同纠纷案件的诉讼标的没有请求权，亦与其没有直接的利害关系，其既不属于有独立请求权的第三人，也不属于无独立请求权的第三人。"据此，辽宁高院以担保中心不符合第三人撤销之诉原告的主体资格为由，裁定驳回起诉。[1]担保中心因不服前述裁定而提起上诉，最高人民法院认为，"原审未考虑基于铁东区法院诉讼保全行为及执行程序所产生的汪某和鲁某买卖合同纠纷诉讼处理结果与担保中心对汪某债权执行之间的牵连关系，以及可能对担保中心的利益产生的影响，仅以担保中心与汪某和鲁某买卖合同纠纷案件的诉讼标的没有直接的利害关系为由，认定担保中心不属于该案中无独立请求权第三人，进而否定担保中心具备提起本案第三人撤销之诉的主体资格，不利于对担保中心合法民事权益的保护，与第三人撤销之诉的立法本意亦不相吻合"。

二、法律问题

担保中心与汪某之间是担保追偿权法律关系，鲁某与汪某之间是买卖合同法律关系，担保中心对金桥养殖厂不享有独立的实体权利，显不属于有独立请求权的第三人。但是，担保中心于2013年8月19日申请执行时，将汪某对金红养殖厂（投资人为鲁某）的到期债权列为可供执行财产，鲁某在执行程序中（2013年11月21日）向法院确认其欠付汪某转让款数额，承诺同意经法院向担保中心履行，并已实际给付了30万元，执行法院之后对金红养殖厂的相关财产予以冻结查封。汪某与鲁某因金桥养殖厂资产转让合同发生纠纷并诉至法院是在2013年11月13日，即上述铁东区法院基于担保中心申请对汪某的财产进行执行期间。在此情形下，鲁某与汪某资产转让合同的权利义务发生变化时，则可能对上述汪某财产的执行产生影响，因此，汪某与鲁某买卖合同纠纷诉讼处理结果与担保中心存在牵连关系，影响到担保中心的利益。据此，应认定汪某和鲁某买卖合同纠纷诉讼的处理结果与担保中心有法律上的利害关系，担保中心属于有权申请或经法院通知参加汪某与鲁某买

---

[1] 参见辽宁省高级人民法院（2015）辽民撤字第00003号民事裁定书。

卖合同纠纷诉讼的无独立请求权第三人。[1]

三、重点提示

在本案中，汪某因转让金桥养殖厂而对鲁某享有到期债权，担保中心将汪某对鲁某享有到期债权列为可供执行财产，鲁某对该债权不存在争议并同意通过执行法院向担保中心履行。在此之后，汪某与鲁某发生争议并诉诸法院，汪某与鲁某买卖合同纠纷诉讼处理结果与担保中心存在牵连关系，担保中心属于对诉讼结果有法律上利害关系的第三人。如果汪某对鲁某享有的到期债权没有被作为可供执行财产或者鲁某对该到期债权的执行提出异议，按照前述判决的逻辑，担保中心不应当作为无独立请求权的第三人。但是，考虑到立法机关增设第三人撤销之诉旨在应对虚假诉讼，最高人民法院在（2016）最高法民终684号民事裁定书中指出："对于提起第三人撤销之诉的原告主体资格，仅限于该法条第一款、第二款规定的第三人，以及有证据证明原案存在虚假诉讼情形，对其利益造成损害的案外人，或者法律明确规定给予特别保护的债权人。只有属于上述规定的第三人（案外人、特别保护的债权人）才有权提起第三人撤销之诉。"换言之，只要担保中心有证据证明汪某与鲁某之间存在虚假诉讼情形，即使担保中心对汪某的债权尚未进入执行程序，也有权提起第三人撤销之诉。

专题二　形式当事人

与案件处理结果之间缺乏直接利害关系的形式当事人，既可以体现为实体权利义务的归属主体，也可以仅体现为诉讼实施权的归属主体。根据实体权利义务以及诉讼实施权的配置理论，实质当事人充当实体当事人并享有排他性诉讼实施权是原则，而其他形态的诉讼实施权配置情形则属于例外。鉴于形式当事人与诉讼结果之间缺乏固有的直接利害关系，只有在缺乏实质当事人或者实质当事人存在行使诉讼实施权的重大障碍的情形下，才具备向形式当事人配置诉讼实施权的正当性基础。与此同时，鉴于形式当事人缺乏推

---

[1]　参见最高人民法院（2016）最高法民终145号民事裁定书。

动诉讼程序进行和谋求胜诉结果的天然动力，立法者通常优先将诉讼实施权配置给与诉讼结果之间存在间接或部分利害关系的主体，并通过强制或激励的方式供给或补强形式当事人的诉讼动力。在理论上，赋予形式当事人以诉讼实施权的途径包括：①法定诉讼担当。立法机关在价值权衡的基础上，为了保护实质当事人利益（法定诉讼被担当人）、形式当事人利益（法定诉讼担当人）或者不特定第三人利益（公共利益），赋予形式当事人（法定诉讼担当人）以诉讼实施权，并根据需要保留、限制甚或剥夺实质当事人（法定诉讼被担当人）固有的诉讼实施权，以平衡前述各方的实体利益与程序利益。②意定诉讼担当。第三人在法律允许的范围内依据实体权利义务归属主体的授权而享有诉讼实施权的情形。③创设形式性实体权利义务。形式性实体权利义务的归属主体在外观上享有民事权利、承担民事义务，并基于实体权利义务享有相应的诉讼实施权，但与诉讼结果之间缺乏直接利害关系，胜诉结果不当然地属于形式实体权利义务，归属主体享有或承担。④意定诉讼信托。诉讼信托是指为了移转诉讼实施权而移转实体权利义务，相对于诉讼担当而言，诉讼信托对实质当事人的实体与程序利益的保障更为薄弱，根据比例原则，法定诉讼信托不存在适用空间，而意定诉讼信托仅适用于法律没有明确允许适用意定诉讼担当且不违反《信托法》第11条关于专以诉讼或者讨债为目的设立信托无效的规定，但为了保护社会公共利益而设立的诉讼信托的效力则例外地获得承认。限于篇幅，本专题仅针对形式当事人中的意定诉讼担当人进行研究。

🎓 知识概要

意定诉讼担当，是指实体请求权人在法律允许的范围内，在保留其实体权利的基础上单独将诉讼实施权移转给第三人。[1]不伴随实体权利转移的诉讼实施权意定移转，导致实质当事人与形式当事人的分离。从实质当事人与形式当事人的关系来观察，意定诉讼担当彰显的是实质当事人对其诉讼实施

---

〔1〕"意定诉讼担当"在日本和我国台湾地区被称为"任意诉讼担当"。为避免因诉讼实施权的意定移转造成对方承担不必要的不利益影响，确保法院得以公平公正高效解决纷争，防止教唆与包揽诉讼或黑社会势力介入民事纷争解决等负面影响，各国均对"任意诉讼担当"的适用设置诸多限制，使得其很难称得上"任意"。鉴于此，笔者在本书中将其称为"意定诉讼担当"。

权的处分权限，但移转诉讼实施权的合意属于涉他诉讼契约。一方面，形式当事人替代实质当事人提起民事诉讼，可能涉嫌损害对方当事人的平等诉讼地位。比如，债权人将其诉讼实施权移转给对债务人享有行政管理职责的行政机构或其负责人。另一方面，形式当事人对民事法律关系的形成以及民事纠纷的发生不如实质当事人更了解，从而增加人民法院的审理难度，甚至成为当事人规避"本人诉讼"的诉讼技巧。此外，意定诉讼担当还被指责成为"野律师"破坏律师代理制度的手段。因而，意定诉讼担当在各法域均受到严格的限制，如要求担当人对诉讼结果具有固有利益或者仅以立法者预先授权作为意定诉讼担当的适用条件等。

尽管意定诉讼担当在传统型民事诉讼中的适用受到限制，但在现代型民事诉讼中却大有作为，这是因为意定诉讼担当具有强化纠纷解决功效的程序法价值。[1]但是，前述功能并非只有意定诉讼担当可以实现。比如，以意定诉讼担当为法理基础的选定当事人诉讼制度受到部分日本学者的质疑，其理由就是：具有共同利益的多数人若通过选任同一诉讼代理人来实施诉讼的方式，也同样可以谋求诉讼的简单化。与此同时，基于意定诉讼担当制度与其周边的其他制度之间存在着制度设置上的不协调或者功能上的重合之处，而意定诉讼担当制度的适用也必将给我国的法律体系带来冲击。因而，在现有的诉讼制度能够实现类似意定诉讼担当所能实现功能的情形下，意定诉讼担当的增置不具备必要性，即使在无法通过现有制度实现意定诉讼担当所能实现功能而具备适用之必要性的情形下，基于意定诉讼担当的适用存在固有的风险（弊端），立法者与司法者仍得根据利益衡量原则具体确定是否适用意定诉讼担当。

一、功能重合与制度冲突：意定诉讼担当的必要性分析

意定诉讼担当与其周边制度之间主要存在着以下的紧张关系：

1. 德国有着健全的律师制度及法律援助制度，为了贯彻律师强制代理主义，原则上禁止意定诉讼担当的适用具有正当性；日本的律师制度及法律援

---

〔1〕 参见［日］中村英郎：《新民事诉讼法讲义》，陈刚、林剑锋、郭美松译，法律出版社2001年版，第84页。

助制度远不如德国成熟，加之律师协会的阻挠，日本只能采取折中的律师代理原则主义，由于该主义原则上也排除本人以外的非律师行使诉讼实施权，因而，其所谓的防止"野律师"包揽诉讼也具有相当的妥当性；我国尽管并不排斥本人诉讼及非律师的自然人充当诉讼当事人，但法律从诉讼权利义务设置上亦鼓励当事人聘请律师作为诉讼代理人，但意定诉讼担当不受限制地广泛适用将不利于落实立法者鼓励律师代理的立法本意。

2. 为了保障诉讼程序通畅及双方攻击防御能力大致相当，各法域均对当事人委托的诉讼代理人人数进行必要的限制，我国《民事诉讼法》将当事人或者其法定诉讼代理人可以委托的诉讼代理人人数上限规定为2人。如果不对意定诉讼担当的适用范围加以必要限制，当事人完全可以轻而易举地将实质意义上的"诉讼代理人"转换为形式意义上的"诉讼担当人"，从而规避诉讼代理人人数之限制，显著不公平地损害对方当事人的地位，使两造相互对抗的诉讼构造遭到彻底的破坏。

3. 我国《民事诉讼法》与《最高人民法院关于适用〈中华人民共和国民事诉讼法〉审判监督程序若干问题的解释》（法释〔2008〕第14号）共同构建的案外人申请再审程序（再审型案外人撤销之诉）并非彻底的案外人撤销之诉，[1]实体权利义务归属主体通过意定诉讼担当的适用，会造成假借他人之名义进行的诉讼欺诈情形更难为利害关系人知悉，而不彻底的案外人撤销之诉难以对此提供周延之救济。

4. 根据学者通说，对己不利的当事人的陈述，应当纳入到自认的范畴内，属于免证事实；对于对己不利的当事人陈述，由于当事人与诉讼结果存在直接的利害关系，因而在通常情况下，当事人所作的对自己有利的陈述，是有待证明的事实，它们是证明的对象。[2]但基于意定诉讼担当制度的适用，原来属于证明对象的陈述转化为证据本身，这对于对方当事人的诉讼平等权也造成了一定的破坏。

---

〔1〕　无论是民事诉讼法规定的"执行程序的案外人申请再审"，还是司法解释规定的"执行程序外的案外人申请再审"都具有一定的局限性。将我国的案外人撤销之诉的适用范围局限于案外第三人对"执行标的""执行标的物"主张权利的情形，从而使得我国的案外人撤销之诉无法适用于形成之诉、确认之诉。参见肖建国："论案外人申请再审的制度价值与程序设计"，载《法学杂志》2009年第9期。

〔2〕　李某："当事人陈述：比较、借鉴与重构"，载《现代法学》2005年第3期。

5. 为了保护诉讼被担当人的合法权益，防范诉讼担当人侵害诉讼被担当人的合法权益，为了促使诉讼担当人有足够的动力充分地行使诉讼实施权，意定诉讼担当的适用有必要事先通过基础法律关系建构使得诉讼担当人对实施诉讼有足够的动力，这与授予行为本身在当事人间不产生债权债务关系（自非为债之发生原因）之间存在紧张关系。[1]

意定诉讼担当与其他制度在功能方面所存在的重合情形主要有以下几种：

1. 诉讼第三人制度与意定诉讼担当制度都能够实现将案外第三人作为当事人纳入本案审理程序的功能，但意定诉讼担当既排斥原当事人续行诉讼，又涉嫌将其当事人转化为证人而有损对方当事人的平等诉讼地位，因而，在诉讼第三人可能实现意定诉讼担当制度适用所追求的法律功效的情况下，应当限制意定诉讼担当制度的适用。

2. 在我国的群体诉讼方面，通说运用意定诉讼担当理论加以解释的代表人诉讼模式在我国的司法实践中并不占主流，大部分具有共同法律和事实问题的群体性纠纷是通过准示范性诉讼模式（即对"系列案件"进行拆案处理、分批审理）加以解决的，这也大大地削减了意定诉讼担当制度在我国司法层面的适用范围。

3. 尽管诉讼代理则只是当事人的某项诉权（即诉讼实施权）由法定代理人或者委托代理人以当事人的名义代位行使，[2]但其与意定诉讼担当在补强当事人诉讼能力方面具有相似的功能——为了被担当人（被代理人）的利益（尽管该利益也可能涉及担当人或代理人本人的利益）而实施诉讼行为，诉讼结果最终仍然由当事人承受，与此同时，诉讼代理制度的适用并不存在妨碍律师代理制度发展、规避诉讼代理人人数限制、增强虚假诉讼隐蔽性、将当事人陈述转化为证人证言等弊端，因而，在当事人运用诉讼代理制度已经能够实现其目的的情形下，如果法律没有明确规定可以适用意定诉讼担当制度的话，应当限制当事人适用意定诉讼担当，以追求诉讼价值的最大化实现。

综上所述，基于意定诉讼担当制度本身具有一些固有的弊端以及其功能

---

〔1〕 王泽鉴：《民法总则》，中国政法大学出版社 2001 年版，第 461 页。

〔2〕 邵明：《民事诉讼法学》，中国人民大学出版社 2007 年版，第 54 页。

与其他制度存在一定的重合，在其他制度能够发挥意定诉讼担当所能发挥的功能的情况下，为了避免适用意定诉讼担当所固有的弊端以及防范这些弊端产生的风险，原则上，禁止意定诉讼担当制度的适用存在着足够充分且正当的理由，这是因为，一方并不会因为不能适用意定诉讼担当而遭受法律上的不利益（可以选择适用功能上与意定诉讼担当相似的其他制度），而另一方当事人则可以避免由于适用意定诉讼担当所导致的诉讼地位的不平等。在其他制度无法发挥意定诉讼担当所发挥功能的情况下，则应当对不同的价值取向进行利弊衡量，在对意定诉讼担当进行类型化分析的基础上得出限制意定诉讼担当适用范围的标准。

二、利弊衡量与标准确立：意定诉讼担当之比例性分析

意定诉讼担当所具有的功能具有可替代性，在一般情况下，均可以通过其他制度加以实现。比如，以意定诉讼担当为法理基础的选定当事人诉讼的利用就受到日本学者精辟的质疑，因为具有共同利益的多数人若通过选任同一诉讼代理人来实施诉讼的方式，也同样可以谋求诉讼的简单化。[1]与此同时，基于意定诉讼担当制度与其周边制度之间存在着制度设置上的不协调或者功能上的重合之处，因而意定诉讼担当制度的适用也必将给我国的法律体系带来冲击。因此，对意定诉讼担当制度的功能应当加以理性认识，尤其是认识到其功能局限，并寻求限制意定诉讼担当适用范围的标准，这对于司法实务解决有关难题具有重要意义，但学界对意定诉讼担当的现有研究还远远不足以得出一个绝对明确的限制标准。鉴于此，笔者试图从比较法的角度对意定诉讼担当适用范围的限制标准进行考察，以寻求相对明确的限制标准。

德国学者随着对意定诉讼担当研究的逐步深入，对意定诉讼担当的适用由以前的放任向现在的限制过渡，并指出意定诉讼实施权的授权必须满足两个前提条件：一是权利人必须明确或者以可推断的行为向诉讼实施权人授权，让其在法院主张请求权或者权利。二是诉讼实施权人对实施诉讼有自己的法律利益。此处的"诉讼实施权人对实施诉讼有自己的法律利益"不能仅仅通

---

〔1〕　参见［日］中村英郎：《新民事诉讼法讲义》，陈刚、林剑锋、郭美松译，法律出版社2001年版，第84页。

过授权行为的基础关系加以确立，而只能是在与接受意定诉讼担当无关的固有利益，这种固有利益是指"如果裁判对诉讼实施人自己的法律状况有影响，则应当肯定他有自己的法律利益"[1]。

日本司法实务界则倾向于采取"在意定诉讼担当无规避上述法律（律师代理原则）之危险，且存在合理之必要"为判断标准。[2]但是，对"合理之必要"之情形却仍然没有加以类型化。基于法律、判例的态度不明确，日本学术界对此展开了探讨，原来的通说认为，原则上不允许当事人进行意定诉讼担当，但又认为，当权利归属主体存在正当业务上的必要而将管理处分的权能授予第三人时，应当允许意定诉讼担当。[3]随后，关于对意定诉讼担当适用范围的限制问题，日本民诉法学界出现了"福永说"和"中野说"二分天下的局面。"福永说"是由福永有利教授所倡导的肯定说，该学说认为，任意的诉讼担当可以分为"为了诉讼担当人利益的意定诉讼担当"和"为了权利主体利益的意定诉讼担当"两种情形。对于第一种情形，由于诉讼担当人对于他人的权利关系的诉讼实施具有自己的固有利益，应当允许其进行任意的诉讼担当；对于第二种情形，则应该进一步区分对待，只有当诉讼担当满足"诉讼担当人被赋予包括诉讼实施权限在内的全括性管理权"以及"诉讼担当人现实且密切地参与到作为诉讼标的之权利关系的发生及其管理之中"（即"诉讼担当人对于该权利关系的参与达到'等于或超越权力关系主体对于该权利关系了解'的程度"）之要件时，才允许其进行意定诉讼担当。"中野说"是由中野教授所倡导的否定说，该学说认为，只有在"若是不予承认任意的诉讼担当，实际上权利归属主体就难以起诉或进行诉讼实施，而且有可能使自己权利无法获得有效保护"的场合，才可以允许当事人进行意定诉讼担当。[4]综上所述，日本学界对意定诉讼担当的适用范围的限制标准主要存

---

〔1〕 [德] 罗森贝克、施瓦布、戈特瓦尔德：《德国民事诉讼法》，李大雪译，中国法制出版社2007年版，第290~291页。

〔2〕 参见最高裁判所大法庭昭和45年11月11日判决，载《最高裁判所民事判例集》，第24卷第12号，第1854页。转引自 [日] 新堂幸司：《新民事诉讼法》，林剑锋译，法律出版社2008年版，第212页。

〔3〕 [日] 兼子一：《民事诉讼法学体系》，酒井书店昭和29年，第161页。转引自 [日] 高桥宏志：《民事诉讼法制度与理论的深层分析》，林剑锋译，法律出版社2003年版，第254页。

〔4〕 [日] 高桥宏志：《民事诉讼法制度与理论的深层分析》，林剑锋译，法律出版社2003年版，第254~257页。

在着以下两种观点：

第一，根据诉讼实施人与诉讼标的的关系，将意定诉讼担当区分为"为了诉讼担当人利益的意定诉讼担当"和"为了权利主体利益的意定诉讼担当"两种类型，并只对第二种类型进行一定的限制（其限制标准为"诉讼担当人对于该权利关系的参与达到'等于或超越权力关系主体对于该权利关系了解'的程度"）。

第二，不区分意定诉讼担当的种类，一律适用"若是不予承认任意的诉讼担当，实际上权利归属主体就难以起诉或进行诉讼实施，而且有可能使自己权利无法获得有效保护"的严格标准。

我国通说认为，意定诉讼担当诉讼只有在法律明文规定准许适用的情况下方有适用的余地。由于意定诉讼担当的适用对加快财产的流转从而促进经济的发展具有一定的作用；对解决群体性诉讼纠纷具有重大的理论基础意义；也能够解决一部分实体权利义务人由于难以起诉或进行诉讼却得不到救济（而没有救济就没有权利）的困难。因此，在一定程度上承认意定诉讼担当制度的合法性具有现实意义。然而，笔者认为，这并不能构成大范围适用意定诉讼担当诉讼制度的足够充分且正当的理由，因为一项法律制度对于特定的法域是否有必要、有多大的必要，往往取决于该法域内该制度与已经建立的其他制度之间的相互关系。结合前文的论述，意定诉讼担当制度客观存在诸多弊端，意定诉讼担当制度所发挥的诸多功能和我国现有的其他制度之间构成重合关系，这两方面密切结合在一起，共同构成了反对任意扩张意定诉讼担当制度适用范围的足够充分且正当的理由。

借鉴我国民事诉讼法学者肖建华教授的主张，[1]本书将意定诉讼担当类型化为法律规定的意定诉讼担当和扩大适用的意定诉讼担当。法律规定的意定诉讼担当是指现行法律明文规定可以适用意定诉讼担当制度的情形；而扩大适用的意定诉讼担当则是指在法律没有明文规定也没有明文禁止的情况下，当事人自行决定适用意定诉讼担当制度的情形。对法律规定的意定诉讼担当

---

〔1〕　肖建华教授根据法律许可的情况，将意定诉讼担当分为法律规定的意定诉讼担当和扩大适用的意定诉讼担当。法律规定的意定诉讼担当，是法律明确允许一定类型案件可以由他人进行诉讼担当。扩大适用的意定诉讼担当，则是解决多数人诉讼以外的其他形式的诉讼担当。参见肖建华："诉权与实体权利主体相分离的类型化分析"，载《法学评论》2002年第1期。

的正当性论证主要在立法的过程中进行；而对扩大适用的意定诉讼担当的正当性论证主要在司法过程中进行。因此，基于法治原则，结合日本福永教授的学说，本书认为，可以进一步将扩大适用的意定诉讼担当区分为"为了诉讼担当人利益的扩大适用的意定诉讼担当"和"为了权利主体利益的扩大适用的意定诉讼担当"两种类型。对于第一种类型，诉讼担当人对于诉讼标的具有自己固有的利益，即该诉讼担当人对于诉讼结果具有的利害关系并非基于诉讼实施权的授予行为或者其基础法律关系行为而产生的利害关系，而是在受让诉讼实施权之前，对诉讼结果就享有利害关系。对于这种类型的意定诉讼担当的适用范围的限制应当说没有特定的标准，而只能要么由立法者结合社会发展现实需要进行价值衡量，并按照立法表决规则和表决程序将其上升为法定诉讼担当或者法律规定的意定诉讼担当；要么由司法者结合实际情况进行价值衡量，并按照司法表决规则和表决程序作出具体的抉择，也就是说，需要法官在严格限制意定诉讼担当适用范围和避免出现"无救济权利"或"得不到及时救济的权利"之间进行个案的价值衡量，妥当地行使其自由裁量权，进行具体情况具体分析，并通过判例逐步形成特定类型，从而使得由司法形成社会公共政策的功能得以发挥。对于第二种类型，由于在绝大多数情况下可以通过委托诉讼代理人、诉讼第三人等制度大致等值地实现适用意定诉讼担当制度所追求的目的，因此，为了防范适用意定诉讼担当制度所固有的风险，不应当允许适用意定诉讼担当制度，即原则上禁止适用"为了权利主体利益的扩大适用的意定诉讼担当"。当然，在"若是不予承认任意的诉讼担当，实际上权利归属主体就难以起诉或进行诉讼实施，而且有可能使自己权利无法获得有效保护"，并且"诉讼担当人对于该权利关系的参与达到'等于或超越权力关系主体对于该权利关系了解'的程度"的情况下，允许意定诉讼担当制度则是值得肯定的。[1]

综上所述，本书认为，对于意定诉讼担当适用范围的限制必须结合意定诉讼担当的类型进行研讨。

---

　　[1]　从应然层面来分析，"若是不予承认任意的诉讼担当，实际上权利归属主体就难以起诉或进行诉讼实施，而且有可能使自己权利无法获得有效保护"的情况下，诉讼担当应当由法律规定为法定的诉讼担当或者法律规定的意定诉讼担当。因而在理论理想层面，我们也同意一律禁止"为了权利主体利益的扩大适用的意定诉讼担当"的观点。

1. 对于法律规定的意定诉讼担当的正当性，主要通过立法者的价值衡量加以论证，司法者对这种类型的意定诉讼担当的适用范围进行限制就有违反法治原则、超越职权之嫌疑，因此，笔者主张对于法律规定的意定诉讼担当不应当从原则上进行限制，因而也不存在所谓的限制标准问题。

2. 对于扩大适用的意定诉讼担当适用范围的限制标准则应当从两个方面来展开：

第一，"为了诉讼担当人利益的扩大适用的意定诉讼担当"适用范围的限制标准，基本上可以定位为：诉讼担当人除了进行诉讼担当之外，别无他法足以维护其合法权益，在其他法律制度（如诉讼第三人制度）足以保护其利益时，不宜允许适用意定诉讼担当制度，但是，由于该标准不具有明确性，最终还是要通过法官妥当地行使自由裁量权来对个案进行判断。

第二，"为了权利主体利益的扩大适用的意定诉讼担当"适用范围的限制标准，基本上可以定位为原则上禁止，只有在极个别情况下允许适用意定诉讼担当制度。这里的"极个别情况"是指同时满足"若是不予承认任意的诉讼担当，实际上权利归属主体就难以起诉或进行诉讼实施，而且有可能使自己权利无法获得有效保护"和"诉讼担当人对于该权利关系的参与达到'等于或超越权力关系主体对于该权利关系了解'的程度"的双重限制。也就是说，对于"为了权利主体利益的扩大适用的意定诉讼担当"推定为禁止适用，而只有在当事人证明其同时满足上述两个条件时，方可适用意定诉讼担当制度。

经典案例

广东中凯文化发展有限公司诉北京中搜在线软件有限公司
侵犯著作权纠纷案[1]

一、基本案情

2005 年 11 月 25 日，电影《无极》的著作权人中国电影集团公司、北京二十一世纪盛凯影视文化交流有限公司、上海融建投资发展有限公司、美国

---

〔1〕　北京市海淀区人民法院（2006）海民初字第 24968 号民事判决书。

MOONSTONE ENTERTAINMENT INC 联合授权广东中凯文化发展有限公司（以下简称中凯公司）5 年内对电影《无极》独占享有在中国范围内（不含港澳台）音像制品的所有版权权利和网络传播权，明确中凯公司在许可期间内可以再许可，且可以独立成为索赔主体。

2005 年 11 月 5 日，中凯公司与北京捷报互动科技有限公司（以下简称捷报公司）签订了信息网络传播权许可协议，约定捷报公司享有电影《无极》自 2006 年 1 月 1 日起 3 个月的专有信息网络传播权，但双方对于在此期间的涉案作品被侵权以及由此产生的后果、损失分担、获赔损失分享等并未作出约定。

在该期限内，北京中搜在线软件有限公司（以下简称中搜公司）未获授权，在中国搜索网站上提供该电影下载服务。捷报公司于 2006 年 2 月将中搜公司诉至海淀法院，中凯公司于 2006 年 3 月则将中搜公司诉至杭州中院。2006 年 4 月 13 日，杭州中院作出（2006）杭民三初字第 119 - 1 号裁定，裁定该案移送海淀法院审理，后中凯公司不服提出上诉；2006 年 6 月 19 日，浙江省高级人民法院作出（2006）浙民高终字第 83 号裁定，驳回上诉，维持原裁定。

2006 年 5 月 18 日，海淀法院裁定，捷报公司诉中搜公司案须以中凯公司诉中搜公司案件的处理结果作为依据，故中止审理捷报公司诉中搜公司案案件。

2006 年 5 月至 6 月间，经捷报公司和中凯公司双方协商，双方补充签订的《补充协议》明确，基于海淀法院中止审理捷报公司诉中搜公司一案，中搜公司在捷报公司享有《无极》信息网络独家使用权期间的侵权行为由中凯公司负责追究其侵权责任，捷报公司配合中凯公司取证和提供所需的材料，胜诉后所得赔偿款，扣掉所需费用，双方五五分成。

2006 年 9 月 5 日，海淀法院受理了杭州中院移送的中凯公司诉中搜公司侵犯著作权纠纷一案。2006 年 10 月 25 日，经两案当事人同意，海淀法院决定将捷报公司诉中搜公司和中凯公司诉中搜公司两案合并审理。

2006 年 11 月 15 日，捷报公司与中搜公司在庭审后自行协商，和解解决了纠纷，捷报公司遂向海淀法院申请撤回对中搜公司的起诉。海淀法院曾尝试将中凯公司、捷报公司与中搜公司的纠纷一并解决，但协商未果，且捷报公司与中搜公司均以保密为由未向法院提供和解协议的内容。海淀法院遂于

2006 年 11 月 21 日裁定准许捷报公司的撤诉申请。

在中凯公司诉中搜公司案审理过程中，中搜公司抗辩称，中凯公司已将该电影自 2006 年 1 月 1 日起至 2006 年 4 月 1 日的信息网络传播权授予了捷报公司，中凯公司在此期间无权再就信息网络传播权进行主张。

中凯公司将电影《无极》的信息网络传播权独家授予捷报公司期间，中搜公司侵犯了电影《无极》的信息网络传播权，在针对此侵权行为提起诉讼的过程中，中凯公司与捷报公司产生了分歧，均认为各自有权向侵权人主张权利。诉讼期间，双方的《补充协议》未得以履行，捷报公司单方与中搜公司协商解决纠纷，而中凯公司仍认为其授予捷报公司的信息网络传播权不包括对侵权行为予以制止等权利，其有权对侵权行为提起诉讼。对中凯公司的诉讼主体适格问题，海淀法院根据以下理由予以确认：

2005 年 11 月 5 日中凯公司与捷报公司签订了《许可协议》，该协议明确了捷报公司在 2006 年 1 月 1 日至 2006 年 4 月 1 日期间独占性地行使电影《无极》的信息网络传播权，但双方对于在此期间的涉案作品被侵权以及由此产生的后果、损失分担、获赔损失分享等并未作出约定。对此，海淀法院认为，捷报公司取得的是合同权利，合同权利来源于合同约定，在不违反法律的情况下，当事人可以针对制止侵权问题作出约定；在双方未作出约定的情况下，依据《著作权法》许可使用合同的有关规定以及合同法理，中凯公司享有未约定的权利，有权以自己的名义提起诉讼，制止侵权。

根据合同性质，中凯公司与捷报公司签订的是许可使用协议，并非转让协议，捷报公司取得的专有使用权仅在一定期间内享有。在授权期间内，虽然捷报公司是电影《无极》信息网络传播权的专有使用权人，《著作权法实施条例》第 24 条赋予专有使用权人排除包括著作权人在内的任何人以同样的方式使用作品，但捷报公司作为二次被授予的专有使用权人能够行使的权利是：独占的权利和制止侵权人妨碍其权利正当行使的权利，不能扩大理解为阻止中凯公司制止侵权。中凯公司作为该权利的许可人，仍有权禁止他人未经许可以信息网络传播方式使用电影《无极》。

为解决双方当事人各自提起的侵权诉讼问题，双方当事人订立了《补充协议》，对中凯公司主张中搜公司侵权以及双方主张其他侵权问题作出了约定。根据约定内容，中凯公司享有诉讼权利。海淀法院认为，当事人之间针对权利受损害时约定积极主张权利的方式以及获赔后的利益分享并不违反国家法律规定，不会必然影响法院对案件的审理，《补充协议》是合法有效的。但根据合同相对性原则，该协议的约束力仅发生于中凯公司和捷报公司之间，而不延及协议之外的包括中搜公司在内的第三人。现捷报公司和中凯公司又未按照《补充协议》履行。杭州中院将该案移送海淀法院后，捷报公司与中搜公司单方解决侵权纠纷，中凯公司并未参与协商过程和知晓侵权处理结果。当事人之间的行为表明，《补充协议》并未履行且存在纠纷，中凯公司以单方身份主张权利并无不当。

二、法律问题

在本案中，海淀法院对捷报公司与中凯公司所达成《补充协议》的效力认定系从实体法层面展开的，借助合同法原理认定该协议系属有效但"不延及协议之外的包括中搜公司在内的第三人"。然而，《补充协议》针对的事项不仅包括有关诉讼收益分配的实体法内容，还存在着"中凯公司以自己名义代替捷报公司主张损害赔偿请求权"的诉讼契约内容，该《补充协议》在事实上构成民事合同与诉讼契约的混合，有关诉讼收益部分的约定适宜运用有关合同法理加以分析而认定其为当然有效，有关诉讼实施权移转部分的约定适宜运用有关诉讼契约法理加以分析而认定其为意定诉讼担当。

更精确地讲，本涉案及两个层面意义上的诉讼实施权，即以制止侵权为内容的诉讼实施权与以损害赔偿为内容的诉讼实施权，中凯公司对第一种类型诉讼实施权的享有并不依赖于捷报公司的授权，但第二种类型诉讼实施权则主要由捷报公司享有，中凯公司通过《补充协议》所取得的诉讼实施权属于意定诉讼担当的适用结果。第一种类型诉讼实施权在中凯公司与捷报公司之间构成竞合，其研究重点在于探讨中凯公司享有该诉讼实施权的正当性基础及其竞合解决机制；第二种诉讼实施权在中凯公司与捷报公司之间构成并存，其研究重点在于检讨捷报公司、中凯公司享有此类诉讼实施权的正当性基础及捷报公司将其所享有此类诉讼实施权移转给中凯公司的定性及其效力。

三、法理分析

（一）中凯公司与捷报公司的竞合诉讼实施权

中凯公司将其享有的电影《无极》的专有信息网络传播权独占权许可给

捷报公司后，在许可地域及时间范围内，捷报公司享有请求停止侵权的诉讼实施权是显而易见的，但不再分享市场份额的许可人中凯公司是否享有请求停止侵权的诉讼实施权则显得较为复杂。

从表面上来看，基于已从捷报公司的许可使用费中获得权益，且基于独占许可人本身亦不得实施该信息网络传播权，几乎不存在给中凯公司配置不作为诉讼实施权的必要性，然而，基于以下几方面的因素考量，本书赞同法院支持中凯公司要求中搜公司停止侵权的诉讼请求的做法：首先，中凯公司独占享有的版权的时间远远地超过其已授予捷报公司的 3 个月，中搜公司的侵权行为对其后续权益的实现构成妨碍，而根据《侵权责任法》第 21 条有关"侵权行为危及他人人身、财产安全的，被侵权人可以请求侵权人承担停止侵害、排除妨碍、消除危险等侵权责任"的规定，中凯公司享有提起侵权之诉的请求权，并因该实体请求权而派生诉讼实施权具有法律依据；其次，中凯公司享有不作为诉讼实施权并不妨碍捷报公司专有信息网络传播权的行使，反而因为中凯公司的诉讼行为而无需承担排除侵权行为的诉讼成本而获有利益，因而，赋予中凯公司以不作为诉讼实施权与捷报公司的专有信息网络传播权之间并不构成矛盾；再次，赋予中凯公司以不作为诉讼实施权符合社会公共利益，基于捷报公司独占享有信息网络传播权的期限仅有 3 个月，昂贵的诉讼成本使得其对临近期限届满的侵权行为有可能不会采取有效制止措施，立法者、司法者不认可中凯公司的不作为诉讼实施权等同于放任侵权行为，违背社会公益；最后，赋予中凯公司以不作为诉讼实施权并不等同于剥夺捷报公司的诉讼实施权，而是同时将中凯公司、捷报公司作为不作为诉讼实施权主体，并根据既判力片面扩张理论，只有中凯公司请求中搜公司停止侵权获法院支持的判决才对捷报公司产生拘束力，若中凯公司败诉或者与中搜公司和解、调解，捷报公司得另行起诉请求中搜公司停止侵权。诚然，为了防止中搜公司承受不必要的诉累，中搜公司得以中凯公司与捷报公司为共同被告向法院提起反诉，请求法院确认其不侵权，借此排斥捷报公司在中凯公司败诉后另行起诉，因而，双方的程序利益得通过诉讼程序的设置而得以均衡。

通过前述的分析，尽管法院在判决书中并未提及"诉讼实施权"，但其通过肯定中凯公司不作为请求权的方式间接肯定其不作为诉讼实施权的做法值得肯定。然而，在中凯公司与捷报公司均享有不作为诉讼实施权的情形下，中凯公司的诉讼实施权与捷报公司的诉讼实施权的顺位问题仍值得研究。本书认为，中凯公司的诉讼实施权与捷报公司的诉讼实施权构成竞合关系，二者均指向同一侵权人的同一侵权行为，只要其中一个诉讼实施权主体获得胜诉，另一主体的诉讼实施权即随之消灭。基于二者的诉讼实施权是平等的，二者之间并不存在前置与后置关系，而捷报公司起诉在先，中凯公司起诉在后，海淀法院裁定中止审理中凯公司诉中搜公司案是妥当的，杭州中院将捷报公司诉中搜公司案移送海淀法院管辖并由海淀法院决定合理审理本案，这有助于在一个诉讼程序中同时穷尽中凯公司与捷报公司的攻击防御，提高诉讼效益。

换言之，在诉讼实施权竞合的情形下，本书认为，中凯公司、捷报公司均可独立行使不作为诉讼实施权，在只有中凯公司或捷报公司提起不作为之诉的情形下，受案法院支持停止侵权请求权的判决对尚未起诉的捷报公司或中凯公司发生拘束力，其诉讼实施权归于消灭，但受案法院驳回停止侵权诉讼请求的判决则不对尚未起诉的捷报公司或中凯公司发生拘束力，其仍得以自己名义另行起诉；在中凯公司、捷报公司同时或先后向相同法院提起不作为之诉且获受理的情形下，宜通过选择合并法理的运用而在一个诉讼程序中解决纠纷；在中凯公司、捷报公司同时或先后向不同法院提起不作为之诉均获受理的情形下，为了防止不同法院作出相反的判决所导致的司法秩序混乱，海淀法院中止审理及杭州中院的移送管辖均提供了良好的解决思路，值得肯定。

（二）中凯公司与捷报公司的并存诉讼实施权

海淀法院的判决书对驳回中凯公司损害赔偿诉讼请求的理由有着精辟的阐述：“中凯公司作为专有使用权人，将信息网络传播权再次专有许可后，已经通过许可使用费的方式获得了报酬。当发生信息网络传播权范围内的侵权行为时，被侵害人首先或主要是捷报公司，是捷报公司对信息网络传播权的市场的独占地位受到了直接的损害；而中凯公司由于信息网络传播权已交由捷报公司行使，且已获得相应的经济利益，因此，一般不会受到直接的损害，除非其能够提供相反的证据证明其损失的存在。……由于影院上映的行为和捷报公司经过授权在互联网上传播的行为，本身就与音像制品的发行存在一定的竞争关系，可能分流一部分音像制品的购买者，且中搜公司提供电影《无极》网络下载的行为直接、主要影响的仍应是捷报公司所行使的信息网络传播权，对中凯公司发行电影《无极》音像制品的影响仅为间接和次要的，故中凯公司应举证证明因为侵犯信息网络传播权而给音像制品发行造成损失之间紧密的关联性，在中凯公司不能提交证据证明中搜公司侵权对其电影《无极》音像制品发行方面的损失数额的情况下，本院对于中凯公司的赔偿主张不予支持。"

捷报公司根据其与中凯公司签订的《影视节目信息网络传播权许可协议》而取得对电影《无极》3 个月的独家许可使用权及 2 年 9 个月的非独家许可使用权，并为此付出 150 万元许可使用费。在 3 个月专有使用权期限内，根据《著作权法实施条例》第 24 条的规定，《影视节目信息网络传播权许可协议》没有约定专有使用权的内容，视为捷报公司有权排除包括中凯公司在内的任何人以信息网络传播的方式使用电影《无极》。据此，中凯公司已将其 3 个月内的信息网络传播市场份额转让给捷报公司，其因此而承受的市场份额减损经由许可使用费获得补偿。中搜公司在该期限内擅自提供《无极》的下载直接减损的是捷报公司的市场份额，而并非中凯公司的市场份额，捷报公司享有损害赔偿请求权系属情理之中，但中凯公司是否亦享有损害赔偿请求权并借此派生诉讼实施权则有待分析。中凯公司享有损害赔偿请求权的前提是：该公司存在独立于捷报公司的损害。然而，基于中凯公司在该期限内自身亦不得行使信息网络传播权，而捷报公司专有信息网络传播权内在地减损着中凯公司对《无极》票房收入、音像制品销售量，因而，中凯公司在事实上难以证明其存在可供计算的独立损害。诚然，难以证明并不等于不可能证明，因而，在捷报公司对《无极》的信息网络传播权享有专有使用权的情形下，中凯公司仍然可能存在着独立于捷报公司的经济损失，并且专有使用期限越濒临结束，中搜公司的侵权行为对中凯公司独立经济权益造成损失的可能性就越大，但捷报公司的损害与中凯公司的损害处于相互排斥的势态，中凯公司要求海淀法院参照其授予捷报公司的许可使用费标准判令中搜公司损害赔偿显然是"自投罗网"，暗示着其不存在独立的经济利益损失。

由此可见，在捷报公司对《无极》的信息网络转播权享有专有使用权的期限内，中凯公司若因中搜公司的侵权行为存在尚未或者无法通过（正常的）许可使用费填补的独立于捷报公司的损失，则享有损害赔偿请求权及其派生的诉讼实施权；若不存在其得以证明存在的独立损失，则不应享有损害赔偿请求权及其派生的诉讼实施权。诚然，在案件受理阶段，中凯公司是否存在独立的经济损失、能否证明其存在独立的经济损失均属于未知数，因而，杭州中院受理中凯公司诉中搜公司案件及海淀法院受理杭州中院移送的该案均具备正当性基础，亦即在无法明确排除中凯公司实体请求权的情况下，先行假设其享有该实体请求权而派生相应的诉讼实施权，并与捷报公司的诉讼实施权构成并存关系。

（三）捷报公司诉讼实施权的意定移转

在本案中，基于海淀法院裁定中止审理捷报公司诉中搜公司案，为了借助正在续行的中凯公司诉中搜公司案件的诉讼程序填补其因中搜公司侵权行为给其造成的经济损失，捷报公司与中凯公司签订《补充协议》，约定在捷报公司享有《无极》信息网络独家使用权期间，中凯公司状告中搜侵权《无极》杭州一案，经双方协商确定，由甲方作为诉讼主体，乙方配合甲方取证和提供所需的材料，胜诉后所得赔偿款，扣掉所需费用，双方五五分成。该《补充协议》在本质上系捷报公司授予中凯公司以损害赔偿诉讼实施权，而保留实体损害赔偿请求权，构成诉讼实施权的意定移转，亦即所谓的意定诉讼担当。然而，伴随着诉讼程序的进行，捷报公司擅自与中搜公司达成庭外和解协议，并向法院申请撤诉。诚然，捷报公司在实体法上构成违约，中凯公司享有追究其违约责任的诉讼实施权，但就本案而言，基于捷报公司的撤诉行为在程序法上可以视为捷报公司撤销其对中凯公司的授权，此时中凯公司只能根据自身的实体请求权遂行诉讼行为。

然而，捷报公司根据自身意志而将其诉讼实施权授予中凯公司的行为能否产生程序法效力无论在司法实务中还是法学理论上均并非不存在争议。在我国司法实务层面，海淀法院认为，捷报公司与中凯公司之间签订的《补充协议》仅具备民事合同效力，该协议不能对抗中搜公司和法院，捷报公司将其诉讼实施权授予中凯公司的合同行为无外部效力，即"该协议的约束力仅发生于中凯公司和捷报公司之间，而不延及协议之外的包括中搜公司在内的第三人"；而江苏省高级人民法院针对中凯公司、捷报公司诉盐城网通案的民事判决书（2006）苏民三终字第0144号中则认可该行为的程序法效力，即"法律并不限制权利人以及利害关系人经协商一致共同作为原告提起维权诉讼且约定共同受偿。因此，本案网通盐城公司实施的侵权行为无论是否发生在捷报公司独占许可期内，中凯公司与捷报公司作为原告共同提起诉讼并无不当"。在学术研究层面，德国学者往往对意定诉讼担当持宽容态度，日本学者对其保持高度谨慎的态度，而我国学界则对其基本采取规避策略，尽管近期亦有少许以诉讼担当为主题的论文发表，但仍然严重缺乏必要的系统研究，理论研究及立法活动的滞后导致法院系统不得不寻求从实体法层面解释相关法律现象，并由此带来法律适用方面的混乱。

　　具体到本案而言，在捷报公司诉中搜公司案与中凯公司诉中搜公司案分别由海淀法院、杭州中院受理，且捷报公司诉中搜公司案被海淀法院裁定中止审理的情形下，捷报公司将其诉讼实施权意定移转给中凯公司属于诉讼代理等其他制度无法发挥意定诉讼担当所发挥功能的情形，因此具备适用的前提条件。基于两案并不由同一法院审理，捷报公司以中凯公司为诉讼代理人无法实现将案件二合一的功能，而意定诉讼担当的适用则能够实现该功能，此乃其一。捷报公司诉中搜公司案件已被法院裁定中止审理，即使杭州中院将中凯公司诉中搜公司案移送海淀法院审理，在海淀法院恢复捷报公司诉中搜公司案审理程序之前，即使捷报公司与中凯公司适用诉讼代理制度，仍然无法实现并案功能，此是其二。我国的诉讼代理人只能由自然人充当而不能由单位充任，捷报公司无法以中凯公司作为其诉讼代理人，此即其三。捷报公司若通过聘请中凯公司诉讼代理人担任诉讼代理人以实现事实并案功能，则有违禁止双方代理的规定，这是第四。基于前述四方面的理由，在本案中，捷报公司存在无法通过其他类似制度满足的意定诉讼担当适用的必要性。尽管如此，在捷报公司已向海淀法院起诉且未撤诉的情形下，捷报公司能否处分其诉讼实施权仍然存在讨论的必要，笔者认为，基于捷报公司诉中搜公司案由海淀法院受理而中凯公司诉中搜公司案由杭州中院受理，在海淀法院尚未对案件进行实质性处理之前，捷报公司将其诉讼实施权意定移转给中凯公司需以其申请撤诉为要件，如无特殊事由，海淀法院不宜阻止；在海淀法院已对案件进行实质性处理之前，捷报公司转让其诉讼实施权则需要经过法院及对方当事人同意，以免不妥当地减损对方当事人的诉讼利益。此外，基于意定诉讼担当自身存在着破坏双方平等诉讼地位、招致"野律师"泛滥、造就骗取司法救济及法律援助便利条件等诸多弊端，即使捷报公司授予中凯公司以诉讼实施权能够实现其独特的诉讼价值，但该诉讼价值的实现涉嫌导致其他诉讼价值的减损，因而，仍然存在准许意定诉讼担当之适用是否符合利益衡量原则的问题。

四、参考意见

基于我国现行《民事诉讼法》尚未对意定诉讼担当进行规定，且本案所涉实体法律规范亦无意定诉讼担当之规定，捷报公司将其诉讼实施权意定移转给中凯公司的行为即使具备程序法效力，也只能构成基于法官裁量权的扩大适用的意定诉讼担当。与此同时，捷报公司与中凯公司签订《补充协议》的动机是避免因海淀法院裁定中止审理捷报公司诉中搜公司案招致其损害赔偿请求权难以及时获得保护，属于"为了权利主体利益的扩大适用的意定诉讼担当"。在本案中，尽管中凯公司对捷报公司因侵权行为遭受的损失不存在利害关系，虽不因《补充协议》有关"五五分成"的约定而直接损害自身利益，但中搜公司的侵权行为在客观上可能危及中凯公司后续行使电影《无极》信息网络传播权所能带来的经济利益，中凯公司自身亦享有不作为诉讼实施权，中搜公司是否构成侵权不仅关涉捷报公司直接经济损失能否获得填补，也涉及中凯公司预期经济价值能否获得保障。在事实上，中凯公司已通过公证的方式固定证据、聘请专业律师代理诉讼，并先于捷报公司在杭州中院提起侵权之诉，可见其对于该侵权关系的参与达到"等于或超越权力关系主体对于该权利关系了解"的程度，因而，笔者认为，本案适用意定诉讼担当具备正当性，海淀法院对《补充协议》的法律效力进行肯定是妥当的，但以合同相对性为由而认定该协议不得对抗中搜公司则有待商榷。退一步讲，在本案中，中搜公司未经信息网络传播权主体授权擅自通过信息网络传播电影《无极》的行为性质并不因为该信息网络传播权主体的不同而异，制止侵权的社会公益诉求不容许中搜公司以中凯公司实际诉讼能力超越捷报公司而侵犯其正当预期为由而反对意定诉讼担当之适用。诚然，伴随着诉讼的进行，捷报公司撤回授权的行为导致中凯公司在积极索赔方面构成当事人不适格，基于当事人适格系诉讼要件，海淀法院不支持中凯公司损害赔偿请求是有法理根据的。

📚 拓展案例

新疆农洋洋国际贸易有限公司与新疆农资（集团）
有限责任公司侵害商标权纠纷案[1]

一、基本案情

新疆农洋洋国际贸易有限公司（以下简称农洋洋公司）法定代表人某甲与新疆农资（集团）有限责任公司（以下简称农资公司）于2013年6月29日签订商标使用普通许可合同，约定将该商标许可农资公司使用。2011年农资公司以某甲为被告，向某市中院提起确认不侵犯注册商标专用权之诉，（2011）乌中民三初字第49号民事判决支持原告诉讼请求。某甲提起上诉，但（2011）新民三终字第60号民事判决维持原判。某甲申请再审，被最高人民法院（2013）民申字第237号民事裁定驳回再审申请。农洋洋公司向某市中院提起诉讼，请求判决农资公司停止侵权、消除影响、赔偿经济损失。（2014）乌中民三初字第273号民事判决以农洋洋公司属于本案商标的普通许可使用权人、侵权之诉与确认之诉的诉讼标的不同为由，认定农洋洋公司享有提起侵权之诉的诉讼实施权，但以前案判决已经确认农洋洋公司不构成侵权为由，驳回原告的诉讼请求。农洋洋公司提起上诉，新疆高院作出（2015）新民三终字第16号民事裁定认为，前诉案件双方当事人为农资公司与某甲，后诉案件双方当事人是农资公司与农洋洋公司，尽管某甲与农洋洋公司属于不同的主体，但作为商标专用权的农洋洋公司在法律规定的范围内，通过授权的方式产生了诉讼担当，实际是某甲的任意诉讼担当人，农洋洋公司作为本案当事人符合法律规定，且是与某甲具有"同一性"的当事人，故前诉与本案之诉的当事人实质相同，均需承受作为诉讼结果的判决的既判力约束。与此同时，二审裁定书指出："基于相同的事实，农洋洋公司在本案中虽然提起给付之诉，但本案诉争的法律关系仍为商标权侵权法律关系，与前诉案件的诉讼标的是相同的。……因与前诉案件具有相同的事实、相同的当事人及相同的诉讼标的，并且本案的诉讼请求实质上是否定前诉案件的裁判结果，农洋洋公司提起本案

---

[1] 最高人民法院（2015）民申字第2036号民事裁定书。

诉讼属于重复起诉。"基于此，新疆高院以农洋洋公司的起诉构成重复起诉为由，裁定撤销原判，驳回原告的起诉。农洋洋公司向最高人民法院申请再审，最高人民法院以（2015）民申字第2036号民事裁定书裁定驳回再审申请。

二、法律问题

商标专用权普通许可使用权人因不能排他性使用商标专用权，他人侵犯商标专用权的行为，主要损害的是商标专用权人、商标专用权的排他或独占许可使用权人的市场份额。因而，普通许可使用权人缺乏提起旨在保护商标专用权的民事诉讼法的直接利害关系。但是，普通许可使用权人对案情比较了解，而且可以从遏制侵权中间接获益，那么普通许可使用权人可以通过哪些法律手段实现遏制侵权的目的？

三、重点提示

1. 普通许可使用权人可以使用的法律手段包括：①经商标专用权人同意，以意定诉讼担当人的身份，提起旨在遏制侵权的民事诉讼；②普通许可使用权人可以通过委派或聘请律师及其他专业人员代理商标专用权人进行诉讼；③普通许可使用权人以无独立请求权第三人、证人、支持起诉人的身份参加诉讼活动；等等。

2. 意定诉讼担当人提起民事诉讼旨在保护被担当人的合法权益，已将其诉讼实施权转移给担当人（形式当事人）的被担当人（直接利害关系人）丧失提起民事诉讼之合法性与必要性。除非法律另有规定，在担当人提起的诉讼败诉后，被担当人针对相同事实另行起诉诉讼的，因实质当事人与案件基本事实相同，构成重复起诉，不应当予以受理。

专题三　诉讼代理人

📚 知识概要

诉讼代理人，是指依照代理权，以当事人的名义代为实施或接受诉讼行为，从而维护该当事人利益的诉讼参加人。诉讼代理人代理当事人进行诉讼活动的权限，被称为诉讼代理权。根据诉讼代理权的来源，我国的诉讼代理人可以分为法定代理人和意定代理人，前者是指直接根据法律的规定代理缺乏诉讼行为能力的当事人实施或接受诉讼行为的诉讼参加人，[1]后者是指根据当事人或其法定代理人的授权以当事人的名义实施或接受诉讼行为的诉讼参加人。[2]鉴于诉讼代理人具有可替代性，诉讼代理人具有民事诉讼权利能力和民事诉讼行为能力（完全民事行为能力）为享有代理权的条件。[3]人们通常认为诉讼代理人具有以下特征：①诉讼代理人须具有诉讼行为能力。诉讼代理人丧失诉讼行为能力即丧失诉讼代理权。②诉讼代理人须在代理权限范围内进行诉讼活动。诉讼代理人超越代理权限所为的诉讼行为，法院应当予以制止或否认其效力。③诉讼代理人须以被代理人名义进行诉讼活动。诉讼代理不存在隐名代理，必须采取显名代理形式。[4]④诉讼代理的法律后果直接归属于被代理人，但诉讼代理人与当事人恶意串通损害他人合法权益的，应当承担连带损害赔偿责任。⑤诉讼代理人在同一案件中只能代理一方当事人进行诉讼，但允许共同原告、共同被告、原告与第三人、被告与第三人等诉讼利益趋同的当事人委托同一诉讼代理人。⑥诉讼代理人是相对独立的诉讼参加人。在代理权限范围内，诉讼代理人为维护被代理人的利益，可以独立实施或受领意思表示，相对独立地决定诉讼行为的内容和方式。⑦除了根据《民法总则》第27、28、31条等规定法人或其他组织可以充当监护人或临时监护人而成为法定诉讼代理人以外，诉讼代理人只能是自然人，[5]法人或者其他组织均不得充当诉讼代理人。

与此同时，由于法人和其他组织不存在诉讼行为能力缺失问题，法定诉讼代理制度仅适用于自然人。法定诉讼代理人旨在使无诉讼行为能力人的能力得以补足，意定诉讼代理人旨在使有诉讼行为能力人的能力得以扩张，从而有利诉讼程序的顺利进行以及增强争讼程序的对抗性。在法定诉讼代理的

---

[1]　《民事诉讼法》第57条规定，无诉讼行为能力人由他的监护人作为法定代理人代为诉讼。法定代理人之间互相推诿代理责任的，由人民法院指定其中一人代为诉讼。

[2]　《民事诉讼法》第58条第1款规定，当事人、法定代理人可以委托一至二人作为诉讼代理人。

[3]　《民诉法解释》第84条规定，无民事行为能力人、限制民事行为能力人以及其他依法不能作为诉讼代理人的，当事人不得委托其作为诉讼代理人。

[4]　根据《民事诉讼法》第59条第1、2款以及第60条的规定，委托他人代为诉讼，必须向人民法院提交由委托人签名或者盖章的授权委托书，该授权委托书必须记明委托事项和权限。诉讼代理人的权限如果变更或者解除，当事人应当书面告知人民法院，并由人民法院通知对方当事人。

[5]　《民事诉讼法》第58条第2款规定，下列人员可以被委托为诉讼代理人：①律师、基层法律服务工作者；②当事人的近亲属或者工作人员；③当事人所在社区、单位以及有关社会团体推荐的公民。

语境下，被代理人缺乏诉讼行为能力，法定诉讼代理属于全权代理，法定诉讼代理人享有广泛的代理权，凡是被代理人享有的诉讼权利，他都有权代为行使，凡是被代理人应履行的诉讼义务，他都应当代为履行。由于缺乏被代理人的有效制约和监督，法定代理权通常仅赋予与被代理人之间存在特定关系的自然人，即《民法总则》规定的监护人。因此，通常情况下，法定诉讼代理人不需要再通过法院专门指定。但诉讼实践纷繁复杂，在法定代理人之间相互推诿代理责任等特殊情况下，究竟由谁担任法定诉讼代理人，可能处于悬而未决或争执状态。此时，为使无诉讼行为能力人的合法权益得到及时、有效的保护，需要通过法院的指定使法定诉讼代理人得以明确。[1]既然法定诉讼代理旨在解决被代理人缺乏诉讼行为能力问题，法定代理人死亡或丧失诉讼行为能力、被代理人取得或恢复诉讼能力、法定诉讼代理人丧失对被代理人的亲权或监护权、被代理人死亡的，法定代理关系均归于消灭。

与法定诉讼代理不同，意定诉讼代理旨在扩张有诉讼行为能力人的能力，当事人或法定诉讼代理人委托诉讼代理人通常是为了提高胜诉的概率，例如，本人因故未能出庭而委托律师代为诉讼可以避免缺席审判的不利后果；[2]再如，本人缺乏法律专门知识而委托律师代理诉讼可以提高攻击防御的能力。鉴于我国没有采取律师强制代理制度，委托代理人只是当事人的权利，而并非义务。[3]尽管委托诉讼代理人是当事人和法定代理人的权利，但委托诉讼代理人的行为属于诉讼行为，对人民法院与对方当事人均产生影响，故应当予以适当规范，主要表现为委托诉讼代理人的人数限制以及委托代理人的身份限制两方面内容：在委托诉讼代理人的人数限制方面，根据《民事诉讼法》第58条第1款规定，当事人、法定代理人、诉讼代表人可以委托一至二人作为诉讼代

---

〔1〕《民诉法解释》第83条规定，在诉讼中，无民事行为能力人、限制民事行为能力人的监护人是他的法定代理人。事先没有确定监护人的，可以由有监护资格的人协商确定；协商不成的，由人民法院在他们之中指定诉讼中的法定代理人。当事人没有《民法通则》第16条第1款、第2款或者第17条第1款规定的监护人的，可以指定该法第16条第4款或者第17条第3款规定的有关组织担任诉讼中的法定代理人。

〔2〕民事案件有诉讼代理人的，当事人可以不出庭。诚然，根据《民事诉讼法》第62条作出了例外规定，离婚案件有诉讼代理人的，本人除不能表达意思以外，仍应出庭；确因特殊情况无法出庭的，必须向人民法院提交书面意见。

〔3〕《民事诉讼法》第49条第1款明确规定，当事人有权委托代理人；第58条规定的是，当事人、法定代理人可以委托诉讼代理人，而并非应当委托诉讼代理人。

理人；在委托诉讼代理人的身份限制方面，根据《民事诉讼法》第58条第2款的规定，只有"律师、基层法律服务工作者""当事人的近亲属或者工作人员""当事人所在社区、单位以及有关社会团体推荐的公民"可以被委托为诉讼代理人。《民诉法解释》第85条、第86条、第87条第1款对可以被委托为诉讼代理人的身份作进一步目的性限缩解释，将"当事人的近亲属"解释为"与当事人有夫妻、直系血亲、三代以内旁系血亲、近姻亲关系以及其他有抚养、赡养关系的亲属"，将"当事人的工作人员"解释为"与当事人有合法劳动人事关系的职工"，并对"当事人所在社区、单位以及有关社会团体推荐的公民"被委托为诉讼代理人的条件增加额外的要件：①社会团体属于依法登记设立或者依法免予登记设立的非营利性法人组织；②被代理人属于该社会团体的成员，或者当事人一方住所地位于该社会团体的活动地域；③代理事务属于该社会团体章程载明的业务范围；④被推荐的公民是该社会团体的负责人或者与该社会团体有合法劳动人事关系的工作人员。通过前述规定，基本排除了以营利为目的的公民代理制度的适用空间，但《民诉法解释》第87条第2款例外地承认经中华全国专利代理人协会推荐的专利代理人可以成为以营利为目的的专利纠纷案件的诉讼代理人。[1]

经典案例

深圳市高新技术投资担保有限公司与袁某、深圳市同洲电子股份有限公司股权转让纠纷案[2]

一、基本案情

深圳市高新技术投资担保有限公司（以下简称高新公司）与袁某、深圳市同洲电子股份有限公司（以下简称同洲公司）因股权转让发生纠纷。高新公司通过招投标程序寻找诉讼代理人，最终广东深大地律师事务所（以下简称深大地律师所）中标。2011年1月6日高新公司与深大地律师所签订《委

---

〔1〕　参见焦和平："我国专利代理人从事诉讼代理的合法性困境与出路"，载《法商研究》2016年第4期。

〔2〕　最高人民法院（2016）最高法民申字第1287号民事裁定书。

托代理合同》约定，高新公司委托深大地律师所处理该公司与袁某、同洲电子公司之间因履行《股权期权协议书》等相关协议产生的争议，代理权限包括：起诉、一审和二审应诉、调解、和解等特别授权。深大地律师所由曾某作为代理人在该委托合同上签字。2013 年 12 月 24 日曾某由深大地律师所转至广东佳田律师事务所执业，仍以深大地律师名义代表高新公司参加诉讼活动。2014 年 1 月 10 日高新公司在授权委托书中授予代理律师曾某、胡某的代理权限包括"承认、放弃、变更诉讼请求，和解，调解、反诉，执行，处理申诉的相关事宜等特别授权代理"。在一审胜诉的情况下，曾某于 2015 年 11 月 24 日参与二审法院的调解，以远低于一审判决的金额接受调解，并代表高新公司在调解协议书上签字。高新公司向最高人民法院申请再审指出，新高公司授权委托的主体是深大地律师所，不是曾某个人，故本案只有深大地律师所的执业律师才有资格在本案中出庭代理相关法律事务，曾某转出深大地律师所后，已经无权代理本案，高新公司对代理行为也不予追认，曾某转出深大地律师所后，仍以深大地律师所名义执业并出庭代理本案，违背了《招标投标法》的强制性规定。最高人民法院认为，曾某在本案二审程序中的代理行为有效，其主要理由可以概括为：①高新公司对曾某有明确的授权，高新公司 2014 年 1 月 10 日出具的授权委托书明确载明曾某的代理权限包括"承认、放弃、变更诉讼请求，和解，调解、反诉，执行，处理申诉的相关事宜等特别授权代理"。②律师更换执业机构并在一个以上律师事务所执业涉嫌违反《律师法》的规定，但不影响其取得的代理权效力。对本案中曾某的行为，应由司法行政部门依据《律师法》的相关规定处理，但《律师法》并未规定此种情形下，律师的代理行为无效。《民法总则》和《合同法》亦未规定，律师接受当事人委托后，变换了执业机构，律师与当事人已形成的委托代理关系无效或者律师丧失了相应的代理权。曾某在本案中的行为亦不违反《合同法》第 399 条"受托人应当按照委托人的指示处理委托事务"的规定。因而，高新公司以曾某变换执业机构未告知该公司而丧失代理权的申请再审理由不能成立。③依据《民事诉讼法》的规定，接受民事诉讼委托的主体应为律师等自然人。本案中，高新公司与深大地律师所签订《委托代理合同》后，高新公司出具的《授权委托书》和深大地律师所向法院出具函件均明确本案二审高新公司的诉讼代理人为曾某。

二、法律问题

意定诉讼代理人只能是自然人，主要是为了保障诉讼程序的顺利进行。鉴于法定代表人以及其他组织的负责人不必亲自实施民事诉讼行为，如果意定诉讼代理人是法人或其他组织，很可能导致每次具体出庭代理当事人实施或接受诉讼行为的自然人不完全相同，影响诉讼程序的正常进行。但是，以营利为目的的意定诉讼代理人（律师及专利代理人）应当以律师事务所或专利代理机构为执业机构，[1]当事人与执行机构签订委托代理合同，并据此授予双方约定或对方指定的执业律师或专利代理人以诉讼代理权。鉴于不同执业律师与执业机构的社会评价不完全相同，当事人和法定代理人既可能是基于特定律师的名望而与其执业机构签订委托代理合同，也可能是基于对特定执业机构的信任而授予该机构推荐的执业律师以诉讼代理权。但是，基于诉讼行为的外观主义，根据《民事诉讼法》第 59 条以及《民诉法解释》第 88 条的规定，委托他人代为诉讼，必须向人民法院提交委托人签名或盖章且载明委托事项和权限的《授权委托书》，但无须向人民法院提交作为授予诉讼代理权基础的《委托代理合同》。换言之，当事人或法定诉讼代理人与律师或专利代理人所在执业机构签订的委托代理合同（协议）属于授权的基础法律关系，但不属于诉讼代理权审查时应当予以斟酌的事项。因而，在本案中，高新公司通过招投标程序确定深大地律师所代理本案的所有诉讼活动，并以双方签订的委托代理合同为基础，授予曾某以诉讼代理权。曾某是基于高新公司对深大地律师所的信任获得授权，而不是高新公司基于信任曾某而与深大地律师所签订委托代理合同。因而，在基础法律关系上，"本案只有深大地律师所的执业律师才有资格在本案中出庭代理相关法律事务"的主张并非完全没有道理。诚然，委托授权属于单方法律行为，除非高新公司按照《民事诉讼法》第 60 条的规定解除对曾某的授权，不应当认为曾某构成无权代理。

三、法理分析

基于程序安定性原理，意定诉讼代理人应当由自然人担任，而且意定诉讼

---

[1]　根据《律师法》第 14 条的规定，律师事务所是律师的执业机构。根据《律师法》第 15 条的规定，律师常见的执业机构是合伙律师事务所。即使是一位律师单独执业，也应当根据《律师法》第 16 条的规定设立个人律师事务所，并对律师事务所的债务承担无限责任。

代理权不因基础法律关系的变动而发生影响。在本案中，曾某的诉讼代理权不因其转会而归于消灭，其代理高新公司与袁某、同洲公司达成的调解协议以及广东高院据此作出的调解书的法律后果直接归属于高新公司。需要注意的是：在本案中，高新公司授予特别代理权以特别代理权的时间是 2014 年 1 月 10 日，而曾某由深大地律师所转至广东佳田律师事务所执业的时间是 2013 年 12 月 24 日，亦即曾某在被授予特别代理权时已经缺乏基础法律关系支撑。显而易见，深大地律师所与曾某负有向高新公司披露该信息的义务，但曾某仍以深大地律师所执业律师的名义代理本案。根据《律师法》第 10 条第 1 款的规定，律师只能在一个律师事务所执业。律师变更执业机构的，应当申请换发律师执业证书。在本案中，根据《民诉法解释》第 88 条的规定，曾某向广东高院提交了换发前的律师执行证书，深大地律师所为已不在本所执业的曾某提供诉讼代理所需的"律师事务所证明材料"，二者均涉嫌违反《律师法》的相关规定，应由司法行政部门以及律师协会依据《律师法》的相关规定处理。

四、参考意见

高新公司在申请再审时指出，"曾某在一审胜诉的情况下，放弃重大权利、以远低于一审判决的金额调解"，如果高新公司能够提供证据证明曾某与对方当事人存在恶意串通的情形，高新公司可以根据《民事诉讼法》第 201 条的规定，以调解违反自愿原则为由，申请再审。此外，高新公司可以根据具体案情，请求曾某与深大地律师所承担损害赔偿责任，在诉讼代理人与对方当事人存在恶意串通的情形下，高新公司还可以要求对方当事人承担连带损害赔偿责任。

拓展案例

湖南新族房地产开发有限公司与长沙广汇房地产开发有限公司等信托合同纠纷案[1]

一、基本案情

长沙市广汇房地产开发有限公司（以下简称广汇公司）向湖南省高级人

---

〔1〕 最高人民法院（2013）民申字第 1512 号民事裁定书。

民法院（以下简称湖南高院）提起诉讼，请求湖南新族房地产开发有限公司（以下简称新族公司）承担违约责任。湖南高院于 2011 年 11 月 9 日作出（2011）湘高法民二初字第 6 号民事调解书，确认广汇公司与新族公司自愿达成调解协议。新族公司向最高人民法院申请再审，主张原审调解违背自愿原则，应予撤销。其主要理由之一是：经新族公司的法定代表人易×奇签名并加盖申请人公章，申请人已委托高某、郑某作为其本案的诉讼代理人，易某担任第三名诉讼代理人的行为，不符合《中华人民共和国民事诉讼法》第 58 条关于民事案件当事人最多能委托两名代理人的规定。最高人民法院查明，在新族公司对高某、郑某出具的授权委托书上，落款时间为 2011 年 9 月 19 日，该委托书载明的代理权限为一般代理。该公司对易某出具授权委托书的落款时间为 2011 年 10 月 9 日，代理权限为代为承认、放弃或者变更诉讼请求、进行和解、提起反诉或者上诉。而涉案《调解协议》上载明新族公司的委托代理人为易某、高某二人。最高人民法院认为，结合上述《授权委托书》载明的出具时间及代理权限，新族公司对易某的授权应视为对之前郑某授权的变更，合法有效，并未违反《中华人民共和国民事诉讼法》第 58 条关于当事人可委托一至两名诉讼代理人的规定。

二、法律问题

《民事诉讼法》第 58 条第 1 款规定，当事人、法定代理人可以委托一至二人作为诉讼代理人。但是，现行法律和司法解释没有禁止当事人、法定代理人变更诉讼代理人。参照《民事诉讼法》第 60 条的规定，当事人变更诉讼代理人应当书面告知人民法院，并由人民法院通知对方当事人。在司法实践中，申请变更诉讼代理人的当事人或法定代理人通常会向受诉法院递交变更诉讼代理人申请书或者其他书面说明材料，但也存在当事人或法定代理人直接委托新的诉讼代理人参加诉讼的情形。人民法院是否应当接纳当事人或法定代理人重新委托的代理人？如果接受新的诉讼代理人并导致总的诉讼代理人的人数超过《民事诉讼法》第 58 条第 1 款规定的限制的，人民法院应当如何处理？在本案中，最高人民法院采取意思主义解释模式，运用新的诉讼代理人代替旧的诉讼代理人的解释方案，使得新族公司委托的诉讼代理人的总人数没有超过《民事诉讼法》第 58 条规定的限制。

三、重点提示

诉讼代理人众多势必影响诉讼效率，对当事人、法定代理人委托诉讼代理人的人数进行限制，主要是为了保障诉讼程序的顺利进行。诉讼代理人相对恒定也有助于诉讼程序的进行，这是因为，不同诉讼代理人的诉讼策略可能有所不同，新诉讼代理人因没有参加之前的诉讼程序也降低了诉讼效率。但是，诉讼代理人制度旨在解决当事人、法定代理人的本人诉讼能力之不足问题，为了保障当事人的程序主体性，不能禁止当事人、法定代理人根据法律和司法解释的规定变更诉讼代理人。与此同时，变更诉讼代理人涉及受诉法院以及对方当事人的利益，应当采取明示的方式进行，受诉法院认为当事人、法定代理人滥用委托代理制度的，可以否认其委托代理的法律效力。

拓展资料

第四章专题一 理论拓展

第四章专题二 理论拓展

第四章专题二 案例裁判文书

第四章 拓展阅读资料

| 第五章 |

法院调解原则

专题一　自愿原则

知识概要

　　法院调解是指在人民法院审判人员的主持下，双方当事人就民事争议通过自愿协商，达成协议的活动和结案方式。在民事诉讼中，双方当事人在人民法院主持下，为达成调解协议所进行的活动，是一种诉讼活动，也是人民法院审结案件的一种方式。[1]法院调解的原则，是指人民法院和双方当事人在调解活动中必须遵循的行为准则。按照现行《民事诉讼法》以及相关司法解释的规定，法院调解应当遵循自愿原则，合法原则，查明事实、分清是非的原则。自愿原则是在我国《民事诉讼法》第9条明确规定的，该原则是法院调解的根本原则，它是由民事诉讼所解决的民事纠纷所具有的私权自治的本质属性所决定，也是当事人基于私权处分合意解决纠纷意愿的体现。它可以从以下两个方面理解：其一，调解的提出和进行必须是双方当事人的意愿，即程序上的自愿；其二，调解达成的协议内容必须反映双方当事人的真实意思，即实体上的自愿。在法院调解原则中，自愿原则居于核心地位，具有特殊的重要性，其性质是尊重当事人的处分权，其目的是使达成的调解协议能够得到自觉的履行。调解制度在实践中出现的问题，大多都是根源于对自愿原则的违反。

─────────────

〔1〕 常怡主编：《民事诉讼法》，中国政法大学出版社1999年版，第201页。

◈ **经典案例**

张某甲诉张某乙民间借贷纠纷案[1]

一、基本案情

原告张某甲起诉称，2004 年 8 月 31 日，张某乙向张某甲借款 18 万元，约定借款用途为银行调汇手续费，借款回报三至五倍，未约定具体还款期限。张某乙至今未归还借款。故张某甲诉至法院，请求判令张某乙归还借款本金 18 万元、利息 36 万元，并承担本案诉讼费用。2014 年 8 月 13 日，在张某乙本人出庭的情形下，双方当事人经调解，法院出具了（2014）海民初字第 15573 号民事调解书：①被告张某乙给付原告张某甲借款本金 18 万元、利息 12 万元（本息合计 30 万元），于 2014 年 12 月 31 日前给付 5 万元，于 2015 年 12 月 31 日给付 10 万元，余款 15 万元于 2016 年 8 月 31 日前付清；②如果被告张某乙未按本协议第一项之约定，按期足额履行任何一笔给付义务，则原告张某甲有权就全部未付款项立即申请强制执行。后，张某乙因不服法院（2014）海民初字第 15573 号民事调解书，申请再审。原因为：张某乙在开庭时已经 80 岁高龄，体弱多病，意识不清，其没有亲属陪同，张某甲起诉要其归还 54 万元，张某乙在受到惊吓时同意庭外和解，法院本应当按照事实真相办理，但法院出具了调解书，让其负担法律责任，法院未向其告知和解和调解的区别，张某乙没有借款的事实，调解并非张某乙真实意思表示；并提交了 2015 年 11 月 19 日作出（2015）海民特字第 104 号民事判决书作为其证据，证明张某乙为限制行为能力人。

二、法律问题

张某乙亲自出庭所签的调解书是否违反自愿原则？

三、法理分析

1991 年《民事诉讼法》，将"着重调解原则"改为"自愿合法调解原

---

〔1〕 北京市海淀区人民法院（2016）京 0108 民申 59 号民事裁定书。

则"。2004 年《最高人民法院关于人民法院民事调解工作若干问题的规定》中确定调解应遵从自愿原则。调解自愿以确保当事人通过自己的真实意思来处分相互之间的权利义务关系，调解结果切实符合当事人自己的利益要求。该规定进一步细化了确保调解自愿的规则，明确规定了当事人有决定是否调解的自愿，有决定调解开始时机的自愿，有选择调解方式的自愿，有是否达成调解协议的自愿，有决定调解书生效方式的自愿，等等。本案中，虽然再审期间，张某乙女儿张某丙曾向法院出具了 2015 年 11 月 19 日作出（2015）海民特字第 104 号民事判决书宣告张某乙为限制民事行为能力人（该案审理期间，法院曾委托首都医科大学附属北京安定医院对于张某乙行为能力进行鉴定，鉴定意见为张某乙临床诊断器质性智能损害（痴呆），受疾病影响，意思表示能力部分存在，应评定为限制民事行为能力。该鉴定报告分析说明中载明"张某乙约 72 岁开始精神不正常，进行性加重 10 年"），但是，首先，该民事判决书从作出之日起宣告张某乙为限制民事行为能力人，该判决书不具有溯及既往的效力；另外，虽然鉴定报告分析说明中载明"张某乙约 72 岁开始精神不正常，进行性加重 10 年"，但该内容主要来源于当事人陈述，不能直接得出张某乙从 72 岁开始即为限制民事行为能力人的结论。最后，亦无证据证明张某乙在参与该案调解时，其不能正确表达意思表示。综上，原审调解书并不违反自愿原则。

🔖 拓展案例

案例一：张某诉成某、李某民间借贷纠纷案[1]

一、基本案情

2013 年 10 月 8 日，成某、李某向张某借款 2 000 000 元，月息 2%，成某、李某尚欠 1 700 000 元借款及利息未偿还，经多次催促无果，故张某诉至法院。诉讼中，双方当事人在法院的调解下达成调解协议，法院出具了（2017）京 0108 民初 19401 号民事调解书。后李某申请再审称，其并没有参与原审诉讼，也没有授权成某作为代理人代为调解。其对原审案件一无所知，对调解书内

---

〔1〕　北京市海淀区人民法院（2018）京 0108 民申 14 号民事裁定书。

容不清楚也不认可。成某与其虽为夫妻，但成某借了钱也没有用于家庭共同生活，不应当认定为夫妻共同债务。再审中经询，李某称其知晓张某起诉一事，且出具授权书，授权成某处理张某诉讼一案所有事宜。

二、法律问题

委托人所签调解书对受托人是否有效？

三、重点提示

因成某向法院出具李某的授权书，且李某对出具授权书一事亦予以认可，故成某以被告以及李某代理人的身份参加庭审，原审在双方达成调解协议的基础上出具调解书，并无不当。

案例二：曾某甲与张某及李某等民间借贷纠纷案[1]

一、基本案情

曾某甲因与张某及辽宁天祥钢铁有限公司、李某、王某丙民间借贷纠纷一案，不服铁岭市中级人民法院（2015）铁民二初字第22号民事调解书，申请再审称：（2015）铁民二初字第22号民事调解书违背当事人及担保人的真实意愿。第一，曾某甲本人未在调解协议及调解书送达回证上签字，曾某甲未委托代理人参加一审诉讼，一审卷宗没有曾某甲的授权委托手续，签字系他人所签，并不是曾某甲的真实愿意。第二，调解书第二项确认用曾某乙名下的车辆作为担保，但调解协议中没有曾某乙的签字，违背了曾某乙的真实意愿。请求撤销原调解书，依法再审。另查：本案中，民事调解书的送达回证及调解协议中曾某甲的签字均系辽宁天祥钢铁有限公司办公室主任王某丁所签，并不是曾某甲本人所签，且在一审卷宗中无曾某甲出具的授权委托手续。

二、法律问题

无权代理的调解效力？

---

[1] 辽宁省高级人民法院（2015）辽审一民申字第906号。

三、重点提示

无权代理是指未经他人委托授权，又没有法律上的依据，也没有经人民法院或指定单位的指定，而冒用他人的名义实施民事行为。《民法总则》第171条第1款规定：没有代理权、超越代理权或者代理权终止后的行为，只有经过被代理人的追认，被代理人才承担民事责任。未经追认的行为，由行为人承担民事责任。本人知道他人以本人名义实施民事行为而不作否认表示的视为同意。本案中，因一审调解中，并无曾某甲的委托手续，并非系其真实意思表示，现曾某甲对该调解书的效力不予认可，故该调解书违背了曾某甲的真实意愿。另，该调解书第二项确认用曾某乙名下车辆担保，曾某乙系案外人，现无证据证明曾某乙同意该调解事项，故该调解书亦违背了曾某乙的真实意愿。

案例三：江西鑫诚建生投资有限公司、刘某等民间借贷纠纷申请再审案[1]

一、基本案情

刘某、鑫诚公司与卢某、施某、邓某、郭某、江西宣芳实业有限公司（以下简称宣芳公司）民间借贷纠纷一案，因不服江西省高级人民法院（以下简称江西高院）（2012）赣民一初字第5号民事调解书，申请再审。申请再审称：调解书及调解协议虚构了调解事实及调解协议的内容，违反了当事人自愿调解的原则。江西高院在审理本案时，没有通知鑫诚公司和刘某参加庭审，也没有组织双方到庭调解，鑫诚公司和刘某也没有与原告签订所谓的调解协议，（2012）赣民一初字第5号民事调解书及调解协议的内容，违反自愿原则，系"虚构"调解事实及调解协议的内容，应当予以撤销。

另查，该案中，各方当事人共签署两份调解协议，一份是2013年1月19日卢某、施某、邓某（甲方）与郭某、刘某、江西鑫诚建生投资有限公司（乙方）签订的《调解协议书》，此调解协议书甲方代表有卢某签字，乙方代

表有郭某签字；另一份是 2013 年 1 月 24 日卢某、施某、邓某（甲方）与郭某、江西鑫诚建生投资有限公司（乙方）、保证人廖某签订的《调解协议书》，此调解协议的甲方处有卢某、施某、邓某签字，乙方处有郭某签字，还有"江西鑫诚建生投资有限公司法定代表人郭某"的签字，保证人处有廖某签字。江西高院最终依据 2013 年 1 月 24 日的调解协议书出具了（2012）赣民一初字第 5 号民事调解书。

二、法律问题

表见代理的调解效力？

三、重点提示

首先，鑫诚公司的法定代表人是郭某。《中华人民共和国民事诉讼法》第 48 条第 2 款规定："法人由其法定代表人进行诉讼。其他组织由其主要负责人进行诉讼。"郭某作为鑫诚公司的法定代表人，是代表公司对外意思表示的人，其在本案中以公司名义实施的诉讼行为是公司的行为，该行为的法律后果应当直接由公司承担，并无违反鑫诚公司自愿原则的情形。其次，民事调解书第一项确认："截至 2013 年 1 月 31 日，郭某、江西鑫诚建生投资有限公司尚欠卢某、施某借款本息共 83 360 000 元。被告方分两期向原告还清上述欠款：于 2013 年 12 月 30 日前偿还借款的60%；于 2014 年 12 月 30 日前偿还剩余的40%借款。"民事调解书确定的债务人为郭某与鑫诚公司，刘某并非该债务的义务主体。根据《最高人民法院关于人民法院民事调解工作若干问题的规定》（以下简称《调解规定》）第 15 条的规定，对调解书的内容既不享有权利又不承担义务的当事人不签收调解书的，不影响调解书的效力。因此，刘某是否在 1 月 24 日调解协议书上签字、是否签收民事调解书均不影响调解协议及调解书的效力。虽然调解书第二项规定"有关具体的还款计划及其他事项按照原被告双方于 2013 年 1 月 19 日签订的《调解协议书》履行"，但 1 月 19 日调解协议书只是关于还款计划及其他事项的约定，并不能由此改变民事调解书所确定的债务人。并且，郭某与刘某是夫妻关系。《最高人民法院关于适用〈中华人民共和国婚姻法〉若干问题的解释（一）》第 17 条第 2 项规定："夫或妻非因日常生活需要对夫妻公共财产做重要处理决定，夫妻双方应当平等协商，取得一致意见。他人有理由相信其为夫妻双方共同意思表示的，另一方不得以不同意或不知道为由对抗善意第三人。"夫妻双方在共同财产的处理上对外有公示效力。郭某在 1 月 19 日与卢某、施某、邓某达成调解协议书并签字，卢某等人有理由相信为夫妻双方共同意思表示。综上，鑫诚公司、刘某主张调解书违反自愿原则，当属无效，理据不足，不应予以支持。故夫妻一方以并非调解书当事人，以自己未对调解协议签字主张违反自愿原则的，不予支持。

专题二　合法原则

🔖 知识概要

合法性原则规定于《民事诉讼法》第 9 条："人民法院审理民事案件，应当根据自愿和合法的原则进行调解；调解不成的，应当及时判决。"合法性原则亦包含有程序上的合法和实体上的合法两重含义。对于程序上的合法性问题，理论上并无争议。普遍认为应当是严格的合法性。即使是调解解决纠纷，法官与当事人的行为也必须遵循民事诉讼法的规定。而关于实体上的合法性问题，即关于法院调解协议内容的合法性问题，理论上有两种不同观点：一种观点认为，应当要求严格的合法性，即调解的结果应当与严格适用法律的判决结果相一致；另一种观点则认为，只要求宽泛的合法性即可。对此，我们认为当事人有权决定和处分其民事权利，故在调解过程中，当事人是否让步完全是出于自己考虑，不必以具体法律规范的尺度来衡量。另外，有时严格适用法律规定，对案件作出的裁判在实际上未必是公平裁判。有时让步后达成的调解协议，却可以获得实质上的公平。故后一种观点，笔者更为赞同。根据《调解规定》第 12 条，调解协议具有下列情形之一的，人民法院不予确认：①侵害国家利益、社会公共利益的；②侵害案外人利益的；③违背当事人真实意思的；④违反法律、行政法规禁止性规定的。《民诉法解释》第 360 条在规定法院对提交的人民调解协议不予司法确认的标准是：①违反法律强制性规定的；②损害国家利益、社会公共利益、他人合法权益的；③违背公序良俗的；④违反自愿原则的；⑤内容不明确的；

⑥其他不能进行司法确认的情形。这些标准也可以直接理解为对调解合法原则的限制性要求。

🔖 经典案例

内蒙古中冶德邦置业有限公司、胡某甲等与上海东源添实

投资中心、兴业银行股份有限公司包头分行金融借款

合同纠纷申请再审案〔1〕

一、基本案情

德邦置业公司、胡某甲、德邦投资公司、胡某乙与东源投资中心、兴业银行股份有限公司包头分行金融借款合同纠纷一案，因不服山西省高级人民法院（2014）晋民初字第 24 号民事调解书，申请再审。申请再审称：本案违反《中华人民共和国民事诉讼法》关于管辖的规定。本案被告及第三人住所地、合同履行地均不在山西省，根据《民事诉讼法》有关地域管辖的规定，应该由被告住所地人民法院管辖，如果将本案视为借款合同纠纷，也应该由被告住所地或者合同履行地内蒙古自治区人民法院管辖。

二、法律问题

违反程序性规定是否属于违反法律规定？

三、法理分析

德邦置业公司、胡某甲、德邦投资公司、胡某乙提出本案存在管辖错误的申请事由。我们认为，民事诉讼法在第一审程序中对管辖问题规定了异议和上诉纠错机制，德邦置业公司、胡某甲、德邦投资公司、胡某乙在本案一审程序中未对管辖问题提出异议，自愿在一审法院主持下与其他当事人达成调解协议，其申请再审主张管辖错误，不应予以支持。另外，依据《民诉法解释》第 223 条规定：当事人在提交答辩状期间提出管辖异议，又针对起诉状的内容进行答辩的，人民法院应当依照《民事诉讼法》第 127 条第 1 款的

---

〔1〕 最高人民法院（2015）民申字第 2256 号。

规定，对管辖异议进行审查。当事人未提出管辖异议，就案件实体内容进行答辩、陈述或者反诉的，可以认定为《民事诉讼法》第127条第2款规定的应诉答辩。德邦置业公司、胡某甲、德邦投资公司、胡某乙在一审程序中进行了应诉管辖，故不得以该法院没有管辖权为由要求再审。

📚 拓展案例

案例一：范某诉刘某甲民间借贷纠纷案[1]

一、基本案情

原告范某诉称，2009年5月11日，刘某甲向其出具保证书，承认向其借款85万元，并承诺2010年3月1日前偿还。逾期刘某甲未偿还。故2010年3月21日，范某起诉要求刘某甲偿还85万元。2010年4月1日，双方当事人协商一致，法院作出（2010）海民初字第9925号民事调解书：①刘某甲于2010年4月6日前偿还范某借款人民币85万元；②范某免除刘某甲的全部利息；③如刘某甲未按期还款，刘某甲将其所有的位于北京市宣武区菜市口东南角大吉危改小区—3号楼二层6单元203号房屋过户给范某或由范某指定的第三人；④位于北京市宣武区菜市口东南角大吉危改小区—3号楼二层6单元203号房屋未尽事宜，由实际受让人负责处理。2011年9月26日，案外人刘某乙向北京市第一中级人民法院申请再审。原因为：调解书中所涉房产应为刘某乙所有。刘某乙与刘某甲原系夫妻。2010年1月26日，刘某乙与刘某甲在民政部门登记离婚。离婚协议中双方明确约定，在刘某甲名下北京市宣武区菜市口大街中信城房屋3号楼6单元203号房产一套（现变更为北京市西城区菜市口中信锦园3号楼6单元203号房屋），离婚后归刘某乙所有，刘某甲协助刘某乙办理过户。

二、法律问题

涉案调解书是否侵害他人权益？

---

〔1〕 北京市海淀区人民法院（2012）海民再初字第00037号。

三、重点提示

公民合法的民事权益受法律保护。虽范某与刘某甲均认可双方之间的债权债务关系成立，但鉴于刘某乙与刘某甲登记离婚时，离婚协议明确约定北京市西城区菜市口中信锦园3号楼6单元203号房屋归刘某乙所有，此后，刘某甲已无权处置该房产。故北京市海淀区人民法院（2010）海民初字第9925号民事调解书确认的刘某甲用该房产抵债内容，侵害了刘某乙的合法权益，应予撤销。

案例二：北京钢丰源物资有限公司（以下简称钢丰源公司）诉中国航空港建设总公司（以下简称航空港总公司）第二工程分公司买卖合同案

一、基本案情

北京钢丰源物资有限公司（以下简称钢丰源公司）起诉中国航空港建设总公司（以下简称航空港总公司）第二工程分公司支付货款562 891.33元及违约金775 709.66元。本案在审理过程中，经法院主持调解，双方当事人自愿达成如下协议：①被告中国航空港建设总公司于2009年7月20日前给付原告北京钢丰源物资有限公司合同价款60万元；②若被告中国航空港建设总公司未按期履行上述给付义务，则被告中国航空港建设总公司须另行向原告北京钢丰源物资有限公司违约金50万元。但是，直至2009年7月20日被告并未给付原告60万元的合同价款，于是原告申请强制执行，通过适用履行保证条款，法院为原告执行回110万的款项，很好地保护了原告的利益。

二、法律问题

调解的结果是否应当与严格适用法律的判决结果相一致？

三、重点提示

1. 调解协议督促履行条款。《最高人民法院关于人民法院民事调解工作若干问题的规定》第10条第1款规定："人民法院对于调解协议约定一方不履行协议应当承担民事责任的，应予准许。"上述条款是调解协议督促履行条款的法律基础。调解协议督促履行条款是指经当事人协商，在调解书主文中单独陈述的，明确义务方如不按期履行调解书约定的相应义务时，义务方将承担相应民事责任的条款。上述民事责任主要体现于金钱给付义务，具体数额由当事人在调解过程中协商确定。根据适用中民事责任的不同，我们认为常用的督促履行条款可细化为以下五类：①违反前述调解协议时，一并申请强制执行条款；②违反前述调解协议时，给付权利人原已放弃的部分的本金、违约金、利息及其他损失条款；③将上述①、②的内容合并的条款；④违反履行协助义务时，由违约方给付适当的赔偿金的条款；⑤其他在司法实践中经常适用的条款形式。

督促履行条款的运行机理：在实践中，义务方不履行调解协议约定义务的重要原因是受追逐个人利益最大化的驱使。如义务方认为，不履行调解协议，拖延给付时间，可能会为其赢得更多的流动资金获取更多的利益。督促履行条款旨在通过增加义务方的违约成本，若其不依约履行，则需负担额外的民事责任，而这一损失可能超过其通过拖延履行带来的利益，也即督促履行条款使自动履行调解协议与义务方追求利益最大化的目标相一致，作为内化的督促机制，使自动履行调解协议成为其实现利益最大化的理性选择，从而促使义务方自动履行调解协议约定的义务。

需要说明的是：虽然督促履行条款的具体内容是当事人协商确定的，但是并不意味着任何内容都允许写入调解协议，法官在调解过程中应明确告知当事人，条款包含以下情形时，法院不予确认：①侵害国家利益、社会公共利益的；②侵害案外人利益的；③违背当事人真实意思的；④违反法律、行政法规禁止性规定的；⑤其他应不予确认的情形。

2. 调解协议中的特殊约定。

（1）对于超出诉讼请求达成协议的认可。根据《调解规定》第9条，调解协议内容超出诉讼请求的，人民法院可以准许。这体现了调解协议的内容不同于判决的内容，具有一定的开放性。调解协议是双方当事人在平等自愿协商的过程中，解决争议的方式。它既可能仅仅涉及诉讼请求中的相关内容，也可能涉及与诉讼请求相关的其他内容，甚至涉及当事人为解决纠纷所支出的合理费用的内容，只要当事人通过协商达成协议，并且该协议的内容并不违反法律规定，人民法院则应予以准许。但我们认为，当事人如果要求人民法院制作调解书予以确认的，则必须变更或者增加诉讼请求，并且按照规定补交诉讼费用。否则人民法院只确认诉讼请求部分，对超出诉讼请求的部分则不予确认。只有这样，才既符合民事诉讼法的基本规定，又可以防止当事人逃漏诉讼费用。在最大限度地便民的同时，又有效地防止了违法办案现象的发生。也才能够真正发挥民事诉讼定分止争、维护社会正义与稳定的功能。[1]

（2）对于约定民事责任协议的认可。《调解规定》第10条第1款规定，人民法院对于调解协议约定一方不履行协议应当承担民事责任的，应予准许。此款旨在通过加大违约成本来遏制违约行为，督促当事人自觉履行调解协议。该款规定不仅可以防止一方当事人为了拖延诉讼而假意与对方当事人达成调解协议，还能够有效防止一方当事人拖延或者拒绝履行调解协议所确定的义务，从而有利于实现当事人的合法权益。但是，应当注意的是：当事人在调解协议中约定的此项民事责任应当被限制在合理的范围之内，通常不能超过义务人根据相关实体法所应承担的全部民事责任的范围。同时，为了避免使不履行调解协议的一方当事人重复承担加重责任或者是惩罚性责任，《调解规定》第19条第2款又规定，不履行调解协议的当事人按照第19条第1款规定承担了调解书确定的民事责任后，对方当事人又要求其承担《民事诉讼法》第232条规定的迟延履行责任的，人民法院不予支持。

（3）允许当事人在调解协议中设定担保。《调解规定》第11条规定："调解协议约定一方提供担保或者案外人同意为当事人提供担保的，人民法院应当准许。案外人提供担保的，人民法院制作调解书应当列明担保人，并将调解书送交担保人。担保人不签收调解书的，不影响调解书生效。当事人或者案外人提供的担保符合担保法规定的条件时生效。"此条规定，一方面有利于保证债权人债权的实现；另一方面，调解担保有利于激励当事人积极达成调解协议。该制度的设立，有利于促使当事人通过调解的方式尽快解决争议，从而实现现代调解制度在解决争议方面所追求的自由与效率的价值目标以及调解协议应有的开放性。由于调解协议约定担保责任分为两种情况：一种是

---

[1] 狄建邦："对《人民法院民事调解工作若干问题的规定》第九条的理解"，载 www. chinacourt. org，最后访问日期：2004年9月20日；转引自对李克才："对人民法院民事调解工作若干规定之理解（中）"，载 www. chinacourt. org，最后访问日期：2004年10月20日。

由债务人以其财产提供担保；另一种是由案外人作为担保人，以其财产提供担保。对于前者，只要调解协议发生法律效力，则约定担保责任必然发生法律效力。而对于后者则有所不同：一方面，调解担保需以调解协议发生法律效力为前提，如果调解协议不发生法律效力，则调解担保也就当然无需发生法律效力；另一方面，调解担保可以独立于具有法律效力的调解协议而发生效力。因为调解协议约定由担保人提供担保责任本身就包含两项独立的内容：一是当事人之间的实体权利义务关系由调解协议重新确认；二是担保人对调解协议所确定的债务人履行义务提供担保责任。此时，法院依据约定担保责任的调解协议制作调解书，并送达双方当事人之后，只是意味着确认当事人之间实体权利义务关系的调解书对双方当事人发生法律效力。而法院向担保人送达时，如果担保人签收，则担保人对调解协议所确定的债务人应履行的义务所提供的担保责任发生法律效力；反之，如果担保人拒绝签收调解书，只是意味着担保人对承担担保责任反悔，该担保责任不发生效力，但并不因此而影响当事人之间调解书的法律效力。可见，调解担保虽然以调解协议发生法律效力为前提条件，但其仍然可以独立于调解协议而发生法律效力。

3. 法院调解制度的性质。关于法院调解制度的性质，我国民事诉讼法学界主要有三种观点：第一种观点认为，它是法院对民事案件行使审判权的一种诉讼活动。第二种观点认为，法院调解尽管是在法院主持下进行的，但它不等同于法院运用审判权以判决的方式解决争议的活动，它本质上是当事人在法院的指导下，自律地解决纠纷的活动。第三种观点认为，它是法院对民事案件行使审判权与当事人对自己的民事诉讼权利和民事权利行使处分权的结合。[1]上述三种观点中，第二种观点与另外两种观点的本质区别在于：在调解解决争议的过程中，主体究竟是当事人还是法院？第二种观点将调解的本质定位于当事人自力解决纠纷的活动，直接肯定了在以调解方式解决纠纷的过程中当事人的处分权，并从理论上区分了纠纷解决中的调解模式与判决模式。在这一调解解决争议的过程中，法院只是一个程序上的主持者。而另外两种观点则均不同程度地反映了在调解解决争议的过程中法院行使审判权的职能作用，只是第一种观点实际上否定了当事人的处分权，仅从法院行使

---

〔1〕　江伟主编：《民事诉讼法》，高等教育出版社2004年版，第200页。

公权力的角度界定法院调解制度，很显然不合现代民事诉讼的本质。第三种观点实际上是对第一种观点的改良，虽然该观点在某种程度上体现了对当事人私权处分的尊重，但是事实上并未解决在以调解方式解决争议的过程中，法院的审判行为与当事人的处分行为何者更重的问题。由此可见，我国学界目前关于法院调解制度内涵的理解实际上是建立在对法院调解制度性质的第三种观点的基础之上的，即调解解决争议的过程中，虽然调解协议的内容是双方当事人基于处分权自愿达成的，但最终作为一种结案方式的法院调解，实质上仍然是法院行使审判权的行为。但是，在调解中的当事人和法官，谁具有主体地位，谁在调解中发挥决定性作用呢？对此我们认为，调解是当事人处分其权利、合意解决纠纷的行为，是法院解决诉讼争议的方法，但并非法院审判行为。将调解作为法院审判权的行使方式是我国司法界和学界对调解性质认识的误区，调解不是法院审判职能与当事人处分权结合的产物，也不是审判行为与处分行为合力的结果。在调解过程中起决定作用的是当事人对程序和实体权利的处分权，而非法官的权利。当事人合意的形成，是调解成立的内因，具有决定性意义。法官的作用是外因，法官的目的和作用均在于促使当事人达成协议，使其内因发挥作用。内因对于调解的启动、运作、结束具有决定权，对调解最终结果的协议内容具有决定权，这些处分权构建起当事人调解主体地位的基础。法院在调解过程的前期的调解行为，即其发挥中介、评价、影响等功能，对当事人进行说服教育工作，促使当事人达成一致的行为并不是行使典型意义上的审判权的行为；而在双方当事人达成调解协议之后，法院审查确认并赋予该协议法律效力的行为是法院行使职权的行为。因为审判权的行使以解决一定社会纠纷为目的，而且最终表现为对该社会纠纷在认定事实的基础上作出具有约束力的权威判定。鉴于法院行使审判权所解决的民事纠纷属于私权领域内法律关系发生扭曲而产生的纠纷，因而，民事纠纷的当事人享有处分权，这就决定了法院在行使审判权解决民事纠纷的过程中应处于消极中立的地位，即对于当事人提出的主张，基于当事人履行其证明责任的情况，依法作出权威性判断。而在法院调解过程中，法院并不具有独特的权力，其行为与其他主体（包括人民调解组织）的行为并无本质上的差别，其所遵循的规律与人民调解相同，目的也相同，法院的所有的调解行为均服从于促使当事人行使处分权、自愿达成一致协议的目的。

而在当事人达成协议之后，法院行使职权审查并确定当事人调解协议的效力，这一行为是法院行使类似于审判权的行为，正是这一行为，使法院调解与人民调解等其他形式的调解区分开来，使法院调解与现行和解制度区分开来，使法院调解与一般的民事合同区分开来。[1]

专题三　查明事实，分清是非原则

◈ 知识概要

《民事诉讼法》第 93 条规定，人民法院审理民事案件，根据当事人自愿的原则，在事实清楚的基础上，分清事实，进行调解。故该原则是民事诉讼法对法官的要求。但是该项原则，是否合理，是否应当存在，在实务中和民事诉讼理论中，也产生了不同的观点：一种观点认为，应当坚持此项原则，另一种观点认为，应当取消此项原则。

◈ 经典案例

李某诉赵某民间借贷纠纷案[2]

一、基本案情

2013 年 3 月 5 日，赵某与李某签订借款协议，约定赵某向李某借款 300 万元，利息为年利率 10%，期限自 2013 年 3 月 5 日至 2013 年 9 月 4 日。借款到期后，赵某未支付借款本息，仅于 2014 年 3 月 11 日支付了 2013 年 3 月 5 日至 2014 年 3 月 4 日的利息 30 万元，其余款项未支付。2016 年 6 月 8 日双方重新出具了还款计划，赵某承诺在 2016 年 12 月 31 日前偿清全部借款本息并承诺若未按期还款，以未还金额为基数按照每日万分之三支付违约金。上述协议签订后，赵某于 2017 年 1 月 24 日偿还借款本金 150 万元，余款一直未偿还。故李某诉至法院，要求被告偿还借款 150 万元及利息、违约金（利息截

---

〔1〕 宋朝武等编著：《调解立法研究》，中国政法大学出版社 2008 年版，第 12 页。

〔2〕 北京市海淀区人民法院（2017）京 0108 民初 8675 号。

止到 2017 年 8 月 30 日为 1 538 360 元，违约金为 166 143 元，利息、违约金要求算到实际付清之日按照合同约定标准计算）。庭审中经询，双方均认可，在 2016 年 6 月 8 日签订的还款计划中，利息 363 万元的计算方式为被告未偿还当期利息，就将该部分款项和之前本金一并计入本金，按照年利率 10% 的标准计算利息，同时还按照每日万分之三的标准重复计算违约金。

二、法律问题

法院是否应按照法律规定的违约金及利息合计不超过年利率 24% 的标准来查明尚欠款项？

三、法理分析

我们认为：

第一，调解的方法是以理服人，只有搞清案件事实和是非责任，法官才可能用事实和道理说服当事人，最大限度地降低诉讼的对抗性，最终促成双方当事人依法自行处分实体权利和诉讼权利而自愿协商达成调解协议，及时化解社会矛盾，彻底解决纠纷，真正实现案结事了的诉讼目的。

第二，坚持事实清楚，分清是非原则，有利于法官审查双方当事人达成的调解协议是否具有合法性，是否侵害了国家利益、社会公众利益或者案外人利益，有没有违反法律和行政法规的禁止性规定，避免少数当事人利用调解达成非法诉讼的目的。同时，也可以有效限制法官的审判权权力，避免法官的无原则调解和强制调解。

第三，坚持事实清楚，分清是非原则，有助于法官在调解不成后可以及时根据已经查清的案件事实作出判决，提高诉讼效率，避免久调不判。

第四，虽然有一些案件是法官没有分清是非便进行调解，并促成当事人自愿达成调解协议的，但这类案件的特点是争议不大、事实简单，法官凭借自己的法律知识和审判经验，可以不经开庭审理，通过询问当事人或者审查书面材料就可以审清事实，分清是非，并且正是根据这种是非责任促成当事人达成调解协议的。针对不同案件的具体情况，法官在查明事实、分清是非上也要有所区分，注意妥善处理刚性审判和柔性调解的关系，确定发现具体案件事实的方式方法、准确把握当事人的心理动机，注重情理法并重，真正消解双方的矛盾，争取最佳的社会效果，有针对性地促成当事人通过调解解决纠纷。故本案在组织双方当事人对利息违约金重新计算后，并在经双方当事人协议一致的情形下将利息违约金折合按照年利率为20.8%的标准出具了调解书。

专题四　调解书的效力

💠 知识概要

作为调解成功的结果，当事人会就纠纷解决签订协议，此为调解协议。协议内容记入笔录，并由双方当事人、审判人员和书记员签名盖章，即可终结案件的审理。通常而言，在调解协议达成后，法院应制作以调解协议为主要内容的正式法律文书，即调解书。调解书写明诉讼请求、案件的事实和调解的内容。调解书由审判人员、书记员署名，加盖法院印章，送达双方当事人。因此，调解协议是一种简单、初步的调解结果，调解书则是一种相对更为正式、固定化的调解结果。制作调解书的目的是明确当事人之间的权利义务关系，同时也表明法院对当事人之间的协议予以认可。因此，一般应制作调解书。只有在某些特殊情况下，当事人达成调解协议的，法律规定可以不制作调解书。根据《民事诉讼法》第98条第1款的规定，可以不制作调解书的案件有：①调解和好的离婚案件；②调解维持收养关系的案件；③能够即时履行的案件；④其他不需要制作调解书的案件。《调解规定》第13条规定，根据《民事诉讼法》第90条第1款第4项规定，当事人各方同意在调解协议上签名或者盖章后生效，经人民法院审查确认后，应当记入笔录或者将该协议附卷，并由当事人、审判人员、书记员签名或者盖章后即具有法律效力。当事人请求制作调解书，人民法院应当制作调解书送交当事人。当事人拒收调解书的，不影响调解协议的效力。一方不履行调解协议的，另一方可以持调解书向人民法院申请执行。《简易程序规定》第15条规定，调解达成协议并将审判人员审核后，双方当事人同意该调解协议经双方签名或者捺印生效的，该调解协议自双方签名或捺印之日起发生法律效力。当事人要求摘录或者复制调解协议的，应予准许。调解协议符合上述规定的，人民法院应当另行制作民事调解书。调解协议生效后一方拒不履行的，另一方可以持民事调解书申请强制执行。综合上述规定，调解协议的生效实际上可以具体分为两种情形：①对于法定不需要制作调解书的案件，当事人、审判人员与书记员签名或者盖章后即发生法律效力。②当事人享有选择以签名或者捺印的方式使调解协议生效的权利。调解书生效后，与生效判决具有同等的法律效力，具体表现在以下几个方面：①诉讼结束，当事人不得以同一事实和理由再行起诉；②一审的调解协议或调解书发生效力后，当事人不得上诉；③当事人在诉讼中争议的法律关系中的争议归于消灭，当事人之间实体上的权利义务关系依调解协议的内容予以确定；④具有给付内容的调解书，具有强制执行力。当负有履行调解书义务的一方当事人未按调解书履行义务时，权利人可以根据调解书向人民法院申请强制执行。

经典案例

吴某诉四川省眉山西城纸业有限公司买卖合同案[1]

一、基本案情

原告吴某系四川省眉山市东坡区吴某收旧站业主，从事废品收购业务。约自 2004 年开始，吴某出售废书给被告四川省眉山西城纸业有限公司（以下简称西城纸业公司）。2009 年 4 月 14 日，双方通过结算，西城纸业公司向吴某出具欠条载明：今欠到吴某废书款 197 万元整。同年 6 月 11 日，双方又对后期货款进行结算，西城纸业公司向吴某出具欠条载明：今欠到吴某废书款 548 万元。因经多次催收上述货款无果，吴某诉至法院，请求判令西城纸业公司支付货款 251.8 万元及利息。西城纸业公司对此无异议。一审法院经审理后判决：西城纸业公司在判决生效之日起 10 日内给付吴某货款 251.8 万元及利息。宣判后，西城纸业公司提起上诉，二审审理期间，西城纸业公司于 2009 年 10 月 15 日与吴某签订了一份还款协议，商定西城纸业公司的还款计划，吴某则放弃了支付利息的请求。同年 10 月 20 日，西城纸业公司以自愿与对方达成和解协议为由申请撤回上诉。法院准予撤诉后，因西城纸业公司未完全履行和解协

---

〔1〕 四川省眉山市中级人民法院（2010）眉执督字第 4 号。

议，吴某向一审法院请求执行一审判决。一审法院对吴某申请予以支持，西城纸业公司则申请执行监督，主张不予执行原一审判决。

二、法律问题

当事人和解与法院调解效力是否相同，是否应当执行一审判决？

三、法理分析

本案涉及二审中的和解效力问题。依照《民事诉讼法》的规定，当事人的和解不必然具有终结诉讼程序的效力，必须转化为法院调解书，才能获得法院调解书的法律效力，包括强制执行效力和撤销一审裁判的效力。本案当事人在二审中自愿达成的和解协议，属于双方当事人诉讼外达成的协议，未经法院依法确认制作调解书，不具有强制执行力。一审被告上诉后的撤回上诉行为，也不具备阻挡第一审判决效力产生的效力。最终，比照援引《民事诉讼法》中有关执行和解的规定，即第 230 条第 2 款的规定，在执行程序中，当事人不履行和解协议的，法院可以根据当事人的申请，恢复对原生效文书的执行，因此，法院应当执行一审判决。本案的尴尬境地在现行法律规定下可以通过以下两种方式避免：一是在达成和解协议后，要求制作成为法院调解书，取得法律效力；二是当事人和解后，由原审原告向第二审法院提出撤诉，如此两种做法，都可以撤销一审裁判，避免其与和解协议并存的局面。

拓展资料

《调解规定》

┃ 第六章 ┃

诉讼保障制度

　　民事诉讼保障制度，顾名思义，是保障民事诉讼顺畅运行的相关制度的总称。从诉讼两造、三方主体的角度，包含保障当事人获得充分、及时的司法救济和保障司法机关依法履行审判职责两个维度。具体而言，诉讼保障制度包括诉讼援助、临时救济、妨害民事诉讼的强制措施等内容。

　　诉讼援助与法律援助不同，诉讼援助特指对经济困难的诉讼当事人予以缓交、减交或免交案件受理费或其他诉讼费用的制度，其目的是使当事人无论贫富均可平等获得司法救济。妨害民事诉讼的强制措施是我国的特色法律制度，《民事诉讼法》以一章的篇幅详尽规定了司法机关对妨害民事诉讼的行为可采取的种种强制措施，其目的是通过强制或禁止诉讼当事人为或不为某些诉讼行为，确保诉讼程序顺利、有序进行。这两部分内容为本章所论诉讼保障之相关概念，仅在此罗列，不予展开论述。

　　临时救济制度，是为弥补诉讼程序的滞后性而生。从临时救济的功能来看，可以分为保全性的临时救济和权利暂时实现性的临时救济，与我国现有的法律规定相对应，即保全制度和先予执行制度。保全制度又分为财产保全、行为保全[1]等，根据申请时间先后，还有诉前保全、诉中保全之分。

　　篇幅所限，本章仅以行为保全为对象，分析现行立法的制度设计，兼从保障实践适用角度，探讨完善行为保全制度的若干设想。

---

　　〔1〕　本章未将证据保全纳入保全范畴。理由是：从我国立法体系观察，1982 年、1991 年以及现行《民事诉讼法》一向将证据保全纳入"证据"部分章节，并未与财产保全、行为保全等并列纳入规定"保全"之章节。另外，从功能角度观察，证据保全与保全制度本身亦存在显著差异。

📖 知识概要

一、行为保全的域外立法

行为保全制度最早可追溯到罗马法的禁止令状。目前，域外的行为保全大致可分为两大模式——英美法系的中间禁令模式和大陆法系的假处分模式。

（一）英美法系的中间禁令

英美法系的中间禁令，是指通过原告申请、法院签发，命令被告不得继续实施不法行为或停止实施威胁性行为，从而在案件审理终结前得以保全判决利益的制度。因其临时救济之特征，又称为临时禁令。

在英国，中间禁令一般在诉讼开始至审理时作出，但在紧急情形下，可以在签发起诉状之前由一方申请作出。在美国，根据法院发出中间禁令是否通知被申请人或其律师，将中间禁令分为两种："暂时制止裁定"和"初步禁令"。前者可在开庭前的准备阶段发出，无需通知对方或其律师；后者要求法院必须通知对方后才能发出。[1]

在英美法中，中间禁令的效力指向"人"，对违反禁令的惩罚也针对人，对于违反中间禁令的人，一般会适用藐视法庭项下的监禁。

（二）大陆法系的假处分

假处分，是指禁止就争执物为某种强制处分或就争执的法律关系规定暂时状态，以保全债权人非金钱请求的可执行性的制度。

《德国民事诉讼法》将假处分分为"关于争执标的物的假处分"和"定暂时状态的假处分"[2]。前者是指为保全争执标的的给付请求权的实现，而命令债务人不得对争执标的物进行处分；后者是指为了避免重大损害或防止急迫的侵害行为，或因为其他理由，对于有争执的法律关系所采取的暂时固

---

〔1〕 肖建国："论诉前停止侵权行为的法律性质——以诉前停止侵犯知识产权行为为中心的研究"，载《法商研究》2002 年第 4 期。

〔2〕《德国民事诉讼法》第 935 条规定："如现状变更，当事人的权利即不能实现，或难于实现时，准许对于争执标的物实施假处分。"第 940 条规定："因避免重大损害，或防止急迫的强暴行为，或因为其他理由，对于有争执的法律关系，特别是继续的法律关系，有必要规定其暂时状态时，可以实施假处分。"谢怀栻：《德意志联邦共和国民事诉讼法》，中国法制出版社 2001 年版，第 258、259 页。

定某一法律状态的假处分，旨在维持现状直至诉讼结束。[1]

与德国类似，《日本民事诉讼法》将假处分分为"关于系争物的假处分"和"确定临时地位的假处分"。此外，以请求保全的权利是否可由金钱支付得以满足为标准，假处分又可分为足额的假处分和不足额的假处分。[2]

二、我国行为保全的立法情况

（一）立法沿革

1982 年《民事诉讼法（试行）》规定了保全制度，名为诉讼保全，但内容仅指向财产保全。1991 年正式实施的《民事诉讼法》将诉讼保全限缩为财产保全，适用范围从诉中扩大到诉前。不过值得注意的是：1991 年《民事诉讼法》规定了先予执行，且将适用范围从 1982 年《民事诉讼法（试行）》中的金钱给付扩大到行为给付。实质上，先予执行中的行为给付与行为保全有所重合[3]。

2001 年我国加入世界贸易组织，成为《与贸易有关的知识产权协议》（TRIPs 协议）的缔约国，为了履行 TRIPs 协议关于规定"临时措施"的义务，我国陆续在《专利法》《商标法》《著作权法》中作出规定，知识产权人或利害关系人可以申请"诉前停止侵犯知识产权行为"。[4]该制度实质上是对侵犯知识产权的

---

〔1〕 德国学界则将假处分进一步细分"保全假处分""定暂时状态假处分""给付假处分"三种类型。每一类项下又有若干细分，比如根据请求标的的不同，保全假处分又分为"请求标的为物的假处分""请求标的为权利的假处分""请求标的为行为的假处分"；根据请求不为或为某种行为，定暂时状态假处分又分为"制止性假处分"和"履行性假处分"；给付假处分类似于我国的先予执行。参见张斌："论我国行为保全类型的制度完善"，载《司法改革论评（第二十二辑）》，厦门大学出版社 2012 年版。

〔2〕 范毅强："民事保全程序要论"，西南政法大学 2008 年博士学位论文。

〔3〕《民事诉讼法》第 106 条规定："人民法院对下列案件，根据当事人的申请，可以裁定先予执行：①追索赡养费、扶养费、抚育费、抚恤金、医疗费用的；②追索劳动报酬的；③因情况紧急需要先予执行的。"《民诉法解释》第 170 条规定："民事诉讼法第 106 条第三项规定的情况紧急，包括：①需要立即停止侵害、排除妨碍的；②需要立即制止某项行为的；……"这两条规定既可以是先予执行的情形，也符合申请行为保全的情形。

〔4〕《专利法》第 66 条第 1 款规定："专利权人或者利害关系人有证据证明他人正在实施或者即将实施侵犯专利权的行为，如不及时制止将会使其合法权益受到难以弥补的损害的，可以在起诉前向人民法院申请采取责令停止有关行为的措施。"《商标法》第 65 条规定："商标注册人或者利害关系人有证据证明他人正在实施或者即将实施侵犯其注册商标专用权的行为，如不及时制止将会使其合法权益受到难以弥补的损害的，可以依法在起诉前向人民法院申请采取责令停止有关行为和财产保全的措施。"《著作权法》第 50 条第 1 款规定："著作权人或者与著作权有关的权利人有证据证明他人正在实施或者即将实施侵犯其权利的行为，如不及时制止将会使其合法权益受到难以弥补的损害的，可以在起诉前向人民法院申请采取责令停止有关行为和财产保全的措施。"

诉前行为保全。最高人民法院随后颁布的《最高人民法院关于对诉前停止侵犯专利权行为适用法律问题的若干规定》（以下简称《专利诉前禁令》）、《最高人民法院关于诉前停止侵犯注册商标专用权行为和保全证据适用法律问题的解释》（以下简称《商标诉前禁令》），对这一制度的启动主体、管辖法院、申请条件、提交证据、担保、程序、期限、复议等方面进行了细化规定。几乎在同时，2000年实施的《海事诉讼特别程序法》规定了"海事强制令"[1]。知识产权诉前禁令和海事强制令，为设计行为保全制度提供了借鉴。

2012年修订《民事诉讼法》时，最终在第100条、第101条分别规定了诉中、诉前的行为保全制度[2]，至此，行为保全制度在我国正式设立。2015年施行的《民诉法解释》对保全制度的实践操作进行了相对细化的规定。

在我国，知识产权领域是探索行为保全制度的"重地"。继《专利诉前禁令》《商标诉前禁令》后，最高人民法院于2015年公布了《最高人民法院关于审查知识产权与竞争纠纷行为保全案件适用法律若干问题的解释（征求意见稿）》，表明了将对知识产权领域行为保全制度进行统一规制的"立法意图"。在此基础上，2018年11月通过了《最高人民法院关于审查知识产权纠纷行为保全案件适用法律若干问题的规定》，自2019年1月1日起，知识产权领域的行为保全问题将统一受该司法解释的规制。

（二）立法分析

检视我国行为保全的立法沿革和现状，有几个较为明显的缺陷：一是立法体系混乱；二是实体要件缺失；三是保全程序不完整。

1. 立法体系混乱。1982年《民事诉讼法（试行）》中规定"诉讼保全"

---

〔1〕《海事诉讼特别程序法》第51条规定："海事强制令是指海事法院根据海事请求人的申请，为使其合法权益免受侵害，责令被请求人作为或者不作为的强制措施。"

〔2〕《民事诉讼法》第100条规定："人民法院对于可能因当事人一方的行为或者其他原因，使判决难以执行或者造成当事人其他损害的案件，根据对方当事人的申请，可以裁定对其财产进行保全、责令其作出一定行为或者禁止其作出一定行为；当事人没有提出申请的，人民法院在必要时也可以裁定采取保全措施。人民法院采取保全措施，可以责令申请人提供担保，申请人不提供担保的，裁定驳回申请。人民法院接受申请后，对情况紧急的，必须在48小时内作出裁定；裁定采取保全措施的，应当立即开始执行。"第101条规定："利害关系人因情况紧急，不立即申请保全将会使其合法权益受到难以弥补的损害的，可以在提起诉讼或者申请仲裁前向被保全财产所在地、被申请人住所地或者对案件有管辖权的人民法院申请采取保全措施。申请人应当提供担保，不提供担保的，裁定驳回申请。人民法院接受申请后，必须在48小时内作出裁定；裁定采取保全措施的，应当立即开始执行。申请人在人民法院采取保全措施后30日内不依法提起诉讼或者申请仲裁的，人民法院应当解除保全。"

（彼时仅指向财产保全）直接取自苏联立法，本源为大陆法系《德国民事诉讼法》中的假扣押制度，而之后知识产权诉前禁令源于 TRIPs 协议，该协议依照英美法系立法模式制定，海事强制令源自英国法上的"玛利华禁令"[1]，由此，大陆法系与英美法系关于保全的规定在我国民事诉讼立法中散落分布，引发了概念界定、要件判断等方面的混乱，其直接结果是：我国《民事诉讼法》第 100 条、第 101 条将保全分为诉中行为保全、诉前行为保全两类，每一类又内含财产保全和行为保全。这种杂糅式立法方式使得从功能、目的角度区隔财产保全和行为保全十分困难，在实践中适用时极其不便。比如，根据目前的立法措辞，诉中（包含财产和行为）保全的申请事由均为"可能因当事人一方的行为或其他原因，使判决难以执行或造成当事人其他损害"，诉前（包含财产和行为）保全的申请事由均为"利害关系人若不立即申请保全将会使其合法权益受到难以弥补的损害"，如此，则财产保全和行为保全的区隔何在？另外，如前所述，目前的先予执行制度可指向行为，则其与行为保全如何区分适用？这些均为立法缺乏体系化思考和设计的表现。《专利诉前禁令》《商标诉前禁令》并未改变上述诉前、诉中"二分"的立法模式，从司法解释之名称即可见一斑。直至《最高人民法院关于审查知识产权纠纷行为保全案件适用法律若干问题的规定》才进行了彻底变革，终于将行为保全合二为一，放弃诉前、诉中的区分。

2. 实体要件缺失。《民事诉讼法》第 100 条、第 101 条规定了申请人得以申请行为保全的情形，该规定虽不具体明确，但大致可以得出申请行为保全的条件：在诉中申请的，应证明被申请人的作为或不作为，将使判决难以执行或造成申请人其他伤害；在诉前申请的，应证明被申请人的作为或不作为，将会使申请人的合法权益受到难以弥补的损害。除诉前、诉中"二分法"本身的诸多不合理之外，可以看出，上述规定在行为保全实体要件方面实质上仅提出了"损害性"这唯一要素，显然存在严重缺失。实践中，在行为保全的实体要件判断上，一般均参照适用规定更为详尽的知识产权领域的相关司法解释。

在知识产权领域，行为保全的实体要件经历了由简及繁、逐渐完善的过程。在申请条件方面，《专利诉前禁令》《商标诉前禁令》参照国际惯例，规定了相关内容，例如：申请诉前禁令应提交申请状，载明当事人及其基本情

---

[1] 周翠：《中外民事临时救济制度比较研究》，清华大学出版社 2014 年版，第 116 页。

况、申请的具体内容、范围和理由等事项；申请理由应包括有关行为如不及时制止会使申请人合法权益受到难以弥补之损害的具体说明；需提交相关证据，包括权属证明材料、被申请人正在实施或者即将实施侵犯行为的证据等。《最高人民法院关于审查知识产权纠纷行为保全案件适用法律若干问题的规定》基本保留了上述两个司法解释的相关内容，规定当事人申请行为保全应递交申请书和相应证据。申请书应载明申请人与被申请人的身份、送达地址、联系方式，申请采取行为保全措施的内容和期限，申请所依据的事实、理由（包括被申请人的行为将会使申请人的合法权益受到难以弥补的损害或者造成案件裁决难以执行等损害的具体说明），为行为保全提供担保的财产信息或资信证明（或者不需要提供担保的理由），以及其他需要载明的事项。对于应随申请书提交的证据，该司法解释未单项列明，但从后续条文，如审查要件、判断知识产权效力是否稳定的考量要素等内容可以看出，《最高人民法院关于审查知识产权纠纷行为保全案件适用法律若干问题的规定》进一步细化了行为保全的申请要件，使当事人的申请行为和人民法院的审核行为更有据可依。

关于适用要件和审查标准，《专利诉前禁令》《商标诉前禁令》并未规定在作出保全裁定前，人民法院应审查哪些事项，而代之以规定了当事人对裁定不服提出复议时，人民法院对复议申请需进行相应审查。审查内容包括被申请人正在实施或者即将实施的行为是否侵犯申请人的相关权利，若不采取有关措施，是否会给申请人的合法权益造成难以弥补的损害；申请人提供担保的情况；责令被申请人停止有关行为是否损害社会公共利益等。但显然，上述规定存在前后颠倒的逻辑问题。既无审查，何来裁定？复议更无从谈起。即便可参照复议审查要素决定申请时的审查要素，其结果是复议程序必然虚设，当事人的诉讼权益无法得到有效保障。《最高人民法院关于审查知识产权纠纷行为保全案件适用法律若干问题的规定》对此进行了矫正，详细规定了人民法院在审查行为保全时应考量的要素，而对复议审查则未再着墨。《最高人民法院关于审查知识产权纠纷行为保全案件适用法律若干问题的规定》将行为保全的审查要素扩展为五点：对申请人的请求是否具有事实基础和法律依据，包括请求保护的知识产权效力是否稳定；不采取行为保全措施是否会使申请人的合法权益受到难以弥补的损害或者造成案件裁决难以执行等损害；不采取行为保全措施对申请人造成的损害是否超过采取行为保全措施对被申请人造成的损害；采取行为保全措施是否损害社会公共利益；其他应当考量的因素。另外，《最高人民法院关于审查知识产权纠纷行为保全案件适用法律若干问题的规定》还对上述审查要素中"知识产权效力是否稳定""难以弥补的损害"进行了进一步细化。[1]

对比可以发现，《最高人民法院关于审查知识产权纠纷行为保全案件适用法律若干问题的规定》对《专利诉前禁令》《商标诉前禁令》的内容进行了吸纳和完善。但实际上，该规定的直接渊源是《最高人民法院关于审查知识产权与竞争纠纷行为保全案件适用法律若干问题的解释（征求意见稿）》的相关内容。彼时《最高人民法院关于审查知识产权与竞争纠纷行为保全案件适用法律若干问题的解释（征求意见稿）》大量吸纳了学界意见，对行为保全的适用要件及要件中关于难以弥补之损害均进行了明确规定。[2]有学者将其归

---

〔1〕《最高人民法院关于审查知识产权纠纷行为保全案件适用法律若干问题的规定》第 8 条规定："人民法院审查判断申请人请求保护的知识产权效力是否稳定，应当综合考量下列因素：①所涉权利的类型或者属性；②所涉权利是否经过实质审查；③所涉权利是否处于宣告无效或者撤销程序中以及被宣告无效或者撤销的可能性；④所涉权利是否存在权属争议；⑤其他可能导致所涉权利效力不稳定的因素。"第 10 条规定："在知识产权与不正当竞争纠纷行为保全案件中，有下列情形之一的，应当认定属于民事诉讼法第 101 条规定的'难以弥补的损害'：①被申请人的行为将会侵害申请人享有的商誉或者发表权、隐私权等人身性质的权利且造成无法挽回的损害；②被申请人的行为将会导致侵权行为难以控制且显著增加申请人损害；③被申请人的侵害行为将会导致申请人的相关市场份额明显减少；④对申请人造成其他难以弥补的损害。"

〔2〕《最高人民法院关于审查知识产权与竞争纠纷行为保全案件适用法律若干问题的解释（征求意见稿）》第 7 条：【保全必要性考虑因素】人民法院根据申请人提供的申请书、必要证据和被申请人提供的必要证据对知识产权与竞争纠纷行为保全申请进行审查。人民法院应当综合考虑以下因素，判断是否有必要采取保全措施：①申请人在本案中是否有胜诉可能性，包括作为申请人的知识产权权利人或者利害关系人拥有的权益是否有效、稳定；②因被申请人一方的行为或者其他原因是否可能造成将来的判决难以执行或者造成申请人其他损害，或者使申请人的合法权益受到难以弥补的损害；③采取保全措施对被申请人造成的损害是否明显超过不采取保全措施给申请人带来的损害；④采取保全措施是否损害社会公共利益。第 8 条：【难以弥补的损害】第 7 条规定的难以弥补的损害是指被申请保全行为给申请人造成的损害是通过金钱赔偿难以弥补或者难以通过金钱计算的。有下列情形之一的，一般认为属于给申请人造成难以弥补的损害：①被申请保全行为的发生或者持续，将抢占申请人的市场份额或者迫使申请人采取不可逆转的低价从事经营，从而严重削弱申请人的竞争优势的；②被申请保全行为的发生或者持续，将会导致后续侵权行为的难以控制，将显著增加给申请人造成的损害的；③被申请保全行为的发生，将会侵犯申请人享有的人身性质的权利的；④被申请人无力赔偿的；⑤给申请人造成其他难以弥补的损害的。有下列情形之一的，一般认为不属于给申请人造成难以弥补的损害：①申请人明知或者应知被申请保全行为的存在而不合理地迟延寻求司法救济；②知识产权权利人作为申请人无合理理由未使用或者实施相关知识产权且未计划使用或者实施的；③被申请保全行为给申请人造成的损害比较容易通过金钱计算的；④其他不会给申请人造成难以弥补的损害的。对于造成将来的判决难以执行或者造成申请人其他损害的认定，人民法院可以参照对于难以弥补的损害的认定。

纳为审查行为保全的"四要素法",即胜诉可能性判断、损害性判断、双方利益衡平性判断和公共利益判断。[1]可以看出,在类别上,《最高人民法院关于审查知识产权纠纷行为保全案件适用法律若干问题的规定》基本采纳了上述"四要素"思路,仅增加了一个兜底条款。但在细节上有所改变,比如,并未直接采用"胜诉可能性"这一表述,而将之改为"是否具有事实基础和法律依据",更符合立法标准语言;在损害性判断方面,将"明显超过"降低为"超过"等,这些均值得注意。

总之,整体来看,目前我国对行为保全申请条件和适用要件的规定,较多地集中在知识产权领域,在这一范围之外,当事人若申请行为保全,则法官从《民事诉讼法》及《民诉法解释》中并不会获得明确具体的操作依据,只能参照适用知识产权领域的相关规定,遂导致行为保全在其他审判领域中适用率低及裁判尺度参差不一等问题。

(三)保全程序不完整

目前关于行为保全的适用程序,存在几个问题:

1.《民事诉讼法》第100条规定人民法院在必要时可依职权裁定采取保全措施,与当事人处分原则相悖,亦无域外立法例可循。

2.《民事诉讼法》及《民诉法解释》均缺乏对对审程序的规定,若仅凭一方之主张即作出裁定要求或禁止另一方作为,容易失之偏颇。《专利诉前禁令》规定了"可以传唤单方或双方当事人进行询问"的程序,向正确方向迈出了一步。《最高人民法院关于审查知识产权纠纷行为保全案件适用法律若干问题的规定》则正式明确了对审的必要性,规定人民法院裁定采取行为保全措施前,应当询问申请人和被申请人,但因情况紧急或者询问可能影响保全措施执行等情形除外。这种设计通过赋予被申请人申辩权,可以更好地平衡双方之利益,并可有效避免申请人滥用行为保全。

3. 行为保全救济程序不完备。《民诉法解释》规定了复议程序,当事人或利害关系人不服行为保全裁定的,可申请复议。《专利诉前禁令》《商标诉前禁令》《最高人民法院关于审查知识产权纠纷行为保全案件适用法律若干问

---

[1] 伍敏欢、王岩:"知识产权侵权诉前禁令的审查标准探析——兼议《最高人民法院关于审查知识产权与竞争纠纷行为保全案件适用法律若干问题的解释(征求意见稿)》第七、八条",载《电子知识产权》2017年第4期。

题的规定》亦有类似规定。但上述司法解释均未规定复议主体和具体程序，可能使这一旨在通过复核程序确认保全正当性或者纠正错误保全裁定的设计沦为"鸡肋"。另外，《专利诉前禁令》《商标诉前禁令》《最高人民法院关于审查知识产权纠纷行为保全案件适用法律若干问题的规定》还规定了"损害赔偿"救济方式，申请人不起诉或者申请错误造成被申请人损失，被申请人可以另行起诉请求其赔偿，也可以在申请人提起的诉讼中提出损害赔偿请求。但该救济方式在《民事诉讼法》和《民诉法解释》中并未规定。

4. 行为保全执行程序不明。《民诉法解释》第 156 条规定，人民法院采取财产保全的方法和措施，依照执行程序相关规定办理。但对行为保全如何执行未予明确，其他司法解释对此亦未进行补充。

经典案例

杭州网易雷火科技有限公司诉《中国经营报》社、北京新浪互联信息服务有限公司名誉权案[1]

一、基本案情

（一）案情概要

杭州网易雷火科技有限公司（以下简称网易雷火公司）系"考拉海购"平台（www. kaola. com）的运营主体，从事自营跨境电商业务。《中国经营报》社（以下简称中经报社）是《中国经营报》电子报（dianzibao. cb. com. cn）和官方网站（news. cb. com. cn）的实际控制人。北京新浪互联信息服务有限公司（以下简称新浪互联公司）是新浪网（www. sina. com.）的运营主体。

2016 年 2 月 1 日，中经报社在其纸媒、电子报和官网刊登一篇题为《跨境电商命门凸显网易考拉现自营危机》（以下简称涉案文章）的报道。开篇为完整陈述句："近日，网易考拉又陷入售假漩涡。"其后，报道从一位在网易考拉海购平台上购买日本尤妮佳品牌婴儿纸尿裤的用户周先生表示"货品有假"展开。在"渠道水深、假货难防"一节中，直接指称这位周先生为"此次考拉假货的当事人"，其后还围绕"售假"问题展开采访及评论。报道中提

---

[1] 北京市海淀区人民法院（2016）京 0108 民初 5515 号民事裁定书。

及这位周先生认为买到假货的理由是"使用过程中出现问题",但对出现何种问题、有无依据均未论及。

新浪网财经频道和科技频道全文转载上述文章,并将标题改为《网易考拉陷售假漩涡跨境电商进货渠道坑多水深》《跨境电商命门凸显网易考拉现售假危机》。

网易雷火公司以中经报社、新浪互联公司共同侵犯其名誉权为由,向北京市海淀区人民法院起诉,要求二被告立即停止侵权、消除影响、赔礼道歉并赔偿经济损失及合理支出共计100万元。同时,网易雷火公司提出行为保全申请并交纳担保金,要求责令中经报社停止在《中国经营报》电子报和网站发布涉案报道文章,责令新浪互联公司停止在新浪网上更名转载两篇涉案报道。网易雷火公司另提交公证书显示,周先生所购日本尤妮佳品牌的婴儿纸尿裤,经日本尤妮佳客户服务中心根据包装袋上的12位数字的产品编码判断后答复确认,该纸尿裤系该公司2015年5月于日本静冈县工厂生产的产品。

中经报社在法院组织听证时称:网易雷火公司所提交证据不能证明其合法权益正在或者将要受到该报社的侵害,本案不具有诉中行为保全的急迫性;本案裁定诉中行为保全,不利于保护新闻媒体舆论监督权,属于滥用自由裁量权;该报社关于涉案报道没有失实,更无故意侮辱或诽谤的行为,不构成侵权。中经报社未向法院提交相应证据证明其报道属实。

在法院组织双方当事人进行行为保全听证前,新浪互联公司自行删除了在新浪网站上更名转载的前述两篇文章,网易雷火公司在听证后撤回了对新浪互联公司的行为保全申请。

北京市海淀区人民法院经审查后裁定中经报社立即停止在《中国经营报》电子报和网站上传播《跨境电商命门凸显网易考拉现自营危机》一文,直至本案法律文书生效之日。后中经报社申请复议,北京市海淀区人民法院经复议后决定驳回其复议申请,维持原裁定。

(二)裁判要旨

涉案文章从题目、开篇、由头及主线勾勒了一起"网易考拉又陷入售假漩涡"的新闻事件,但全文并未写明对"考拉假货"这一定性的明确依据。网易雷火公司提交的公证书显示,文章所称之"假货"的婴儿纸尿裤经日方确认为日本静冈县工厂生产的产品,该证据可以作为网易雷火公司所出售商品并非"假货"的初步证据,而中经报社则未提交证明文章所涉产品确系假货的充分证据。在此情况下，涉案文章所报道的前述事实可能构成失实，如继续传播可能对网易雷火公司造成社会评价降低的严重损害后果。鉴于中经报社在行业内具有较大的媒体影响力且网媒传播具有很强的信息扩散性，涉案文章的继续传播可能对网易雷火公司的合法权益造成进一步损害。为避免网易雷火公司可能受到的难以弥补的商誉损害，中经报社应暂时停止通过《中国经营报》电子报和官方网站传播涉案文章，直至本案法律文书生效之日。如生效法律文书认定中经报社未构成侵权，中经报社有权就其因暂时停止上述行为而造成的损害向网易雷火公司要求承担法律责任。因新浪互联公司已自行删除了在新浪网站上刊登的两篇转载文章，网易雷火公司请求采取行为保全措施的事实基础已不复存在，其撤回对新浪互联公司的行为保全申请，法院对此不持异议。

二、法律问题

1. 网易雷火公司申请进行行为保全，是否符合申请行为保全的条件？

2. 法院对网易雷火公司的行为保全申请，应进行哪些方面的审核？审核标准应如何把握？中经报社抗辩提及，人民法院若对本案采取行为保全，将不利于保护新闻媒体的舆论监督权，如何看待此案行为保全中涉及的公共利益平衡的问题？如何在保护网易雷火公司合法权益与维护中经报社所称之新闻媒体舆论监督权之间保持合理平衡？

3. 本案在法院依法审查并作出裁定、当事人申请复议的程序中，有何缺失环节？能否为程序完善提出若干设想？

三、法理分析

在分析本案案情之前，首先需要明确两个基本前提：

第一，本案系名誉权纠纷，若严格界定，则只能适用《民事诉讼法》及《民诉法解释》关于保全和行为保全的一般规定，知识产权相关司法解释的规定内容既不能作为法院的裁决依据，也不应作为案情分析的前提。但事实上，如前文所提及，在目前的司法实践中，对于大量的非知识产权案件中的行为保全，法院只能比照适用知识产权相关司法解释进行审查，作出裁决，本案的处理亦不例外。因此，为了更好地理解行为保全的实践情况，此处之分析亦采用兼容并包的方式，将《民事诉讼法》的一般规定与司法解释的内容结合起来，作为法理分析的基本法律依据，以更"合理"而非机械"合法"的角度分析案例。

第二，在本案审理时，《最高人民法院关于审查知识产权纠纷行为保全案件适用法律若干问题的规定》尚未实施，故本案法官彼时可参照的依据实际仅有《专利诉前禁令》《商标诉前禁令》，以及适当考虑当时更能体现学界意见、代表未来立法趋势的《最高人民法院关于审查知识产权与竞争纠纷行为保全案件适用法律若干问题的解释（征求意见稿）》的相关内容。故在此处对本案进行分析时，亦采取"不溯及既往"之方式，只以彼时之既有规定审视案例，《最高人民法院关于审查知识产权纠纷行为保全案件适用法律若干问题的规定》的相关内容仅作为素材供参考。

（一）网易雷火公司申请行为保全是否符合法定要求？

《民事诉讼法》第 100 条、第 101 条规定了申请人申请行为保全应满足"损害性"要求，《专利诉前禁令》《商标诉前禁令》将其细化，要求行为保全申请人提交初步证据证明：其享有保全请求权，即申请人拥有有效、稳定的合法权益；其拥有合理的保全理由，即他人正在实施或者即将实施侵犯申请人合法权益的行为，若不采取保全措施，则其将遭受"难以弥补的损害"。

本案中，网易雷火公司系"考拉海购"平台运营主体，从事以自营为主的跨境电商业务，作为企业，其依法享有名誉权，其依法经营则有权获得正当社会评价。若其他社会主体使用侮辱、诽谤等方式损害其名誉，则其有权追究其法律责任。故在权属方面，符合申请行为保全之条件。此外，中经报社刊登的涉案文章从标题到内容，均直指"网易考拉"，指向明确、具体，文章整体内容、措辞文字——"售假漩涡""货品有假""假货难防""考拉假货"等，很可能使一般社会公众形成"考拉海购"平台售假的印象，进而导致其社会评价降低，故网易雷火公司主张中经报社以及转载其涉案文章的新浪互联公司共同侵犯其名誉权，亦有初步的事实依据。

关于"难以弥补的损害"，《专利诉前禁令》《商标诉前禁令》均规定，申请人的申请理由应包括有关行为如不及时制止会使申请人合法权益受到难以弥补的损害的具体说明。但此处应注意，这两个司法解释本身均针对"诉前"申请行为保全的紧急情形。《民事诉讼法》第 101 条规定的"因情况紧急，不立即申请保全将会使其合法权益受到难以弥补的损害的，可在提起诉讼或者申请仲裁前……申请采取保全措施"，亦指向诉前保全。所以，按照当时的立法文义，"难以弥补的损害"要求仅限于诉前保全，本案系在诉讼过程中申请行为保全，故无需考虑该要素。但早在 21 世纪初，学界就有不同意见指出，立法为诉中保全和诉前保全设置不同的前提要件，不仅不妥，而且毫无必要。设置一个月起诉期和损害赔偿义务即足以实现防止滥诉之目的。[1]本章知识概要部分亦提及，目前《民事诉讼法》将保全制度进行诉中、诉前分立，在各自内部又对财产保全和行为保全功能定位混合杂糅的立法方式，引发诸多问题。很多学者均主张，从功能定位出发，即便诉中行为保全，亦应满足"难以弥补的损害"和"紧急性"两项要件。[2]《最高人民法院关于审查知识产权与竞争纠纷行为保全案件适用法律若干问题的解释（征求意见稿）》及之后正式出台的《最高人民法院关于审查知识产权纠纷行为保全案件适用法律若干问题的规定》均采纳了学界意见，将"难以弥补的损害"作为申请行为保全的必要要素，而不再区分诉前或诉中。可以想见，放弃保全机制诉中、诉前二分模式，转而从功能角度将财产保全和行为保全分立，或是未来修订《民事诉讼法》的一个重要内容。

还有一个问题值得注意：在《专利诉前禁令》《商标诉前禁令》中，仅要求申请人在申请书中说明申请人合法权益将受到难以弥补的损害，但并未要求其提交相关证据。而《最高人民法院关于审查知识产权纠纷行为保全案件适用法律若干问题的规定》则将"难以弥补的损害"列为人民法院的审查要件之一，且规定了详细的条目，将在下文详细阐述。

（二）人民法院对网易雷火公司行为保全申请的审核要素

《民事诉讼法》《民诉法解释》《专利诉前禁令》《商标诉前禁令》均未规定人民法院对行为保全申请应审核哪些要件，实践中，《专利诉前禁令》《商标诉前禁令》规定的复议审核要素长期扮演着实质上的行为保全申请审核要素的角色。学界提出的"四要素说"，基本被《最高人民法院关于审查知识产权与竞争纠纷行为保全案件适用法律若干问题的解释（征求意见稿）》所采

---

〔1〕 李仕春："民事保全程序基本问题研究"，载《中外法学》2005 年第 1 期。

〔2〕 相关意见参见奚晓明、张卫平主编：《民事诉讼法新制度讲义》，人民法院出版社 2012 年版，第 160 页；冀宗儒、徐辉："论民事诉讼保全制度功能的最大化"，载《当代法学》2013 年第 1 期；周翠："行为保全问题研究——对《民事诉讼法》第 100 - 105 条的解释"，载《法律科学（西北政法大学学报）》2015 年第 4 期。

纳，司法裁决时亦多有参考。在本案审核保全申请时，相对公认的"保全必要性考虑因素"有：申请人在本案中是否有胜诉可能性；因被申请人一方的行为或者其他原因，是否可能造成将来的判决难以执行或者造成申请人其他损害，或者使申请人的合法权益受到难以弥补的损害；采取保全措施对被申请人造成的损害是否明显超过不采取保全措施给申请人带来的损害；采取保全措施是否会损害社会公共利益。人民法院应综合申请人和被申请人提交的证据，综合考察上述四个要件，判断是否有必要作出行为保全裁定。

关于胜诉可能性要件，既然为"可能性"，即表明该要件是一种概率上的判断。判断维度包括申请人的权属资格、申请人权益的稳定性、侵权事实的可靠性等；在判断程度上，鉴于保全程度的紧急性和临时性特征，应适用低于民事诉讼高度盖然性一般证明标准的优越盖然性（50%的盖然性）证明标准，具体应由法官综合双方证据进行判断。本案中，网易雷火公司提交的公证书显示，被中经报社涉案文章称为"假货"的尤佳妮牌婴儿纸尿裤经日本尤佳妮客户服务中心确认，确系该公司于日本静冈县工厂生产的产品，即由权威机构确认了产品厂家和产地，据此，网易雷火公司对其产品真实性完成了初步证明；同时，中经报社在文章中并未论及其报道"货品有假"的依据何在，在诉讼中亦未向法院提交证明其报道属实的相关证据。结合双方在保全阶段的举证情况，可以推断出中经报社刊登的涉案文章有很大可能是失实的，其行为将可能被认定为侵犯网易雷火公司的名誉权，即网易雷火公司具有较大的胜诉可能性。

关于损害性中"难以弥补"的判断，一般是指若不采取保全措施，则被申请人的行为可能给申请人造成的损害无法通过金钱赔偿方式进行弥补或者无法以金钱多少予以计算。《专利诉前禁令》《商标诉前禁令》对此并无规定，《最高人民法院关于审查知识产权与竞争纠纷行为保全案件适用法律若干问题的解释（征求意见稿）》发布之前，司法实践中对"难以弥补的损害"有不同理解和界定，比如北京市高级人民法院曾提出"五大判断要素"[1]。《最高人民法

---

[1]　北京市高级人民法院知识产权庭：《关于审查知识产权诉前禁令措施案件的调查研究》，知识产权出版社2008年版，第409页。该书提出，判断"难以弥补的损害"应考虑五大因素：①对该损害后果的弥补难以使受到损害的合法权益完全恢复原状；②该损害后果不可能获得足额的救济；③侵权人没有能力赔偿权利人的损失；④申请人申请时损害后果的范围和程度尚未确定；⑤该损害后果中包含无形财产、人格损害以及精神损害成分。

院关于审查知识产权与竞争纠纷行为保全案件适用法律若干问题的解释（征求意见稿）》第8条既从整体规定了"金钱无法弥补或计算"的概念，同时提出了市场份额减少、竞争优势减弱、后续侵权难以控制、侵犯人身权利、被申请人赔偿能力不足等具体标准，并特别列明了不应纳入该范畴的四类情形。对"难以弥补的损害"进行正反界定，极大地提升了司法判断的确定性，限缩了法官的自由裁量权范围。由于必须具备"无法通过金钱赔偿方式弥补或以金钱多少计算"这一基本特征，因此，行为保全在人格权纠纷（如本案的名誉权纠纷）以及知识产权侵权领域尤为常见。本案中，网易雷火公司主张中经报社之行为侵犯了其企业名誉权，名誉侵权本身即具有金钱难以弥补的特性，而且中经报社同时在纸媒、电子报和官网发布涉案文章，传播扩散途径多、信息网络扩散速度快，并且在网易雷火公司起诉时，该涉案文章已经被新浪网转载，若不及时采取保全措施，涉案文章的传播范围可能继续扩大，给网易雷火公司造成其他的、更大的、难以弥补的损害。因此，网易雷火公司申请进行行为保全亦满足损害性要件，法院亦认定中经报社关于本案不具有保全急迫性的主张不能成立。另外需注意，《最高人民法院关于审查知识产权纠纷行为保全案件适用法律若干问题的规定》相对《最高人民法院关于审查知识产权与竞争纠纷行为保全案件适用法律若干问题的解释（征求意见稿）》，在"难以弥补的损害"的界定上有所改变，比如，未规定较难具体考量的"竞争优势减弱"，未规定反向的排除因素，但在条款内容的措辞上相对宽泛，亦有兜底条款，故在宽严把握方面更加平衡。

双方利益平衡，系司法中立和公正的要求。由于行为保全的特殊性，在申请和审核时均对"难以弥补的损害"有所要求，而反之，若行为保全申请有误或申请人恶意申请的，也可能给被申请人造成同样无法以金钱赔偿弥补的损害，这一点在知识产权和竞争纠纷中尤为明显。因此，法官在审查行为保全申请时，必须考虑当事人双方的利益平衡。该判断标准在《专利诉前禁令》《商标诉前禁令》中并无规定，《最高人民法院关于审查知识产权与竞争纠纷行为保全案件适用法律若干问题的解释（征求意见稿）》中表述为"明显超过"，即当采取保全措施对被申请人造成的损害明显超过不采取保全措施给申请人带来的损害时，法官应慎重作出行为保全裁定，反之，则符合双方利益平衡之要件要求。本案中，网易雷火公司是从事跨境电商业务的公司，其经营的"考拉海购"平台在跨境电商领域具有很高的知名度，拥有相当庞大的顾客群体，故其产品是否为"正品"对其商誉具有巨大影响。而中经报社涉案文章称"考拉海购"平台的进口商品为"假货"，若不采取行为保全措施，任由中经报社发表的涉案文章继续传播，则可能造成网易雷火公司的社会评价降低，影响"考拉海购"平台的交易量，对网易雷火公司的名誉和经济利益造成长期或永久的损害；反之，若采取行为保全措施，对中经报社而言，只需停止在电子报和网站发布涉案文章，其影响范围较小且可控。两害相权之，比较容易对双方利益轻重作出判断，即不采取保全措施对网易雷火公司造成的损害明显超过采取保全措施对中经报社造成的损害。故在本案中，考量双方损益，衡平利益倾向于申请人网易雷火公司。《最高人民法院关于审查知识产权纠纷行为保全案件适用法律若干问题的规定》对该标准的规定有一重要改变，即从"明显超过"降低至"超过"即可，故可预见在此后的司法实践中，对双方利益平衡的考量标准将会适当放松。

社会公共利益考量，是对前三项审查要件的补充，但至关重要。故从《专利诉前禁令》《商标诉前禁令》至《最高人民法院关于审查知识产权与竞争纠纷行为保全案件适用法律若干问题的解释（征求意见稿）》《最高人民法院关于审查知识产权纠纷行为保全案件适用法律若干问题的规定》对此均明确予以规定。一项恰当的行为保全裁定，不仅要平衡双方当事人的利益，还必须不损害社会的公共利益。公共利益是一个抽象的概念，在不同语境中可能指涉不同的内容，在本案中，则表现为新闻媒体的舆论监督权。中经报社主张若对其采取行为保全措施，迫使其停止发布涉案文章，则将影响新闻媒体舆论监督权的正常行使。但新闻媒体行使舆论监督权应以新闻真实为前提，故中经报社上述主张是否成立应建立在其涉案文章是否属实之基础上，根据双方提交证据情况可知，中经报社的涉案文章存在失实的盖然性较高，在此情况下，采取保全措施防止失实报道扩散，不仅不影响新闻媒体舆论监督权的正常行使，反而构成一种"反向"的维护。故本案中采取行为保全措施不会造成社会公共利益的损害。

上述四项要件，需申请人提交证据予以证明，个别要件如双方利益衡量，还需要被申请人提交相应证据。人民法院综合双方证据进行要件审核，作出同意保全与否的裁定。关于证据标准或者人民法院的审核标准如何把握，一是整体上应适用优势盖然性标准，以与保全程序的紧急性和临时性特征相符；二是在具体个案中由法官综合自由裁量，达到大致确信的程度即可。

（三）人民法院处理网易雷火公司行为保全申请的程序

本案所经程序有提出保全申请—交纳担保金—组织听证—作出裁定—进行复议等几个环节。显然，上述程序的推进不仅仅遵从了《民事诉讼法》《民诉法解释》的相关要求，亦吸纳了《专利诉前禁令》《商标诉前禁令》的规定，比如"听证"程序。

作出行为保全裁判须经言辞辩论，此系域外立法之通例，不经辩论径行作出裁判必须满足相应的条件，如紧急情况或者应驳回保全申请等。如前所述，行为保全审核要件之一为双方利益之衡平，法官若要衡量采取保全措施对双方的损益大小，是否符合"明显超过"之标准，则不仅要考虑申请人的诉求，审查其提交的证据，也要保证被申请人享有申诉机会和提交反证的权利。因此，设置行为保全的"对审"程序（可以表现为听证或类庭审程序）实有必要。《专利诉前禁令》规定"人民法院需要对有关事实进行核对的，可以传唤单方或双方当事人进行询问"，《最高人民法院关于审查知识产权与竞争纠纷行为保全案件适用法律若干问题的解释（征求意见稿）》则进一步规定"人民法院裁定采取行为保全措施前，应当询问申请人和被申请人"，从"可以"到"应当"，从可以单方询问到应当询问双方，更强调了对审程序的必要性。《最高人民法院关于审查知识产权纠纷行为保全案件适用法律若干问题的规定》将这一要求明确固定，成为未来行为保全审查的必经程序。同时，考虑到保全程序本身特性，为避免特殊情况拖延审查进程，《最高人民法院关于审查知识产权与竞争纠纷行为保全案件适用法律若干问题的解释（征求意见稿）》和《最高人民法院关于审查知识产权纠纷行为保全案件适用法律若干问题的规定》均规定了"对审"的例外情形，前者考虑了无法及时通知被申请人或者有证据表明听取被申请人意见可能严重妨碍保全措施实现目的等方面，后者则考虑了情况紧急或者询问可能影响保全措施执行等情形，在此情况下，法官可决定进行"突袭"裁定。

根据本案的基本案情可知，法院在作出行为保全裁定前，组织了听证，双方当事人提交了证据并发表了意见。由于没有更为详细的资料，故无法得知具体细节，比如，双方的举证质证程序如何进行？发表意见的方式是陈述申请理由和抗辩意见，还是有相互辩论环节？这些细节在目前的立法中均未规定，实践中一般由法官根据案情决定。

复议，是目前《民诉法解释》《专利诉前禁令》《商标诉前禁令》《最高人民法院关于审查知识产权纠纷行为保全案件适用法律若干问题的规定》均规定的行为保全的救济程序，但复议的具体内容均不明确。大陆法系很多国家和地区，如日本和我国台湾地区均规定了救济程度更高的保全抗告程序，即当事人对保全裁定不服的，可向上一级法院提起抗告。在保持我国现有的由原审法院复议的前提下，可考虑从以下方面完善行为保全复议程序：一是明确复议组织，如《最高人民法院关于审查知识产权与竞争纠纷行为保全案件适用法律若干问题的解释（征求意见稿）》曾提出"另行组成合议庭进行审查"，即可解决由作出裁定的法官或合议庭自我纠错难的问题；二是规定复议方式，复议时保全裁定已发生效力进入执行阶段，应有充足时间保障双方当事人进一步提交证据、进行辩论，以对审方式进行复议，可确保复议程序有效发挥纠错功能。

四、参考意见

法院对这起名誉权纠纷的行为保全申请进行审核时，并未拘泥于《民事诉讼法》和《民诉法解释》的一般规定，从本案裁判要旨可见，法院根据双方提交的证据情况，对原告的胜诉可能性进行了分析，认为中经报社涉案文章可能失实，即网易雷火公司有胜诉可能；对损害性进行了判断，认为涉案文章的继续传播可能对网易雷火公司的合法权益造成进一步损害，为了避免网易雷火公司可能受到难以弥补的商誉损害，作出了要求中经报社停止传播涉案文章的禁令。除此之外，从知识产权领域提出的其他审核要件来观察，本案中，裁定采取保全措施对中经报社造成的损害并未明显超过不采取保全措施给网易雷火公司带来的损害，且该保全措施也并不损害社会公共利益，综上，法院对网易雷火公司提出的行为保全申请予以支持是正确的。

拓展案例

案例一：上海映脉文化传播有限公司与体娱（北京）文化传媒股份有限公司不正当竞争纠纷案[1]

一、基本案情

上海映脉文化传播有限公司（以下简称映脉公司）系 2017－2019 年度中超联赛官方图片合作机构，与中超公司签订《2017－2019 年中国足球协会超级联赛官方图片合作协议》（以下简称《合作协议》），为唯一有权在 2018 年中超联赛赛场位置进行图片拍摄的商业图片机构。体娱（北京）文化传媒股份有限公司（以下简称体娱公司）系全体育网（www.osports.cn）经营主体。

映脉公司主张，体娱公司作为其同业竞争者，曾于 2017 年派遣其摄影师夏某某等人进入 2017 年中超联赛赛场拍摄赛事图片，并将拍摄的图片在其运营的全体育网中进行实时展示、提供下载和对外销售，严重损害映脉公司的商业权益。对此，映脉公司于 2017 年以不正当竞争为由将体娱公司诉至北京海淀法院，该院作出（2017）京 0108 民初 14964 号民事判决（以下简称第 14964 号判决）确认体娱公司的行为构成不正当竞争，损害了映脉公司的合法权益。但 2018 年 3 月 2 日 2018 年赛季中超联赛开赛后，体娱公司仍然派遣人员进入中超赛场拍摄图片，并继续在全体育网上上传、展示并提供下载、销售等商业服务，损害了映脉公司的权益，构成不正当竞争。故映脉公司再次向北京市海淀区人民法院提起不正当竞争诉讼，同时提出行为保全申请：①立即禁止体娱公司派遣摄影师进入 2018 年中超联赛赛场拍摄赛事图片；②立即禁止体娱公司在全体育网展示、提供下载、对外销售 2018 年赛季中超联赛赛事图片。

映脉公司向法院提交了经公证保全的相关证据：①2018 年 2 月 3 日浏览中国足球协会官方网站公共栏目中于 2018 年 2 月 2 日发布的《关于 2018 年全

---

〔1〕 案件来源：北京市海淀区人民法院（2018）京 0108 民初 36806 号民事裁定书。本案被最高人民法院选为知识产权行为保全五个典型案例之一，与《最高人民法院关于审查知识产权纠纷行为保全案件适用法律若干问题的规定》一并发布。

国足球记者注册、制证办法的通知》（以下简称《通知》）第 11 条载明："为保障中超联赛官方图片社上海映脉文化传播有限公司（东方 IC）的商业权益，请申请注册并领取中超摄影证件的媒体机构及其人员严格遵守中国足协和中超联赛有限责任公司的相关规定，所拍摄的中超赛事图片只可用于本媒体的新闻报道，不得用于商业使用。"②2018 年 3 月 2 日、3 月 4 日、3 月 10 日、4 月 2 日分别浏览全体育网首页中的"中超联赛"栏目，可查看中超联赛第 1 轮河南建业 vs. 天津权健等六场赛事图集，第 2 轮广州富力 vs. 大连一方等四场赛事图集，第 3 轮、第 4 轮贵州恒丰 vs. 上海申花等五场赛事图集。③夏某某与体娱公司签订《劳动合同及知识产权权属协议》，合同期限至 2019 年 5 月 31 日，约定夏某某工作期间所拍摄的与体娱公司现有或未来可能开展之业务有关的作品或音视频属于体娱公司法人作品、职务作品，版权和著作权归属于体娱公司所有。映脉公司另提交 2018 年中超联赛贵阳赛区媒体签到表和摄影师蔡某某着摄影背心在赛场进行拍摄的图片及视频。体娱公司认可蔡某某为其提供了 2018 年中超联赛第 1 轮赛事图片，但称与蔡某某不存在劳务或劳动关系，也不认可其派遣夏某某和蔡某某或其他摄影师入场拍摄。

北京市海淀区人民法院于 2018 年 7 月 5 日受理本案。映脉公司按照法院要求，提供了 100 万元的现金担保。法院组织双方进行了听证。体娱公司发表如下意见：①第 14964 号判决尚未生效，该案尚在二审期间。②中国足协的《通知》中并没有禁止其他图片机构申请图片拍摄证件。③映脉公司仅对其自身拍摄的中超图片享有独家权利，不能禁止其他商业图片机构提供中超赛事图片。④体娱公司未派遣摄影师进入 2018 年中超联赛赛场拍摄，且全体育网中展示、提供下载和对外销售的图片均有合法来源，未给映脉公司造成重大损失。故请求法院驳回映脉公司的保全申请。另，体娱公司认可其在全体育网中展示、提供下载和对外销售 2018 年中超联赛前十一轮赛事图片，但对图片均有合法来源之主张未提交相应证据。

2018 年中超联赛共有 30 轮，每轮 8 场比赛。截至法院组织听证时已进行十一轮比赛，最近一场比赛将于 7 月 17 日晚举行。法院经审查后，于 2018 年 7 月 17 日作出裁定：责令体娱公司立即停止通过全体育网向相关公众提供浏览、下载及销售拍摄于 2018 年中超联赛比赛现场的摄影作品；驳回映脉公司关于禁止体娱公司派遣摄影师进入 2018 年中超联赛赛场拍摄赛事图片的申请。

二、法律问题

1. 既然第 14964 号判决尚未生效，其能否作为判断原告"胜诉可能性"的依据？本案法官判断原告"胜诉可能性"的依据何在？

2. 本案的行为保全紧迫性体现在何处？

3. 法院为何驳回了映脉公司关于禁止体娱公司派遣摄影师进入 2018 年中超联赛赛场拍摄赛事图片的保全申请？

4. 本案高达 100 万元的现金担保是否合理且必要？

三、重点提示

1. 第 14964 号判决是判断原告"胜诉可能性"的依据之一。虽然该判决尚未生效，但其系法院经过严格的审判程序作出的一审结论，对法官在本案中的自由裁量具有很高的参考价值；但判断本案原告"胜诉可能性"大小，主要还需根据映脉公司提交的《合作协议》《通知》和全体育网页公证内容等证据综合判定。

2. 体育赛事及摄影作品的时效性特征决定了本案行为保全具有紧迫性。在本案保全过程中，中超联赛 2018 年赛季正在进行且下一轮比赛即将举行，加之体育赛事摄影作品时效性与其商业价值紧密相关，故责令体娱公司立即停止在全体育网提供赛事摄影作品具有紧迫性和必要性，法院最终在最近一场比赛举行当日及时作出了保全裁定。在此特别提示，《最高人民法院关于审查知识产权纠纷行为保全案件适用法律若干问题的规定》第 6 条对"情况紧急"进行了界定[1]，其中，"时效性"成为重要考量因素，本案的情况即应属于此类。

3. 法院采取行为保全措施应符合"比例原则"。法院采取行为保全措施是出于保护申请人免受损失之目的，但也应考虑被申请人之利益，符合必要

---

[1] 《最高人民法院关于审查知识产权纠纷行为保全案件适用法律若干问题的规定》第 6 条规定："有下列情况之一，不立即采取行为保全措施即足以损害申请人利益的，应当认定属于民事诉讼法第 100 条、第 101 条规定的'情况紧急'：①申请人的商业秘密即将被非法披露；②申请人的发表权、隐私权等人身权利即将受到侵害；③诉争的知识产权即将被非法处分；④申请人的知识产权在展销会等时效性较强的场合正在或者即将受到侵害；⑤时效性较强的热播节目正在或者即将受到侵害；⑥其他需要立即采取行为保全措施的情况。"

性要求。在数项可行的保全措施中，应选择对被申请人负担最轻的一项，该项措施对被申请人的限制与其保护申请人免受损失的目的之间必须相称，二者在效果上不能不成比例，不得对被申请人作出不必要的其他限制。映脉公司要求责令体娱公司立即停止派遣摄影师进入 2018 年赛季中超联赛赛场拍摄赛事摄影作品，法院对此未予支持的原因一是映脉公司提交的现有证据不足以证明体娱公司与向其提供赛事摄影作品的相关人员存在派遣关系；二是责令体娱公司立即停止在全体育网上展示、提供下载和对外销售摄影作品已足以避免映脉公司合法权益受到难以弥补的损失，对体娱公司采取其他保全措施并无必要。

4. 担保的数额应以申请错误可能给被申请人带来的损失或者损害为限。担保金额的确定很大程度上取决于法官的自由裁量，但该裁量应遵循基本原则：一是"过错损失相抵"，即以可以填补因行为保全错误给被申请人造成的损失为准；二是"具体情况具体分析"，即可依据不同的案件情况对上述填补数额进行调整，比如，保全裁定在严格履行对审程序、被申请人进行充足申辩后作出，双方权利义务关系明确、原告胜诉可能性极大的，法官即可酌情降低担保金额，以防止过高的担保金额阻碍经济条件较差的申请人获得应有救济；在保全过程中，法官认为情势发生变化，亦可要求申请人增加担保数额。《最高人民法院关于审查知识产权纠纷行为保全案件适用法律若干问题的规定》即规定，在执行行为保全措施过程中，被申请人可能因此遭受的损失超过申请人担保数额的，人民法院可以责令申请人追加相应的担保。并且强调，申请人拒不追加的，可以裁定解除或者部分解除保全措施。

案例二：王某某与廖某某、某房地产经纪公司房屋买卖合同纠纷[1]

一、基本案情

王某某经某房地产经纪公司居间介绍，于 2016 年 4 月 10 日与廖某某签订了房屋买卖合同，购买廖某某位于北京市海淀区的房屋一套。合同签订当日，王某某依约向廖某某支付定金 10 万元。在双方签订的房屋买卖合同补充协议中，廖某某承诺其出售的房屋为某小学学区房，且学区名额未被使用。4 月 26 日，

---

〔1〕 案件来源：北京市海淀区人民法院（2016）京 0108 民初 16170 号。

双方完成网签。此后，廖某某拒绝继续履行合同，不配合完成房屋过户等后续义务。王某某于 2016 年 5 月 10 日向北京市海淀区人民法院起诉，要求：①判令原告代被告偿还银行相关欠款，并由银行解除该房屋抵押权；②判令被告交付该房屋，并将房屋所有权转移登记至原告名下。

经法院审理、组织询问，对于廖某某拒绝履行合同之事由，王某某主张争议房屋系学区房，在双方签订买卖合同后，该房屋市场价值升值，故廖某某拒绝依约履行；廖某某表示其拒绝继续履行合同的理由是，王某某和房地产经纪公司在网签合同中虚构较低的价格逃避税款，可能使其出现不良诚信记录，会给其将来的市场交易行为带来风险。同时，被告已将其子女户口迁回争议房屋，将于 2016 年 6 月小学入学登记时使用争议房屋对应的学位。

之后，王某某向北京市海淀区人民法院提出行为保全申请，其主张，根据房屋买卖合同约定，其享有争议房屋对应学位的使用权，现廖某某单方违约且有恶意使用争议房屋学位的可能。根据当前北京市学位政策，学位被使用后 6 年内，该房屋学位不得再次使用，故如果廖某某恶意使用该学位，将造成其购房目的不能实现。故请求法院对廖某某名下的争议房屋所对应的学位进行冻结，禁止其使用该房屋对应学位。王某某向法院提交了 10 万元现金担保。

北京市海淀区人民法院经审查认为，在双方当事人签订的房屋买卖合同补充协议中，廖某某曾承诺争议房屋为某小学学区房，且学区名额未被使用，现其表示计划于 2016 年 6 月中下旬使用争议房屋学区名额登记报名该小学。根据北京市现行规定，该学区名额在 6 年内只能使用一次，廖某某一旦使用该名额会给王某某带来不可弥补的损失，且确系时间紧迫。故王某某提起的保全申请符合《民事诉讼法》第 100 条关于行为保全的规定，遂作出裁定，禁止使用涉案争议房屋及该房屋对应的户口的学位。该保全裁定随后被送达双方当事人及相关学校。

二、法律问题

1. 本案是财产保全还是行为保全？

2. 原告申请进行行为保全是否符合条件？法官作出裁定应考量哪些必要因素？

3. 禁止使用涉案房屋对应的学位指标是否侵害被告子女的受教育权？双

方当事人的利益应如何衡量？

三、重点提示

1. 禁止学区房上的学位指标使用是行为保全。学位不是财产，本身没有经济价值，不能脱离房屋而单独转让，是学区房屋的附加"属性"。使用学区房的学位是一项事实行为，本案保全诉请为禁止另一方当事人使用房屋户口所对应的学位，实质上是禁止作为，故应属于行为保全。但房屋买卖合同纠纷中常见的行为保全诉求一般是禁止卖方将房屋他卖等，此案针对学位进行保全，较为特殊。

2. 本案的审核要点是行为保全的紧迫性和"难以弥补的损害"判断。本案的保全对象是房屋户口对应的学位使用，该学位 6 年只能使用一次，原告购房的主要目的即获得该学位使用权。而在原告起诉时，被告已将子女户口迁回涉案房屋，即将在当年小学入学登记时使用该学位，故原告申请行为保全具有紧迫性；且若不立即采取保全措施，即便最终原告获得胜诉判决亦无法获得学位使用权，而鉴于学位的稀缺性和特定性属性，该损失亦很难用金钱赔偿来弥补。

3. 禁止使用学位并不侵犯被告子女的受教育权。虽然涉及受教育权这一宪法性权利，但本案还是双方当事人之间的利益衡量，并不涉及社会公共利益判断。虽然法院作出裁定，禁止被告为其子女使用该学位，但这种禁止措施并未剥夺被告子女接受教育的权利和机会，被告子女虽不能使用该学位进入对应小学就读，但仍然可以进入海淀区其他小学就读。因此，通过行为保全禁止被告为其子女使用该学位并未侵害被告子女的受教育权，只是对受教育权的具体实现方式施加了限制。

拓展资料

第六章　法条链接　　　　第六章　经典案例裁判文书

| 第七章 |

证据与证明

专题一　民事证据的合法性

知识概要

　　证据的合法性是证据法领域的一个重要问题，按照法学界的主流观点，合法性是证据属性的构成要件之一，证据只有具有了合法性才能成为认定案件事实的依据。但是对于应当如何界定"合法性"的内涵，学界却一直存在着不同的观点。多数人认为，合法性指证据的形式、收集证据的主体及收集证据的程序合法。[1]也有人认为，除了上述内容外，证据的合法性还包括证据必须符合实体法律、法规所要求的特殊形式，比如公证形式、登记形式、书面形式。[2]另一个有争议的问题是对证据合法性的内容的阐释，在三大诉讼法中是否应有所区别。一直以来，对民事诉讼与行政诉讼证据的合法性的解释都是套用刑事诉讼领域对该问题的理解，没有做出区别。但是，2001年12月颁布的《最高人民法院关于民事诉讼证据的若干规定》第68条明确指出，以侵害他人合法权益或者违反法律禁止性规定的方法取得的证据，不能作为认定案件事实的根据。这一规定似乎对民事证据的合法性作出了比刑事诉讼更为宽松的解释。在2002年7月颁布的《最高人民法院关于行政诉讼证据若干问题的规定》第55条，明确提出了对证据的合法性进行审查应当针

---

　　[1]　何家弘主编：《新编证据法学》，法律出版社2000年版，第109页。
　　[2]　汤维建："关于证据属性的若干思考和讨论——以证据的客观性为中心"，载何家弘主编：《证据学论坛（第一卷）》，中国检察出版社2000年版。

对的内容是：①证据是否符合法定形式；②证据的取得是否符合法律、法规、司法解释和规章的要求；③是否有影响证据效力的其他违法情形。这一对证据合法性的解释与以往的学理解释又有不同之处，它将违法情形是否会对证据的效力产生影响作为判断合法性的标准之一。上述法律文件似乎在暗示，学界已经意识到在不同类型的诉讼中，对证据的合法性应当作出不同的要求。但是应当如何将这种差异体现于立法中，还有待我们作更深入的探讨。

众所周知，在民事诉讼程序中，无论是在证据的收集、举证责任的承担还是证据的采纳等方面都与刑事诉讼有显著的区别，这就决定了在民事诉讼中对证据的合法性必然作出有别于刑事诉讼的解释。但是，笔者认为，证据的"合法性"是一个过于宽泛的问题，因此学者将它的内容进行拆解，使其变成一个由若干要件共同构成的证据合法性规范（比如，将合法性分解为证据的形式、取证的主体及取证的程序方面符合法律的规定），这一总体的思路是正确的。问题仅在于在民事诉讼领域应如何选择"合法性"的构成要件以及如何解释每一个构成要件的内涵。本书将从理论界常见的几个证据的合法性的构成要件入手，探讨该要件是否有存在的必要以及在民事诉讼中应该如何理解它们的含义。

依据我国《民事诉讼法》的规定，证据可以分为八种表现形式，它们是当事人陈述、书证、物证、视听资料、电子数据、证人证言、鉴定意见和勘验笔录。并且按照证据法学的一般理论，证据只有具备了法定形式才具有合法性，也才能成为认定案件事实的依据。但是为什么要将法定的形式作为合法性的构成要件之一，以及这样规定的意义何在，还缺少必要的理论支持。

按照唯物主义的观点，物质的外在表现形式是多种多样、无穷无尽的。随着科学技术的进步，必然会有更多的新类型的证据出现在诉讼中。上述八种证据表现形式难以概括和预见所有的证据形式。如果按照诉讼法学界的通常观点，证据只有具备了法定的表现形式才有可能被采纳，这无异于削足适履，荒谬之处显而易见。并且从司法实践的情况来看，对于某些新种类的证据，比如，在2012年《民事诉讼法》修订之前，经常在诉讼中出现的电子数据，法院也并没有因为它不属于法定的证据形式就拒绝采纳。对此，有人提出了不同看法，并举例说，测谎结论不就是因为不具有法定证据形式才不能被采纳吗？笔者认为，测谎结论之所以不能在诉讼种作为证据使用并非由于它没有在八种证据表现形式之列（可以将它纳入鉴定意见的范围内），而是由于测谎结论的准确性还不十分令人满意，另外，测谎这种方式本身与诉讼法中的某些基本原则（比如反对自我归责原则）有抵触之处，因此，我国诉讼法才没有将测谎结论列为具有可采性的证据之列。

总之，在证据形式与证据的合法性的关系的问题上，坚持证据必须具有法定形式才具有合法性的做法是不恰当的。这也与各国在证据法领域尽量避免形式主义倾向的趋势不符。并且像我国《民事诉讼法》这样对证据的形式作出如此细致划分的做法在其他国家也是很少见的。在英国证据法理论中，证据被笼统地分为口头证据、文书证据和实物证据三类。口头证据也称证言，一般指证人或当事人在诉讼过程中就其感知的事实对法院所作的陈述。文书证据是向法院提交的，供法院审阅的以文字、符号等信息传递思想内容的事物。随着科学技术的发展，一些新的证据形式如录音带、影片等也被纳入文书证据的范围。实物证据在英美法系国家包括物体、身体特征、证人举止、勘验、自动化记录等。大陆法系国家侧重于通过诉讼程序的运作来实现对证据的筛选。因此，对证据的分类就必然要适应这种调整方式。在法国民事诉讼法中，证据被分为书证、证言、推定、自认以及宣誓五种。[1]法律没有规定物证这种证据形式，是因为物本身并不能成为定案的依据，物所体现的案件事实只有通过人的"解释"，比如，鉴定、勘验、诊断、确认等方式才能实现。法律具体规定了解释物的具体方式和程序，却没有把物作为一种单独的证据形式。对物的"解释"的结果，视具体情况被归纳到其他证据形式的外延内。我们也可以借鉴其他国家对证据的分类方法，适当改变对证据形式的划分方式，减少类别，扩大各类证据的外延。比如，可以将证据从形式上分为人证和物证两大类。人证包括证人、当事人、鉴定人、勘验人。物证包括在诉讼中能够起到证明作用的一切有形物或信息。这样的好处在于使证据的分类具有一定的前瞻性，可以囊括更多的社会生活事实，使今后可能出现的新的证据种类能够归入到现有的证据类型中。

---

〔1〕 江伟主编：《证据法学》，法律出版社 1999 年版，第 240 页。

收集证据的程序对证据的合法性的影响体现在非法证据排除规则上，也就是说，法律并不明确规定合法的证据应当具备的条件，而是通过非法证据的排除来达到保证取证行为合法性的目的。一般而言，在刑事诉讼中，非法证据特指由司法人员违反法定程序或方式而收集到的证据。由于这类违法收集证据的行为易给当事人的人身、财产权利造成损害，因而各国刑事诉讼立法对司法机关违法取证的行为均持否定态度。但是，对于通过违法程序收集到的证据，立法发展的趋势却日趋理智，其中最明显的表现就是将非法证据分为三类，分别适用不同的规则：①对非法取得的口供或非任意性自白，由于严重侵犯了公民受宪法保护的基本人权，因此两大法系诸国对此类证据均持否定态度，不允许采纳为定案根据；②对于非法取得的物证，采取灵活的政策，或原则上承认其效力（法国）或由法官自由裁量之（英国、德国）；③对以非法取得的证据为线索获得的其他证据的可采性问题，逐步趋于放松对这类证据使用的限制，即使是曾实行"毒树之果"排除规则的美国，近年来也不断通过判例法修订原来的规则，增加了许多例外规定。[1]

在民事诉讼领域，各国对当事人用违法方式取得的证据采取了更为宽容的态度。英国对待非法取得的证据，最初的原则是：该证据的可采性取决于它与案件是否存在关联性，1897 年在 *Rattray v. Rattray* 案中，法院就采纳了原告从邮局盗窃来的信件作为证明被告有通奸行为的证据，事后原告被追究了刑事责任，但这并没有影响证据的可采性，审理该案的上诉法院认为："近年来，法律的政策是采纳几乎所有的有助于查清案件事实并实现司法公正的证据。"[2] 这一判决对英国在民事诉讼中对待非法证据的态度产生了重要的影响，它成为法院处理相同问题时经常引用的一个判例。但是，不断有人对这一判例所确认的原则提出异议，最终在 1963 年的 *Duke of Argyll v. Duchess of Argyll* 案中，法院对非法取得的证据的态度才略有转变，审理该案的法官认为："这里没有绝对的规则，应当根据每个案件的特定情况决定是否采纳某一用非法手段取得的证据，这些应当考虑的具体情况包括：相关证据的性质，使用该证据的目的，取得该证据的方式，采纳该证据是否会对被取证方造成

---

〔1〕 王以真："试论美国刑事诉讼中排除规则的修改"，载《国外法学》1985 年第 4 期。

〔2〕 Fiona E. Raitt, *Evidence：Principles，Policy and Practice*, Sweet & Maxwell, 2001, p. 335.

不公正，以及该证据的采纳是否会对法院查明事实作出公正的判决有所帮助。"[1]这样，在英国的民事诉讼中，在决定非法取得的证据的可采性时，实际上采取了利益衡量的方式，由法官根据实际情况作出裁决。美国对待普通公民通过违法手段取得的证据也并不绝对地禁止，除非该证据的取得方式使证据的可靠性受到影响，法院不予采纳的仅是警察或其他司法机关违反宪法第四修正案的规定取得的证据，而公民个人的非法取证行为显然不属于该修正案规范的范围，因此是可以采纳的。[2]

大陆法系的主要国家中，只有意大利的民事诉讼法规定，一方当事人以非法手段从对方当事人处取得的并且属于对方当事人所有的书证是不可采的。但是，用违法的手段（比如秘密录音方式）取得的供述证据却是可采的。[3]在大陆法系的另一些国家，比如德国，在确立非法证据排除规则时采取了相当性原则。德国最高法院虽然在审理民事和刑事诉讼中曾有过排除秘密获取的录音带的案例，但是为了避免非法证据排除规则被过度使用而成为实现司法公正的障碍，德国法院采取了相应的限制措施。如果采纳违宪获取的证据是保护他人权益唯一而合理的方式，以及按照法院的裁量是保护更为重要的基本价值唯一合理的方式，德国法院有权采纳违宪取得的证据。[4]

刑事诉讼非法证据排除规则的发展趋势以及各国在民事诉讼中对非法取得的证据的态度应当引起我们的充分重视。首先，在民事诉讼中，双方当事人是地位平等的民事主体，不存在刑事诉讼中控辩双方力量对比悬殊的情况，因此，法律应当将规范的重心置于保障、促进双方当事人积极地行使调查取证权上，而不是保护处于劣势一方当事人的权利免受对方侵犯。其次，我国目前司法改革的一个基本方向就是使法院从调查取证的负担中摆脱出来，主要由当事人收集证据。但是从实践情况来看，由于法律对当事人的调查取证权缺少切实的保障，加上我国公民整体的法律素质较低，造成了许多当事人对法院的取证权仍存有很大的依赖心理，这就需要立法者在制定非法证据排

[1] Fiona E. Raitt, *Evidence: Principles, Policy and Practice*, Sweet & Maxwell, 2001, p. 335.

[2] 周叔厚：《证据法论》，三民书局股份有限公司 1995 年版，第 883 页。

[3] Mauro Cappelletti, Joseph M. Perillo, "Civil Procedure in Italy", *Harvard law Review*, (1966), 198~199, 220~221.

[4] ［意］莫卡·卡佩莱蒂等：《当事人基本程序保障权与未来的民事诉讼》，徐昕译，法律出版社 2000 年版，第 56~59 页。

除规则时充分考虑这些现实因素，如果规定得过于严格，难免会增加取证的难度，挫伤当事人举证的积极性。最后，还应当对非法证据排除规则所可能造成的负面影响有一个清醒的认识：一方面，过于严格的排除规则会减少法官据以作出判决可以依据的信息，不利于实体真实的实现；另一方面，排除某一非法证据意味着对该证据投入的司法资源没有得到相应的回报，显然也不利于诉讼效率的提高。

综上所述，笔者认为，在民事诉讼中对待非法取得的证据应当坚持以下几个原则：

第一，明确界定应当排除的"非法证据"的界限。刑事诉讼所涉及的案件的性质决定了必须对司法机关的调查取证行为加以严格约束，因此，超越法定的职权或违反法定程序所取得的证据都属于"非法证据"。民事诉讼一般只涉及普通民事主体之间的纠纷，法律对普通民事主体的行为要求是，只要他们的行为没有违反法律禁止性规定就是合法的。这一点从《最高人民法院关于民事诉讼证据规定》中对证据的合法性的要求中可以看出来。但是，在上述法律文件中，关于当事人用侵犯他人合法权益的方法取得的证据不能作为认定案件事实的依据的规定，尚有不妥之处：一方面，我国法律明确赋予公民的权利是多种多样的，包括民主权利、人身权和财产权，如果认为当事人的取证行为侵犯了上述任何一项权利都应认定由此取得的证据不能采纳，显然是对民事诉讼证据的合法性提出了相当高的要求，也似乎与立法者的初衷不符；[1]另一方面，当事人的违法取证行为又有不同的类型，有些违法行为不仅严重侵犯了公民受法律保护的基本人权，而且违法行为本身使证据的证明力受到影响，比如用肉体折磨或精神虐待的方式取得的证据，另外一些违法取证行为虽然侵犯了他人的合法权益但并没有影响到证据的证明力，比如用私自录音的方式录取的证人证言或用盗窃的方式取得的证据等。笔者认为，对这两种不同的"非法证据"应在效力上有所区别，对前一种"非法证据"应当绝对地排除适用，因为它不仅在取得程序上不合法，而且证据本身的可靠性亦难以保障。对后一种类型的"非法证据"，由于还有可以利用的证

---

〔1〕 "最高人民法院民一庭负责人就民事诉讼证据的司法解释答记者问"，载最高人民法院民事审判第一庭编：《民事诉讼证据司法解释及相关法律规范》，人民法院出版社2002年版，第34页。

据价值，因此应当由法官根据实际情况决定是否予以采纳。

还必须说明的一点是：调查取证权是我国《民事诉讼法》明确赋予当事人的一项基本的程序性权利，不是任何的法律、法规或规范性文件都可以对这一权利作出禁止性规定的。对当事人取证权的限制性规定只能通过较高级别或同级的法律作出。笔者对最高人民法院在1995年所作的未经对方当事人同意私自录制的谈话不得作为证据使用的批复的法律效力有所怀疑。

第二，法官在行使取舍非法证据的自由裁量权时，应当采取利益衡量的原则。也就是说，对于绝大多数"非法证据"，虽然存在违法取证的行为，但是只要证据的可靠性并没有受到影响，法律并不绝对地规定这些证据是不可采纳的，法官也不能仅仅因为该证据在取得程序上不合法就拒绝采用。法律将这类证据采纳与否的决定权交给法官，法官在判断是否采纳某一非法证据时应综合考虑案件的性质、当事人取证的难易程度、该非法证据对于正确认定案件事实的重要程度以及非法取证行为给被取证方造成的损害等各种因素。

第三，应当区别对待非法取证的行为和通过非法取证行为获得的证据。这也是其他国家民事诉讼制度在对待该问题上共同的立场。以美国为例，虽然美国宪法中规定了公民享有通讯自由权，但是在1969年的 *State v. Holiday* 一案中，法院还是采纳了电信公司通过窃听方式取得的证据。[1]对非法取得的证据的宽容态度并不意味着对当事人侵害他人合法权益的取证行为应当听之任之。对于后者，许多国家的法律都规定，被取证方可以通过另外的诉讼程序要求取证方承担相应的民事或刑事责任。

也许会有人担心在民事诉讼中对非法证据采取宽容的态度会纵容当事人的非法取证行为。对此，笔者认为，对当事人非法取证的行为追究法律责任的做法本身就可以对这种非法取证的行为起到有效的威慑作用。而且在司法实践中，当事人之所以甘愿冒险用违法手段收集证据，往往在于他们无法通过常规的方法获得该证据。这就要求我们在立法上拓宽当事人获得证据的渠道、降低举证难度、切实保证取证权的落实，只有这样才能从根本上减少非法取证行为的发生。

---

〔1〕 Stuckey: *Evidence*, 1974 2nd Ed., p. 319.

◈ **经典案例**

北大方正公司、红楼研究所与高术公司、高术天力公司计算机

软件著作权侵权案[1]

一、基本案情

（一）案情摘要

北大方正公司、红楼研究所是方正世纪 RIP 软件的著作权人。高术公司曾是北大方正的激光照排机的销售商，1999 年代理关系解除。2001 年 8 月 22 日，高术公司的关联公司高术天力公司的员工在北京市石景山区永乐小区 84 号楼 503 室北大方正公司的员工临时租用的房间内，安装了激光照排机，并在北大方正公司自备的两台计算机内安装了盗版方正 RIP 软件和方正文合软件，并提供了刻录有上述软件的光盘。北大方正公司支付了房租 3000 元。应北大方正公司的申请，北京市国信公证处先后在北京市石景山区永乐小区 84 号楼 503 室、北京市海淀区花园路 6 号北楼 120 室及南楼 418 室北京后浪时空图文技术有限责任公司，对北大方正公司的员工以普通消费者的身份，与高术天力公司联系购买激光照排机设备及高术天力公司在该激光照排机配套使用的北大方正公司自备计算机上安装方正 RIP 软件、方正文合软件的过程进行了现场公证，并对安装了盗版方正 RIP 软件、方正文合软件的北大方正公司自备的两台计算机及盗版软件进行了公证证据保全，制作了公证笔录 5 份。北大方正集团于 2001 年 11 月诉至北京市第一中级人民法院，要求对方承担侵权责任。

（二）裁判要旨

北京术第一中级人民法院经审理后认为，"陷阱取证"方式并没有被法律所明确禁止，法院予以认可，判决被告赔偿原告经济损失 100 万余元。被告不服，上诉至北京市高级人民法院。北京市高级人民法院认为，该案中当事人用"陷阱取证"的方式取得的证据不具有法律效力。通过最高人民法院再

---

〔1〕　案例来源：http://gongbao. court. gov. cn/details/fe5fd189833fdd797d0904b69fd5ad. html，最后访问时间：2019 年 4 月 14 日。

审认为，北大方正公司通过公证取证方式，不仅取得了高术天力公司现场安装盗版方正软件的证据，而且获取了其向其他客户销售盗版软件，实施同类侵权行为的证据和证据线索，其目的并无不正当性，其行为并未损害社会公共利益和他人合法权益。加之计算机软件著作权侵权行为具有隐蔽性较强、取证难度大等特点，采取该取证方式，有利于解决此类案件取证难问题，起到威慑和遏制侵权行为的作用，也符合依法加强知识产权保护的法律精神。此外，北大方正公司采取的取证方式亦未侵犯高术公司、高术天力公司的合法权益。

二、法律问题

本案的主要争议焦点在于：北大方正公司为了获得高术天力公司、高术公司侵权的证据，购买激光照排机、租赁房屋等，采取的是"陷阱取证"的方式。此种取证方式是否符合证据的合法性要求？能否成为定案依据？

三、法理分析

根据《民事证据规定》第 68 条之规定，"以侵害他人合法权益或者违反法律禁止性规定的方法取得的证据，不能作为认定案件事实的依据"。《民诉法解释》第 106 规定，对以严重侵害他人合法权益、违反法律禁止性规定或者严重违背公序良俗的方法形成或者获取的证据，不得作为认定案件事实的根据。

依据上述规定对于证据的合法性作出判断时，应当首先对于"合法权益"的界定应该予以明确。从传统民法理论来看，合法权益涵盖财产权和人身权两部分，财产权包括物权、债权、知识产权、继承权；人身权包括生命权、健康权、人身自由权、公民信息权、隐私权、名誉权、荣誉权、肖像权、姓名权、名称权。在实务中，侵害他人合法权益所涉及的侵权客体主要集中在隐私权、通讯自由权，以及采取包括一些强制、胁迫、限制他人人身自由权的情形。

从现行规定看，与《民事证据规定》相比，《民诉法解释》将证据的排除范围进一步的缩小和明确，增加了侵权行为的"严重性"的要求并将是否违法"公序良俗"作为判断证据合法性的标准。

在司法实务中，法官对于非法取证的行为，除了依据上述规则进行判断以外，还会综合考虑案件的实际情况，比如当事人取证的难易程度，其他方式取证的可能性以及取证成本，该证据对于证明案件事实的作用等方面的因素，对于是否采纳某一"非法证据"作出判断。因为如果不区分具体情况一概性地排除"非法证据"，可能会产生以下几方面的问题：首先，不利于查明案件的客观真实。收集证据的目的在于还原案件的客观真实。在实践中，诉讼双方当事人基于诉讼策略的考虑，倾向于为对方收集证据制造障碍。多数情况下，当事人采用"非法"的方式取得证据乃不得已而为之，如果排除了对于证明案件事实具有决定性的"非法证据"，则无益于事实的查明。其次，排除所有的"非法证据"事实上加重了负有举证责任一方当事人的举证责任。在排除规则之下，当事人一方的取证难度增加，同时，如果负有举证责任的一方当事人完全按照合法手段不能收集到证据，而以非法手段取得的证据又按照证据规则排除了，则会导致案件真伪不明，当事人一方必然承担败诉的风险。最后，这种排除"非法证据"会降低诉讼效率，在我国实践中，案多人少是司法实践中亟待解决的问题。对于当事人的取证行为提出过高的要求，会加重当事人对法官调查取证权的依赖，加重法官的工作负担。同时，当事人在收集证据的过程中已经支付了一定的时间、经济成本。如果过度地排除证据，必然导致当事人对诉讼的投入与产出之间关系的失衡。

因此，对于民事案件中的非法证据，应综合以下几个方面的因素判断是否需要排除：证据是否能够比较容易地通过合法的方法收集，非法收集收集证据的主观目的，侵权行为的严重性以及损害结果等。从本案的实际情况看，首先，原告收集证据的目的是维护自己的合法诉讼权利，更好地证明案件事实，从主观角度是具有合法性的，这是其采取的陷阱取证方式最终被认可的主要原因之一。其次，原告如果不通过此种方式取证，将很难取得有效证据或可能会导致取证成本过高。最后，原告的取证行为并没有导致被告的合法权益受到损害。因此，最高人民法院的再审判决对于原告陷阱取证行为予以认可的做法是正确的。

四、参考意见

本案一审法院和最高人民法院的处理结果是妥当的。程序本身所具有的特殊性决定了在民事诉讼中对证据的合法性必然要作出与刑事诉讼不同的解释。这种解释总体而言更为宽松和灵活，体现了民事诉讼所追求的价值目标的多样性，也使当事人和法官拥有了更多的行为空间和选择余地。

拓展案例

胡某与刘某借款合同纠纷[1]

一、基本案情

被告胡某分别于2011年12月1日和2012年5月1日各向原告刘某借款5万元，两次共计10万元，并分别给原告出具了借条。后据刘某主张，经其催要，胡某归还原告本金3万元，尚余7万元借款没有归还。

被告胡某辩称，被告借原告款10万元是事实，但被告在做生意的过程中，一边卖货一边还款，被告已分10次共还原告款7.5万元。因原、被告以前在一起工作过，关系不错，所以被告还原告前8笔款时，原告没有出具收条，只有最后两笔原告出具了收条。现被告实际下欠原告款2.5万元。开庭审理过程中，被告委托代理人当庭要求对原告进行测谎鉴定。原告表示同意对其进行测谎鉴定，但同时要求对被告进行测谎鉴定。为此，法院当庭通知原、被告双方于庭后7日内提交书面鉴定申请，明确申请鉴定的具体事项，并预交鉴定费，逾期则视为放弃各自的鉴定申请。原告于庭后7日内提交了书面鉴定申请，但被告未按要求在指定的期限内提交书面鉴定申请和预交鉴定费。后原告以被告已不申请对原告做测谎鉴定为由，撤回要求对被告进行测谎鉴定的申请。因此，法院本院没有对外委托对原、被告双方进行测谎鉴定。

二、法律问题

心理测试结论是否可以作为证据使用？我国对于证据形式的8种规定是否合理？

---

〔1〕 案例来源：https://www.tianyancha.com/lawsuit/86d43d951cb611e6b554008cfae40dc0，最后访问时间：2019年4月14日。

三、重点提示

根据《中华人民共和国民事诉讼法》第 63 条，证据包括：①当事人的陈述；②书证；③物证；④视听资料；⑤电子数据；⑥证人证言；⑦鉴定意见；⑧勘验笔录。这是我国立法对于证据形式的规定。其中，第⑦项鉴定意见，是指是指鉴定人运用自己的专业知识对案件中的有关专门性问题进行鉴别、分析所作出的结论。鉴定意见的一个基本特点是科学性，即它是依据科学的原理、科学的方法所作的推论、总结。心理测试结论是在精密仪器的测量下，通过脑电波的波动，对于心理活动予以反馈，符合科学性的要求。但是，由于涉及当事人的基本人权以及存在于证明责任分配规则的紧张关系，因此，我国司法实务中，很多法院以心理测试结论不符合法定证据形式而将其作为非法证据直接予以排除。

相比直接排除适用的做法，也有法院也综合考虑当事人的处分权，例如常州市中级人民法院在陆建全与武旧华民间借贷纠纷二审民事判决书中，认为测谎技术作为一种先进的科学技术手段，以其独有的客观性、科学性为基础，所得出的结论在认定案件事实方面具有一定的辅助作用。目前，测谎结果并不是我国法定的民事证据形式，进行测谎检测需民事诉讼主体协商确认。所以可以看到，在测谎结论方面，如果双方当事人同意，则可以作为证据采纳。

当然，仅以心理测试作为认定案件事实的依据，在多数案件中证明力较低，所以，笔者认为心理测试结论不能成为直接认定案件事实，而应当需要其他证据予以补强。同样依据上述的陆建全与武旧华民间借贷纠纷二审民事判决书，常州市中级人民法院认为，测谎结果并不能作为认定案件事实的唯一直接证据，测谎结果必须和其他证据相结合。

专题二　原始证据规则

📖 知识概要

一、原始证据规则的含义

原始证据规则在英美法系国家体现为最佳证据规则。按照美国学者 Morgan 的定义，"所谓最佳证据规则，在现在则为关于文书内容之证据容许性之法则，该法则需要文书原本之提出，如果不能提出原本，直至有可满意之说明以前，则拒绝其他证据"。[1]最佳证据规则存在的基础是：法律认为某种形式的证据——（原始文书）更具有可信性，因此，证据法规定双方当事人对该文书所载的内容发生争议时，应优先提供原始文书，而不是复制品，只有满足法律要求的条件，复制品才与原始文书具有相同的效力。因此，准确地说，最佳证据规则并不是一项证据排除规则，而是一项规定优先采用某种证据的规则，因此也有学者将它称为"优先规则"（Preferential Rules）。

最佳证据规则主要适用于文书证据。此外，另一个最佳证据规则适用的前提条件是，文书证据所载的内容必须涉及案件中有实质争议的问题，否则，即使一项证据按照分类应列入文书证据之列，最佳证据规则也不能自动发生效力，除非法官认为该文书所记载的内容是本案争点。用《美国联邦证据规则》第 1002 条来解释就是"为证明文字、录音或照相的内容"，这一要求反映了最佳证据规则存在的理论依据：只有当文书的内容成为证明对象时，其内容的真实性才需要用提交文书原件的方式来保障。

我国立法中对书证原件优先原则的适用范围没有作出明确的规定，有人认为，只要当事人在诉讼过程中使用了书面证据，就必须出示原件，这实际上扩大了书证原件优先原则的适用范围，因此有必要规定，只有当文书所记载的内容成为证明对象时，才能适用书证原件优先原则。

二、原件或与原件有同等效力的副本、复本的可采性

如果某一文书所记载的内容成为案件的争执点，那么按照书证原件优先规则，当事人应当提交原始证据。在英美法系国家，原始证据包括原件和与原件有同等效力的副本或复本，这二者在证据法上都是可采的。那么，什么是原件呢？一般而言，原件产生在案件发生的过程中，但是时间并不能成为判断是否为原件的标准，有时必须借助实体法的规定来判断。比如在钢材买卖纠纷中，如果甲与乙通过书信往来达成买卖合同，甲在看到乙的广告后打出了一份要约，并将该要约在复印后寄给了乙。按照合同法中关于要约效力

---

〔1〕 ［美］摩根：《证据法之基本问题》，李学灯译，世界书局 1982 年版，第 385 页。

的规定，要约在送达受要约人前不发生法律效力。因此，虽然乙收到的"复印件"后于打印件产生，但由于发生法律效力的是"复印件"，因而该复印件在该案件是"原件"。文书的副本或复本是指按原文全文抄录或复印的与正本具有同等法律效力的文件。因此，《美国联邦证据规则》第1001条第3款规定，文字或录音的"原件"即该文字或录音材料本身，或者是由制作人或签发人使其具有与原件同样效力的副本、复本。照相的"原件"包括底片或任何由底片冲印的胶片。如果数据储存在电脑或类似设备中，任何从电脑中打印或输出的能准确反映有关数据的可读物，均为"原件"。

在最佳证据规则产生发展的早期阶段，普通法对与原件有同等效力的副本、复本的采纳持十分谨慎的态度，某一副本、复本只有满足以下四个条件才具有可采性：①副本、复本是由原件复制而来；②副本、复本与原件在时间上是同时产生的；③双方当事人有意赋予副本、复本与原件同等的法律效力；④双方当事人制作的副本、复本与原件具有相同的形式。[1]但是，随着科学技术的进步，对证据原件进行复制的准确性得到大幅度提高，虽然复制的手段仍有可能被某些当事人恶意利用以达到歪曲事实的目的。但"魔高一尺，道高一丈"，人们识别虚假副本、复本的手段也越来越高，同时人们也期望通过诉讼中其他技术性规定来排除有可能为虚假的副本、复本。因此，现代证据法放宽了对副本、复本可采性的限制，特别是在时间上，不要求其与原件同时产生，但一般要求当事人所采用的技术手段能够准确地复制出原件，同时，副本、复本也不必与原件具有同样的形式，可以是原件的放大和缩小制品。当然，副本、复本并非在所有情况下都可以采纳，证据法一般规定，当法院对副本、复本是否忠实于原件产生疑问或以复制品替代原件采纳将导致不公正时，可以决定不采纳该复制品。

我国《民事证据规定》第20条规定，调查人员调查收集的书证，可以是原件，也可以是经核对无误的副本或者复制件。是副本或者复制件的，应当在调查笔录中说明来源和取证情况。由此可见，我国对副本效力的规定与英美法系国家有很大的不同。在我国民事诉讼中，副本属于有待补强的证据，只有与正

---

〔1〕 Ronald L. Carlson, *Materials for the Study of Evidence: Cases and Materials*, Michie Company, 1983, p. 412.

本核对无误时才能使用，某一副本上即使有双方当事人的签名，只要当事人在诉讼过程中否认副本的效力，且该副本无法与原件核对就不能使用。同时，由于书证的副本在制作过程中往往使用了复制手段，因此，在实践中经常被认为证明力较低，副本在民事诉讼中的作用没有得到充分重视。参照英美法系国家的立法经验，笔者认为，副本或复本能否在诉讼中成为定案依据不应取决于该副本是否能够与原件核对，只要满足了法定条件，书证副本，即使无法与原件核对，也应具有与原件同样的法律效力，这些条件应当包括：①副本是直接由原件复制而来；②双方当事人有意赋予副本与原件同等的法律效力。制作者或发行者的这种意图可以通过明确的意思表示表现出来，比如，在文书副本上签名并说明此副本与原件具有相同的法律效力；也可以通过行为人的默示行为表现出来，比如，一方当事人明知对方出示的是副本仍在副本上签名等。通过对原件范围的扩张性解释，可以使更多的文书证据具有可采性，扩大书证在民事诉讼中发挥作用的空间。对此，我国《民诉法解释》第 111 条规定："民事诉讼法第 70 条规定的提交书证原件确有困难，包括下列情形：①书证原件遗失、灭失或者毁损的；②原件在对方当事人控制之下，经合法通知提交而拒不提交的；③原件在他人控制之下，而其有权不提交的；④原件因篇幅或者体积过大而不便提交的；⑤承担举证证明责任的当事人通过申请人民法院调查收集或者其他方式无法获得书证原件的。前款规定情形，人民法院应当结合其他证据和案件具体情况，审查判断书证复制品等能否作为认定案件事实的根据。"

该规定对于鼓励法院和当事人在民事诉讼程序中充分利用传来证据认定案件事实具有重要的意义。同时，随着现代科学技术手段的发展，对许多复制品的制作已达到了相当的精确程度，即使不能排除当事人恶意伪造、篡改书证的可能性，但现代科学辨别文书真伪的手段也大幅度提高了。同时，并不是所有在诉讼中使用派生证据的当事人都有伪造、篡改证据的嫌疑。过于严格地贯彻原件优先原则还有可能给举证方增加举证的难度，提高证据收集的成本。因此，英美法系国家的最佳证据规则出现了松动的迹象，证据立法中针对最佳证据规则的例外呈现出增加的趋势。比如，《加拿大证据法》规定，当事人在法庭程序中满足下列条件可以不提交原件：①提交原件是不可能或不具有合理可行性的；②必须在提交复制件时附带提交不可能或不具有可行性的理由的宣誓证言；③必须由制作复制件的人出具证明证实复制件的出处和它的真实性。[1] 立法中比较常见的，允许当事人提交第二手证据的理由包括：①原件由于非提供者的过错遗失或灭失；②原件不能通过适当的司法程序获得；③原件由对方当事人掌握，该当事人拒绝提供；④证据所要证明的事项并非本案主要争点；[2]⑤对政府文件的证明，应由政府官员证明其真实性。[3]

经典案例

佛山市金澜东钢铁有限公司诉李×芳借款合同纠纷案[4]

一、基本案情

（一）案情摘要

2006 年 11 月 10 日，李×芳用复写纸出具借条一份，其中一份为书写的原件，一份为复写的原件。借条载明"今借佛山市金澜东钢铁有限公司现金 100 000 元按年息 4% 还款"及"半年内归还"。现佛山市金澜东钢铁有限公司持有借条复写件，该复写件盖有李×芳的手指模，李×芳持有书写的借条原件。佛山市金澜东钢铁有限公司以李×芳未归还借款为由向法院提起诉讼，请求：李×芳立即向佛山市金澜东钢铁有限公司支付借款本金 100 000 元及利息 4000 元（暂计至 2007 年 8 月 20 日，余下利息计至李×芳全部清偿为止）；本案诉讼费用及实际发生的费用由李×芳承担。

一审法院认为，李×芳向佛山市金澜东钢铁有限公司借款 100 000 元，双方形成的借贷关系，合法有效，应受法律的保护。李×芳以持有借条书写的原件为由主张其已经归还借款予佛山市金澜东钢铁有限公司，但同时佛山市金澜东钢铁有限公司持有同时开具的借条复写件的原件予以对抗，该原件印有李×芳的手指模，故应与李某某持有的借条的书写原件证明力相当，李×

---

〔1〕《加拿大证据法》第 30 条。转引自何家弘、张卫平等编译：《外国证据法选译（下）》，人民法院出版社 2000 年版。

〔2〕以上四点出自《美国联邦证据规则》第 1004 条。

〔3〕沈达明编著：《比较民事诉讼法初论（上）》，中信出版社 1991 年版，第 283 页。

〔4〕案例来源：https://www.qichacha.com/wenshuDetail_com_ff935576d5e06a4bf0a7c7b99a232837.html，最后访问时间：2019 年 4 月 15 日。

芳是否归还借款的事实为待查，依照《最高人民法院关于民事诉讼证据的若干规定》第 5 条第 2 项的规定，是否归还借款的举证责任应由李×芳承担。现李×芳除持有借条的书写原件外没有证据予以证明其已经归还借款，李×芳应承担举证不能的不利后果，故对佛山市金澜东钢铁有限公司提出李×芳归还借款 100 000 元的请求，予以支持。判决作出后，被告不服，提起上诉。

（二）裁判要旨

审理该案的二审法院认为李×芳关于已经偿还本案讼争借款予佛山市金澜东钢铁有限公司，理由如下：

第一，李×芳持有借据的手写原件，而佛山市金澜东钢铁有限公司所持有的则为相应借据的复写件。对于上述事实，李×芳称其之所以于出具手写借据原件的同时，又另行通过复写纸形成复写件一份并加具指模，是因为其姐姐即佛山市金澜东钢铁有限公司的股东兼会计李×兰提出该要求，并表示该份复写件只是用于佛山市金澜东钢铁有限公司财务入账需要，其于 2007 年 5 月 10 日偿还借款后，佛山市金澜东钢铁有限公司遂将借据原件退还予李×芳，故而手写的借据原件由其持有。

与此同时，佛山市金澜东钢铁有限公司则称上述两份借据系同时形成，由于李×芳坚持自己拿走手写的借据原件，故佛山市金澜东钢铁有限公司持有的仅为复写件，故此，其才要求李×芳加具指模，以使该复写件具备等同原件的效力。对双方在诉讼中的陈述，从情理和正常的交易习惯分析，在进行借贷时，一般都是由借款人向出借人出具借据，并由出借人持有借据原件以作为其债权凭证的。只有在借款人归还借款以后，出借人才会将借据原件归还给借款人，从而出现由借款人持有借据原件的情况。而且，在一般情况下，如果借款人在出具借据原件的同时，又同时形成一份内容完全一样的复写件的话，那么出借人当然会选择持有证据力较高的借据原件，而不会选择持有证明力较低的复写件。

从这种意义上说，李×芳的陈述显然较为真实可信，而佛山市金澜东钢铁有限公司的陈述则显然违反生活情理，因为，对债权人佛山市金澜东钢铁有限公司而言，在李×芳已经出具手写借据原件的情况下，其反而仅持有证明力相对较低的复写件，并须李×芳在复写件上加具指模，方得以证明其所持借据的真实性，而不直接持有借据原件，其该主张违反常理。

第二，虽然佛山市金澜东钢铁有限公司称其所持有的加具有李×芳指模的复写件等同于借据原件效力，但与借据原件本身的证据力相比，其证明效力毕竟还是相对较低。况且，佛山市金澜东钢铁有限公司所持有的借据复写件上有其自行添加的"半年内退还"字样，根据一般生活常理，如果佛山市金澜东钢铁有限公司所持有的该份借据复写件是其所持有的唯一有效债权凭证的话，从出于保证借据原始状态及内容并确保其证明力的角度考虑，佛山市金澜东钢铁有限公司不可能在其上自行任意添加"半年内退还"的内容。

另外，佛山市金澜东钢铁有限公司持有的借据有明显的粘贴过的痕迹，经与佛山市金澜东钢铁有限公司所提交的其自认的粘贴物比对，佛山市金澜东钢铁有限公司所持有的借据上原粘贴有一张时间为 2006 年 11 月 10 日的中国建设银行取款凭条（流水号：4406689391070000003），金额 100 000 元。从时间及金额上判断，该款系佛山市金澜东钢铁有限公司取出后出借予李×芳涉案款项的取款凭证。上述事实与李×芳关于佛山市金澜东钢铁有限公司所持有的借据复写件仅用于公司财务入账用、借据原件在其归还后借据已经返还予李×芳的主张能够相互印证。

第三，李×芳提供了其于 2007 年 4 月 11 日从其中国农业银行卡号为 6228481460205791614 的账户中取款 50 000 元、从其中国工商银行账号为 2013021801001180879 的账户中取款 23 000 元的充分证据。此外，李×芳还提供了何×珍中国建设银行账号为 3110369980120024213 的银行账户于 2007 年 4 月 17 日取款 30 000 元的取款记录及由李×芳向何×珍借款 30 000 元的借据一份，证明其曾于 2007 年 4 月 17 日向何×珍借款 30 000 元用于偿还本案讼争借款。上述证据在金额及时间上均能够与李×芳所称其已经于 2007 年 5 月 10 日向佛山市金澜东钢铁有限公司偿还借款 100 000 元及利息 2000 元的事实相互印证。同时，李×芳所主张的还款时间、金额及利息亦与佛山市金澜东钢铁有限公司所持有的借据复写件中所载"半年后退还"即半年后偿还借款并退还借据予李×芳的时间相吻合。结合前文所论及的几点理由，法院认为李×芳所提供的证据能够形成一个完整的证据链，并与李×芳的相应陈述进行一一印证，故其抗辩主张相对更具证据优势。

二、法律问题

本案提示的法律问题是：原始证据与传来证据区分的标准为何？是否采

用复印、复写方式形成的证据都属于传来证据？

三、法理分析

书证原件与复印件的分类在我国民事诉讼中具有重要意义，因为按照《民事证据规定》第69条的规定，无法与原件核对的复印件不能单独作为认定案件事实的依据。按照人们在日常生活中的经验，区分原件与复印件主要依照两项标准：一是产生方式不同，复印件是原件经过机械、化学或其他方式复制产生；二是产生时间不同，复印件后于原件产生。上述的区分标准实际上把复印件限制在了较小的范围内。如果在司法实践中也以上述标准区分原始书证与派生书证，就会产生一些问题，比如，某人采取先手写再复印的方法散发、张贴小传单对他人进行侮辱、诽谤，只有手写的传单才能构成原件，其他传单只是复印件。并且，按照对我国《民事证据规定》的理解，只有受害人找到了"原件"才能证明侵权事实的存在，单独的"复印件"在没有与原件核对无误时，不具有可采性。这对承担举证责任的当事人而言显然是不公平的。

解决上述问题的途径是：在立法上不要使用"原件"与"复印件"的概念，而分别以"原始书证"与"派生书证"替代之，"原件"与"复印件"是从技术角度对书证做的分类，但是，所谓的书证"原件"优先原则，实际是原始证据优先于派生证据使用的规则。在证据法学理论中，区分原始证据与派生证据的标准是证据的来源而不是证据制作的技术手段。直接来源于案件事实或者在案件事实发生、发展过程中产生的证据就是原始证据。"复印件"或"复写件"不等于"派生证据"，但是我国《民事证据规定》实际上是在同一含义上使用"复印件"与"派生证据"两个术语的，这极有可能导致司法实践的混乱，给当事人举证造成障碍。

四、参考意见

本案一审法院与二审法院最终的判决结果虽然不同，但是对于原告持有的加盖李×芳指模的借条的复写件的性质与效力都作出了正确的判断。由于该借条采用复写的方式形成的，因此，其在产生的时间上是与案件事实同时产生的。同时，李×芳在该借条上加盖指模的行为也可以被认定为其欲使该复写件发生与原件同等的法律效力。基于上述两点，该复写件应当被认定为原始证据，而非传来证据。

拓展案例

B 公司担保合同纠纷案[1]

一、基本案情

A 公司欲向银行贷款 2000 万元，银行要求 A 提供担保，A 找到 B 做保证人。A 将 B 公司愿意承担保证责任的书面文件（上有 B 公司的公章）传真给银行，银行在收到保证书后即放款。后 A 公司无力偿还贷款，银行要求 B 公司承担保证责任，因此发生纠纷诉至法院。在诉讼过程中，银行称当时是由 B 公司直接向其以发传真的方式提供担保的。B 公司则称当时 B 公司是将传真发给 A 公司，再由 A 公司发给银行的，而且 A 传真给银行的保证合同与 B 传真给 A 的合同不同，B 的传真件上明确写明该文件属于意向书，而且必须得到 A 公司的反担保后才生效，但是在 A 给银行的传真中却没有该部分内容。

显然 A 公司为了获得银行的贷款有意删除了这部分内容。A 公司则称，当时是由 B 公司将担保书以传真形式发给 A 公司的，A 再发送给银行，不存在做假的情况。

二、法律问题

该案提示的法律问题是：传真证据在分类上是否属于原始证据？其使用应当遵循哪些规则？

三、重点提示

根据我国《合同法》的规定，传真是当事人缔结合同的有效形式之一。但是从证据法的角度看，传真件在证据分类上属于传来证据，其效力低于原始证据。我国《民事证据规定》第 69 条规定，无法与原件、原物核对的复印件、复制品不得单独作为认定案件事实的依据。本案中，当事人提交给法院

---

〔1〕　毕玉谦：《民事证据案例实务问题解析》，人民法院出版社 2009 年版，第 183 页。

的担保函是以传真的方式形成的，无论该担保函是 B 公司直接传真给银行的，还是 B 公司传真给 A 公司，再由 A 公司传真给银行的，传真证据都是传来证据，在没有得到 B 公司认可的情况下，该传真证据无法单独证明 B 公司愿意对 A 公司的债务承担担保责任。

专题三 证明责任分配

知识概要

一、证明责任的概念

对于证明责任的概念，我国学界曾长期存在争议。目前的普遍观点是：从行为与结果两个角度理解证明责任的含义，认为证明责任具有以下两层含义：一是谁主张就由谁提供证据加以证明，即行为意义上的证明责任；二是不尽举证责任，应当承担的法律后果，即结果意义上的证明责任。这一认识得到了立法的认同，《民事证据规定》第 2 条第 1 款规定："当事人对自己提出的诉讼请求所依据的事实或者反驳对方诉讼请求所依据的事实有责任提供证据加以证明。"该条第 2 款同时规定："没有证据或者证据不足以证明当事人的事实主张的，由负有举证责任的当事人承担不利后果。"立法显然是从"行为责任"和"结果责任"两个角度来理解证明责任的。因此，民事诉讼中的证明责任就是指当事人对其在诉讼中所主张的案件事实，应当提供证据加以证明，并在案件事实真伪不明时应当由该当事人承担不利诉讼后果的责任。但是必须同时强调，证明责任的本质与核心是"结果责任"，而不是"行为责任"。

在理解证明责任的含义时，应当注意以下几个问题：

1. 证明责任中的"结果责任"总是与"事实真伪不明"的情况联系在一起的。在民事诉讼过程中，法院对事实的认定只能依赖于当事人提出的证据。当事人对每一个事实主张的证明依据其结果的不同，可以分为"证明为真""证明为伪""真伪不明"三种类型，在前两种类型中，法院应在判决中对事实主张的真伪作出明确认定，而在第三种情况下，法院应当怎样认定事实取决于证明责任的规定。比如，原告起诉被告要求被告返还借款，如果在诉讼中双方当事人均无法证明借款合同是否存在，按证明责任的规定，应判决驳回原告的诉讼请求。但是，如果原告因被某电业局管辖范围内的高压线击伤向法院起诉要求电业局赔偿损失，如果诉讼中关于原告是否是故意导致损害发生的事实真伪不明，法院依据证明责任分配的原则应判决被告赔偿损失。

证明责任的主要作用是引导法院在案件事实真伪不明时作出裁判。在绝大多数情况下，案件事实是可以得到证明的。在这种情况下，法院就可以在认定的事实的基础上依据法律作出裁决。但是，当出现案件事实真伪不明的情况时，法院应当如何判决呢？这是证明责任所要解决的主要问题，证明责任实际上是通过将真伪不明的事实"拟制"为"真"或"拟制"为"假"的方式帮助法院作出裁决的。

2. "行为责任"或称"提供证据的责任"，这种责任受当事人赢得诉讼的心理的影响，在诉讼中转化为具体的提出证据的行为，提出证据责任的分配取决于证明案件事实的需要。在民事诉讼中，双方当事人都承担提出证据的责任。法律无法对提出证据的责任作出预先的规定，并且，提出证据的责任是一种动态的责任，在诉讼中随着证明过程的推进会在原、被告之间转移，从主张事实的一方转移到另一方，然后又从对方回到主张事实的一方。但是，"结果责任"不会发生转移，由哪一方当事人承担"结果责任"取决于实体法的有关规定。原告向被告主张某一民事权利就必须就该权利存在的要件事实承担证明责任，被告主张免除责任，也必须就免责事由承担证明责任。"结果责任"一旦确定后，在事实被证明之前就会始终处于稳定状态，不会发生转移。比如，在借贷关系纠纷中，原告称被告曾向其借款1万元，要求被告偿还本金及利息，那么原告必须提供初步的证据证明与被告之间存在借贷关系（行为意义上的证明责任）。如果原告提出证人甲，甲称其目睹了借款的过程。此时，行为意义上的证明责任就转由被告承担，如果被告不提出证据，法院就可能会认定借款事实存在。假设被告提出证据证明自己在原告所主张的借款日恰在国外，此证据就会使原告方证人证言的证明力受到削弱，原告需要进一步提出证据证明自己的主张，因此，行为意义上的证明责任又转移到原告方。但是在这一过程中，结果意义上的证明责任始终没有发生转移。在诉讼开始时，它作为一种潜在的可能性存在于原告方；在举证过程中，仍存在于原告方；在诉讼终结时，一旦事实出现真伪不明的状态，依然由原告方承担。

3. "结果责任"在诉讼中是由一方当事人承担的风险。在民事诉讼中，"结果责任"只能由一方当事人承担而不能由双方当事人共同承担，更不能由法院承担。但是，当事人在诉讼中并不必然会承担"结果责任"，是否会导致"结果责任"的承担取决于双方当事人对案件事实证明的状况，只有在案件事实处于真伪不明的状态下，证明责任才会得到切实的落实。因此，证明责任的承担对当事人而言只是一种风险，而不是必然会发生的诉讼结果。

二、《民诉法解释》关于证明责任分配的一般原则

当作为裁判基础的案件事实处于真伪不明时，必然有一方要承担由此而带来的不利后果，那么这一后果应当由谁来承担呢？这就是证明责任分配所要解决的问题。所谓证明责任的分配，是指法院在诉讼中按照一定的规范或标准，将事实真伪不明时所要承担的不利后果在双方当事人之间进行划分。

目前学界关于举证责任分配的探讨尚未形成统一的认识，其中，以德国学者罗森贝克提出的法要件说最具影响力。他认为，法律要件事实可以分为法律关系发生的要件事实，妨碍法律关系发生的要件事实，法律关系的消灭、变更、受制的要件事实。该说认为，主张权利存在的人，应就该权利赖以存在的实体法上规定的要件事实，承担证明责任；主张权利不存在的当事人，应就存在权利妨碍要件、权利消灭或受制的要件事实，承担证明责任。规范说自产生后一直处于通说地位，但是该学说的主要问题在于：某一命题可能因为表述的不同而同时属于权利发生规范和权利妨碍规范。比如，某人有行为能力是合同成立的一般要件，应由主张合同成立的当事人承担证明责任。但是，如果对方当事人主张其在签合同时没有行为能力，某人没有行为能力同时又是法律行为无效的特别要件，应由主张无行为能力的当事人负证明责任，这就可能产生对同一事实只是由于表述的不同而由双方当事人共同承担证明责任的现象。

在举证责任的分配方面，我国《民事诉讼法》第 64 条第 1 款规定："当事人对自己提出的主张，有责任提供证据。"有学者将这一规定理解为"谁主张，谁举证"原则。

但是，民事诉讼法对证明责任的这种规定并没有把握证明责任分配的核心问题，按照我们对证明责任的理解，证明责任所要解决的问题是当案件事实处于真伪不明的状态时，由哪一方当事人承担败诉的责任。而"谁主张，谁举证"仍停留在行为责任的层面来理解证明责任，并没有涉及败诉风险的负担问题。并且，当事人在诉讼过程中提出的主张可以分为肯定的主张与否定的主张两类，某一事实可能因为当事人陈述的角度不同而同时属于肯定主张和否定主张，在这种情况下，根据"谁主张，谁举证"原则就无法确定证明责任的分配。比如，原告主张其与被告之间存在合同关系，而被告则主张不存在合同关系。在该案中，双方当事人对同一事实分别从肯定和否定的角度提出了自己的主张，按照"谁主张，谁举证"原则，双方当事人都应当对自己所主张的事实承担证明责任，这显然是不合理的。

为了弥补《民事诉讼法》在证明责任分配方面所存在的欠缺，最高人民法院《民诉法解释》第90、91条，《民事证据规定》第2~7条对证明责任分配规则进行了进一步的明确和细化。此外，我国《民法通则》第180~183条《合同法》第68、152条，《专利法》第61条，《著作权法》第53条，《海商法》第51、52、59条等实体法及其特别法中均有证明责任分配的规定。至此，我国已经初步形成了关于证明责任分配的一般规则体系，这一体系基本上是建立在法律要件分类说的基础之上，并适当借鉴了其他关于证明责任分配的学说，形成了以下关于证明责任分配的基本原则：

1. 主张法律关系存在的当事人，应当对产生该法律关系的基本事实承担举证证明责任。

2. 主张法律关系变更、消灭或者权利受到妨害的当事人，应当对该法律关系变更、消灭或者权利受到妨害的基本事实承担举证证明责任。

三、《民事证据规定》对合同案件、劳动争议案件证明责任分配的具体规定

《民事证据规定》第5条第1款规定："在合同纠纷案件中，主张合同关系成立并生效的一方当事人对合同订立和生效的事实承担举证责任；主张合同关系变更、解除、终止、撤销的一方当事人对引起合同关系变动的事实承担举证责任。"第2款规定："对合同是否履行发生争议的，由负有履行义务的当事人承担举证责任。"第3款规定："对代理权发生争议的，由主张有代

理权一方当事人承担举证责任。"

《民事证据规定》第 6 条规定："在劳动争议纠纷案件中，因用人单位作出开除、除名、辞退、解除劳动合同、减少劳动报酬、计算劳动者工作年限等决定而发生劳动争议的，由用人单位负举证责任。"

上述规定属于证明责任分配的一般原则在具体案件中的细化。与我国《民事诉讼法》在证明责任分配问题上的规定相比，《民事证据规定》第 5、6 条的规定更加具有可操作性，而且考虑到了双方当事人举证的难易程度，距离证据的远近等因素，使证明责任的分配更加公平合理。更重要的是，《民事证据规定》没有停留在"谁主张，谁举证"这一层面上理解证明责任的分配问题，采用了主张权利和否认权利的标准划分证明责任。

经典案例

邓某与赵某借款合同纠纷案[1]

一、基本案情

（一）案情摘要

邓某与赵某是朋友关系。2011 年 5 月，赵某以生意周转的需要为由，向邓某借款 250 万元，双方于当日签订了《借款合同》，合同约定借款期限自签订之日起 2011 年 8 月 5 日止；借款利息按月息 125 000 元/月执行。借款到期后赵某没有按约定还款，经邓某追讨，赵某分别于 2013 年 7 月 23 日、2015 年 9 月 12 日立下了两份《还款保证书》。

赵某与严某是夫妻关系，双方于 1994 年 10 月 10 日登记结婚。2017 年 5 月 19 日，双方登记离婚，双方的《离婚协议书》显示双方在四会市区共有房产 27 套，双方约定将其中 16 套房产离婚后归严某所有，另外 11 套归双方的子女所有。

（二）裁判要旨

本案经二审法院审理认为，关于严某应否对本案债务承担共同还款责任

---

[1] 案例来源：http://wenshu. court. gov. cn/content/content? DocID = a8652b4b－3204－4902－ab1f－a90f01367eed&KeyWord =％E9％82％93 E6％B2％9B E9％82％A6，最后访问时间：2019 年 4 月 15 日。

的问题。《中华人民共和国婚姻法》第 41 条规定："离婚时，原为夫妻共同生活所负的债务，应当共同偿还。共同财产不足清偿的，或财产归各自所有的，由双方协议清偿；协议不成时，由人民法院判决。"本案中，赵某向邓某的借款发生在其与严某的婚姻关系存续期间，借款用途是用于生意资金周转，目的是改善家庭生活，投资收益亦属于夫妻共同财产。严某提供的证据不能证明邓某与赵某明确约定本案借款为个人债务，也不能证明存在《婚姻法》第 19 条第 3 款规定的情形。此外，赵某与严某在知道债权人向一审法院起诉后，于 2017 年 5 月 19 日登记离婚，并将夫妻共同财产大部分转归严某所有，明显属于逃避债务，因此，法院认定本案借款应为赵某、严某的夫妻共同债务，严某应与赵某共同清偿本案借款。

二、法律问题

夫妻共同债务的司法认定，一直以来是合同法和婚姻法实务领域争议最大的问题。争议的焦点，表面上看是关于债务的实体法认定的问题，实质上却是证明责任分配的问题。按照证明责任分配的一般法理及《民事诉讼法》的规定，主张权利存在的当事人，应当对支持该权利存在的要件事实承担证明责任；主张法律关系变更、消灭的当事人，应当对法律关系变更消灭的事实承担证明责任。在上述理论与规则的框架下，如何在具体案件中理解并运用证明责任分配的规则，是应当着重考虑的问题。

三、法理分析

2003 年最高人民法院出台《最高人民法院关于适用〈中华人民共和国婚姻法〉若干问题的解释（二）》（以下简称《婚姻法解释（二）》），其中第 24 条规定："债权人就婚姻关系存续期间夫妻一方以个人名义所负债务主张权利的，应当按夫妻共同债务处理。但夫妻一方能够证明债权人与债务人明确约定为个人债务，或者能够证明属于《婚姻法》第 19 条第 3 款规定情形的除外。"《婚姻法》第 19 条第 3 款规定："夫妻对婚姻关系存续期间所得财产约定归各自所有的，夫或妻一方对外所负的债务，第三人知道该约定的，以夫或妻一方所有的财产清偿。"从现有立法来看，我国对于证明责任的分配基本采用罗森贝克的法律要件分类说，即主张权利存在的当事人，应当对产生该权利的要件事实举证；主张权利不存在或权利已被消灭的当事人，应当对权利消灭的要件事实或法律规定的免责事由举证。按照法律要件分类说，债权人需要证明借贷法律关系存在，并且该债务属于夫妻共同债务，也即法律关系主体是自己和对方夫妻二人。

不难看出，《婚姻法解释（二）》第24条侧重保护债权人的利益，直接将婚姻关系存续期间一方的举债推定为夫妻共同债务，行为意义上的证明责任由债务人承担，其必须证明该举债并非共同债务。然而，该条但书的例外情形过于狭窄，压制了司法实践中应有的能动性。比如，至少有一种例外情形未予体现，"夫妻一方能够证明举债未用于共同生活的除外"。实际上，《婚姻法》第41条规定："离婚时，原为夫妻共同生活所负的债务，应当共同偿还。"反向推理，如果夫妻一方能够证明一方举债不是用于夫妻共同生活，就不应当承担共同偿还的责任。因此，即使但书未作明确规定，在适用第24条时也能推出此种逻辑。遗憾的是，许多地方法院在适用《婚姻法解释（二）》第24条时，局限于司法解释字面的规定而置原本的《婚姻法》第41条于不顾。于是，实践中，大量案件中夫妻一方，为另一方不知情的举债承担了承担巨额债务。严重影响了婚姻家庭关系的稳定性，破坏了社会和谐。

2017年2月《最高人民法院关于适用〈婚姻法〉解释（二）的补充规定》针对《婚姻法解释（二）》第24条专门增加了三款补充规定："债权人就婚姻关系存续期间夫妻一方以个人名义所负债务主张权利的，应当按夫妻共同债务处理。但夫妻一方能够证明债权人与债务人明确约定为个人债务，或者能够证明属于《婚姻法》第19条第3款规定情形的除外。夫妻一方与第三人恶意串通，虚构债务，第三人主张权利的，人民法院不予支持。夫妻一方在从事赌博、吸毒等违法犯罪活动中所负的债务，第三人主张权利的，人民法院不予支持。"该规定的基本原则没有改变，仍然侧重保护债权人一方的利益。第1款补充规定主要针对实践中夫妻一方故意侵害另一方的合法权益，与债权人恶意串通，企图通过法院判决侵吞另一方的财产的现象。这种虚假诉讼对于夫妻中未举债的一方而言，难以提出行之有效的证据，很容易被判决共同偿付债务，因而性质恶劣，严重影响社会风气。但不难看出，两款补充规定颇有画蛇添足之嫌。夫妻举债一方与债权人虚构债务、恶意串通，本就为恶意串通损害第三人利益的无效合同，举债方所负债务为赌债、毒债本就是违反法律强制性规定的无效合同。即使没有两款补充规定，法律实践也应当保护未举债的一方当事人。因此，此次最高院出台的两款补充规定主要是出于安抚的目的，实际意义却十分有限。

2018 年 1 月《最高人民法院关于审理涉及夫妻债务纠纷案件适用法律有关问题的解释》（以下简称《夫妻债务解释》）第 1 条规定："夫妻双方共同签字或者夫妻一方事后追认等共同意思表示所负的债务，应当认定为夫妻共同债务。"第 2 条规定："夫妻一方在婚姻关系存续期间以个人名义为家庭日常生活需要所负的债务，债权人以属于夫妻共同债务为由主张权利的，人民法院应予支持。"第 3 条规定："夫妻一方在婚姻关系存续期间以个人名义超出家庭日常生活需要所负债务，债权人以属于夫妻共同债务为由主张权利的，人民法院不予支持，但债权人能够证明该债务用于夫妻共同生活、共同生产经营或者基于夫妻双方共同意思表示的除外。"第 4 条规定："本解释自 2018 年 1 月 18 日起施行。本解释施行后，最高人民法院此前作出的相关司法解释与本解释相抵触的，以本解释为准。"

《夫妻债务解释》第 4 条看似宣告了《婚姻法解释（二）》第 24 条及其补充条款的效力终结。但从本质上说，仍有没有脱离《婚姻法》关于夫妻共同债务应共同偿还的基本规定，也没有改变在这一问题上证明责任分配的基本规则。但是在利益保护的侧重方面，均衡考虑了债务人与夫妻未举债一方的利益。从《夫妻债务解释》前 3 条的实质规定来看，主要内容包括：①规定了"一个原则，一个例外"。原则上，由债权人或原告对夫妻共同债务的成立承担证明责任；例外情形下，将夫妻一方"以个人名义为家庭日常生活需要所负的债务"推定为夫妻共同债务，由债务人或被告对夫妻共同债务的不成立承担行为意义上的证明责任。②对于债权人而言，对夫妻共同债务成立的证明有两种方法：其一，"共债共签"，即夫妻双方在借款合同上共同签字确认或夫妻一方事后予以追认；其二，提出证据证明该债务用于夫妻共同生活、共同生产经营。

四、参考意见

本案法院的处理结果是妥当的。但是，从最高人民法院关于夫妻共同债务认定的司法解释变迁来看，关于证明责任的分配实际上更多体现的是一种政策性的考量。其一，站在债权人的角度，由其来证明夫妻共同债务"用于共同生活"不易，故将夫妻一方在婚姻中的举债原则上推定为夫妻共同债务，同时设置但书作例外规定；其二，站在夫妻未举债一方当事人的角度，由其证明夫妻共同债务"未用于共同生活"不易，故将一方的举债原则上推定为非共同债务，同时作出例外规定。但是，这种通过司法解释的方法对证明责任在具体案件中的分配作出抽象性规定的思路很容易造成适用的僵化和个案审理的不公正。解决这一问题的根本方法应当是，加深法官对于证明责任分配规则的理解，提高运用规则的能力和查明事实的司法能动性。

拓展案例

韩某与李某甲、李某乙借款合同纠纷[1]

一、基本案情

原告韩某自 1997 年起向被告李某甲购买糖果。1999 年，韩某因购买的部分糖果滞销，经与被告李某甲协商，将价值 46 700 元的糖果退还李某甲，李某甲则出具了欠款 46 700 元的欠条给原告韩某。2001 年 8 月 25 日，原告韩某持该欠条至晋江向李某甲催讨，因李某甲出差在外未果，被告李某乙谎称欲还款，取得原告韩某的欠条，并将欠条撕毁。原告向晋江市公安局罗山派出所报案后，在派出所干警的批评教育下，李某乙向原告韩某承认了错误，并出具了一份"经过"和一份欠条给原告韩某。在该"经过"和新出具的"欠条"中，被告李某乙陈述了原欠条被撕毁的过程并证明了被撕毁欠条的内容、结欠金额等。原告对被撕毁的欠条进行了拼合，内容为："今欠老韩货款人民币 46 700元正"，但欠条上的落款时间仅存年份"99"和日期的"6"，月份已经缺失。在欠条被撕毁的第二日即 2001 年 8 月 26 日，原告韩某向晋江市人民法院提起诉讼，要求被告李某甲偿付结欠的货款，并称被告李某乙因另外出具了欠条，表明了其要承担付款责任的承诺，且其撕毁欠条的行为系属过错侵权，也应

---

〔1〕 案例来源：https://www.itslaw.com/detail? judgementId = 3f8f777a – 61c6 – 4e21 – 8fc1 – 8be17 96ac8e5&area = 0&index = 1&sortType = 1&count = 26&conditions = searchWord% 2B% E9% 9F% A9% E5% B9% BF% E4% BA% AE% 2B1% 2B% E9% 9F% A9% E5% B9% BF% E4% BA% AE，最后访问时间：2019 年 4 月 15 日。

对该行为承担民事责任。在庭审中，被告李某甲对结欠货款的事实和金额没有异议，主张本案欠款与其兄李某乙无关；而且，本案货款结欠时间虽因原欠条被撕毁导致岁月不明，但从李某乙书写的证明被撕毁的欠条的内容的新"欠条"看，可以证明结欠时间是在 1999 年 3 月，至原告起诉的 2001 年 8 月，已超过了 2 年的诉讼时效期间，应驳回原告韩某的诉讼请求。被告李某乙则认为，其虽撕毁了欠条，但已重新出具了证明原欠条内容的"经过"的新"欠条"，对原告韩某主张债权并无影响，且被告李某甲也没有否认欠款事实，本案的欠款与其无关，没有理由要求其承担连带责任。

二、法律问题

在司法实践中，证明责任的分配规则与证明妨害规则是否需要结合在一起适用？

三、重点提示

在本案中，原告韩某实际上提出了两个诉讼请求：一是基于其与李某甲之间的买卖合同提出的支付退货货款的请求；二是基于李某乙侵害债权的行为导致其可能无法主张债权而提出的损害赔偿请求。在韩某和李某甲的合同关系中，面临本案的第一次证明责任分配，即债权是否已过诉讼时效的事实由谁证明。按照法律要件分类说，债权已过诉讼时效作为权利妨碍要件事实，应由被告李某甲承担证明责任。但是，本案中有一个重要的细节，双方当事人对于 1999 年 3 月退货这一事实共同予以确认，且此后并无新的交易发生，而韩某却主张退货与书写退货货款欠条的时间不同，相距 7 个月之久。从一般交易习惯而言，退货时双方对金额没有意见，通常情况下没有理由此后再书写欠条。特别是韩某居住在河北，不可能不要求李某甲当场书写欠条而此后再到福建晋江让李某甲书写一次。李某甲依据李某乙书写的新"欠条"主张诉讼时效抗辩，可以视为其已履行了主观意义上的证明责任。此时，法官根据以上事实以及待证事实发生的盖然性，通过对双方当事人所提出的证据的证明评价后获得的心证，认为应由韩某承担不能证明其主张欠条是 1999 年 10 月书写的举证责任，从而驳回了其诉讼请求。在韩某对李某乙的侵权损害赔偿之诉中，按照法律要件分类说，应当由原告韩某就侵权行为、损害结果、因果关系以及过错承担证明责任。对于侵权行为、损害结果以及过错的事实，双方并无异议，但在因果关系的证明中，由于韩某对李某甲的债权是否已过诉讼时效的唯一证据被毁损，该事实处于一种真伪不明的状态，进而导致了因果关系同样处于一种真伪不明的状态。在超过诉讼时效的情况下，因果关系不存在，反之则存在因果关系。此时，如果要求韩某对因果关系继续举证，其将再次遭到不利的诉讼后果。

专题四 自认

知识概要

一、自认概念与构成

1. 自认的概念。自认是一方当事人作出的，认为对方当事人的于己不利的事实主张是真实的意思表示。民事诉讼以解决当事人之间的争议为目的，如果双方当事人对某一具体事实不存在争议或一方当事人明确同意另一方当事人对该事实的主张，则对于这样的事实自然无须当事人再以证据证明之。

2. 诉讼上自认的构成要件。根据我国《民事诉讼法》以及《民事证据规定》的规定，诉讼上的自认属于免于证明的事实，它由以下要件构成：

（1）当事人自认的时间必须发生在口头辩论或准备程序中。在我国的民事诉讼程序中，当事人可以在开庭审理前的准备程序中进行自认，也可以在法庭审理的过程中作出自认。当事人在起诉状、答辩状、代理词中所承认的对己不利的事实，都可以发生自认的效力。当事人在诉讼之外作出的自认不具有免除对方当事人举证责任的作用，诉讼外自认的事实仍然需要有其他的证据加以证实。当事人在某一案件审理的过程中进行的自认对于其他案件而言也属于诉讼外的自认，不能产生拘束自认方的效力。

（2）当事人的自认必须针对法律允许自认的事实，而不能针对另一方提出的诉讼请求或法律、法规、法律的解释。当事人针对诉讼请求所作的承认在民事诉论理论上称为认诺，与对事实的自认不同，一方当事人一旦对另一方当事人提出的诉讼请求进行了认诺就会直接导致认诺方败诉的结果，但是，对事实所作的自认只会使该事实成为无须证明的事实，至于诉讼的最终结果如何，还要由法官综合案件的其他证据后作出判断。对于法律、法规、法律的解释的问题属于法院职权范围内的事项，不能以当事人的自认拘束法院的裁决权。

当事人的自认只能针对法律允许自认的事实，超出法律允许范围外的自认不具有法律效力。在我国民事诉讼中，不允许当事人自认的事实包括涉及身份关系、国家利益、社会公共利益等应当由人民法院依职权调查的事实。比如，涉及婚姻关系和亲子关系的案件不能由当事人自认。

（3）自认必须采用法律认可的方式。在我国民事诉讼中，能够发生法律效力的自认方式有明示与默示两种。明示的自认指当事人以口头或书面方式对于某些事实明确表示承认。默示的自认指当事人对于对自己不利的事实保持沉默，不加争辩。明示的自认是最主要的自认方式，但是，我国民事诉讼法也同样承认在一定条件下，当事人的沉默可能构成自认。《民事证据规定》第8条第2款规定："对一方当事人陈述的事实，另一方当事人既未表示承认也未否认，经审判人员充分说明并询问后，其仍不明确表示肯定或者否定的，视为对该项事实的承认。"

当事人在诉讼中除了可以亲自为自认以外，还可以通过诉讼代理人进行自认。诉讼代理人对一般性法律事实的自认视为当事人的自认，未经过当事人特别授权的诉讼代理人在诉讼过程中所为的可能导致承认对方当事人的诉讼请求的自认，则不能视为当事人的自认。但是，如果当事人在场，但对其代理人的承认不作否认表示的，则该自认视为当事人的自认。

（4）自认必须就对方当事人主张的事实而进行。通常的自认过程是这样的：一方当事人先作出对自己有利的事实陈述，然后另一方当事人承认该事实的真实性。但是实践中也不排除这种可能，即一方当事人（自认人）先作出于己不利的事实陈述，对方当事人在此之后对该陈述加以引用，在这种情况下也构成自认，即所谓先行的自认。但是，先行的自认在被对方当事人引用之前是没有拘束力的，在被引用之后，产生自认的拘束力，作出自认的当事人不能撤回该自认。[1]

---

〔1〕 ［日］高桥宏志：《民事诉讼法——制度与理论的深层分析》，林剑锋译，法律出版社2003年版，第386页。

（5）自认的内容对作出自认方不利。关于自认的内容是否应当对于自认方当事人不利，学界有不同的观点。一种观点认为，自认事实无需对自认方不利，只要双方当事人对某一事实的陈述达成一致，即可视为无争议的事实。另外一种观点则认为，自认的事实应当对自认方不利。我国《民诉法解释》第92条采用了此种观点。至于"于己不利"的标准，有不同的解释。败诉可能性说认为是否是不利的事实，应当从是否导致败诉（全部败诉或一部分败诉）的可能性来考察。而证明责任说将不利与证明的负担联系起来，所谓"不利的陈述"，就是关于应由对方加以证明的事实的陈述。

二、诉讼上自认的效力

自认一经作出就对双方当事人及人民法院发生效力：

1. 对自认方的效力。对于作出自认的当事人而言，该当事人必须受自认内容的约束，不能再对自认所涉及的事实作出相反的主张。自认一经作出非由于法定原因不得撤回。但是为了保障当事人在诉讼程序中自由协商的权利，《民诉法解释》第107条规定："在诉讼中，当事人为达成调解协议或者和解协议作出妥协而认可的事实，不得在后续的诉讼中作为对其不利的根据，但法律另有规定或者当事人均同意的除外。"

2. 对对方当事人的效力。对于对方当事人而言，该对方当事人对自认范围内的事实无须再承担证明责任。如《德国民事诉讼法》第288条规定："当事人一方所主张的事实，在诉讼进行中经对方当事人于言词辩论中自认，或者在受命法官或受托法官前自认做成记录时，无须再要证据。"[1]《民事证据规定》第8条第1款规定，诉讼过程中，一方当事人对另一方当事人陈述的案件事实明确表示承认的，另一方当事人无需举证。但涉及身份关系的案件除外。《民诉法解释》第92条第1款规定："一方当事人在法庭审理中，或者在起诉状、答辩状、代理词等书面材料中，对于己不利的事实明确表示承认的，另一方当事人无需举证证明。

3. 对人民法院的效力。对于人民法院而言，按照民事诉讼中处分原则的规定，人民法院应当将自认的事实作为认定案件事实的依据，在当事人自认

---

〔1〕 参见谢怀栻译：《德意志联邦共和国民事诉讼法》，中国法制出版社2001年版。

的事实范围内不得再进行证据调查，自认的内容应当成为人民法院认定案件事实的依据。并且，自认对人民法院的拘束力不仅表现在一审程序中，在二审程序中，人民法院同样应当受到当事人自认的拘束。但是，自认对人民法院的拘束力并不是绝对的，在人民法院认为当事人的自认是出于恶意或自认是为了达到规避法律或其他非法目的，或自认可能会给国家利益、社会公共利益或他人合法权益造成损害时，人民法院可以不受当事人自认的约束。对此，《民诉法解释》第 92 条第 2、3 款规定："对于涉及身份关系、国家利益、社会公共利益等应当由人民法院依职权调查的事实，不适用前款自认的规定。自认的事实与查明的事实不符的，人民法院不予确认。"

📚 经典案例

赵某与项某、何某民间借贷纠纷案[1]

一、基本案情

（一）案情摘要

原告赵某因与被告项某、何某发生民间借贷纠纷，向上海市长宁区人民法院提起诉讼。原告赵某诉称，原告与被告项某系朋友关系。2007 年 7 月 20 日，项某以装修房屋为由向其借款人民币 20 万元，双方约定以年利率 5% 计息，期限为 2 年。当日，原告从家中保险柜中取出现金 20 万元，步行至项某经营的干洗店内向其交付借款，项某当场出具借条。2009 年 7 月 23 日，项某在原告的催讨下支付利息 2 万元，并请求延长借款期限 2 年。2011 年 7 月 27 日，原告再次向项某催讨借款，但其仍未能还款。原告认为，因本案借款系项某向其所借，借条和催款通知单亦由项某签名确认，故其仅起诉项某。至于被告何某是否应当承担共同还款责任，其不予表态。请求法院判令项某归还借款 20 万元，并以 20 万元为本金，支付自 2009 年 7 月 23 日起至判决生效之日止按照年利率 5% 计算的利息。

被告项某辩称：对原告赵某诉称的事实均无异议，但其目前无力归还借

---

[1]　案例来源：http://www.110.com/ziliao/article-699158.html，最后访问时间：2019 年 4 月 14 日。

款。至于涉案借款的用途，其中 10 万借款用于装修两被告名下房屋，另外 10 万元于 2007 年 8 月 2 日用于提前偿还购买该房屋时的银行贷款。因此，涉案借款是夫妻共同债务，应由两被告共同偿还。

被告何某辩称：首先，原告赵某主张的借款事实不存在。两被告在 2007 年期间自有资金非常充裕，无举债之必要。原告提供的借条是项某事后伪造的，何某原已申请对该借条的实际形成时间进行鉴定，但因不具备鉴定条件而无法进行。且原告当时并不具备出借 20 万元的经济能力，其也未提供任何借款交付证据。其次，何某对原告主张的借款始终不知情。两被告于 2009 年 6 月 18 日签订协议书，约定对外债务任何一方不确认则不成立。故该笔借款即使存在，也应当是项某的个人债务。再次，两被告于 2005 年 9 月 20 日结婚，2010 年 7 月开始分居。何某曾分别于 2010 年 8 月 25 日、2011 年 5 月 12 日向法院提起离婚诉讼。在这两次诉讼中，项某均未提及本案借款。目前，两被告的第三次离婚诉讼已在审理中。然而，除本案系争债务以外，另有两位债权人突然诉至法院要求归还借款。显然，本案是原告和项某通过恶意串通，企图转移财产的虚假诉讼，应追究两人的法律责任。

（二）裁判要旨

本案的争议焦点为，原告赵某与被告项某之间的借贷关系是否成立并生效以及在此前提之下被告何某是否负有还款义务。

上海市长宁区人民法院一审认为：根据民事诉讼证据规则，在合同纠纷案件中，主张合同关系成立并生效的一方当事人对合同订立和生效的事实承担举证责任。同时，根据《中华人民共和国合同法》规定，自然人之间的借款合同，自贷款人提供借款时生效。故原告赵某主张其与被告项某之间存在有效的借款合同关系，其应就双方之间存在借款的合意以及涉案借款已实际交付的事实承担举证责任。现原告提供《借条》意在证明其与项某之间存在借款的合意。关于借款交付，其主张因其无使用银行卡的习惯，故家中常年放置大量现金，20 万元系以现金形式一次性交付给项某。对于原告的上述主张，被告项某均表示认可，并称其收到借款后同样以现金形式存放，并于 2007 年 8 月 2 日以其中的 10 万元提前归还房屋贷款。被告何某则明确否认涉案借款的真实性。

本案中：

1. 原告赵某在本案中虽表示向被告项某主张还款，但项某辩称涉案借款用于两被告夫妻共同生活，应由两被告共同偿还。事实上，经法院调查，在两被告的第三次离婚诉讼中，项某也始终未将本案借款作为夫妻共同债务要求何某承担相应的还款责任。基于本案处理结果与何某有法律上的利害关系法院依法将其追加其为第三人参加诉讼。后因项某的上述抗辩，原告申请追加何某为被告。在此过程中，原告及项某一再反对何某参加本案诉讼，不仅缺乏法律依据，亦有违常理。何某作为本案被告以及利害关系人，当然有权就系争借款陈述意见并提出抗辩主张。

2. 基于两被告目前的婚姻状况以及利益冲突，被告项某对系争借款的认可，显然亦不能当然地产生两被告自认债务的法律效果。并且，项某称其于2007年8月2日用涉案借款中的10万元提前归还房贷。然而，经法院依职权调查，项某银行交易纪录却显示当天有10万元存款从其名下银行账户支取，与其归还的银行贷款在时间、金额上具有对应性。此外，项某银行账户在同期存有十余万元存款，其购房银行贷款也享有利率的7折优惠，再以5%的年利率向他人借款用以冲抵该银行贷款，缺乏必要性和合理性。本案于2013年3月7日开庭时，项某经法院合法传唤明确表示拒绝到庭。上述事实和行为足以对项某相关陈述的真实性产生怀疑。故基于以上原因，原告赵某仍需就其与项某之间借贷关系成立并生效的事实，承担相应的举证义务。

3. 原告赵某自述其名下有多套房产，且从事经营活动，故其具有相应的现金出借能力。但其亦表示向被告项某出借20万元时，其本人因购房负担着巨额银行贷款。为此，法院给予原告合理的举证期限，要求其提供相应的证据证明其资产状况和现金出借能力，并释明逾期举证的法律后果。嗣后，原告明确表示拒绝提供相应的证据。法院认为，原告明确表示放弃继续举证权利，而其提供的现有证据亦并未能证明涉案借款的交付事实以及原告本人的资金出借能力，其陈述的借款过程亦不符合常理，故应承担举证不能的法律后果。对于原告的诉讼请求，法院依法不予支持。至于项某个人对涉案借款的认可，因其与原告之间对此并无争议，其可自行向原告清偿，法院对此不予处理。

据此，法院驳回了原告赵某的全部诉讼请求。

二、法律问题

本案是民间借贷纠纷案件，原告（赵某）诉被告（项某、何某）归还借款，在诉讼过程中，被告为夫妻关系，但处在离婚诉讼过程中。庭审中，被告中的一方项某自认借款的事实，但主张为夫妻共同债务，而作为被告的另一方何某主张共同诉讼中一方的自认不能及于全体，且项某和何某存在恶意串通损害他人利益的可能。案件的争议点在于离婚时夫妻一方自认债务是否及于整体以及当事人的自认是否必然产生免于证明的法律效力。

三、法理分析

本案是有关民间借贷纠纷问题的案件，争议点在于夫妻一方存在与"出借人"恶意串通、虚设婚内债务可能性时，该夫妻一方单方对"债务"的自认，是否产生自认的法律效果即是否必然免除"出借人"对借贷关系成立并生效所应承担的举证责任。自认是民事诉讼的重要组成部分，也是当事人行使处分权的重要体现。相对于查明案件事实，民事诉讼更加偏向于解决纠纷，因而赋予当事人较大的处分权，允许其可以自主决定行使民事权利和诉讼权利的方式和内容，这也是自认制度产生的土壤，然而对于自认的事实，法院应如何处理，理论中主要存在两种观点：

第一种观点认为，自认是当事人行使权利的体现，法院应该对自认的事实予以认可。《民事证据规定》对自认制度作了明确的规定，其第 8 条第 1 款规定："诉讼过程中，一方当事人对另一方当事人陈述的案件事实明确表示承认的，另一方当事人无需举证。但涉及身份关系的案件除外。"既然规定了自认制度，且明确自认的效果是对自认方有约束力，作为民诉的参与者自认一方有完全的民事行为能力，基于真实的意思表示作出的行为，自然应该承担相应的后果。且自认针对的是于己不利的事实，并不妨碍诉讼的另一方的权利，因而应该对该类事实予以认可。自认价值的核心集中体现在当事人自认对法院的约束力，即法院在适用法律时，必须以当事人自认事实为基础，即使以法官的自由心证得出该事实可能为伪时，法院也不能否认该自认的事实。且民事案件的解决同样面临司法效率问题，若对于当事人的自认仍要依职权审查，则丧失了自认制度存在的必要。如果在诉讼中因当事人的自认导致了错误判决，而整个案件法院并没有苛责之处，则应当由虚假诉讼参与者对合法权益遭受损失的人承担赔偿责任。

第二种观点认为，任何权利都有一定的边界，且民事诉讼的目的不仅是解决纠纷，而是必须兼顾实体真实，因而对当事人的自认事实应该审慎处理。自认的事实必须在法律允许的范围内，虽然自认是对于己不利的事实予以承认，但法官在诉讼过程中除了对对方当事人的审查外，还应该审查共同诉讼中一人的自认对整体的影响，以及对诉讼第三人的影响。对于存疑的事实不能使用自认的规定，免除一方的举证责任。在此种观点下尤其要注意双方恶意串通损害他人权益的诉讼行为。

对此，笔者赞同第二种观点。自认制度的出发点是尊重当事人的处分权，其价值在于通过当事人对对方主张的承认，免除对方当事人的相关证明责任，从而提高诉讼效率。但是对效率的追求应该建立在公平之上，对于当事人处分权的尊重应有必要的限度。法律之所以设立自认制度，是基于这样的假设：民事诉讼中处于相互对立两极的当事人通常都会积极主张于己有利的事实，如果当事人在民事诉讼中作出了于己不利的事实陈述，则这种陈述通常具有较强的真实性。然而上述假定是建立在两造对立的简单诉讼模型的基础之上，现实中的案子法律关系往往盘根错节，除了原被告的对抗关系，还存在共同原被告之间，原被告与第三人等的关系。基于当事人自认对法院的拘束效力，一些动机不良的当事人会通过作出虚假自认的方式，形成某种侵害第三人合法权益的案件事实，以规避法院对案件事实的认证，从而通过取得确定判决的方式达到侵占他人利益的目的。因而我国的法律对于自认的效力也进行了约束性的规定，如《民事证据规定》第13条规定："对双方当事人无争议但涉及国家利益、社会公共利益或者他人合法权益的事实，人民法院可以责令当事人提供有关证据。"但由于"国家利益、公共利益和他人合法权益"的定义较为模糊，使得司法实践中这一条款很少得到适用，法院主动发现虚假诉讼的几率并不高。

因而在审判实践中，对于当事人自认事实的审查不能立足于自认绝对论。而是应该从实际案例出发，对于一些虽经当事人自认或者双方当事人无争议的事实，但在审查中内容存疑，有可能涉及虚假诉讼的，对于该类自认并不能当然产生自认的约束力，相反，对该类事实仍应责令当事人提供相应证据加以印证，否则不产生自认的法律效果。

四、参考意见

对于双方当事人无争议但可能有损第三方合法权益的案件中的自认，法院不应简单地适用自认的条款，将自认事实视为真实，免除对方的举证责任。当案件存在多方主体且利益关系不明确时，法院或要求对方补强，或依职权调查收集证据，在查明真实的基础上作出裁判，而不能简单地以对方当事人自认就定案和结案。由此可见，离婚时夫妻一方单方自认债务，并不必然免除出借人对借贷关系成立并生效的事实所负的举证责任。

本涉案及复杂的法律关系，一方面是原被告关于民间借贷纠纷的对抗关系，另一方面则涉及共同被告之间的夫妻共同债务关系。根据案件事实可知，共同被告项某和何某处在离婚诉讼中，存在利益冲突。且对于必要共同诉讼我国民事诉讼法采用承认原则，即把共同诉讼人视为一个整体，其中一人的诉讼行为经其他共同诉讼人承认的，对所有的其他共同诉讼人发生法律效力，而不论这种行为对其他共同诉讼人是否有利。因而对于项某的自认应该采取审慎的态度。在审理过程中，法官产生存在虚假诉讼的合理怀疑或内心确信时，对于当事人自认的事实，法院或者视情况要求当事人补强证据，或者法院依职权调取证据。本案基于两被告目前的婚姻状况以及利益冲突，被告项某单方对系争借款的自认，显然不能当然地产生两被告自认债务、免除原告举证责任的法律效果。并且，经法院依职权调查，该笔借款缺乏必要性和合理性，项某经法院合法传唤明确表示拒绝到庭，上述事实和行为使法院足以对项某相关陈述的真实性产生怀疑。故基于以上原因，项某的自认并不当然产生法律效果，原告赵某仍需就其与项某之间借贷关系成立并生效的事实，承担相应的举证义务。

📑 拓展案例

张某男与李某女离婚案[1]

一、基本案情

张某男于 2005 年 11 月 21 日向法院起诉，要求与李某女离婚，经法院审理后判决驳回了诉讼请求。后又向法院再次起诉，要求离婚，法院审理后再次驳回了张某男的诉讼请求，张某男不服判决，提出上诉。中级人民法院经

---

〔1〕 案例来源：http://www.lawtime.cn/ask/question_11528692.html，最后访问时间：2019 年 4 月 14 日。

审理，发回重审。后由法院于 2007 年 7 月 9 日判决离婚。宣判后，李某女提出上诉，经中级人民法院审理，于 2008 年 4 月判决维持了离婚判决。在几次离婚诉讼中，双方情绪对立严重，李某女声称，如果判决离婚，就要服药自杀；张某男在第二次起诉后称，如不判决离婚将杀人报复社会。经两级法院做工作，并采取冷处理方式，最终平息，并经做工作，张某男放弃了夫妻共同财产。

2007 年 4 月 26 日，李某、胡某等 4 人对张某男和李某女提起民间借贷诉讼，借款总额近 20 万元，借条共计 46 张，借款发生在 2000 年 2 月至 2007 年 4 月期间。原告是李某女哥哥、妹妹、妹夫等近亲属。李某女借款的原因是生活困难、子女上学需要学费。本案所涉及的大部分借条系起诉前由李某女补写，少数为借款当时形成。张某男对上述借款均不予认可，称家里主要支出都是其经手的，不存在借款的事实。法院经一审审理后认定，李某女在婚姻关系存续期间向四人借款，有李某女出具的借据和当庭陈述为证。虽然债务是夫妻一方以个人名义所负，但因张某男未举证证明债务虚假及原告四人与李某女约定为个人债务，也未举证证明张某男和李某女对债务的负担另有约定，并且四原告知道该约定。故本涉案及的 46 笔借款属于夫妻共同债务，遂按夫妻共同债务判决两被告承担还款义务。

被告张某男不服一审判决提起上诉。中级人民法院审理后认为，李某女以生活困难为由向多人、多次借款，且债权人均是其近亲属，债务总额已经超过李某女的正常消费水平。张某男对李某女的借款不予认可，要求对借据的真实性进行审查，中级人民法院遂将四个案件发回原审法院重审。

二、法律问题

在共同诉讼中，如何理解与适用关于自认问题的规则？这不仅涉及证据法领域的问题，还涉及当事人制度中的问题，必须将这两部分的内容统一加以考虑。

三、重点提示

共同诉讼中的自认，不能简单地适用民诉的自认条款。《民事诉讼法》第 52 条第 2 款规定："共同诉讼的一方当事人对诉讼标的有共同权利义务的，其中一人的诉讼行为经其他共同诉讼人承认，对其他共同诉讼人发生效力；对诉讼标的没有共同权利义务的，其中一人的诉讼行为对其他共同诉讼人不发生效力。"在必要共同诉讼中，当事人一人的自认属于一种不利的诉讼行为，其中一人的自认行为只有经他人认可，该自认行为才能对其他人发生效力。本案中，张某男和李某女由于离婚，二人在债权债务上存在利害关系，李某女对借款事实予以认可，而张某男对借款不予认可，且原告均是李某女的近亲属，借款总额明显超过李某女正常生活水平，法院对该部分自认存疑，所以对该案仍应审查相应证据，不当然的免除原告的举证责任。

专题五　证明妨害

知识概要

一、我国民事诉讼中关于证明妨害的规定

在民事诉讼制度中，证明妨碍制度有效弥补了证明责任制度的不足。证明责任制度虽然能够在诉讼中促使对有关事实主张负证明责任的当事人积极提出证据证明自己的事实主张，却无法激励不负证明责任的当事人提出证据。特别是在证据偏在的情形下，不负证明责任却掌握主要证据的当事人不仅不愿提交证据，反而可能妨碍证明甚至毁灭证据，使得负证明责任当事人不得不承担举证不利的法律后果。由此，证明妨碍制度应运而生。证明妨碍制度通过对不负证明责任的当事人的证明妨碍行为设定制裁，预防证明妨碍行为的发生，确保发现真实的目标得以实现。同时，通过对被妨碍者提供救济，弥补被妨碍者受到的不利益，实现双方当事人之间的诉讼公平。

我国的证明妨碍制度主要体现为《民事诉讼法》第 111 条第 1 款第 1 项和《民事证据规定》第 75 条，以及《民诉法解释》第 112 条和第 113 条。

具体来说，《民事诉讼法》第 111 条第 1 款第 1 项设定了证明妨碍行为的制裁措施，即当事人伪造、毁灭重要证据，妨碍人民法院审理案件的，人民法院可以根据情节轻重予以罚款、拘留；构成犯罪的，依法追究刑事责任。而《民事证据规定》第 75 条则为被妨碍者提供了救济，即被妨碍者有证据证

明对方当事人持有证据无正当理由拒不提供，同时被妨碍者主张该证据的内容不利于证据持有人，那么法院可以推定该主张成立。《民诉法解释》第112和第113条则是针对书证举证的证明妨碍强调适用前述的制裁和救济措施。

二、证明妨碍的法理基础

如前所述，证明妨碍制度旨在弥补证明责任和证据开示制度的不足，而其主要运作方式是制裁不负证明责任的妨碍者以及救济被妨碍者。如此，必须要考察的问题是：制裁不负证明责任的妨碍者的正当性何在？以及为何要救济被妨碍者？对以上两个问题的回答，便是对证明妨碍法理基础的阐释。笔者认为，制裁不负证明责任的妨碍者的正当性在于民事诉讼发现真实的目的和诚实信用的原则，而为被妨碍者提供救济则主要是基于诉讼公平理念的考量。易言之，发现真实、诚实信用以及诉讼公平共同构成了证明妨碍制度的法理基础。

1. 发现真实。民事诉讼是以法院为裁判者解决私主体间权利义务纠纷的机制。纠纷的正确解决有赖于最大限度地发现和还原客观真实。虽然客观真实永远不可能完全还原，但通过诸如证明责任制度、证据开示制度等程序制度设计，可以在人力所能及的范围内最大限度接近客观真实，以公正解决纠纷。理论上，民事诉讼双方当事人享有平等的诉讼权利和义务，双方当事人在搜集证据方面的能力是相同的。然而随着社会的不断发展，诉讼类型的不断演变，诸如现代性诉讼中出现了证据偏在的情况，导致诉讼双方当事人掌握的证据资料差距悬殊。虽然有证据开示制度或者类似制度对证据偏在进行规制，但却无法避免当事人拒不提交或毁灭证据等妨碍证明的行为。可以说，民事诉讼制度的诸多设计都旨在最大限度还原和发现真实，而证明妨碍行为却逆其道而行之，企图通过阻止发现真实的方式来不当获取诉讼利益。这种证明妨碍行为同时也对法院行使司法权造成了阻碍，导致法院无法顺利还原案件事实。因此，基于发现真实的考量，有必要对妨碍司法权行使、妨碍发现真实的妨碍者实施制裁。

2. 诚实信用。诚实信用原则是市民社会的基石，是民事法律主体有效交往的基本前提，也是私法自治的必要条件，更是贯穿民事实体法和程序法的"帝王条款"。如前所述，发现真实的民事诉讼的目的之一，而诉讼当事人遵守诚实信用原则则是发现真实的前提。证明妨碍行为企图以不当手段阻止法院发现真实，有违诚实信用原则，有必要通过证明妨碍制度予以制裁，以促使当事人回到诚实信用原则的轨道内，诚信、有序地开展诉讼活动。我国台湾地区"民事诉讼法"增订证明妨碍之条款时，其立法理由亦明确："当事人以不正当手段妨碍他造之举证活动者，例如故意将证据灭失、隐匿或有其他致碍难使用之情事，显然违反诚信原则。"[1]由此可见，诚实信用原则是构建证明妨碍制度的法理基础之一。

3. 诉讼公平。诉讼作为以国家为裁判者的纠纷解决机制，公平和公正是民事诉讼程序和制度不可忽视的目标。"民事诉讼程序虽有原告、被告或上诉人、被上诉人之别，但在诉讼法上之权利义务，应属平等，法院对两造之处遇亦应公平处理，期使当事人对法院裁判之正确性，无所怀疑。"[2]有鉴于此，在证据持有者以妨碍证明的不当方式造成不公平的状态时，法院有必要对被妨碍者所受损害予以救济，以平衡两造的损益，确保两造在诉讼公平的前提下平等对抗。

三、证明妨害的比较法考察

1. 德国法下证明妨碍规制手段的演变与评析。据学者考察，德国关于证明妨碍的法律规制经历了以下演变过程：即从最初的"证明责任转换"，演变为"证明责任减轻直至证明责任转换"，继而演变为"具体问题具体分析"。[3]

具体来说，所谓的证明责任转换，是指在证明妨碍行为发生时，将本由被妨碍者承担的证明责任倒置给妨碍者，由妨碍者对有关事实主张承担证明责任。这种做法本质上也是"一刀切式"的处理，忽视了不同案件中妨碍行为程度及被妨碍者受到损害的差异，故而渐不被采。"因针对证明妨碍径行适用证明责任转换甚为不妥，BGH（德国联邦最高法院）自 20 世纪 60 年代末期以来对证明妨碍法律后果的见解逐步发生了变化，其司法裁判认为应当根据个案之具体情况确定证明妨碍的法律后果为'证明责任减轻直至证明责任

---

〔1〕 许士宦：《新民事诉讼法》，北京大学出版社 2013 年版，第 285 页。

〔2〕 杨建华原著，郑杰夫增订：《民事诉讼法要论》，北京大学出版社 2013 年版，第 5 页。

〔3〕 参见马龙："论德国民事诉讼中的证明妨碍制度——以德国联邦法院的判例为考察对象"，载《证据科学》2015 年第 6 期。

转换'。"[1] "证明责任减轻直至证明责任转换"虽然不像单纯的证明责任转换一般直截了当，但证明责任减轻到证明责任转换之间的过渡却是十分不明确的，实际上依然是难以明确区分不同程度的证明妨碍。有鉴于此，德国联邦最高法院在2004年开始放弃这一做法，改采"具体问题具体分析"的做法，由法官在自由心证的基础上根据具体案件的情况决定是直接转换证明责任还是适当减轻证明责任。[2]然而在笔者看来，这种做法的目的是区分证明妨碍的不同程度分别适用不同规制手段，该目的虽然是合理的，却容易使案件审理和两造对抗陷入不确定的状态，甚至可能会导致同案不同判的结果。因此，在区分证明妨碍不同程度分别适用不同规制手段时，事先对被妨碍者可能受到的损害情况作出一定的划分或许还是必要的。对妨碍者的制裁同理。

2. 美国法下证明妨碍的救济和制裁。据我国台湾地区学者黄国昌的考察，美国法律对证明妨碍行为的规制手段大体包括以下四种：①直接为终局判决。所谓"直接为终局判决"，是指法官不经陪审团之认定（即无需进行公判程序），直接自为原告或被告败诉之判决。此种制裁系最为严厉而鲜为法院采用。②排除妨碍者之证据提出。此情形通常发生在妨碍者就该证据被使用后，将该证据加以处分、遗失该证据或使该证据陷于无法恢复原状，致使他造当事人无法公平地接近、使用该证据。在此情形下，为恢复双方当事人间之公平，法院通常会禁止妨碍者提出"基于使用该灭失证据所得之证据"，以作为其妨碍行为之制裁。③给予陪审团不利推定之指示。给予陪审团不利推定之指示可谓系最传统且最常为法院所采取之法律效果。④命妨碍者负担费用。课予证明妨碍者，负担因其妨碍行为所造成被妨碍者之费用支出（包括其律师费），且制裁之对象同时扩及妨碍者之律师。[3]

本书认为，以上规制手段根植于美国普通法传统和陪审团审判的模式，难以为我国直接借鉴。然以上手段适用的判断标准，即美国法院在择定证明妨碍法律效果时考量的五原则却值得参考。具体来说，美国联邦第一巡回上

---

〔1〕　参见马龙："论德国民事诉讼中的证明妨碍制度——以德国联邦法院的判例为考察对象"，载《证据科学》2015年第6期。

〔2〕　参见马龙："论德国民事诉讼中的证明妨碍制度——以德国联邦法院的判例为考察对象"，载《证据科学》2015年第6期。

〔3〕　参见黄国昌：《民事诉讼理论之新开展》，北京大学出版社2008年版，第232～241页。

诉法院和第十巡回上诉法院采纳的五原则包括：对被妨碍者的不公平程度；此不公平是否得以通过其他方式加以救济；被毁弃证据之重要性；妨碍者之主观归责要件；造成滥用之潜在可能性。[1]本书认为，以上五个因素大体可全面衡量个案的证明妨碍程度。以之为参照可相对准确地平衡双方当事人的能力和利益。

3. 启示。从德国和美国的做法来看，根据个案情况区分证明妨碍的不同程度分别适配不同的制裁和救济手段是十分必要的。就应给予制裁的程度而言，应根据妨碍者的主观过错程度和客观妨碍程度来判定；就应给予救济的程度而言，应考察被妨碍者所受不利益的程度和妨碍者的主观过错程度，包括：被妨碍证据的重要程度，是否存在替代性的证明方式，妨碍者的主观过错类型，等等。此外，笔者认为，还应将案件处理结果可能对法律体系和社会造成的影响考虑在内。

至于证明妨碍规制手段的多元化，参酌域外的做法，大体可以根据程度差别综合考虑以下方式：就最严厉的措施而言，可以考虑直接拟制被妨碍者主张的事实为真实；稍微缓和一点的措施，可以考虑推定被妨碍者的主张成立，同时允许妨碍者举证推翻推定的事实；对于程度较低的妨碍行为，或许采用降低证明标准即可。此外，在严厉和宽松之间，可由法官根据个案情况具体裁定。同时，据我国台湾地区学者许士宦先生之见解，"于具体事件，究系该当于何种情形（即适用何种规制手段），实际上相当微妙，而且当事人之攻击防御方法亦因是否该当及该当于何者而有所不同。为免因此，对当事人发生突袭性裁判，法院在诉讼指挥上应采取适切措施，使当事人事先知悉举证责任之分配及法院欲认何一主张为真实，俾当事人尽其攻击防御之能事"。[2]此外，考虑到证明妨碍行为程度的复杂性，为保障诉讼当事人的程序权利，法官在处理此种情况时或许可放宽诉讼程序阶段的限制，允许双方当事人展开辩论，以充实法官心证。

综上所述，秉承着平衡的精神对不同程度的证明妨碍行为进行区别规制，或许比当前的单一方式处理要更为灵活和合理。

---

〔1〕 参见黄国昌：《民事诉讼理论之新开展》，北京大学出版社 2008 年版，第 229 页。

〔2〕 许士宦：《新民事诉讼法》，北京大学出版社 2013 年版，第 294 页。

经典案例

董某与上海世纪华联超市侵权纠纷案[1]

一、基本案情

(一) 案情摘要

2013 年 2 月 11 日，董某至上海世纪联华超市宝山顾村有限公司（以下简称世纪联华超市）购物，董某在乘坐超市内自动扶梯下楼时，不慎跌倒受伤。董某与世纪联华超市均确认事发当天未下雨。本案的争议焦点为董某受伤原因。而监控录像是能够直接反映争议事实的关键证据，但该监控录像的视频文件在被上诉人的保管下"遗失"。

(二) 裁判要旨

根据《证据规定》第 75 条，有证据证明一方当事人持有证据无正当理由拒不提供，如果对方当事人主张该证据的内容不利于证据持有人，可以推定该主张成立。即便证据持有人的主观上是出于过失导致证据不能提供，仍然可以构成证明妨碍。

二、法律问题

本案的理论要点在于主观上过失能否构成证明妨碍？如前所述，在我国现行法中，主观上故意可以构成证明妨碍，但主观上过失能否构成证明妨碍尚不明确。本案法官认为，《民事证据规定》第 75 条的规定包含了过失证明妨碍。法官的这一认识是否符合证明妨害制度的法律基础？

三、法理分析

《民事证据规定》第 75 条对证明妨碍的规定是"无正当理由拒不提供证据"，要探讨过失能否构成证明妨碍，首先必须要明确"无正当理由"和"拒不提供"的内涵。

---

〔1〕 案例来源：http://www.51djl.com/document/0/370/2108/62f4546e-0ca7-4dac-9a85-5ba8988667ea.html，最后访问时间：2019 年 4 月 14 日。

从汉语语法上看，"无正当理由"是定语，是对"拒不提供"行为的限定。所谓的"无正当理由"，本质上体现的是无正当性的意涵。从法条表述来看，此处的无正当性并不限定为同时具备法律上或事实上无正当性，因此，证据持有者只要具备法律上的正当性或事实上的正当性理由之一即可。本书认为，所谓法律上的正当性，是指法律明文规定的可不予提供证据的情形；而所谓事实上的正当性，是指提交或公布证据会使证据持有者的诉讼争议之外的合法利益受到重大损害，例如可口可乐配方这样的公司重大商业秘密一旦提交或公布，便会使可口可乐公司的商业利益遭受严重损害，如此，法律也不该强人所难。然而，从功利主义的角度看，所谓证据持有者受到的重大损害，应当至少大于不公布给被妨碍者带来的损害，否则，证据持有者拒不提交证据的事实理由就不能算是正当理由。

所谓的"拒不提交"，是对证明妨碍行为的客观描述。其中，"不提交"是一种行为，"拒"是一种否定的态度。此时或有论者认为，"拒不提交"一词表明行为人主观上是故意的不提交，因此"拒不提交"没有被解释为包括"过失"的空间。笔者认为，此处的"拒不提交"只是证据持有者在面对法官的证据提出要求时的一种不接受的态度，导致这种态度产生的原因有很多，证据持有者既可以是基于某种事实考量故意不提交或毁灭证据，也可以是由于先前的过失行为导致在事实上无法积极回应法官的证据要求而只能不接受法官的证据提出要求。易言之，只要客观上无法提交证据，就可以认定为是"拒不提交"。

因此，笔者认为，所谓的"无正当理由拒不提交"，应当被解释为证据持有者不接受法官的证据提出要求，且这种不接受是没有法律上或事实上正当性的。继而，只要证据持有者在客观上不接受法官的证据提出要求且无正当理由，那么其不接受法官证据提出要求的原因是故意还是过失造成的便在所不问了。因此，故意也好，过失也罢，只要证据持有者客观上无正当理由不接受法官的证据提出要求，便可构成证明妨碍。

四、参考意见

本案是典型的公共场所管理者未尽到安全保障义务致人损害的案件。从《侵权责任法》第37条的规定来看，立法者设置这一条的目的在于为公共场所管理者设定特殊的安全保障义务，要求其高度重视公共场所的安全保障工作，否则只需要按照《侵权责任法》第 6 条和第 7 条规定的普通侵权行为处理即可，无需单独成文。因此，公共场所管理者的安全保障义务和安保意识是本案不可忽视的因素。从结果妥当性的角度来说，笔者赞同法院将过失遗失监控录像的行为认定为证明妨碍。

具体来说，一般而言，监控录像是公共场所发生侵权事实的主要且必要的证据材料，一旦法院认定过失遗失监控录像不构成证明妨碍，那么势必会形成一种负面激励，促使公共场所管理者在陷入侵权纠纷时"过失"遗失录像带，进而严重妨碍受害人针对权利主张进行举证，由此便导致立法者在《侵权责任法》第 37 条中的立法目的形同虚设，造成诉讼程序架空实体法规定的尴尬局面。同时，将过失遗失监控录像认定为证明妨碍并不会对公共场所管理者造成普遍性的不利益，相反还可以促使公共场所管理者投入更多精力保障场所安全，如此或许更加符合《侵权责任法》第 37 条的立法目的。

◈ 拓展案例

黎某与金某侵权纠纷案[1]

一、基本案情

2014 年 1 月 23 日 9 时许，金某商铺发生火灾。金某商铺起火连带造成毗邻的黎某超市被烧毁，金某拒绝向黎某赔偿损失，为此双方发生纠纷。黎某诉至法院，要求金某赔偿其直接损失和间接损失。

审理中，黎某对受灾物品的残骸已拍成照片作为证据提供法庭，其他烧毁的财产有部分无法提供证据，黎某曾向法院申请对受损物品进行鉴定，但因双方在清点物品过程中没有完成清理，黎某申请撤销损失鉴定。同时，金某在法院释明后，也不申请对受损财产进行鉴定评估。本案争议的焦点在于财产损失大小的确定。

二审法院认为，黎某家庭经营小型超市，属于个体工商户性质，因此要求其提供发票来证实其进货物品和数量不符合客观实际。超市内的物品种类

---

[1] 案例来源：https://www.lawxp.com/case/c23272118.html，最后访问时间：2019 年 4 月 14 日。

繁多，火灾发生的节点临近春节，正是囤货量最多的时期。大火将商品烧毁或烧损，商品数量和种类，无法固定。故希望通过鉴定来固定损失的方法行不通。金某提出黎某在没有鉴定意见的情况下，仅凭进货单等主张损失证据不足的上诉理由也不能成立。火灾发生后，双方经过几轮清单，均没有形成一致意见。上述证明妨碍行为发生的原因是金某行为不当导致火灾发生，故应该对黎某所提出的事实主张降低其证明标准。

二、法律问题

本案的理论要点在于：降低被妨碍方当事人举证的证明标准能否作为证明妨碍的法律效果？亦即多元化的证明妨碍规制手段是否可行？

三、重点提示

从我国现行法的规定来看，本案法官的做法无疑突破了现行法的规定，"创设"了新的证明妨碍规制手段。值得注意的是，这并不是司法实践中唯一的法官突破现行法关于证明责任的规定的案件。在丁仕荣等与北京中星创业汽车销售有限公司产品责任纠纷案中[1]，法官甚至"创设"了"证明责任倒置"的规制手段。当然，还有一些法官并未直接明确适用推定主张成立的效果，而是以"应承担不利法律效果"的模糊说法替代。[2]本书认为，司法实践对现行法的突破说明现行法单一"一刀切式"的证明妨碍规制手段并不能很好地满足司法实践的需求。

具体来说，证明妨碍制度的目的是制裁妨碍者的不当行为以及救济被妨碍者受到的不利益，然而妨碍行为的可归责性以及给被妨碍者造成的损害在不同的情况下会有程度高低的差别。因此，应根据证明妨碍的不同程度，结合证明妨碍的法理基础，分别创设不同程度的制裁和救济机制。如此才能确保不过度保护或过度制裁当事人，避免在当事人间产生新的不平衡。

---

〔1〕 完整判决详见：https://www.jufaanli.com/detail/0FHdw01r? src = doc。

〔2〕 例如：南京长江印刷有限公司与陈成华因申请诉中财产保全损害责任纠纷案，完整判决详见：https://www.jufaanli.com/detail/D0aX1trW? src = doc；顾权与王伟雄相邻关系纠纷案，完整判决详见：https://www.jufaanli.com/detail/ed0b6e36f0c1d84cf963fca89502cdcd? src = doc。

拓展资料

第七章　理论拓展

| 第八章 |

第一审普通程序

第一审普通程序是法院审理民事案件最为基本、规范、标准的诉讼程序，其分为起诉与受理、审理前的准备、开庭审理及判决等各个阶段，包括撤诉、延期审理、诉讼中止、诉讼终结、缺席判决等特殊情形。法律对于简易程序或其他程序没有专门设置规定的，则直接适用第一审普通程序的相关规定。

专题一 起诉与受理

📚 知识概要

一、起诉

1. 起诉的概念。起诉，是指公民、法人或其他组织认为自己享有的或依法由自己管理、支配的民事权益受到侵害或者与他人发生争议，以自己的名义要求法院通过审判予以司法保护的诉讼行为。

起诉是当事人行使诉权的具体表现形式之一，是民事诉讼程序开始的必备要素，是法院行使审判权的必要前提。

2. 起诉的条件。若要引起诉讼程序的开始，促使法院启动审判权，则当事人的起诉必须符合法律规定的条件。根据《民事诉讼法》第 119 条的规定，当事人的起诉必须同时符合以下几个条件：

（1）原告是与本案有直接利害关系的公民、法人或其他组织。这里的"直接的利害关系"，一般是指原告与被告之间的争议直接涉及自己的民事权益，但在例外情况下非民事权利主体或非民事法律关系主体也可以成为适格的原告，例如，遗产管理人、遗嘱执行人等对他人的权利或法律关系依法享有管理权的人，为保护死者权益而提起诉讼的死者的近亲属，确认之诉中对诉讼标的有确认利益的人，公益诉讼中的原告。

（2）有明确的被告。这要求原告通过被告的姓名或名称、地址等信息使被告特定化、具体化，其目的在于能够将起诉状送达被告。

（3）有具体的诉讼请求和事实、理由。诉讼请求，也称诉的声明，即原告向被告提出的实体权利主张。事实、理由，是指原告请求法院保护其权益并进行诉讼的根据，其中既包括引起法律关系发生、变更、消灭的事实，又包括诉讼请求应得到支持的法律依据。需要注意的是，这里的"事实、理由"是原告为支撑其诉讼请求而应予提出的事实、理由，只是一种形式上的要求，在审查起诉阶段，法院并不对当事人所提出的事实是否真实、理由是否充分进行判定。

（4）属于法院受理民事诉讼的范围和受诉法院的管辖。原告提起的诉讼，首先必须属于我国法院受理民事案件的范围，其次必须属于受诉法院具体管辖。

此外，《民事诉讼法》第 124 条还规定了法院不予受理的各种情形，其中最主要的便是重复起诉。对此，原告起诉时应当避免。

3. 起诉状的方式及其内容。根据《民事诉讼法》第 120 条的规定，原告原则上应当以书面方式起诉，即向法院递交起诉状，但在书写起诉状确有困难等例外情形下，也可以口头起诉。

根据《民事诉讼法》第 121 条的规定，起诉状必须具备以下内容：①当事人的基本情况。②诉讼请求和所依据的事实与理由。③证据和证据来源，证人姓名和住所。

除此以外，在起诉状的尾部还应当写明受诉法院的全称和起诉的具体日期，并由原告签名或盖章。

二、受理

1. 受理的概念。受理，是指法院对原告的起诉进行审查后，认为符合法定条件的，决定立案审理的诉讼行为。受理真正意味着诉讼程序的开始。需要注意的是：只有起诉与受理相结合，法院才能启动审判权。换言之，根据不告不理原则，倘若当事人没有起诉，法院就不能依职权开始民事诉讼程序。

2. 审查起诉与立案。法院接到原告的起诉后，应当从两方面进行审查：①审查原告的起诉是否符合《民事诉讼法》第 119 条规定的起诉条件以及是否属于第 124 条规定的应予避免的情形。②要审查起诉的手续和起诉状的内容是否符合《民事诉讼法》第 120 条、第 121 条的规定。

根据《民事诉讼法》第 123 条的规定，法院审查后，符合起诉条件的，应当在 7 日内立案并通知当事人；不符合起诉条件的，应当在 7 日内裁定不予受理。原告对裁定不服的，可以提起上诉。

3. 受理的法律效果。法院受理起诉产生以下法律效果：

（1）受诉法院取得了对该案的审判权。案件受理后，法院自此享有对该案进行审判的权力，同时也必须按照法定程序对该案进行审理并作出裁判。

（2）确定了当事人的诉讼地位。案件受理后，原、被告的诉讼地位由此确立，并依法享有相应的诉讼权利和承担相应的诉讼义务。

（3）诉讼时效中断。法院受理起诉后，诉讼时效重新计算；法院裁定不予受理的，从不予受理的裁定生效之日起，诉讼时效连续计算。

经典案例

李某与上海虹口区艺术合子美术进修学校合同纠纷案[1]

一、基本案情

（一）案情概要

2011 年 7 月 12 日，李某与陶某、乐某等五人签署形成经上海虹口区艺术合子美术进修学校（以下简称合子学校）第一届董事会第一次会议通过的董事会决议，内容为：通过合子学校的《章程》，通过举办者代表陶某、乐某、李某和校长代表周某、教职工代表刘某五人为第一届董事会成员等。经该次董事会通过的合子学校《章程》载明：学校由举办者上海意动互联艺术设计

---

〔1〕 上海市第二中级人民法院（2015）沪二中民四（商）终字第 1161 号。本案收录于《最高人民法院公报》2016 年第 9 期。

有限公司（以下简称意动公司）利用非国家财政性经费出资50万元举办，学校的注册资金50万元，举办者不要求回报。

2011年11月10日，上海市虹口区民政局出具《准予民办非企业单位登记决定书》（沪虹民社登［2011］72号），决定准予合子学校成立登记，发给《民办非企业单位（法人）登记证书》，合子学校要接受登记管理机关和业务主管单位的监督管理等。合子学校成立时所形成的《上海市民办非学历教育学校（机构）设立审批登记表》载明：该校的举办者类型为民营企业，举办者为意动公司，开办经费为意动公司自有资金出资50万元等。

2012年3月29日，李某和意动公司、陶某、乐某补充签订《上海虹口区艺术合子美术进修学校股东管理制度修订版》，载明："股东陶某、李某、乐某于2011年共同出资创建上海虹口区艺术合子美术进修学校，三人为上海虹口区艺术合子美术进修学校的实际、唯一出资方，持股比例分别为陶某40%、李某35%和乐某25%，分红比例与持股比例一致。"另外，该《股东管理制度修订版》上盖有合子学校的公章。同年7月2日，陶某向李某银行账户转账30万元。次日，李某分别向陶某、乐某银行账户转账12万元和7.5万元。

之后，李某以合子学校的法定代表人陶某无故解除了自己在合子学校的董事及副校长职务，导致自己无法行使董事和实际出资人即举办者的权利为由，将合子学校诉至法院，请求确认原告为被告的出资人即举办者，出资比例为35%。

一审法院认为：被告合子学校系经行政许可登记成立的民办学校。根据《民办教育促进法》等法律、法规的规定，确认或否认民办学校举办者身份是我国法律赋予有关行政主管部门所特有的权力，包含了行政许可内容，不属于法院民事诉讼的受理范围。于是，裁定驳回原告李某的起诉。

李某不服一审裁定，提出上诉，其主要上诉理由为：在一审中没有提出过要求确认其为举办者的诉讼请求，而是要求确认其对学校拥有35%的出资份额，这与举办者身份无关。因此，一审以其诉请要求确认其为举办者且举办者属行政许可范围为由裁定驳回起诉乃为不当。

（二）裁判要旨

二审法院经审理后，裁定驳回上诉，维持原裁定。

二审法院认为："本案李某虽然在原审庭审中的诉请表述为请求确认其对合子学校具有35%的出资份额比例，但在原审庭后的谈话笔录中，从李某对其诉讼请求的解释可得出，其认为出资人和举办者无区别，其要求确认出资人身份就是要求确认其为举办者，其欲通过司法途径确认出资人暨举办者的身份，据此再向行政机关申请举办者变更登记。而在二审中李某称其在原审中没有要求确认举办者身份，与其原审中对诉请的解释不符，本院不予采信。本院认定李某在原审中的诉讼请求为要求确认其系合子学校的出资人暨举办者，出资比例为35%。而根据我国《民办教育促进法》等法律规定，民办学校举办者的变更属于行政许可的范围，不属于民事诉讼的受理范围，李某如欲成为合子学校的举办者，应通过申请行政许可变更的途径解决。"

另外，即便上诉人李某在二审中将其诉讼请求改为要求确认对合子学校享有35%的出资份额，即通过解释将出资人与举办者相分离，对此二审法院依然认为："根据本案合子学校的《章程》规定和该校作为民办非企业法人的公益性质，该校的出资人（举办者）对其投入学校的资产不具有所有权，也不具有根据出资多少来获得回报、分配剩余财产等的其他财产权利。故李某要求确认其对合子学校的出资份额没有法律上的财产权基础，其要求确认出资份额只是要求确认一项事实，没有法律权利基础的事实确认不能作为独立的诉讼请求。对于李某是否对合子学校投入过资金及投入多少资金，本案不作实体审查。"

二、法律问题

1. 本案中，李某请求法院确认其为合子学校即民办学校的出资人即举办者，出资比例为35%，是否符合起诉条件？

2. 假设李某的诉讼请求可以解释为确认对合子学校即该民办学校享有35%的出资份额，而不涉及民办学校的举办者身份，那么法院可否立案并进行实体审理？

三、法理分析

1. 当事人以其系民办学校的实际出资人为由诉请显名，即要求确认其具有举办者身份的，不属于法院受理民事诉讼的范围。

如前所述，《民事诉讼法》第119条第4项规定，当事人的起诉必须属于法院受理民事诉讼的范围。第124条第1款第3项规定，对于依照法律规定应当由其他机关处理的争议，法院应当告知原告向有关机关申请解决。可见，社会生活中所发生的纠纷并非都能够交由法院通过民事审判来解决。一般认为，民事诉讼的任务在于解决民事纠纷，即处于平等地位的公民、法人或其他组织之间发生的、以财产关系或人身关系等民事权利义务为内容的社会纠纷。法律规定应当由行政机关处理的纠纷，或者因行政机关在行政管理活动中作出的行政行为而发生的纠纷，则应当由法院以外的其他机关或者法院按照民事诉讼以外的其他程序来处理。

在原审中，李某的书面诉讼请求为确认其对合子学校的出资比例为35%。李某代理人陈述："民政部门登记的出资人确实是意动公司，我方现在认为举办者与出资人没有区别。意动公司是名义上的举办者、出资者，但实际出资人是本案原告、陶某、乐某。"法官询问："原告，你方现在诉请是否让法院确定本案原告是被告的实际举办者和出资人，确定后再去民政局要求进行变更登记，将原告登记为被告的举办者？"李某代理人回答："是的。我方认为根据我方与被告、意动公司、陶某、乐某签订的协议，他们均认为我方当事人是被告的隐名举办者和出资人，所以现在要求显名。"因此，可以判定李某的诉讼请求为确认其具有合子学校的举办者身份。

合子学校为经教育行政部门审批后登记成立的民办学校，并非企业法人。《民办教育促进法》（2016年修订）第12条规定："举办实施学历教育、学前教育、自学考试助学及其他文化教育的民办学校，由县级以上人民政府教育行政部门按照国家规定的权限审批；举办实施以职业技能为主的职业资格培训、职业技能培训的民办学校，由县级以上人民政府人力资源社会保障行政部门按照国家规定的权限审批，并抄送同级教育行政部门备案。"第14条第1款规定："审批机关应当自受理筹设民办学校的申请之日起30日内以书面形式作出是否同意的决定。"第54条规定："民办学校举办者的变更，须由举办者提出，在进行财务清算后，经学校理事会或者董事会同意，报审批机关核准"。同时，《民办非企业单位登记管理暂行条例》第3条规定："成立民办非企业单位，应当经其业务主管单位审查同意，并依照本条例的规定登记"。第

15 条规定:"民办非企业单位的登记事项需要变更的,应当自业务主管单位审查同意之日起 30 日内,向登记管理机关申请变更登记。"根据上述法律、法规的规定,确认是否具有民办学校的举办者身份,乃属于该民办学校的业务主管单位即教育行政部门的核准事项。教育行政部门在实质审查后,同意或不同意民办学校主办者的变更,即确认具有举办者身份或者不具有举办者身份,在性质上属于行政许可行为。因此,不属于法院受理民事诉讼的范围。

2. 要求确认享有民办学校的出资份额,没有法律上的权利基础,属于要求确认纯粹的事实,不能作为独立的诉讼请求,对此法院应当裁定不予受理或驳回起诉。

在本案中,李某上诉称:其在一审中没有提出过要求确认其为举办者的诉讼请求,其仅诉请要求确认其对学校拥有 35% 的出资份额,与举办者身份无关。那么,假设李某的诉讼请求可以解释为仅仅是对享有民办学校出资份额的确认,而不涉及民办学校的举办者身份,此时法院可否立案并进行实体审理。

合子学校的《章程》载明,"举办者不要求回报","学校清偿后的剩余财产用于公益性或者非营利性目的,或者由登记管理机关转赠与本校性质、宗旨相同的组织,并向社会公告"。这符合《民办教育促进法》(2016 年修订)第 3 条第 1 款将民办教育定位于公益性事业的立法本意,而且在合子学校的审理阶段该《章程》已经作为申请材料提交给审批机关,换言之,该《章程》乃是审批机关就合子学校的设立申请作出批准决定这一行政许可的前提条件。因此,在合子学校设立后,该校的举办者(出资人)必须遵守学校的《章程》,即举办者(出资人)不享有从办学结余中取得合理回报的权利。基于此,二审法院认为,"李某要求确认其对合子学校的出资份额没有法律上的财产权基础,其要求确认出资份额只是要求确认一项事实,没有法律权利基础的事实确认不能作为独立的诉讼请求",遂裁定驳回上诉,维持原审驳回起诉的裁定。

四、参考意见

本案一审法院以要求确认具有民办学校的举办者身份乃不属于法院受理

民事诉讼的范围为由，依照《民事诉讼法》第119条第4项的规定，裁定驳回起诉。之后，二审基于相同的理由对一审裁定予以维持。鉴于《民办教育促进法》《民办非企业单位登记管理暂行条例》等法律、法规明确规定变更民办学校的举办者必须报审批机关核准，因而可以认为确认具有或不具有民办学校的举办者身份乃属于行政许可范围，笔者对一审法院及二审法院的裁定结果和理由并无异议。

除此以外，二审法院还在裁定理由中表明了对于当事人单纯要求确认享有民办学校的出资份额这一诉讼请求的立场，即"要求确认出资份额只是要求确认一项事实，没有法律权利基础的事实确认不能作为独立的诉讼请求"。对此可以理解为，二审法院认定起诉不符合《民事诉讼法》第119条第3项规定的条件，即"有具体的诉讼请求"，以此来补强裁定驳回起诉的理由。

从学理上看，倘若当事人提起的诉不具有权利保护的作用，则法院就没有必要通过民事审判来对该诉讼请求作出判决。一言以辟之，该诉没有"诉的利益"。具体到本案而言，李某并不会因具有合子学校出资人的身份而享有法律上的利益，出资份额的大小更不会影响丝毫其法律上的利益。从这个意义上说，出资份额存在与否并不会导致李某所享有的权利或法律地位遭受危险或不安，因此，出资份额确实只是一个纯粹的事实。按照德、日等国的民事诉讼法理论，当事人要求确认纯粹的事实而提起的诉不具有诉的利益，因而不符合诉讼要件，法院应当裁定驳回该诉，无需进行实体审理。与此相对，对于欠缺诉的利益的案件，法院究竟是应当裁定不予受理或驳回起诉，还是应当判决驳回诉讼请求，我国法律、法规并未作出明确的规定，解释论上众说纷纭，司法实务中的做法也不尽一致。在本案中，二审法院是以确认之诉中没有诉的利益的情形不符合《民事诉讼法》第119条第3项规定的有关"具体的诉讼请求"的条件为由，裁定驳回起诉。在类似案件中，也有法院在受理案件后，以原告的诉讼请求缺乏法律依据为由，判决驳回诉讼请求。对于此类问题，还有待今后理论界与实务界逐步统一认识，并最终予以解决。

拓展案例

北京东方普诚工程管理有限公司与北京中科凯华环保科技有限公司等财产损害赔偿纠纷案[1]

一、基本案情

（一）案情概要

2013 年 4 月 13 日，北京东方普诚工程管理有限公司（以下简称东方普诚公司）与北京中科凯华环保科技有限公司（以下简称中科凯华公司）签订了《国道 110 山区段混凝土隔离墩供货合同》，约定由中科凯华公司提供混凝土隔离墩。

2013 年 7 月 11 日，中科凯华公司委托曲某运送隔离墩。曲某在施工现场违规操作酿成一死一伤的安全事故。此后，工程施工被叫停，东方普诚公司因此未能按时完成北京国投公路建设发展有限公司委托的更换水泥隔离墩的工作，承担违约责任 61 万元，另外还因该事故被延庆县安全生产监督管理局处以 19 万元罚款。于是东方普诚公司诉至法院，要求中科凯华公司与曲某承担该公司上述损失共计 80 万元。

一审法院经审理后认为，河北省三河市法院在已生效的（2015）三刑初字第 114 号刑事判决书中认定吴某利用其伪造的中科凯华公司印章于 2013 年 4 月 13 日与东方普诚公司签订了《国道 110 山区段混凝土隔离墩供货合同》。为履行上述合同，吴某雇请胡某和曲某等人负责运输和吊装隔离墩，胡某和曲某等人在吊装隔离墩过程中发生安全事故，导致胡某死亡，另一工人受伤。吴某私刻中科凯华公司的公章与东方普诚公司签订供货合同，中科凯华公司并不知晓供货合同的签订及履行情况，所以东方普诚公司与中科凯华公司之间不存在合同法律关系。曲某是吴某的雇员，与东方普诚公司也没有直接的法律关系。因吴某私刻中科凯华公司的公章与东方普诚公司签订合同，所以吴某与东方普诚公司具有法律上的权利义务关系。综上所述，东方普诚公司要求中科凯华公司、曲某赔偿经济损失，其诉讼的被告主体不适格，应予驳回。遂依照《民事诉讼法》第 119 条的规定，裁定驳回东方普诚公司的起诉。

---

〔1〕 北京市第一中级人民法院（2015）一中民终字第 06220 号。

东方普诚公司不服一审裁定，提出上诉，其主要上诉理由除了包括原裁定违反法定程序、原裁定认定事实错误外，主要在于原裁定驳回东方普诚公司的起诉是对《民事诉讼法》第119条的错误适用。

（二）裁判要旨

二审法院经审理后，裁定撤销原裁定，指令原审法院重新审理。

关于原裁定驳回东方普诚公司的起诉是否属于对《民事诉讼法》第119条的错误适用，二审法院认为："本案中，东方普诚公司以中科凯华公司、曲某在施工过程中违章作业，造成重大责任事故，给其造成经济损失为由，要求中科凯华公司、曲某承担民事侵权责任，该起诉符合《民事诉讼法》第119条规定的起诉条件。原审法院在未进行实体审理的情况下，径行认定东方普诚公司与中科凯华公司之间不存在侵权法律关系；曲某系吴某的雇员，与东方普诚公司也没有直接的法律关系；因吴某私刻中科凯华公司的公章与东方普诚公司签订合同，所以吴某与东方普诚公司具有法律上的权利义务关系，并以东方普诚公司起诉的被告主体不适格为由驳回起诉，系错误适用了《民事诉讼法》第119条。"

二、法律问题

本案中的法律问题在于：在原告起诉后，法院经审查认为被告并非原告所诉争的实体权利义务关系中的义务人，那么法院可否以被告不适格为由，依照《民事诉讼法》第119条的规定，裁定驳回原告的起诉？

三、重点提示

《民事诉讼法》第119条第2项将"有明确的被告"规定为起诉的条件之一。对此，《民事诉讼法解释》第209条第1款作出了进一步明确："原告提供被告的姓名或者名称、住所等信息具体明确，足以使被告与他人相区别的，可以认定为有明确的被告。"可见，《民事诉讼法》第119条第2项并未采用实体当事人的概念，而是采用程序当事人的概念。所谓程序当事人，是指能否成为诉讼当事人，与其实体权利义务状态无关，不必联系实体法律关系来确定。就被告而言，只要是被提起诉讼的一方便为被告，即便法院查明应承担义务或者与原告发生争议的另有其人。因此，只要原告的起诉状足以使被告特定化、具体化，便符合《民事诉讼法》第119条第2项规定的"有明确的被告"这一起诉条件，不存在以"被告不适格"为由裁定驳回原告起诉的余地。法院在实体审理后认定被告并非真正的义务人，即不应承担义务的，则可以判决驳回原告的诉讼请求，自不待言。

专题二　审理前的准备

📚 知识概要

一、审理前准备的概念

审理前准备，是指法院受理案件之后到开庭审理之前，依法进行的一系列准备工作的总称。其既包括送达起诉状及其他诉讼材料、组成合议庭、追加必要的当事人等程序事项的准备，也包括审核诉讼材料并调查收集证据、主持交换证据等实体事项的准备，目的在于保证庭审活动及时、顺利地进行，防止诉讼拖延。在普通程序中，审理前准备是一个必经阶段。

二、审理前准备的内容

（一）程序事项的准备

1. 送达诉讼文书。法院应当在立案之日起5日内将起诉状副本发送被告，被告应当在收到之日起15日内提出答辩状。法院应当在收到答辩状之日起5日内将答辩状副本发送原告。

2. 告知诉讼权利义务和合议庭组成人员。法院对决定受理的案件，应当书面或口头向当事人告知有关的诉讼权利义务。合议庭组成人员确定后，应当在3日内告知当事人。

3. 处理管辖权异议。法院受理案件后，当事人在提交答辩状期间对管辖权提出异议的，法院应当进行审查。异议成立的，裁定将案件移送有管辖权的法院；异议不成立的，裁定驳回。

4. 追加必要的当事人。对于必须共同进行诉讼的当事人没有参加诉讼的，法院应当经当事人的申请或者依职权通知其参加诉讼。

（二）实体事项的准备

1. 审核诉讼材料，调查取证。审判人员必须认真审核诉讼材料，了解案件的基本情况，为庭审做好准备。对于当事人及其诉讼代理人因客观原因不能自行收集的证据以及法院认为审理案件需要的证据，法院可以调查收集。

2. 组织当事人交换证据，明确争点。法院受理案件后，对于需要开庭审理的，可以通过要求当事人交换证据等方式，明确争议焦点。

经典案例

内蒙古九郡药业有限责任公司、上海云洲商厦有限公司与韩某管辖权异议案[1]

一、基本案情

（一）案情概要

韩某诉被告内蒙古九郡药业有限责任公司（以下简称九郡药业）、上海云洲商厦有限公司（以下简称云洲商厦）、上海广播电视台（以下简称上海电视台）、大连鸿雁大药房有限公司（以下简称鸿雁大药房）产品质量损害赔偿纠纷一案，辽宁省大连市中级人民法院于2008年9月3日作出（2007）大民权初字第4号民事判决。九郡药业、云洲商厦、上海电视台不服，向辽宁省高级人民法院提起上诉。该院于2010年5月24日作出（2008）辽民一终字第400号民事判决。该判决发生法律效力后，再审申请人九郡药业、云洲商厦向最高人民法院申请再审。最高人民法院于同年12月22日作出（2010）民申字第1019号民事裁定，提审本案，并于2011年8月3日作出（2011）民提字第117号民事裁定，撤销一、二审民事判决，发回辽宁省大连市中级人民法院重审。在重审中，九郡药业和云洲商厦提出管辖权异议。

辽宁省大连市中级人民法院认为：该院重审此案系接受最高人民法院指令，被告之一鸿雁大药房住所地在辽宁省大连市中山区，九郡药业和云洲商厦提出的管辖权异议不成立。遂裁定驳回九郡药业和云洲商厦对管辖权提出的异议。

---

〔1〕 最高人民法院（2013）民再申字第27号。本案为最高人民法院指导性案例56号。

九郡药业、云洲商厦不服，提起上诉。辽宁省高级人民法院认为：韩某在向大连市中级人民法院提起诉讼时，即将鸿雁大药房列为被告，且在原审过程中，提交了在鸿雁大药房购药的相关证据并经庭审质证，鸿雁大药房属适格被告。依据《民事诉讼法》第21条之规定，大连市中级人民法院对该案依法享有管辖权。九郡药业、云洲商厦提出的上诉理由不能成立。遂裁定驳回上诉，维持原裁定。

九郡药业、云洲商厦后分别向最高人民法院申请再审。

（二）裁判要旨

最高人民法院经审查后，裁定驳回九郡药业和云洲商厦的再审申请。

最高人民法院认为："九郡药业和云洲商厦是在案件被本院通过审判监督程序裁定发回一审法院重审，在一审法院的重审中才就管辖权提出异议的。对于当事人提出管辖权异议的期间，《民事诉讼法》第127条明确规定，当事人对管辖权有异议的，应当在提交答辩状期间提出。本案最初一审时原告韩某的起诉状送达给九郡药业和云洲商厦，九郡药业和云洲商厦在答辩期内并没有对管辖权提出异议，说明其已接受了一审法院的管辖，管辖权已确定。而且案件经过一审、二审和再审，所经过的程序仍具有程序上的效力，不可逆转。经审判监督程序被发回重审的案件，虽然根据《民事诉讼法》的规定，案件是一审的，应当按一审程序审理，但是，发回重审的案件并非一个初审案件，就管辖而言，因民事诉讼程序的启动始于当事人的起诉，其目的在于获得法院对案件作出的最终裁判，以解决双方之间的民事纠纷。当案件诉至人民法院，经人民法院立案受理，诉状送达给被告，被告在答辩期内未提出管辖异议，表明案件已确定了管辖法院。此后不因当事人住所地、经常居住地的变更或行政区域的变更而改变案件的管辖法院。在管辖权已确定的前提下，当事人无权再就管辖权提出异议。如果在重审中当事人仍可就管辖权提出异议，无疑使已稳定的诉讼程序处于不确定的状态，破坏了诉讼程序的安定、有序，拖延诉讼，不仅不利于纠纷的解决，也浪费司法资源。因此，基于管辖恒定原则、诉讼程序的确定性以及公正和效率的要求，亦不能支持重审案件当事人再就管辖权提出的异议。据此，九郡药业和云洲商厦就本案管辖权提出异议没有法律依据，原审裁定驳回其管辖权异议并无不当。"

二、法律问题

在本案中，九郡药业和云洲商厦并未在一审提交答辩状期间对管辖权提出异议，而是在再审发回重审时对管辖权提出异议。对此情形，在重审中法院是否应当审查该管辖权异议？

三、法理分析

（一）管辖权异议

法院二审或再审发回重审的案件，当事人提出管辖异议的，法院不予审查。

管辖权异议，又称管辖异议，是指法院受理案件后，本诉被告在法定期限内向受诉法院提出该院对案件无管辖权的意见和主张。《民事诉讼法》在第二编"审判程序"中的第12章"第一审普通程序"对此作出了明确规定，即第127条第1款规定："人民法院受理案件后，当事人对管辖权有异议的，应当在提交答辩状期间提出。人民法院对当事人提出的异议，应当审查。异议成立的，裁定将案件移送有管辖权的人民法院；异议不成立的，裁定驳回。"据此，一般认为提出管辖异议的条件包括：①提出管辖权异议的主体必须是本案的当事人，通常是被告，第三人不得提出管辖权异议。②提出管辖权异议的客体是受诉法院对第一审案件的管辖权，对第二审案件不得提出管辖权异议。③管辖权异议提出的时间为在提交答辩状期间届满之前，须在被告收到起诉状副本之日起15日内。

然而，具体到发回重审或者按第一审程序再审的案件，对当事人提出的管辖权异议要不要审查，在司法实践中存在着不同的认识。对此问题，本案作为指导性案例给出了否定的立场，即当事人在一审提交答辩状期间未提出管辖异议，在二审或者再审发回重审时提出管辖异议的，人民法院不予审查。本裁定的理由在于，可以提出管辖权异议的客体是受诉法院对第一审案件的管辖权，而且仅限于初审案件。一旦管辖权在初审案件中确定后，当事人在后续任何程序中对管辖权提出异议，法院都不应审查，否则便会破坏诉讼的安定性，进而增加当事人的诉累，并造成司法资源的浪费。换言之，即便在发回重审或再审是按照第一审程序审理的案件，由于并非初审案件，因而对当事人提出的管辖权异议，法院也不应审查。这也被认为是管辖恒定原则的要求，即以原告起诉为基准时确定管辖后，即便此后确定管辖的根据发生变化，也不影响已经确定的管辖。之后，2015 年公布的《民诉法解释》重申了本裁定的立场，其第 39 条第 2 款规定："人民法院发回重审或者按第一审程序再审的案件，当事人提出管辖异议的，人民法院不予审查。"需要指出的是，这其中包括：①在上诉程序中，二审法院发回一审法院重新审理的情形；②在再审程序中，原二审法院的上级法院对案件进行提审后，将案件发回原一审法院重新审理的情形；③在再审程序中，直接按第一审程序审理的情形。本案属于第二种情形。

（二）应诉管辖

本裁定指出，"九郡药业和云洲商厦在答辩期内并没有对管辖权提出异议，说明其已接受了一审法院的管辖"，对此应理解为，本裁定亦将应诉管辖作为驳回九郡药业和云洲商厦就管辖权异议而提出的再审申请的理由之一。

应诉管辖，也称默示的协议管辖或者默认管辖，根据《民事诉讼法》第 127 条第 2 款的规定，其是指原告起诉并被法院受理后，被告不对管辖权提出异议并应诉答辩，视为受诉法院对案件享有管辖权的一项管辖制度。其条件为：①受诉法院对案件无管辖权。②当事人应诉并就案件的实体问题进行了答辩与陈述，否则根据《民诉法解释》第 35 条的规定，法院应当裁定将案件移送给有管辖权的法院。③当事人在答辩期内未向法院提出管辖权异议，否则根据《民诉法解释》第 223 条第 1 款的规定，法院应当依照《民事诉讼法》第 127 条第 1 款的规定，对管辖异议进行审查。

设置应诉管辖的意义在于：在尊重当事人意愿的前提下，促进诉讼经济，但并不意味着当事人可以任凭自己的意愿来选择管辖法院。在违反级别管辖及专属管辖等法定管辖的情形中，即便原告起诉后，被告应诉答辩，受诉法院也不能因此而享有对案件的管辖权。

四、参考意见

本裁定驳回再审申请，即否定九郡药业和云洲商厦所提出的管辖权异议的理由有两点：

第一，管辖恒定原则。一旦对案件的管辖权在初审法院审理案件时确定，此后无论据以确定管辖的事实发生何种变化，也不影响先前确定的管辖权。

这一点也是本裁定的突出意义之所在，即厘清了可以提出管辖权异议的第一审程序仅指初审法院审理案件时适用第一审程序的情形，而不包括发回重审或再审中适用第一审程序的情形。

第二，应诉管辖。即便受诉法院没有管辖权，只要被告未提出管辖异议并应诉答辩的，则视为受诉法院有管辖权。这一点是本裁定在说理上有待完善之处，即受诉法院在韩某起诉时是否有管辖权。假设韩某诉九郡药业、云洲商厦、上海电视台、鸿雁大药房产品质量损害赔偿纠纷一案为必要共同诉讼，由于被告之一鸿雁大药房的住所地在辽宁省大连市，则符合《民事诉讼法》关于被告住所地法院管辖的规定，那么被告九郡药业和云洲商厦应诉管辖的前提就是不成立的。

拓展案例

天津市蓟县供热服务中心与天津福特斯有限公司占有物返还纠纷[1]

一、基本案情

（一）案情概要

天津福特斯有限公司（以下简称福特斯公司）诉天津市蓟县供热服务中心（以下简称供热中心）占有物返还纠纷一案，天津市高级人民法院于 2015 年 3 月 16 日作出（2014）津高民一初字第 0023 号民事判决。福特斯公司不服该判决，向最高人民法院提起上诉。

上诉受理后，福特斯公司于二审庭审前向最高人民法院提交申请书，申请追加天津津能蓟州热电有限公司（以下简称津能蓟州热电公司）、蓟县鑫泰物业管理有限公司（以下简称鑫泰物业公司）为本案被告参加诉讼。其理由为，本案诉讼标的物一直由供热中心、津能蓟州热电公司、鑫泰物业公司占有使用。福特斯公司在二审庭审中提交相关证据，其证明目的为供热中心责成鑫泰物业公司实际占有使用诉争资产，天津市蓟县宝塔路供热设施由津能蓟州热电公司提供热源，相关资产亦由该公司实际使用。

---

[1]　最高人民法院（2015）民一终字第 105－1 号。

（二）裁判要旨

最高人民法院经审查后，裁定驳回福特斯公司提出的追加当事人的申请。

最高人民法院认为："福特斯公司申请追加津能蓟州热电公司、鑫泰物业公司参加本案二审诉讼，应当提供津能蓟州热电公司、鑫泰物业公司属于必须参加本案诉讼的必要共同诉讼人的事实和法律依据。根据福特斯公司所持理由及其所提供的证据，鑫泰物业公司实际占有使用涉案供热设施系根据供热中心的指示，从占有类型看，属他主占有和辅助占有，其占有状态能否持续，依赖于供热中心的授权意思。津能蓟州热电公司实为相关供热管线的切改和维修调试单位。据此，津能蓟州热电公司、鑫泰物业公司并非必须参加本案诉讼的必要共同诉讼人。福特斯公司要求追加津能蓟州热电公司、鑫泰物业公司参加本案诉讼，申请理由不能成立。"

二、法律问题

本案中的法律问题在于：当事人在诉讼开始后申请追加没有参加诉讼的其他主体参加诉讼的，法院应该如何处理？

三、重点提示

对于必须共同进行诉讼的当事人没有参加诉讼的情形，《民事诉讼法》第132条作出了明确规定，即法院应当通知其参加诉讼。在此基础上，《民诉法解释》第73条进一步细化了规定，当事人也可以向法院申请追加。换言之，法院可以依职权或者根据当事人的申请，追加必须共同进行诉讼的当事人参加诉讼。本案即属于当事人申请追加的情形。

问题是，当事人提出追加的申请后，法院应该如何处理。对此，《民诉法解释》第73条后半段规定，对当事人提出的申请，法院应当进行审查，申请理由不成立的，裁定驳回；申请理由成立的，书面通知被追加的当事人参加诉讼。

接下来的问题是，法院审查的标准是什么，具体而言，应该如何认定"必须共同进行诉讼的当事人"。一般认为，必须共同进行诉讼的当事人，是指必要共同诉讼的当事人。至于何为必要共同诉讼，从立法上看，《民事诉讼法》第52条将"当事人一方或者双方为二人以上，其诉讼标的为共同的"诉讼界定为必要共同诉讼。学理上众说纷纭，大致又有固有的必要共同诉讼、类似的必要共同诉讼以及牵连性的必要共同诉讼之区分。其中，对于固有的必要共同诉讼在认识上并无疑义，其通常是由法律直接规定的不可分之诉，欠缺任何一个当事人都将导致当事人不适格，因此，法院为了诉讼合法进行，必须予以追加。相反，对于类似的必要共同诉讼及牵连性的必要共同诉讼，一方面在认识上分歧较大，另一方面大多数观点认为其为可分之诉，即遵循不告不理的原则。

在本案中，最高人民法院认为，鑫泰物业公司对诉争资产的占有仅为他主占有和辅助占有，而并非与原审被告供热中心共同共有，津能蓟州热电公司更不是在实体法上必须与供热中心一同处理诉争资产的权利人，因而认定鑫泰物业公司、津能蓟州热电公司并非必须参加本案诉讼的必要共同诉讼人，遂驳回供热中心的申请。

专题三 开庭审理

知识概要

一、开庭审理概述

开庭审理，又称法庭审理，简称庭审，是指法院在当事人及其他诉讼参与人的参加下，依照法定程序和形式，在法庭上对案件的实体争议进行审理的诉讼活动。开庭审理的基本任务在于，通过当事人在法庭调查、法庭辩论等环节的对抗和对质，查明案件事实，分清是非，正确适用法律，确定当事人之间的权利义务关系或法律关系，最终解决纠纷。因此，开庭审理应当围绕当事人争议的事实、证据和法律适用等焦点问题进行。

为了完成上述任务，开庭审理必须遵循以下法定形式：

第一，开庭审理应当采用法庭审理的形式。"法庭"具有多重意义，既指审判组织，又指审判场所。审判组织意义上的法庭，必须严格符合法律规定的条件，未经合法组成的法庭所作出的裁判自始无效。审判场所意义上的法庭，主要指设在各级法院或法庭的专门用于开庭审判的特定场所，也指临时用于案件开庭的当事人住所地、纠纷发生地及其他场所等。

第二，开庭审理原则上应当采用公开审理的形式。公开审判是我国民事审判的基本制度，目的在于增加司法透明度、防止腐败。根据《民事诉讼法》第134条的规定，除涉及国家秘密、个人隐私或者法律另有规定的情形外，开庭审理一律采用公开的形式。离婚案件、涉及商业秘密的案件，当事人申请不公开审理的，可以不公开审理。

第三，开庭审理应当采用言词审理的形式。言词审理是相对于书面审理而言的，系指在开庭审理的整个过程中，法院、双方当事人以及其他诉讼参与人的诉讼行为都应当以口头表达的方式进行。其目的一方面是保障双方当事人充分行使辩论权，另一方面是便于法院准确、迅速地查明案件事实。

二、开庭审理的流程

根据《民事诉讼法》第134～149条的规定，开庭审理按照下列流程顺次进行：

1. 开庭准备。开庭准备是开庭审理的最初阶段，其任务是为开庭审理做好各项预备工作。其主要内容包括：

（1）告知当事人及其他诉讼参与人开庭时间和地点。

（2）发布开庭审理公告。法院对于公开开庭审理的案件，应当在开庭3日前发布公告，公告当事人姓名、案由和开庭的时间、地点。

（3）查明当事人和其他诉讼参与人是否到庭，宣布法庭纪律。

2. 宣布开庭。在完成上述工作后，由审判长宣布开庭，然后核对当事人，宣布案由，宣布审判人员、书记员名单，告知当事人有关的诉讼权利义务，询问当事人是否提出回避申请。

3. 法庭调查。法庭调查是开庭审理的重心，其任务是对当事人提供的证据予以审查、核实、认定，从而为查明案件事实、正确适用法律奠定基础。法庭调查按照下列顺序进行：

（1）当事人陈述。在法庭调查中，首先由当事人进行陈述，即先由原告提出其诉讼请求并主张该诉讼请求所依据的事实和理由，再由被告主张据以反驳原告诉讼请求的事实和理由。若存在第三人的，则在原、被告之后，由第三人进行陈述。

（2）告知证人的权利义务，证人作证，宣读未到庭的证人证言。证人证言作为法庭调查的对象，原则上应当由证人出庭作证，此时法庭应当核实其身份，并告知其权利和义务。作为例外，证人因健康原因、路途遥远交通不便、自然灾害等不可抗力不能出庭，或者有其他正当理由不能出庭的，经人民法院许可，可以通过书面证言、视听传输技术或者视听资料等方式作证。

（3）出示书证、物证、视听资料和电子数据。对于书证、物证、视听资料及电子数据等证据种类，一律应当在法庭上出示，以供审判人员在当事人相互质证的基础上来判断其证据能力和证明力。质证按照先原告出示、被告及第三人质证，后被告出示、原告及第三人质证，再第三人出示、原告和被告质证的顺序进行。

（4）宣读鉴定意见。鉴定意见应当当庭宣读，并且当事人对鉴定意见有异议或者人民法院认为鉴定人有必要出庭的，鉴定人应当出庭作证。当事人可以申请人民法院通知有专门知识的人出庭，就鉴定人作出的鉴定意见或者专业问题提出意见。具有专门知识的人在法庭上就专业问题提出的意见，视为当事人的陈述。

（5）宣读勘验笔录。在开庭审理前对现场或物证进行过勘验的，则应当由勘验人当庭宣读其就勘验情况和结果制作的勘验笔录。此后由双方当事人发表意见。当事人对勘验笔录有疑义的，可以请求重新勘验。对此是否准许，由法庭决定。

4. 法庭辩论。法庭辩论，是指在合议庭的主持下，由各方当事人就有争议的事实和法律问题，阐述自己的观点，反驳对方的主张，进行辩驳和论证的诉讼活动。法庭辩论按照下列顺序进行：

（1）原告及其诉讼代理人发言。

（2）被告及其诉讼代理人答辩。

（3）第三人及其诉讼代理人发言或者答辩。

（4）互相辩论。

法庭辩论终结后，由审判长按照原告、被告、第三人的先后顺序，征询各方最后意见。此时，当事人同意调解的，法庭可以进行调解。调解不成的，宣布休庭，庭审结束。

5. 案件评议。庭审结束后，合议庭成员应当对案件进行评议，即根据在法庭调查和法庭辩论中获得的心证来认定案件事实，并在此基础上适用相应的法律，就当事人之间所争议的权利义务关系或法律关系得出结论。

案件评议的过程不对外公开，表决采取少数服从多数的原则。每名合议庭成员都应当就评议结果独立地行使自己的表决权，以多数派意见为法庭意见，但少数派意见应如实记入评议笔录，并归入副卷档案备查。案件的评议结果是法院作出裁判的依据。评议笔录应当保密。

6. 宣告判决。案件评议结束后，由审判长公开宣告判决。其又分为以下两种方式：

（1）当庭宣判。在此情形，应当在 10 日内发送判决书。

（2）定期宣判。在此情形，应当宣判后立即发给判决书。

宣告判决时，必须告知当事人上诉权利、上诉期限和上诉的法院。

三、延期审理

1. 概述。延期审理，是指在法院确定了审理期日后，出现法律规定的特殊情形，致使无法在先前确定的期日进行法庭审理，因而法院将法庭审理推延到另一期日的诉讼制度。

2. 延期审理的情形。根据《民事诉讼法》第 146 条的规定，有下列情形之一的，可以延期开庭审理：

（1）必须到庭的当事人和其他诉讼参与人有正当理由没有到庭的。必须到庭的当事人主要包括：能够表达意志的离婚案件的当事人，负有赡养、抚育、抚养义务的被告，其他不到庭就无法查清案情的被告。其他诉讼参与人一般是指诉讼代理人、重要的证人等。

（2）当事人临时提出回避申请的。这里主要是指当事人在开庭审理后才得知回避事由并当庭提出回避申请的情形。

（3）需要通知新的证人到庭，调取新的证据，重新鉴定、勘验，或者需要补充调查的。

（4）其他应当延期的情形。这是兜底条款，由法院根据具体案情灵活把握。

四、撤诉

1. 撤诉概述。撤诉有广义和狭义之分。广义的撤诉泛指当事人不再要求法院对案件进行审判的诉讼行为，包括撤回起诉、撤回上诉、撤回再审申请等。本书所讲的撤诉专指狭义的撤诉，即原告在一审程序中撤回起诉，不再要求法院对其诉讼请求进行审判的诉讼行为。撤诉是当事人行使处分权的表现之一。因此，在当事人正当申请撤诉时，法院应当允许。

2. 申请撤诉。《民事诉讼法》第 145 条规定，宣判前原告都可以申请撤诉，但是否准许由法院来裁定。原告撤回起诉必须同时符合下列条件：

（1）必须是原告的真实意思表示。

（2）目的必须正当、合法。

（3）必须在宣告判决之前提出。

（4）必须以书面或口头的形式向受诉法院明确表示撤诉的意思表示。

3. 按撤诉处理。除了原告主动申请撤诉外，《民事诉讼法》还规定了其他产生撤诉之法律后果的情形，即按撤诉处理。这是原告消极地行使其处分权，法院将原告的消极行为视为是撤诉来处理。

根据《民事诉讼法》第 143 条及《民诉法解释》第 235 条、第 236 条的规定，原告具有下列情形之一的，按撤诉处理：

（1）原告经传票传唤，无正当理由拒不到庭的。

（2）原告未经许可而中途退庭的。

（3）原告应当预交而未预交案件受理费，法院通知其预交后仍不预交，或者申请缓、减、免未获法院批准仍不预交的。

（4）原告系无民事行为能力的当事人，其法定代理人经传票传唤无正当理由拒不到庭的。

4. 撤诉的法律后果。撤诉或按撤诉处理，将产生如下法律后果：

（1）诉讼程序终结。原告撤回起诉等于使法院丧失审判对象，诉讼程序因此而终结。需要指出的是，原告撤回起诉并不会导致被告提起的反诉或者有独立请求权的第三人提起的诉讼的法定程序终结。

（2）视为原告未起诉。原告撤回起诉后，视为其自始至终未将诉讼请求提交至法院，因而原告可以就同一诉讼请求重新起诉。

（3）原告负担有关的诉讼费用。即便原告撤回起诉，司法权也已启动，因而原告仍需要负担相关费用。

五、缺席判决

1. 缺席判决概述。缺席判决，是指在一方当事人经法院传票传唤，无正当理由拒不到庭或者未经法庭许可中途退庭的情况下，法院依法对案件进行审理并作出判决的制度。

法院依法作出的缺席判决与对席判决具有同等的效力。

2. 缺席判决的情形。根据《民事诉讼法》第 143～145 条和《民诉法解释》第 241 条的规定，有下列情形之一的，法院可以缺席判决：

（1）被告经传票传唤无正当理由拒不到庭，或者未经法庭许可中途退庭的。

（2）原告在被告反诉的情况下，经法院传票传唤，无正当理由拒不到庭或者未经法庭许可中途退庭的。

（3）原告申请撤诉，法院裁定不准撤诉的，原告经传票传唤，无正当理由拒不到庭或者未经法定许可中途退庭的。

（4）无诉讼行为能力的被告的法定代理人，经传票传唤，无正当理由拒不到庭或者未经法庭许可中途退庭的。

（5）无民事行为能力人的离婚诉讼，法定代理人不到庭。

（6）无独立请求权的第三人经法院传票传唤，无正当理由拒不到庭，或者未经法庭许可中途退庭的。

📚 经典案例

吴某与陕西广电公司传媒（集团）股份有限公司捆绑交易纠纷[1]

一、基本案情

（一）案情概要

2012 年 5 月 10 日，吴某前往陕西广电公司传媒（集团）股份有限公司（以下简称广电公司）缴纳数字电视基本收视维护费时获悉，数字电视基本收视维护费每月最低标准由 25 元上调至 30 元。吴某遂缴纳了 2012 年 5 月 10 日至 8 月 9 日的数字电视基本收视维护费 90 元。但广电公司向吴某出具的收费

---

[1] 最高人民法院（2016）最高法民再 98 号。本案为最高人民法院指导性案例 79 号。

专用发票显示，数字电视基本收视维护费为 75 元，另外 15 元为数字电视节目费。之后，吴某通过广电公司客户服务中心（服务电话 96766）咨询得知，广电公司节目通过升级增加了不同的收费节目，设置了不同的套餐，其中最低套餐的基本收视费每年 360 元，用户每次最少应缴纳 3 个月费用。吴某认为，广电公司属于公用企业，在数字电视市场内具有支配地位，其收取数字电视节目费的行为剥夺了自己的自主选择权，构成搭售，故诉至法院，请求判令：确认被告 2012 年 5 月 10 日收取其数字电视节目费 15 元的行为无效，被告返还原告 15 元。

一审法院认为：本案争议的主要焦点问题是，广电公司的行为是否属于反垄断法所禁止的搭售或者附加其他不合理交易条件的行为。广电公司直接要求吴某缴纳包含数字电视基本收视维护费和数字电视付费节目费在内的全部费用，实际上是将数字电视基本收视服务和数字电视付费节目提供服务捆绑在一起向吴某销售，且以其在陕西省境内有线电视传输服务市场上的支配地位迫使吴某接受数字电视付费节目提供服务，违反了吴某的意愿，吴某因为广电公司的市场支配地位而不得不接受上述不合理条件。因此，广电公司的行为属于反垄断法所禁止的搭售或者附加其他不合理交易条件的行为。根据《最高人民法院关于审理因垄断行为引发的民事纠纷案件应用法律若干问题的规定》第 15 条的规定，被诉合同内容、行业协会的章程等违反反垄断法或者其他法律、行政法规的强制性规定的，法院应当依法认定其无效。于是，一审法院判决支持原告吴某的全部诉讼请求，即确认广电公司收取原告吴某数字电视节目费 15 元的行为无效，并且由广电公司返还吴某 15 元。

广电公司不服一审判决，提出上诉。二审法院认为广电公司对吴某的销售行为，并不构成反垄断法所禁止的搭售行为，遂判决：撤销一审判决，驳回吴某的诉讼请求。

吴某不服二审判决，向最高人民法院提出再审申请。

（二）裁判要旨

最高人民法院提审本案后作出判决：撤销二审判决，维持一审判决。

对于广电公司的行为是否属于《反垄断法》所禁止的搭售或者附加其他不合理交易条件的行为，最高人民法院认为，"根据本院查明的事实，数字电视基本收视维护费和数字电视付费节目费属于两项单独的服务。在原审诉讼及本院诉讼中，广电公司未证明将两项服务一起提供符合提供数字电视服务的交易习惯；同时，如将数字电视基本收视维护费和数字电视付费节目费分别收取，现亦无证据证明会损害该两种服务的性能和使用价值；广电公司更未对前述行为说明其正当理由，在此情形下，广电公司利用其市场支配地位，将数字电视基本收视维护费和数字电视付费节目费一起收取，客观上影响消费者选择其他服务提供者提供相关数字付费节目，同时也不利于其他服务提供者进入电视服务市场，对市场竞争具有不利的效果"，因此，一审法院认定广电公司的行为属于反垄断法所禁止的搭售或者附加其他不合理交易条件的行为，并无不当。

另外，广电公司在答辩中指出，本案的发生实质上是一个有关吴某基于消费者权益保护法所应当享受的权利是否被侵犯的纠纷，而与垄断行为无关，因此，一审法院不应当适用《反垄断法》及相关规定来判案。对此，最高人民法院认为："根据《民诉法解释》226 条及第 228 条的规定，人民法院应当根据当事人的诉讼请求、答辩意见以及证据交换的情况，归纳争议焦点，并就归纳的争议焦点征求当事人的意见。在法庭审理时，应当围绕当事人争议的事实、证据和法律适用等焦点问题进行。根据查明的事实，吴某在其诉状中明确主张'被告收取原告数字电视节目费，实际上是为原告在提供上述服务范围外增加提供服务内容，对此原告应当具有自主选择权。被告属于公用企业或者其他依法具有独占地位的经营者，在数字电视市场内具有支配地位。被告的上述行为违反了《反垄断法》第 17 条第 1 款第 5 项，即禁止具有市场支配地位的经营者从事没有正当理由搭售商品，或者在交易时附加其他不合理的交易条件的滥用市场支配地位行为，侵害了原告的合法权益。原告依照《最高人民法院关于审理因垄断行为引发的民事纠纷案件应用法律若干问题的规定》，提起民事诉讼，请求人民法院依法确认被告的捆绑交易行为无效，判令其返还原告 15 元'。在该诉状中，吴某并未主张其消费者权益受到损害，因此一审法院根据吴某的诉讼请求适用《反垄断法》进行审理，并无不当。"

二、法律问题

在本案中，广电公司将数字电视基本收视维护费和数字电视付费节目费捆绑在一起向消费者收取，是否属于《反垄断法》所禁止的搭售或者附加其他不合理交易条件的行为？

一审法院适用《反垄断法》，而不是《消费者权益保护法》，是否适当？

三、法理分析

1. 广电公司的行为属于《反垄断法》所禁止的搭售或者附加其他不合理交易条件的行为。《反垄断法》第17条第1款第5项规定："禁止具有市场支配地位的经营者从事下列滥用市场支配地位的行为：⑤没有正当理由搭售商品，或者在交易时附加其他不合理的交易条件。"根据此规定，构成《反垄断法》所禁止的搭售行为，需要满足以下条件：其一，经营者在相关市场内具有支配地位；其二，经营者利用在相关市场内的支配地位进行搭售或者在交易时附加其他不合理的交易条件；其三，经营者搭售商品，或者在交易时附加其他不合理的交易条件缺乏正当理由。

关于第一点，由于有线电视传输服务市场实行省级专营，广电公司是经陕西省政府批准，陕西境内唯一合法经营有线电视传输业务的经营者和唯一的电视节目集中播控者，因此，广电公司在陕西省境内的有线电视传输服务市场上占有支配地位。对此，也得到了广电公司本身的承认。

关于第二点，由于广电公司直接要求吴某缴纳包含数字电视基本收视维护费和数字电视付费节目费在内的全部费用，并未给予吴某拒绝接受数字电视付费节目的选择权，实质上是将数字电视基本收视服务和数字电视付费节目提供服务捆绑在一起向吴某销售，属于利用在相关市场内的支配地位进行搭售。

关于第三点，在本案中，广电公司仅仅主张其有责任向用户提供更多的电视节目，有权在基本收视节目之外进行收费，以保障网络的正常维护和升级，并未对其搭售或者附加其他不合理的交易条件地正当性提供任何证据。广电公司的上述主张不能构成其进行搭售或者附加其他不合理交易条件具有正当性的理由。

综上所述，应该认为广电公司实施了《反垄断法》所禁止的搭售或者附加其他不合理的交易条件行为。

2. 一审法院适用《反垄断法》并无不当。从民事诉讼法的角度来看，本案的争议焦点在于，一审法院适用反垄断法是否适当。《民事诉讼法司法解释》第 226 条规定:"人民法院应当根据当事人的诉讼请求、答辩意见以及证据交换的情况,归纳争议焦点,并就归纳的争议焦点征求当事人的意见。"第 228 条规定:"法庭审理应当围绕当事人争议的事实、证据和法律适用等焦点问题进行。"据此规定,法庭审理的对象应当是当事人所提出的诉讼请求是否成立、当事人所主张的事实是否存在、当事人所主张的法律是否应当适用。在本案中,原告吴某明确主张适用《反垄断法》,因而一审法院适用《反垄断法》并无不当。

四、参考意见

与本案相关的问题是,倘若法院经审理后得出的心证是依据《反垄断法》不应支持原告吴某的诉讼请求,但依据《消费者保护法》应当支持其诉讼请求。那么,法院可否提示原告主张适用《消费者保护法》。这涉及法院实施释明行为的界限问题。对于这一问题,司法实践中的认识已出现相当大的分歧。需要指出的是,究竟是以旧诉讼标的理论、还是以新诉讼标的理论为出发点,将使这一问题更加复杂化。对此问题,只能留待理论界和实务界逐渐统一认识。

拓展案例

陕西刘某与杨某离婚后财产纠纷再审检察建议案[1]

一、基本案情

(一) 案情概要

杨某以刘某下落不明、不尽家庭义务为由提起离婚民事诉讼。法院缺席审理并判决双方离婚,婚生儿子由杨某抚养,家庭共同财产及住房六间全部归杨某所有,共同债务 3 万双方各自承担一半并公告送达判决书。

刘某不服生效判决,向检察机关申请监督。

(二) 裁判要旨

检察机关经审查后,向法院提出再审检察建议,要求法院再审纠正。

---

[1] 2014 年最高人民检察院公布 9 起"修改后民事诉讼法实施以来民事检察监督典型案例"之案例 3。

检察机关认为：刘某外出打工期间，杨某曾与其子在刘某打工处相处一周，且有证据证明刘某曾两次给儿子邮寄学费，由此证明刘某并非下落不明。原判决以刘某下落不明为由，适用缺席判决并采用公告方式送达违反法律规定，剥夺了刘某的诉讼权利；判决将夫妻共同财产全部判归杨某，家庭债务双方各承担一半显失公平。

此后，法院根据检察机关的再审检察建议启动再审程序，撤销原判决中关于夫妻共同财产、共同债务、子女抚养等三项判决内容并作出改判。

二、法律问题

1. 原判决认定事实是否错误，即可否认定被告刘某下落不明？
2. 假设被告刘某下落不明，法院可否缺席判决？

三、重点提示

对于如何认定一方当事人下落不明，司法实践中各法院的做法和标准不尽相同，比较常见的可用以认定一方当事人下落不明的证据有：法院按照特别程序作出的宣告失踪的生效判决书，公安机关出具的当事人下落不明的证明，居委会、村委会等基层组织出具的当事人下落不明的证明，当事人的亲友做出的该当事人下落不明的证人证言，等等。但是，只要有反证表明当事人有音讯的，法院则不应认定当事人下落不明。在本案中，不仅有证据证明杨某曾与其子在刘某打工处相处一周，而且有证据证明刘某曾两次给儿子邮寄学费，可见刘某并非下落不明。因此，原判决在刘某下落不明这一点上，系认定事实错误。

退一步讲，假设刘某确实下落不明，那么法院可否缺席判决。如果法院可以缺席判决，又必须具备哪些条件。对此，《民诉法解释》第217条作出了明确的规定："夫妻一方下落不明，另一方诉至人民法院，只要求离婚，不申请宣告下落不明人失踪或者死亡的案件，人民法院应当受理，对下落不明人公告送达诉讼文书。"具体而言，《民事诉讼法》第92条第1款规定："受送达人下落不明，或者用本节规定的其他方式无法送达的，公告送达。自发出公告之日起，经过60日，即视为送达。"根据此规定，法院在当事人下落不明时，可以通过公告的方式送达传票。公告期届满后，即视为送达，若被告仍未出庭，则属于《民事诉讼法》第 144 条规定的"被告经传票传唤，无正当理由拒不到庭的"情形，法院可以缺席判决。

专题四　诉讼中止与诉讼终结

◈ 知识概要

一、诉讼中止

1. 诉讼中止概述。诉讼中止，是指在诉讼进行中，因发生某种法定的情形，使诉讼无法继续进行而暂时停止诉讼的制度。

诉讼中止和延期审理存在以下区别：

（1）适用阶段不同。诉讼中止发生在裁判作出前的任意阶段；延期审理则发生在开庭审理阶段。

（2）法律后果不同。在诉讼中止期间，案件的任何诉讼活动都不得进行；在延期审理期间，仍可以进行其他诉讼活动。

（3）时间长短不同。诉讼中止后，法院一时难以确定恢复诉讼程序的时间；延期审理决定作出之时，法院通常可以确定下次开庭审理的时间。

2. 诉讼中止的情形。根据《民事诉讼法》第 150 条的规定，有下列情形之一的，中止诉讼：

（1）一方当事人死亡，需要等待继承人表明是否参加诉讼的。当事人死亡后，其当事人能力归于消灭，诉讼因缺少一方当事人而无法继续进行。

（2）一方当事人丧失诉讼行为能力，尚未确定法定代理人的。当事人在诉讼中丧失诉讼行为能力的，则无法亲自进行诉讼，为了该当事人的程序保障，诉讼需要等待其确定法定代理人。

（3）作为一方当事人的法人或者其他组织终止，尚未确定权利义务承受人的。这里主要是指作为一方当事人的法人或者其他组织被依法解散、撤销、宣告破产等情形。此时其当事人能力归于消灭，诉讼因缺少一方当事人而无法继续进行。

（4）一方当事人因不可抗拒的事由，不能参加诉讼的。这里主要是指无法预见、无法避免的事由，如自然灾害、战争、交通事故等。

（5）本案必须以另一案件的审理结果为依据，而另一案件尚未审结的。为了保证司法公正，维护司法权威，当本案的事实认定或法律适用是以另一案件为前提时，需要等待该前提确定之后，才可以进行本案的诉讼程序。

（6）其他应当中止诉讼的情形。这是兜底条款，由法院根据具体案情灵活把握。

3. 诉讼中止的程序与法律后果。当出现法定的中止事由时，法院可以采用书面形式或口头形式作出中止诉讼的裁定，并送达或通知当事人及诉讼代理人。需要注意的是，中止裁定一经作出即发生法律效力。对此，当事人不得上诉，也不得申请复议。

诉讼中止的法律后果在于，一旦法院作出中止诉讼的裁定，正在进行的民事诉讼程序随之进入停止状态。在中止期间，法院不能实施审理行为，当事人也不得实施诉讼行为，否则该行为不具有法律效力。

中止事由消除后，法院根据当事人的申请或者依职权恢复诉讼程序。诉讼程序中止前当事人所实施的诉讼行为，在诉讼程序恢复后依然有效。

二、诉讼终结

1. 诉讼终结概述。诉讼终结，是指在诉讼进行中，因发生某种法定的情形，使诉讼无法继续进行或者继续进行已无必要，从而结束诉讼程序的制度。

诉讼终结和诉讼中止存在以下区别：

（1）效果不同。诉讼终结是永久地结束诉讼程序，之后不再恢复；诉讼中止是暂时停止诉讼程序，若此后中止诉讼的原因得以消除，则诉讼程序仍有可能恢复进行。

（2）原因不同。诉讼终结的原因更为单一，以一方当事人的死亡为适用条件，一旦条件成就，法院必须作出终结裁定；诉讼中止的原因相对多样，即便出现中止的原因事由，法院也可自由裁量，决定是否作出中止裁定。

2. 诉讼终结的情形。根据《民事诉讼法》第151条的规定，终结诉讼：

（1）原告死亡，没有继承人，或者继承人放弃诉讼权利。

（2）被告死亡，没有遗产，也没有应当承担义务的人。

（3）离婚案件一方当事人死亡。

（4）追索赡养费、扶养费、抚育费以及解除收养关系案件的一方当事人死亡。

3. 诉讼终结的程序与法律后果。当出现法定的终结事由时，法院应当以书面或口头形式作出终结诉讼的裁定。需要注意的是，终结裁定一经作出即发生法律效力。对此，当事人不得上诉。终结裁定一经生效，诉讼程序即告完结。

经典案例

辽宁建和中恒钢铁贸易有限公司与沈阳神羊游乐园有限公司、沈阳盈盈项目咨询管理有限公司欠款纠纷上诉案[1]

一、基本案情

（一）案情概要

辽宁建和中恒钢铁贸易有限公司（以下简称建和中恒公司）与沈阳神羊游乐园有限公司（以下简称神羊公司）、沈阳盈盈项目咨询管理有限公司（以下简称盈盈公司）欠款纠纷一案，辽宁省高院作出（2007）辽民三初字第99号民事调解书，神羊公司不服，向最高人民法院申请再审，最高人民法院于2010年6月13日作出裁定指令辽宁省高院再审，辽宁省高院于2011年9月13号作出（2010）辽审二民再字第49号民事判决。建和中恒公司不服上述判决，向最高人民法院提起上诉。最高人民法院在审理期间，两被上诉人（即神羊公司和盈盈公司）已无人接受送达，故最高人民法院对两被上诉人公告送达。公告期满，神羊公司原审代理人郭春颖向最高人民法院提交了一份《关于中止审理沈阳神羊游乐园有限公司与辽宁建和中恒钢铁贸易有限公司欠款纠纷的报告》，请求作出对本案中止审理的裁定。

（二）裁判要旨

法院经审查，该请求未加盖神羊公司公章或签名，不具备形式要件，且该申请为神羊公司原审代理人提出，为无权申请，其内容亦不符合《民事诉讼法》所规定的诉讼中止的情形，故不予准许。根据本案实际情况，对案件

---

〔1〕 最高人民法院（2011）民二终字第121号。

作出缺席判决。

二、法律问题

1. 郭春颖是否为提出诉讼中止的适格主体？
2. 最高人民法院对神羊公司和盈盈公司作出缺席判决是否正确？
3. 本案是否符合中止诉讼的情形？

三、法理分析

1. 神羊公司的原审代理人对本案不具有提起诉讼中止的资格。《民事诉讼法》第 59 条第 1、2 款规定："委托他人代为诉讼，必须向人民法院提交由委托人签名或者盖章的授权委托书。授权委托书必须记明委托事项和权限。诉讼代理人代为承认、放弃、变更诉讼请求，进行和解，提起反诉或者上诉，必须有委托人的特别授权。"在本案中，郭春颖未向最高人民法院出具神羊公司与其签订的委托代理手续，故形式上郭春颖不具备本案中的代理人资格。《中华人民共和国民法总则》第 171 条第 1 款规定："行为人没有代理权、超越代理权或者代理权终止后，仍然实施代理行为，未经被代理人追认的，对被代理人不发生效力。"而郭春颖作为原审案件的代理人，在上诉案件中其并没有获得授权的情形下，其代理权已经终止；另外根据本案已经查明的事实：神羊公司的法定代表人在国外，且神羊公司主要负责人孙长松因有关刑事案件已被有关部门逮捕羁押，不知关押具体地点，无法联络。因此，综合案情来看，郭春颖申请诉讼中止也不可能得到相关被代理人的追认，故实质上，郭春颖也不具有代理人资格，其提出申请系主体不适格。

2. 最高人民法院在对神羊公司和盈盈公司采取公告送达后，可以缺席判决。《民事诉讼法》第 92 条第 1 款规定："受送达人下落不明，或者用本节规定的其他方式无法送达的，公告送达。自发出公告之日起，经过 60 日，即视为送达。"正如上述问题所谈到，神羊公司法定代表人和主要负责人都无法联络，并且盈盈公司的法定代表人也无法查询，两被上诉人都下落不明或下落不详，因此，公告送达期满视为送达。《民诉法解释》第 241 条规定："被告经传票传唤无正当理由拒不到庭，或者未经法庭许可中途退庭的，人民法院应当按期开庭或者继续开庭审理，对到庭的当事人诉讼请求、双方的诉辩理由以及已经提交的证据及其他诉讼材料进行审理后，可以依法缺席判决。"本案中，法院已经对两被上诉人采取公告送达的方式，而上诉法院对原审法院查明的事实予以确认，因此，本案不存在被上诉人不到庭案件无法查清的情形，本案当事人亦没有提交新的证据，因此也无需被上诉人质证。综上，受诉法院在对神羊公司和盈盈公司采取公告送达后，可以缺席判决。

3. 本案不符合诉讼中止的情形。退一步讲，就算神羊公司的原代理人郭春颖具有代理资格，其提起的《关于中止审理沈阳神羊游乐园有限公司与辽宁建和中恒钢铁贸易有限公司欠款纠纷的报告》在内容上也不符合《民事诉讼法》第150条关于规定中止诉讼的情形，根据案情可知，神羊公司和盈盈公司并非因为不可抗力而不能参加诉讼，因为这里的"不可抗力"是指无法预见、无法避免的事由，如自然灾害、战争、交通事故等，而本案中，神羊公司的法定代表人、主要负责人以及盈盈公司的法定代表人无法查询并非因上述原因导致，相反，其无人接受送达反而有逃避诉讼之嫌。

四、参考意见

随着民商事交易的发展，诉讼案件的数量与日俱增，此时基于效率与公平的考量，在审限内结案，对于保障当事人的诉讼权益和维护社会市场交易秩序都大有裨益。而在诉讼实践中，经常会遇到被告人下落不明或无法到庭之情形，发生这种情况原因有二：一是故意逃避诉讼；二是因不可抗力不能参加。对于第二种无法到庭之情形，法律赋予当事人可以委托诉讼代理人代为出庭及行使诉讼权利，另外，在不可抗力情形下，还赋予当事人申请诉讼中止等法律途径保障当事人的诉权。反而对于"缺席判决"的适用情况确是当事人故意逃避审判以及拖延诉讼，基于审判效率以及另一方当事人权益的考虑，法律规定了公告送达的方式。但是，考虑到公告送达的法律后果对当事人的影响，在审判实践中应当谨慎采用。法院在采用公告送达时，必须准确把握其适用条件：一是受送达人下落不明；二是采用邮寄、留置、委托等方式无法送达。所谓下落不明，是指其离开自己的经常居住地或住所地，在较长时间内无法与其取得联系、杳无音讯；采取其他方式无法送达，是指受送达人离开其住所地、经常居所地、最后一个为人所知地，仅知其去了某个国家，或处在某一区域，而不知其具体所在地，所以送达地址不详，故不能采取邮寄、留置、委托等方式送达。

另外，应当严格区分中止诉讼情形中"不可抗力"与适用公告送达的被送达人"下落不明或下落不详"的情形。本案中的受送达人"不在国内"或者"被刑事羁押"均属于"下落不详"之情形，不适用以"不可抗力"为由的中止审理。

拓展案例

吴某与张某其他合同纠纷申请再审案[1]

一、基本案情

（一）案情概要

吴某与张某、惠来县靖禄房地产开发公司（以下简称靖禄公司）返还投资款纠纷一案，不服广东省高院二审判决，向最高人民法院申请再审。吴某申请再审称："一、二审判决法律适用错误：一、二审法院没有查明已经84岁高龄、有20年高血压和糖尿病史且已经7年多杳无音讯的张某是否死亡。张某在2006年12月16日签署《授权委托书》后，就杳无音讯。揭阳市中院进行审理时，就听说张某已经死亡，但是申请人没有能力查明。一、二审法院没有根据实际情况中止或者终结诉讼，违反了法律规定。"

（二）裁判要旨

法院认为，张某作为原告，其有权委托诉讼代理人参加诉讼，吴某主张张某已经去世但没有提供证据证明，本案不存在应当中止或者终结诉讼的情形，一、二审法院适用法律并无不当。

二、法律问题

本案是否存在中止诉讼或终结诉讼的情形？即张某是否死亡？若其死亡，那么举证责任由谁来承担？

---

〔1〕 最高人民法院（2014）民申字第1861号。

三、重点提示

《民事诉讼法》第 64 条第 1、2 款规定："当事人对自己提出的主张，有责任提供证据。当事人及其诉讼代理人因客观原因不能自行收集的证据，或者人民法院认为审理案件需要的证据，人民法院应当调查收集。"《民事证据规定》第 15 条第 2 项规定，《民事诉讼法》第 64 条规定的"人民法院认为审理案件需要的证据"，是指以下情形：……②涉及依职权追加当事人、中止诉讼、终结诉讼、回避等与实体争议无关的程序事项。而本案中，张某是否存活的状态关乎诉讼是否应该终结，根据法律规定，该证据属于人民法院调查收集的范围。因此，最高人民法院在裁判中认为张某是否去世应当由吴某举证的观点仍有待商榷。另外，根据审判实践，一审、二审和再审程序是独立的诉讼程序，当事人委托诉讼代理人在各个程序中应当分别向法院提交委托代理手续，根据案情，张某只在一审中委托了诉讼代理人，而在二审和再审中作为被上诉人和再审被申请人并无提交委托代理手续。因此，最高人民法院在裁判要旨中写道："法院认为，张某作为原告，其有权委托诉讼代理人参加诉讼，张某已经去世但没有提供证据证明……"不知该内容为何意。

📚 **拓展资料**

第八章 理论拓展

| 第九章 |

简易程序

专题一　简易程序

知识概要

　　简易程序以其简便高效的制度优势而在司法实践中承载着相当大的程序分化功能。事实清楚、权利义务关系明确和争议不大是适用简易程序的前提要件。总体而言，对简单民事案件标准的界定，因其抽象模糊而使得法院获得很大的裁量权。为扩大简易程序的适用范围，消减简易程序中的强制因素，增强当事人的程序主体地位，于2012年修改《民事诉讼法》时正式引入当事人合意约定适用简易程序。合意约定适用简易程序是民事程序选择权的一种表现形式。毫不讳言，法院依职权适用简易程序与当事人合意约定适用简易程序妥适地实现权力强制与诉讼合意的融合。但是，不得不承认的是，在简易程序转换为普通程序的制度设计中充溢着更多的法院职权因素，却忽视了对当事人的程序保障，进而造成主体地位失衡与程序衔接不畅的严重问题。故此，有必要借鉴法治发达国家或地区的有益经验，充分尊重当事人继续适用简易程序的合意。于此之外，法院在案件审理过程中认为不宜适用简易程序，有权裁定转换为普通程序。

经典案例

上诉人陕西飞龙聚源实业有限公司因与被上诉人隆昌 海宁工业有限公司定做合同纠纷案[1]

一、基本案情

上诉人（原审被告）：陕西飞龙聚源实业有限公司。

被上诉人（原审原告）：隆昌海宁工业有限公司。

隆昌海宁工业有限公司系酒瓶加工企业，对酒瓶进行喷釉、烤花，陕西飞龙聚源实业有限公司系西凤酒系列经销商。双方最早于 2011 年 9 月签订定作合同，后又陆续签订了多份合同。根据双方于 2013 年 9 月 2 日签订的合同，陕西飞龙聚源实业有限公司下单给西凤酒厂，再由西凤酒厂于 2014 年 9 月 30 日下单给隆昌海宁工业有限公司。隆昌海宁工业有限公司按照陕西飞龙聚源实业有限公司委托西凤酒厂向隆昌海宁工业有限公司所下的订单，为陕西飞龙聚源实业有限公司定制了西凤四星老窖酒瓶 90 000 支，每支单价为 5.3 元，合计定制产品价款为 477 000 元；定制 45 度西凤十年老窖酒瓶、52 度西凤十年老窖酒瓶、45 度西凤珍品老窖酒瓶、定制 52 度西凤二十年珍品老窖酒瓶，送货至西凤酒厂库房，库存酒瓶货款总计 165 661 元。陕西飞龙聚源实业有限公司拖欠货款未支付给隆昌海宁工业有限公司。同时，隆昌海宁工业有限公司为履行与陕西飞龙聚源实业有限公司的定作合同，向其他玻璃生产厂家购买部分半成品，由于陕西飞龙聚源实业有限公司一直未支付预付款也拒绝调货，隆昌海宁工业有限公司为减少损失只好暂时停止加工陕西飞龙聚源实业有限公司所要求的成品。

隆昌海宁工业有限公司于 2015 年 7 月 9 日向四川省隆昌县人民法院提起诉讼，请求判令陕西飞龙聚源实业有限公司支付隆昌海宁工业有限公司酒瓶定做款 799 880.2 元及资金利息。隆昌县人民法院适用简易程序审理案件，作出 (2015) 隆昌民初字第 2686 号民事判决，判决被告陕西飞龙聚源实业有限公司支付给原告隆昌海宁工业有限公司酒瓶定制款 642 661 元及资金占用利

---

[1] 参见四川省内江市中级人民法院 (2016) 川 10 民终 160 号民事判决书。

息，原告隆昌海宁工业有限公司应于被告陕西飞龙聚源实业有限公司支付定作款后 15 日内将西凤四星老窖酒瓶成品 57 000 支运送至被告指定收货地。

一审判决后，陕西飞龙聚源实业有限公司不服判决，向四川省内江市中级人民法院提起上诉。上诉人主张的上诉理由之一是案件并非事实清楚、权利义务关系明确、争议不大的简单民事案件，且争议标的额近 80 万元，还有近 80% 的定作产品未交付，应当适用普通程序。二审法院认为，诉讼标的额并非法院适用简易程序审理案件的必要条件，一审法院根据本案实际情况适用简易程序予以审理，不违反法律规定，陕西飞龙聚源实业有限公司的上诉理由不能成立，不予支持。

二、法律问题

一审法院适用简易程序审理案件是否妥当？

三、法理分析

简易程序以其简便高效而有别于普通程序。依照《民事诉讼法》第 157 条第 1 款之规定，符合事实清楚、权利义务关系明确和争议不大的简单民事案件，适用简易程序予以审理。《民诉法解释》第 256 条对此予以细化。事实清楚，是指当事人对争议的事实陈述基本一致，并能提供相应的证据，无须人民法院调查收集证据即可查明事实。权利义务关系明确，是指能明确区分谁是责任的承担者，谁是权利的享有者。争议不大，是指当事人对案件的是非、责任承担以及诉讼标的争执无原则分歧。与此同时，《民诉法解释》第 257 条将起诉时被告下落不明、发回重审、当事人一方人数众多、适用审判监督程序、涉及国家利益、社会公共利益、第三人起诉请求改变或者撤销生效判决、裁定、调解书等民事案件明确列为简易程序的除外事由。

客观而言，简易程序的适用标准具有高度抽象性，法官在是否适用简易程序审理民事案件的问题上有着很大的裁量权。诉讼标的额不是决定简易程序的唯一标准，不能因为诉讼标的额较大而主观擅断不能适用简易程序。法官应当综合全案情形，按照事实清楚、权利义务关系明确和争议不大的三重标准仔细甄别，妥当实现民事诉讼程序分流，充分发挥简易程序的效能。

为扩大简易程序的适用范围，加强当事人的程序主体地位，立法者引入民事程序选择权来合理构筑普通程序向简易程序的适当转换。《民事诉讼法》第 157 条第 2 款明确规定："基层人民法院和它派出的法庭审理前款规定以外的民事案件，当事人双方也可以约定适用简易程序。"合意约定适用简易程序是民事诉讼法强化当事人程序选择权的重要措施。诉讼双方的共同同意是合意约定适用简易程序的前提。若仅有诉讼一方选择适用简易程序，则不能适用简易程序。诉讼双方的合意或者采取书面形式，或者采取口头形式，既可以明示同意的方式表现出来，亦可以默示同意的方式表现出来[1]。依照民事诉讼法的规定，诉讼双方适用简易程序的合意，应于法院发出开庭通知后正式开庭审理前提出。一旦诉讼双方约定适用简易程序，法院应当适用简易程序。但是，对于法院适用普通程序且处于开庭审理过程的案件，诉讼双方不得再行约定适用简易程序。

四、参考意见

就一审案件而言，尽管诉讼标的额高达 799 880.2 元，但是隆昌海宁工业有限公司与陕西飞龙聚源实业有限公司的定作合同法律关系的事实清楚，权利义务关系明确，争议并不大。陕西飞龙聚源实业有限公司认为，本案争议标的额近 80 万元，不应当适用简易程序而提出上诉。这种上诉理由不能成立，二审法院应当不予支持。正如前述，诉讼标的额并非法院适用简易程序审理案件的必要条件，一审法院根据《民事诉讼法》第 157 条酌量全案实际情况适用简易程序予以审理并无不妥之处。

拓展案例

中国工商银行股份有限公司绍兴分行与被告绍兴市住房和城乡建设局虚假登记损害责任纠纷案[2]

一、基本案情

原告：中国工商银行股份有限公司绍兴分行。

---

〔1〕 参见陕西省高级人民法院（2018）陕民申 1182 号民事裁定书。
〔2〕 参见浙江省绍兴市越城区人民法院（2015）绍越民初字第 1091 号民事裁定书。

被告：绍兴市住房和城乡建设局。

原告诉称：2011 年 4 月 19 日，原告经借款人徐×国申请，与其签订一份个人循环借款合同。合同签订后，原告依约于 2011 年 5 月 6 日向徐×国发放贷款 58 万元。借款人徐×国、徐×月夫妇同意将徐×国所有的位于绍兴袍江越中新天地小区 44 幢 303 室的房屋为上述贷款提供抵押担保。后原告与徐×国夫妇共同前往绍兴袍江工业区房地产管理所办理抵押登记手续。经过相关材料的审查，被告于 2011 年 5 月 5 日向原告颁发了绍袍他字第 5069 号房屋他项权证，但却将上述房屋的房号错误登记为"44 幢 302 室"。后因借款人徐×国不按时还款，原告经催收无果后，向绍兴市越城区人民法院对徐×国、徐×月提起民事诉讼，要求归还借款，并对抵押物优先受偿等。经审理，绍兴市越城区人民法院于 2012 年 10 月 23 日作出（2012）绍越商初字第 1030 号民事判决书，判决徐×国、徐×月归还原告相应借款本息、原告对绍房袍他字第 5069 号房屋他项权证项下的抵押物享有优先受偿权等。在上述判决书生效后，原告向绍兴市越城区人民法院申请执行。在执行过程中，绍兴市越城区人民法院查明，坐落于绍兴袍江越中新天地小区 44 幢 303 室房屋，由于房管部门在办理抵押登记出现错误，已被绍兴县人民法院另案拍卖处置完毕，致使原本应该享有抵押优先受偿权的本案申请执行人（即原告）无法享有该权利，故于 2013 年 5 月 14 日作出（2013）绍越执民字第 874 号执行裁定书，终结本次执行程序。另据查实，绍兴县人民法院对徐×国所有的绍兴袍江越中新天地小区 44 幢 303 室房屋拍卖成交价为 49 万元。因被告房屋他项权证登记错误，房屋被绍兴县人民法院另案执行处置完毕，造成原告无法对抵押物拍卖款项享有优先受偿权，直接造成原告贷款的损失。故原告诉至法院，请求判令被告赔偿原告损失人民币 49 万元。

原告于 2015 年 2 月 12 日向绍兴市越城区人民法院起诉，法院于同日立案受理后，由代理审判员赵某适用简易程序公开进行了审理。在案件审理过程中后因案情复杂，法院依法组成合议庭并适用普通程序公开进行了审理，并以本案应属于行政诉讼受案范围为由，裁定驳回原告中国工商银行股份有限公司绍兴分行的起诉。

二、法律问题

法院将简易程序转换为普通程序是否须征得当事人的同意？

三、重点提示

法官适用简易程序审理案件过程中，因出现特殊事由，继续采用简易程序已经无法发挥其简便高效的优势，有必要将其转换为普通程序。为此，《民事诉讼法》第163条明确规定："人民法院在审理过程中，发现案件不宜适用简易程序的，裁定转为普通程序。"依照该条之规定，法院在将简易程序转换为普通程序的过程中，无须征得诉讼双方的同意，而是具有完全的程序控制权。

简易程序转换为普通程序主要发生在以下几种情形：①当事人改变或者增加诉讼请求，导致案情复杂化；②因当事人依法申请法院调取证据、申请证人出庭等原因致使案件在3个月内难以审结；③无法直接送达或者留置送达应诉通知书，需要公告送达；④案件较为简单，诉讼标的额不大，但是其代表一类案件，可能影响大量相同或者类似案件审理；⑤案情较为简单，但关系到基本的生产生活，可能引发群体性事件。[1]一旦出现这些特殊事由导致案情复杂或者法院在审理过程中发现原来认为案情简单的案件却是案情复杂的情形，不适宜适用简易程序的，应当裁定转为普通程序。

与此同时，《民诉法解释》第269条增设当事人异议成立导致的程序转换条款："当事人就案件适用简易程序提出异议，人民法院经审查，异议成立的，裁定转为普通程序；异议不成立的，口头告知当事人，并记入笔录。转为普通程序的，人民法院应当将合议庭组成人员及相关事项以书面形式通知双方当事人。转为普通程序前，双方当事人已确认的事实，可以不再进行举证、质证。"当事人的异议可以是一方当事人提出的异议，亦可为诉讼双方共同提出的程序异议。当事人就适用简易程序提出异议，须经法院审查成立，才能转换为普通程序。故此，法院应当严格审查当事人的异议是否成立，结合案件的具体情形进行综合判断。程序转换后，法院应当将合议庭组成人员及相关事项书面通知诉讼双方。

当事人异议成立导致的程序转换有助于增进当事人在程序转换过程中的程序参与性，却无法在根本上弥补法院依职权主动转换普通程序中的当事人

---

〔1〕 参见全国人大常委会法制工作委员会编：《中华人民共和国民事诉讼法释义》，法律出版社2012年版，第405～406页。

缺位问题。当事人的主体缺位导致法院在将简易程序转换为普通程序过程中彰显出很大的裁量权和随意性，进而造成这种程序转换的滥用与异化。试想：法院认为原来适用简易程序审理的民事案件不宜适用简易程序，但是诉讼双方均同意继续适用简易程序审理，此时应当如何处理？按照《民事诉讼法》第 163 条之规定，应当裁定转换为普通程序，无须考虑当事人的意愿。然而，《民事诉讼法》第 157 条第 2 款赋予当事人程序选择权而合意约定适用简易程序，法院在审理过程中却可以超出审限或适用公告送达等手段恣意剥夺当事人的程序选择权而依照职权将其转换为普通程序。这势必无法保障当事人程序选择权的连贯适用，进而剥夺当事人的程序选择权，消蚀当事人的程序主体地位。

更好的处理方式，应当是充分尊重当事人继续适用简易程序的合意，在没有诉讼双方继续适用简易程序合意的情形下，才准许法院自由裁量是否应当转换为普通程序。我国台湾地区"民事诉讼法"第 435 条规定："因当事人为诉之变更、追加及提起反诉，致其诉之全部或一部，不属于第 427 条第 1 项及第 2 项之范围者，除当事人合意继续适用简易程序外，法院应以裁定改用通常诉讼程序，并由原法官继续审理。"毫不讳言，我国台湾地区有关简易程序的程序转换的制度设计不但充分保障了当事人的程序选择权，而且有效地实现了简易程序与普通程序之间的合理衔接。其实，当我们把《民事诉讼法》第 163 条与第 157 条第 2 款规定结合起来理解，可以发现我国《民事诉讼法》亦有尊重当事人继续适用简易程序合意的制度本意。

专题二　小额诉讼

知识概要

小额诉讼制度建构的出发点在于保障当事人能够平等利用诉讼，拉近国民与司法的距离，实现司法的大众化和亲民化。两大法系国家和我国台湾地区的学者关于小额诉讼程序的法理基础的阐释的关注点都在于当事人利益的保障。然而，在我国如火如荼的关于建构小额诉讼程序的洪流中，问题的关注点却集中于实现程序分流，减轻法院的负担，克服"案多人少"的痼疾。

这是一种法院本位主义的问题解决路径，却是一种背离小额诉讼制度出发点的思考方式。实质上，小额诉讼是立法者在面对传统的普通诉讼程序严格的程序性、技术性和形式性导致的诉讼拖延、费用高昂等痼疾，而在正式的司法制度内探索出来的解决路径。这种制度的主旨在于大量吸收和容纳日常性的民事纠纷，保障当事人平等享有诉权，消减正统的司法与多元化的市民社会之间的隔膜，鼓励人民继续信赖司法、运用司法，进而维持司法在社会权力结构中的正当性。减轻法院的负担、实现程序分流只能说是小额诉讼程序的副产品。意欲建立运行顺畅的小额诉讼，必须从作为制度使用者的当事人角度出发予以设计，不能仅仅从制度运营者即法院的便利角度来寻求问题的解决路径。否则，小额诉讼程序就会沦为正统司法的附庸而丧失独立性。一审终审制剥夺了当事人上诉机会，当事人和法院可能不敢贸然采用小额诉讼程序解决民事纠纷，致使小额诉讼程序未能得以广泛利用，进而严重消减了小额诉讼的程序实效。

📑 经典案例

过某甲与刘某房屋租赁合同纠纷案[1]

一、基本案情

原告：过某甲。

被告：刘某。

2011 年 7 月 1 日，锡北镇新坝村村民委员会与王某签订土地承包经营权租赁合同，约定锡北镇新坝村村民委员会将锡北运河以北，万塘浜以东面积30.75 亩的土地租赁给王某使用，租赁期限自 2011 年 7 月 1 日至 2028 年 12 月 30 日止。在租赁期限内，王某拥有经营自主权、产品处分权和收益权，其不得改变土地规定用途，不得自行转让经营权。租赁合同由过某乙代签，过某乙系过某甲的女儿，租赁合同实际承租人为过某甲，王某系过某甲的女婿，因过某甲当时不在家，故以王某的名义代签合同。王某同意租金债权由过某甲享有并主张。

---

[1] 参见江苏省无锡市锡山区人民法院（2018）苏 0205 民初 6410 号民事判决书。

2016 年 12 月 1 日，过某甲与刘某签订房屋租赁合同，约定过某甲将新坝村团结路东的六间房屋（面积约 400 平方米）租给刘某使用，租赁期限自 2016 年 12 月 1 日至 2017 年 11 月底，租金 45 000 元。合同签订当日房屋即交付使用，刘某支付租金 25 000 元，尚欠 20 000 元。

据此，过某甲请求江苏省无锡市锡山区人民法院判令被告刘某立即支付租金 20 000 元，案件事实由过某甲提供的锡北镇新坝村村委土地承包经营权租赁合同，其与刘某订立的房屋租赁合同，王某、过某乙出具的情况说明，锡北镇新坝村村委出具的情况说明及当事人陈述予以在卷证明。被告刘某未作答辩亦未提供证据。

江苏省无锡市锡山区人民法院于 2017 年 12 月 18 日立案受理后，认为该案符合《民事诉讼法》第 162 条规定，该案应当适用小额诉讼程序并依法由代理审判员刘×妮于 2018 年 1 月 22 日公开开庭进行审理。原告过某甲的委托代理人乔某到庭参加诉讼，被告刘某经本院合法传唤，无正当理由未到庭。

法院认为，承租人经出租人同意，可以将租赁物转租给第三人，转租人应当按照约定的期限支付租金。由过某乙代王某与锡北镇新坝村村民委员会签订的土地承包经营权租赁合同，经王某追认，系双方自愿真实意思表示，亦不违反法律、行政法规的禁止性规定，依法认定合同有效。此后，过某甲将租赁物转租刘某，转租行为已经锡北镇新坝村村民委员会知晓并同意，有村委出具的情况说明予以佐证，转租合同合法有效。王某作为承租人对过某甲签订转租合同的行为加以追认，并认可租金债权由过某甲主张，法院予以确认。刘某向过某甲承租房屋，应当按约支付租金，现租赁期限已经届满，刘某结欠租金 20 000 元，应当予以支付。据此，法院判决刘某于判决生效之日起 5 日内向过某甲支付租金 20 000 元，如未按判决指定的期间履行给付金钱义务，应当加倍支付迟延履行期间的债务利息。

二、法律问题

适用小额诉讼程序审理案件应当满足哪些条件？

三、法理分析

保障国民的诉权是现代法治国家奉行的基本理念。这就要求，国民不会因案件标的额过小而被阻挡于法院的大门之外，但是应然的制度趣旨与实然的功能外现之间却存在着很大的断裂。我国正处在各种利益紧密交织与碰撞的转型期，国民对法院的需求剧增，传统的正式司法制度因其繁杂的程序、艰深的技术、高昂的费用和晦涩的语言而无法真正保障利益受损的小额债权人的诉权。在正式司法制度中开辟一条新的保障小额债权人利益诉求的小额诉讼程序就成为当务之急。基于此，2012年修改的《民事诉讼法》增设小额诉讼程序。小额诉讼程序，是指基层人民法院受理的诉讼标的在一定金额以下或者特定类型的民事纠纷所适用的审理程序简易化的具有特殊构造的诉讼程序。[1]

小额诉讼程序的实在法依托是《民事诉讼法》第162条："基层人民法院和它派出的法庭审理符合本法第157条第1款规定的简单的民事案件，标的额为各省、自治区、直辖市上年度就业人员年平均工资30%以下的，实行一审终审。"依据上述法律规范，适用小额诉讼应当满足下列条件：

1. 小额诉讼是一种特殊的简易程序。建立何种类型的小额诉讼是立法过程中激烈讨论的问题。概而言之，主要有两种不同的观点：一是主张建立独立的小额诉讼程序，使其与普通程序和简易程序并列，丰富民事一审程序的分类；二是主张将小额诉讼作为一种特殊的简易程序予以规定。综合权衡后，立法者选择了第二种方案，这可从将小额诉讼规定在第十三章直观反映出来。严格来说，小额诉讼只是简易程序的运作形式之一，而不是一种独立的诉讼程序。

2. 基层人民法院和派出法庭可以适用小额诉讼。小额诉讼是一种特殊的简易程序，其适用的法院只能是基层人民法院及其派出的法庭，中级以上人民法院对小额诉讼案件没有管辖权。但是，《民诉法解释》第273条准许海事法院适用小额诉讼程序审理海事案件和海商案件。

3. 小额诉讼适用于简单的民事给付案件。小额诉讼适用于小额、简单的民事案件，主要针对小额债权债务的给付之诉，金钱纠纷之外的离婚或者收养等人身性质的案件不能适用小额诉讼程序，确认之诉与形成之诉亦然。《民事诉讼法》第162条对小额诉讼的标的额提出了明确要求。但是只有给付之诉才有诉讼标的额，确认之诉和形成之诉没有诉讼标的额当然无法适用小额

---

[1] 参见肖建华、唐玉富："小额诉讼制度建构的理性思考"，载《河北法学》2012年第8期。

诉讼程序。同时，对超出诉讼标的额 30% 的给付之诉，当事人无权合意选择适用，法院也无法强制适用小额诉讼。但是，有些省、市区的高级人民法院在出台的小额诉讼实施细则中允许当事人约定适用小额诉讼程序的规定。例如浙江省高级人民法院的《关于适用小额诉讼审理民事案件相关问题的意见》第 5 条规定："对符合适用小额诉讼程序其他条件，但案件标的额在规定标准以上、10 万元以下的案件，开庭审理前经双方当事人同意，可以适用小额诉讼程序审理。"

4. 小额诉讼标的额为上年度年平均工资 30% 以下。小额诉讼标的额是小额诉讼制度立法过程中争议最大的问题，立法者几经权衡最终采取了弹性的方式，规定小额诉讼标的额为各省市区上年度就业人员年平均工资 30% 以下。具体标的额由各省、市区高级人民法院每年予以公布和执行。案件标的额根据原告在起诉时提出的全部诉讼请求金额之和予以确定。对于原告主张的利息、违约金、金钱损失等，如果其提出确定金额的，将该金额计入案件标的额；如果其仅提出计算方法的，将按照其方法计算至立案之日的金额计入案件标的额。对于抚育费、赡养费、扶养费纠纷案件，如果原告主张过去或者将来确定期间的费用的，按照其诉讼请求总额计算案件标的额；如果原告主张定期给付而仅提出费用标准的，将按照其标准计算一年的金额视为案件标的额。

5. 小额案件实行一审终审制。小额诉讼的最大特点在于实行一审终审制，简单的民事案件经过小额诉讼程序处理后即产生既判力，当事人无权上诉。若实行两审终审制，小额诉讼的制度优势可能无法充分发挥出来。一审终审制是对两审终审制的巨大突破，应该严格控制小额诉讼的适用范围。

无论是制度设计者，还是制度运营者，均期待小额诉讼程序能被充分利用，切实发挥繁简分流的实效。但是，在司法实践中，小额诉讼适用比率极低。据广东省高级人民法院调研报告显示，2013 年全省共计 467 270 件民事一审案件，符合小额诉讼标准的案件共计的案件约为 176 896 件，真正适用小额诉讼程序审理的只有 173 29 件，仅占 9.80%，[1] 这意味着在全部民事一审

---

[1] 参见廖万春等："完善小额诉讼制度规范程序救济途径——广东高院关于小额诉讼制度实施情况的调研报告"，载《人民法院报》2014 年 5 月 8 日，第 8 版。

案件中，只有 3.71% 的案件适用了小额诉讼程序予以审理。不得不说，这一比率相当之低。其中，非常重要的原因是小额诉讼实行一审终审制切断当事人的常规救济途径，使得当事人担忧自己的诉权无法得到正当保障而不敢利用小额诉讼，法院更是担忧一审终审制会引发大量的申诉或者信访案件。

四、参考意见

就本案而言，过某甲与刘某房屋租赁关系事实清楚、权利义务关系明确、争议不大，属于简单的民事案件，过某甲要求判令被告刘某立即支付租金 20 000 元的诉讼请求为给付请求。同时，江苏省高级人民法院在 2018 年 1 月 2 日新规定确定的小额诉讼标准是诉讼标的额的标准在 21 800 元之下，本案的诉讼标的额为 20 000 元，在小额诉讼标的额之内。因此，本案适用小额诉讼程序进行审理合法合理。

拓展案例

江苏今日物业服务有限公司诉蔡某物业服务合同纠纷案[1]

一、基本案情

原告：江苏今日物业服务有限公司。

被告：蔡某。

原告江苏今日物业服务有限公司诉称，原告系都市水苑小区的物业服务企业，被告系该小区×幢×室业主，房屋建筑面积 131.40 平方米，物业费为 1.2 元/月·平方米。原告按合同约定提供了物业服务，但被告拖欠自 2010 年 9 月 1 日至 2014 年 8 月 31 日的物业费 7568.64 元，至今未付，原告催讨未果。故原告起诉，请求法院判令被告支付自 2010 年 9 月 1 日至 2014 年 8 月 31 日止的物业费 7568.64 元，并承担本案诉讼费用。被告蔡某未作答辩。

张家港市人民法院于 2015 年 6 月 25 日受理后，认为该案符合《民事诉讼法》第 162 条规定，而依法适用小额诉讼诉讼程序，由代理审判员朱二广独任审判，并于 2015 年 8 月 17 日公开开庭进行了审理。原告今日物业公司的

---

〔1〕 参见江苏省张家港市人民法院（2015）张开民初字第 00609 号一审民事判决书。

委托代理人刘某到庭参加诉讼，被告蔡某经本院传票传唤，无正当理由拒不到庭参加诉讼，法院依法缺席进行审理。

法院经审理查明：蔡某系张家港市杨舍镇都市水苑×幢×室业主，住房建筑面积131.40平方米，系小高层住宅。2009年9月10日、2012年9月1日今日物业公司分别与都市水苑小区业主委员会签订《都市水苑物业服务合同》，约定由今日物业公司自2009年9月1日至2014年8月31日为该小区提供物业服务，物业费（含公共设施水电费）标准为1.2元/月·平方米。今日物业公司依约为该小区提供了物业服务。蔡某尚结欠自2010年9月1日至2014年8月31日的物业费（含公共设施水电费）7568.64元未交纳。该欠款经今日物业公司催缴未果，故涉诉。以上事实，有《都市水苑物业服务合同》两份、蔡某房屋权属登记信息查询结果证明及庭审笔录等证据予以证实。法院认为，今日物业公司与都市水苑业主委员会签订的《都市水苑物业服务合同》合法有效，对被告具有约束力。今日物业公司按约提供了物业服务，被告理应及时支付物业费，故原告主张被告应支付拖欠的物业费，于法有据，依法予以支持，据此判决被告蔡某应给付原告江苏今日物业服务有限公司物业费（含公共设施水电费）7568.64元，限被告蔡某于判决生效后10日内履行。

二、法律问题

当事人对小额诉讼判决可以采取何种救济方式？

三、重点提示

小额诉讼程序的制度设计是为了尽量维持程序保障的水准与最大限度地追求简易、迅速和低廉的纠纷处理之间保持平衡而付出努力并进行微妙的调整，[1]从而真正实现小额诉讼大量吸收和处理国民的日常性小额纠纷的目标。一审终审制的确能够降低当事人和法院的诉讼成本，却很容易导致小额诉讼程序中过大的法官权力失去制约而恣意妄为。德国和日本对小额诉讼实行一审终审制与其严格的法官遴选、培训机制和法官对法治国家诉讼理念的高度忠诚密切相关。而我国基层法院的法官素质仍然有待提升，法治国家的基本

---

〔1〕　王亚新：《对抗与判定：日本民事诉讼的基本结构》，清华大学出版社2002年版，第400页。

理念还未真正培育起来，若贸然对小额诉讼实行一审终审制，势必增加法官恣意裁判的危险，法官滥用权力的现象将会频生，甚至导致法官为追求业绩考评所需要的结案率而将本不属于小额诉讼程序的案件也纳入其中，这样将极大背离制度本意。

不能忽视的是，小额诉讼案件中也有发生错案的可能性。小额诉讼案件仅是说其诉讼标的额比较低而已，并不意味着这些案件一定就是简单案件，当然就有发生案件事实认定错误或者法律适用发生错误的可能。若用一审终审制堵死当事人推翻错误判决的大门，当事人的实体利益和程序利益都将被制度生生吞没。如此，只能说这样的制度是非常糟糕的。

更为重要的是，程序选择权还未真正确立起来，当事人在普通程序与小额诉讼程序之间进行选择的机会还无法保障。这种机会的提供意味着当事人可以在自己希望实现的权利与打算付出的成本之间，以及可能获得的程序保障与简易、迅速、低廉的纠纷处理之间进行衡量，并对自己做出的选择负责。[1] 这种事先合意增加了当事人对程序过程和程序结果的可接受性。不过，即使确立这种程序选择权，当事人权利意识的淡薄和法官权力意识的浓厚也可能促使当事人合意选择变成法官的柔性强制。既然无法提供事先的程序保障，那么就必须设计缜密的事后救济机制，才不至于形成当事人的利益保障的制度缺失状态。

我们应在现有的制度体系寻找合理的救济途径。《民事诉讼法》明确规定小额诉讼的一审终审制堵死了当事人上诉的机会，却未明确禁止当事人申请再审或者法院依职权提起再审。一旦小额诉讼满足《民事诉讼法》第 200 条规定的 13 项再审事由的任何一项，当事人都可向法院申请再审。我国台湾地区"民事诉讼法"允许当事人对小额诉讼程序提起再审之诉，而小额程序的第一审裁判经过上诉或抗告程序无理由被驳回的，就不能再以同一理由提起再审之诉。

小额诉讼是保护小额债权人利益的制度，适用的主体多是普通的国民。但是很多公司却将小额诉讼程序作为追债的工具，使得小额法院有专门为讨债公司、分期付款销售公司之类企业服务的"原告法院"之嫌。[2] 为避免这

---

〔1〕 王亚新：《对抗与判定：日本民事诉讼的基本结构》，清华大学出版社 2002 年版，第 401 页。

〔2〕 参见陈刚主编：《自律型社会与正义的综合体系——小岛武司先生七十华诞纪念文集》，陈刚等译，中国法制出版社 2006 年版，第 319 页。

种情况，很多国家限定这类公司或者企业的起诉次数。我国建构小额诉讼程序应借鉴这种机制。现实生活中，就如同本案一样，很多物业公司、银行等为追讨物业费或欠款等大量起诉，使得法院不堪重负，小额诉讼程序保护普通国民的利益的制度初衷无法彰显。因此，可以规定，禁止同一公司或者企业等在一个月起诉超过 5～10 次。

有些国家的小额诉讼制度的确实行一审终审制。德国的小额诉讼标的额限定于 600 欧元以下，这并没有达到控诉额的标准，只有在特殊情况下才允许裁量上诉。日本的小额诉讼程序也实行一审终审制，不允许当事人对小额诉讼判决提起控诉，但是却建立了另外一种救济机制：当事人可以在收到判决书或者替代判决书笔录送达之日起 2 周的不变期间内，对小额诉讼判决提出异议申请。在当事人提出适法的异议时，诉讼恢复到口头辩论终结前的状态，法院应当以普通程序予以审理裁判。[1]

然而，就小额诉讼程序奉行一审终审制的国家较少，允许对小额诉讼判决进行上诉才是制度的常态。我国台湾地区"民事诉讼法"第 436 条规定，在小额程序，对于第一审判决之上诉，非以违背法令为理由，不得为之。所谓的"违背法令"包括以下几种情况：①判决不适用法规或适用不当者；②为判决之法院组织不合法者；③依法律或裁判应回避之法官参与裁判者；④法院于权限内之有无辨别不当或违背专属管辖之规定者；⑤当事人于诉讼未经合法代理者；⑥违背言词辩论公开之规定者；⑦判决不备理由或理由矛盾者。[2]不过，对于小额诉讼程序之第二审判决，不能上诉。换言之，小额诉讼程序实行二级二审制，第二审程序兼具本应由第三审程序的法律审功能。《韩国民事诉讼法》规定，当事人认为判决适用的法律、命令或者规则违反宪法规定或者法院的判决违反大法院的先例时，当事人有权对小额案件提起上告或者再抗告。[3]无独有偶，英美法系国家也基本上允许对小额诉讼判决提起上诉。按照《英国民事诉讼规则》第 27.12 条的规定，适用小额诉讼审理程序的案件，

---

〔1〕　参见［日］新堂幸司：《新民事诉讼法》，林剑锋译，法律出版社 2008 年版，第 688 页。

〔2〕　参见吴明轩：《民事调解、简易及小额诉讼程序》，五南图书出版有限公司 2004 年版，第 182 页。

〔3〕　参见［韩］孙汉琦：《韩国民事诉讼法导论》，陈刚审译，中国法制出版社 2008 年版，第 531 页。

法院做出的命令存在影响诉讼程序的严重违法或法院适用法律错误情形的，一方当事人可以提起上诉。[1]美国只有少数州不允许上诉或者复审，允许上诉或复审的多数州则大致分为重新审判和仅就法律问题上诉两种模式。[2]可见，那种认为这些国家和地区的小额诉讼实行一审终审制的观点带有强烈的推测意味而有失偏颇。事实上，大部分法治先进国家和地区并没有封死小额诉讼的上诉制度渠道，小额诉讼判决违反法律或者严重程序违法的，当事人仍然享有国家提供的正规救济机制。

针对我国小额诉讼一审终审制的弊端，笔者主张采撷一审终审制与两审终审制的精华，对小额诉讼程序实行有限的二审终审制。对于小额诉讼的一审判决事实认定错误明显、程序严重违反法律或者适用法律存在重大错误的，当事人有权向上一级法院提起上诉。这种法律既包括实体性法律也包括程序性法律。无法否认的是，上诉程序的设计必然对小额诉讼的一审程序产生影响，甚至会抑制其简易、快速和低廉功能的充分张扬。比如小额诉讼案件一般无须制作庭审笔录，而为应对上诉，法官可能制作庭审笔录，这就必然降低案件的效率。其实，价值权衡的结果必然是偏斜某个价值、抑制其他价值。既然小额诉讼程序的一审程序以追求诉讼效率为重要目标，那么在上诉程序就必然侧重于一审程序中受到压制的程序保障。为了抑制上诉程序出现的上诉高潮，可以规定上诉人若在上诉程序中未获得比一审更有利的判决，要承担对方当事人支付的诉讼费用，作为其滥用上诉程序的制裁。

拓展资料

第九章 理论拓展

---

[1] 参见徐昕译：《英国民事诉讼规则》，中国法制出版社2001年版，第139页。

[2] 傅郁林："小额诉讼与程序分类"，载《清华法学》2011年第3期。

| 第十章 |

第二审程序

专题一　撤诉

📑 知识概要

一、"一撤到底"的司法解释

撤回上诉，或上诉的撤回，是指当事人不服一审判决、裁定，依法向上一级法院提起上诉，上诉法院受理后，上诉人在上诉裁判作出前，请求撤回上诉的行为。在我国民事诉讼中，根据处分原则，当事人不仅可以撤回上诉，根据 2015 年最高人民法院发布实施的《民诉法解释》，原审原告还可以请求撤回其一审的起诉，而在这之前是不允许的。根据最高人民法院的解释，此项新规定是根据司法实践的需求，另外也有民事诉讼法上的依据。[1] 我国《民事诉讼法》第 13 条第 2 款规定："当事人有权在法律规定的范围内处分自己的民事权利和诉讼权利。"第 174 条规定："第二审人民法院审理上诉案件，除依照本章规定外，适用第一审普通程序。"

上诉程序中撤回起诉，是指在上诉审程序中，原审原告申请撤回其一审起诉，经过其他当事人同意，且不损害国家、社会公共利益和他人合法权益的，法院可以准许的制度。

---

〔1〕　沈德咏主编：《最高人民法院民事诉讼法司法解释理解与适用（下）》，人民法院出版社 2015年版，第 891 页。

在上诉程序中，允许符合条件的原审原告撤回起诉，实际上是最高人民法院行使司法解释权的结果，因为在这个司法解释之前，案件上诉后，并不允许当事人撤回起诉。自1982年我国第一部《民事诉讼法（试行）》起，司法实践中就这样执行，虽然《民事诉讼法》及其司法解释中均未明确禁止。2007年及2012年我国《民事诉讼法》的修订都未涉及此规定。实际上，最高人民法院根据审判实践需要，以行使司法解释权的方式，制定了这一制度。如其所言，"在第二审程序中撤回起诉系此次修订新增的条文内容"。[1]

与原告在一审程序中的撤诉所不同的是：二审程序中的原告需要经过其他当事人同意，因为其他当事人因原告起诉而进入诉讼程序，上诉程序也是因为有原告提起的一审程序发生的程序，其他当事人进入诉讼，继而进入上诉审程序付出了时间、律师费、精力等成本。若任由原告撤诉，对其他当事人不公平，也许会引起原告有意滥用诉权的情形，因此，此时原告申请撤诉，不仅需要法院裁定准予，更需要其他当事人同意。

二、是否允许"一撤到底"的理论争议

上诉程序中是否应当允许原审原告撤回一审起诉，在我国民事诉讼理论上，这是一个由来已久的问题，过去称为是否允许"一撤到底"。在20世纪50年代、80年代和90年代（众所周知，60年代和70年代，因接二连三的政治运动，我国法制建设、司法及法学研究停滞不前），是否允许原告"一撤到底"，理论界曾经进行了热烈的讨论，[2]形成两种不同观点，我们可以称之为肯定说和否定说。

肯定说认为：上诉程序中应当允许一审原告撤销起诉，上诉程序终结。"至于第二审程序中能否允许原告撤回起诉，这是值得探讨的问题。苏联民事诉讼法中规定，在上诉后允许原告放弃起诉（《苏维埃联邦社会主义共和国民事诉讼法典》第293条）。从民事法律关系特点来看，相应地规定这项制度也

---

〔1〕 沈德咏主编：《最高人民法院民事诉讼法司法解释理解与适用（下）》，人民法院出版社2015年版，第891页。

〔2〕 参见常怡："论撤诉"，载《现代法学杂志》1984年第3期。陶秉权："试论我国民事诉讼中的撤诉制度——兼与唐德华等同志商榷"，载《西北政法学院学报》1988年第2期。

许更有利于当事人之间的团结。"[1]"赞成者认为撤诉是当事人的诉讼权利，其有行使权，既然一审是原告提起的，因此在他撤回上诉时，也有权将其所提起之诉一并撤回。同时，一撤到底也有利于促使当事人之间的团结和睦，因此应当同意一撤到底。"[2]

否定说认为：上诉程序中的撤诉仅指撤回上诉，不可以撤回一审的起诉，即不可以"一撤到底"，理由是："行使处分权只能在法律允许的范围内行使，而不是任意的。撤回起诉只能在法院作出判决之前，法院判决一旦作出，就对当事人之间的实体权利义务关系作了确定，当事人不服，只能通过上诉程序，要求上级法院进行变更，当事人无权自行否定，一方面，诉讼行为无权否定法院的审判行为；另一方面，一审判决不只是对一方，而是对双方民事法律关系所作的判断，为保护另一方当事人的合法权益，不应准许原告一撤到底。"[3]"撤回起诉与撤回上诉是不同诉讼阶段的诉讼活动，当事人应当分别进行；况且在二审阶段，第一审裁判已经结束，起诉已经无从撤回，更不能用撤回起诉来撤销一审法院的判决。""我国现行《民事诉讼法》只在一审规定撤回起诉，只在二审规定撤回上诉，并且这两种撤诉都必须在判决宣告前进行。因而实际上否定了在二审撤回起诉的可能。"[4]

否定说获得了多数人的赞同，成为通说。之后，关于是否应当允许"一撤到底"的理论争议逐渐平息。但是，仍然有少数学者主张肯定说，并主张上诉审程序中一审原告申请撤诉应当附加对方当事人同意的条件，因为"撤诉牵涉当事人双方利益的平衡，……随着诉讼的推进，撤诉会影响到对方当事人的利益，因为对方可能已经进行了防御，甚至已经到了可合理期待胜诉判决的程度，此时的撤诉应征得对方的同意（但现行法却无此限制）。至于在二审阶段，更不可能允许原告随意撤诉，否则，就等于允许原告单方面决定废弃一审判决，这显然不可接受"。[5]

---

〔1〕 陶秉权："试论我国民事诉讼中的撤诉制度——兼与唐德华等同志商榷"，载《西北政法学院学报》1988 年第 2 期。

〔2〕 刘家兴主编：《新中国民事程序理论与适用》，中国检察出版社 1997 年版，第 231 页。

〔3〕 刘家兴主编：《新中国民事程序理论与适用》，中国检察出版社 1997 年版，第 231 页。

〔4〕 梁书文主编：《民事诉讼法实施问题研究》，人民法院出版社 2000 年版，第 290 页。

〔5〕 严仁群"二审和解后的法理逻辑：评第一批指导案例之'吴梅'案"，载《中国法学》2012 年第 4 期。

在最高人民法院 2015 年发布实施的《民诉法解释》中，允许二审中一审原告撤回起诉的解释性规定出现，体现了最高人民法院司法解释制定者和诉讼实务界的价值选择。过去，不允许原告在上诉程序中撤回一审起诉，理论上的"障碍"在于上诉程序中一审原告撤回起诉的诉讼行为，不仅是其处分诉讼权利的私权主体行为，还是私权主体同时撤销一审法院的公权行为结果，即一审法院裁判的行为。私权行为不应当有撤销公权行为结果的效力。最高人民法院在《民诉法解释》中允许撤回一审起诉的规定出现，在理论上解释为：其一，当事人有权处分自己的诉讼权利；其二，二审法院审理上诉案件，除依照《民事诉讼法》关于上诉审程序的规定外，还可以适用第一审普通程序。并未正面解释如何消解过去理论上的"障碍"。

我们认为，是否允许原告在上诉审中撤回起诉不是一个深刻的理论问题，而是一个制度的价值选择问题。

在不允许原告上诉后撤回起诉的情况下，对下面这几种案件而言就显得不太合理：

例如，原告起诉离婚，一审法院判决准予离婚，被告不服提起上诉，在上诉程序中，一审原告不想离婚了，申请撤回起诉。如果法院拒绝其撤回起诉，判决不准离婚，结果显然生硬，因为法院判决的存在可能对两人今后的家庭生活有影响。"现实中还可能出现原、被告均到庭的离婚案件在二审程序中双方虽未和好，但均愿意暂不离婚，原告申请撤回起诉的情形。这种案件并未调解和好，不能或双方不同意以调解方式结案，但如果以二审程序中不能撤回起诉为由予以否定，以致一审法院的离婚判决生效，就更显荒谬了。"[1]

又如，蔡某夫妇向某房地产公司购买一套商品房，双方约定房屋交付后 365 天内由房地产公司办理并交付房产证，若因房地产公司之故未按期办理，逾期百日以上，房地产公司则一次性按照总房价款的 3% 向蔡某夫妇支付违约金。2008 年 5 月，房地产公司交房，2009 年 10 月才办理了房产证。蔡某夫妇将该房地产公司诉至法院，请求法院判令该公司支付违约金 5 万余元。一审法院经审理，认定房地产公司违约，但因其主张违约金过高而酌减，判被告

---

[1] 李海涛："论民事二审程序中申请撤回起诉的几个问题——以现行法律框架下的民事审判实践为视角"，载《法律适用》2011 年第 2 期。

承担违约金 2.5 万余元。该公司不服，向成都市中级人民法院提起上诉，经中院调解，双方当事人达成调解协议，房地产公司申请撤回上诉，蔡某夫妇申请撤回起诉。但是，根据《民事诉讼法》的规定及我国法院的一般理解与适用，上诉程序中原告不能撤回起诉。而成都中院认为允许一审原告撤诉为宜，故裁定准予房地产公司撤回上诉，准予蔡某夫妇撤回起诉，并撤销一审判决。[1]

三、对原《最高人民法院关于适用〈中华人民共和国民事诉讼法〉若干问题的意见》（以下简称《民诉法适用意见》）第 191 条[2]理解的争议

《民诉法适用意见》第 191 条规定："当事人在二审中达成和解协议的，人民法院可以根据当事人的请求，对双方达成和解协议进行审查并制作调解书送达当事人；因和解而申请撤诉，经审查符合撤诉条件的，人民法院应予准许。"此规定中的"因和解而申请撤诉"是指撤回上诉还是撤回起诉，在实务中有不同理解。通说认为，这里的撤诉是指撤回上诉，而少数人认为这既指撤回上诉，又包括撤回起诉，故而在实务界，有个别法院允许上诉审中原告撤回起诉，如前所述蔡某夫妇诉某房地产公司违约案。而且，有学者对此条司法解释解读为："作为现行程序规范的解释，二审程序中当事人确实拥有撤回上诉和撤回一审起诉的权利，……"[3]

但是，无论怎样解释，此条规定也包含可以申请撤回起诉的内容，通常实务上和学理的通说均认为上诉审程序中，一审原告不得申请撤回起诉。将当时的司法解释条文解读为包括上诉审程序中可以申请撤回起诉，这些学者的初衷是认为我国民事诉讼程序法律规范应当允许一审原告在上诉审程序中申请撤回起诉，但是，必须考虑对方当事人的利益，考虑程序公平，应同时设定对方当事人同意原告撤回的申请。

四、国外及我国台湾地区"民事诉讼法"之规定

"从比较法的角度来看，即便到了二审阶段，允许当事人撤回起诉，也是

---

〔1〕 王亚新："二审中申请撤诉的处理"，载《中国审判》2013 年第 2 期。
〔2〕 《民诉法适用意见》现已失效，现为《民诉法解释》第 339 条有关内容。
〔3〕 王亚新："二审中申请撤诉的处理"，载《中国审判》2013 年第 2 期。

一种相对普遍的制度安排。"[1]例如，在《德国民事诉讼法》中，撤诉的制度规定在一审程序中，该法第269条是关于"诉之撤回"的规定。根据德国民事诉讼法学，撤诉必须由本诉原告和反诉原告作出，被告提起上诉的，原告也可以撤诉，但必须向上诉法院表示。在被告进行了本案辩论的，原告撤诉需要经被告许可。法律争议仍然处于未决状态的，原告可以撤诉。符合条件的撤诉行为发生效力后，诉讼系属消除，已经作出的但还没有发生既判力的判决失去效力，并且，不需要明确撤销。[2]例如，《日本民事诉讼法》第261条第1款关于"撤回诉讼"的规定："规定在判决确定前，速速可以撤回其全部或一部分。"第262条第1款："诉讼，对撤回诉讼的步伐，视为自始未系属。"[3]"这些条文的含义同样是只要案件还处于上诉程序中，原审原告以征得对方当事人同意为条件，随时可以提出撤回最初起诉的申请，且撤诉的效果是原审原告此后认可重新起诉。"[4]还有，根据《法国民事诉讼法》的规定，原告在上诉程序中也可以撤回起诉，该法对"撤回诉讼"的规定，包括撤回起诉和撤回上诉或撤回对缺席判决的异议两部分，关于撤回起诉，该法第394、395、396条规定："原告得于任何案件中撤回起诉，以终止诉讼。""撤回起诉，仅在被告接受时，始为完全。但是，如在原告撤诉时，被告尚未提出任何实体上的辩护，或者未提出不受理请求，被告之接受并非必要。""如被告并无任何合法理由为依据而不接受原告撤诉，法官得宣告撤诉未完全。"[5]俄罗斯民事诉讼法也允许原告在上诉程序中撤回起诉，《俄罗斯联邦民事诉讼法》在第三编"上诉程序"第293条关于上诉程序中"原告放弃起诉和双方当事人和解"规定："在提出上诉和抗诉之后原告放弃起诉或双方当事人达成和解，都应以书面形式提交上诉审法院。法院在接受放弃起诉或确认和解之前应向原告或双方当事人解释其诉讼行为的后果。""上诉审法院如接受原告放弃起诉或确认双方当事人和解，即撤销作出的判决并终结案件程序。如果法院根据本法典

---

[1] 王亚新："二审中申请撤诉的处理"，载《中国审判》2013年第2期。

[2] [德]罗森贝克、施瓦布、戈特瓦尔德：《德国民事诉讼法（下）》，李大雪译，中国法制出版社2007年版，第963～967页。

[3] 白绿铉编译：《日本新民事诉讼法》，中国法制出版社2000年版，第97页。

[4] 王亚新："二审中申请撤诉的处理"，载《中国审判》2013年第2期。

[5] 罗结珍译：《法国新民事诉讼法典》，中国法制出版社1999年版，第80～81页。

第 34 条规定的理由不接受放弃起诉或和解，则依照诉讼程序审理案件。"[1]
该法第 34 条规定的内容是对当事人诉讼权利限制的规定："若被告承认诉讼
或双方和解与法律相抵触，或违反法律及侵害法律所保护的他人的利益，则
法庭不承认上述行为。"[2]由此可见，在俄罗斯的民事诉讼中，原告可以在诉
讼程序中撤回起诉，需要法院审查，并告知双方当事人法律后果，若无与法
律相抵触或违法，或侵害他人利益的情形，则准予放弃，即撤回起诉，同时
法院作出判决撤销一审判决，并终结上诉审程序。[3]

　　我国台湾地区"民事诉讼法"也允许原告在上诉审中撤回起诉，其"民事
诉讼法"第 262 条规定："原告于判决确定前，得撤回诉之全部或一部。……"
第 263 条第 2 项规定："于本案经终局判决后将诉撤回者，不得复提起同一之
诉。"[4]若说此条规定在其"民事诉讼法"第二编"第一审程序"中，不足
以说明其上诉审程序中也适用的话，我们可考察其"第二审程序"中第 459
条关于"上诉之撤回"的规定，即证明上诉程序中一审原告也可以撤回起诉。
该条第 1 款、第 4 款之规定："是所有人于终局判决前，得将上诉撤回。但被
上诉人已为附带上诉者，应得其同意。""第 262 条第 2 项至第 4 项之规定，
于撤回上诉准用之。"[5]上诉程序中撤回起诉与一审中撤回起诉之法律后果不
同，一审程序中撤回起诉者还可以起诉，例如，原告由于证据不足，担心败
诉，为了获得有关证据再诉讼而暂且撤诉。而上诉程序中撤回起诉者不得再
行起诉，是因为"基于诉讼经济之考量，盖原告于被告请求之诉讼标的、诉
讼声明及其原因事实，既经法院之判断，若使原告于终局判决后撤回诉讼，
又许其重复起诉，实系浪费司法资源"。[6]

　　英国的民事诉讼规则也允许原告在上诉审中请求撤回起诉，但同样也必
须满足被告同意的条件，并且需要得到法官的许可。法官在决定是否许可时，

---

〔1〕　张西安、程丽庄译：《俄罗斯民事诉讼法·执行程序法》，中国法制出版社 2002 年版，第
117 页。

〔2〕　张西安、程丽庄译：《俄罗斯民事诉讼法·执行程序法》，中国法制出版社 2002 年版，第
13 页。

〔3〕　张家慧：《俄罗斯民事诉讼法研究》，法律出版社 2004 年版，第 381~382 页。

〔4〕　施茂林、陈维钧主编：《详明六法全书》，世一文化股份有限公司 2015 年版，第 485 页。

〔5〕　施茂林、陈维钧主编：《详明六法全书》，世一文化股份有限公司 2015 年版，第 509 页。

〔6〕　林家祺：《民事诉讼法新论》，五南图书出版有限公司 2015 年版，364 页。

为了防止原告撤诉后再行起诉，通常会要求原告允诺就同一诉讼不再起诉的条件。[1]

美国的民事诉讼规则也允许原告在上诉程序中撤回起诉，但是，此时撤诉不是原告单方面的行为，而且必须经被告同意，以及法院批准。

但是，据了解，在新西兰和澳大利亚，案件进入上诉程序后，原告不能允许撤回起诉。

经典案例

被上诉人李某申请撤回起诉案

一、基本案情

（一）案情概要

李某诉被告贵州银海益沣房地产开发有限公司、贵阳新喜达屋置业投资有限公司及第三人贵州新里程房地产开发有限公司、贵阳市危旧房改造公司、贵阳市南明区教育局、贵州世联投资有限公司、李×文等股权及合同权利转让纠纷案，贵州高级人民法院经审理作出一审判决。贵州银海溢沣房地产开发有限公司、贵阳新喜达屋置业投资有限公司不服，上诉至最高人民法院。在最高人民法院审理程序中，一审原告李某申请撤回起诉，经其他当事人同意，最高人民法院作出裁定，准予撤诉。

事情经过：

1. 新喜达屋置业投资有限公司股东李某与银海益沣公司签订《股权转让协议》：

2013 年 6 月 8 日，贵阳新喜达屋置业投资有限公司（以下简称新喜达屋公司）的注册资本为 13 500 万元，股东为李某（公司法定代表人，持有公司 85% 的股权）、帅某（持有公司 10% 的股权）、王某（持有公司 5% 的股权）。

2013 年 6 月 16 日，贵阳新喜达屋公司股东李某与贵州银海益沣房地产开发有限公司（以下简称银海益沣公司）签订《股权转让协议》，协议约定：李某将其在新喜达屋公司共 85% 的股权中的 84% 转让给银海益沣公司，转让

---

[1] 徐昕译：《英国民事诉讼规则》，中国法制出版社 2001 年版，第 348~350 页。

款 11 640 万元，分三次支付。《股权转让协议》约定：转让后新喜达屋公司财务账面显示遗留的债权债务，由银海益沣公司及其接管后的新喜达屋公司在协议附件《债权债务清单》所列范围内予以继受承担。《债权债务清单》之外的债务，由李某等新喜达屋公司原老股东及其代理人承担。

2013 年 6 月 19 日，新喜达屋公司办理了工商变更登记，将法定代表人变更为王×玲，公司股东由李某、帅某、王某变更为银海益沣公司、贵州中大文化发展有限责任公司、金德康投资控股集团有限公司、新里程公司。

2013 年 6 月 21 日、9 月 5 日，银海益沣公司分两次，按照李某的指定，将转让股权款打入李某指定银行账户内。对银海益沣公司支付李某股权转让款 10 005 万元的事实当事人均认可。

2014 年 1 月 7 日，李某将《股权出让方通知函》邮寄给银海益沣公司，要求解除双方签订的《股权转让协议》。

2. 文化旅游项目合作及相关最高额抵押：

2012 年 12 月 3 日，新喜达屋公司与中建三局一公司签订《贵阳市金桥·三元官文化旅游项目合作协议书》，协议约定：中建三局一公司为承包该项目，向新喜达屋公司提供一亿元诚意保证金，保证金以银行委托贷款的形式支付。2012 年 12 月 12 日，双方当事人及交通银行东西湖支行签订《公司客户委托贷款合同》。

2012 年 12 月 10 日，世联公司与东西湖支行签订《最高额抵押合同》，约定：世联公司以其所有的贵阳市延安中路的房产，为新喜达屋公司与东西湖支行因受中建三局一公司委托贷款而订立的授信业务合同提供抵押担保，担保最高债权额 11 000 万元并办理了抵押登记。2013 年 10 月 29 日，李某委托律师向新喜达屋公司发出《律师函》，敦促其尽快偿还一亿元借款以释放抵押物。新喜达屋公司回复：一亿元债务所涉合同无效，对无效合同必须明确了断。

2014 年 2 月，世联公司与中建三局一公司签订《还款协议》。2014 年 4 月，中建三局一公司为甲方、东西湖支行为乙方，华某为丙方、世联公司为丁方，签订了《变卖抵押物协议》，约定世联公司将其抵押担保房产变卖与华某，变卖款项优先用于清偿主合同项下的全部债权。2014 年 6 月 11 日、2014 年 11 月 3 日、2015 年 1 月 6 日，华某向中建三局一公司的账户汇入 6500 万元，中建三局一公司出具证明收到。

3. 中山西路合作开发及新建市府路小学：

2006 年 12 月 18 日，危旧房公司与新里程公司签订了《中山西路合作开发合同》，约定：因危旧房公司取得中山西路某红线范围地块的使用权，新里程公司出资与危旧房公司出地合作开发房地产。2007 年 1 月 10 日、2009 年 3 月 10 日，双方又先后签订了《补充合同》和《中山西路地块补充协议》。2013 年 4 月 7 日，新喜达屋公司与新里程公司签订《〈中山西路合作开发合同〉权利义务股权转让协议》，约定：新里程公司将其在《中山西路合作开发合同》及《中山西路地块补充协议》中约定原本由新里程公司享有的权利和应履行的义务整体转让给新喜达屋公司。

2009 年 3 月 9 日，南明区教育局、新里程公司、危旧房公司签订了《新建市府路小学框架协议书》，约定由新里程公司出资新建市府路小学，并享受相应的权利，承担相应的义务。2013 年 7 月 29 日，南明区教育局为甲方，新里程公司为乙方，危旧房公司为丙方，新喜达屋公司为丁方，四方共同签署了《〈新建市府路小学框架协议书〉补充协议》，协议约定：甲乙丙三方同意新喜达屋公司加入《新建市府路小学框架协议书》的建设项目合作，在该协议书中约定原本由新里程公司享有的权利和应履行的义务以及由新里程公司完成的工作，现由新喜达屋公司享有、履行、并负责完成。

2013 年 12 月 11 日，贵阳市南明区房屋征收管理局致函危旧房公司，要求该公司于 2013 年 12 月 30 日前将征收补偿资金 89 012 636 元打入专户。危旧房公司于 12 月 12 日致函新里程公司，催促该公司按照《中山西路合作开发合同》的约定，按照房屋征收管理局的要求，将征收补偿资金打入专户。2013 年 12 月 12 日、12 月 31 日，新里程公司先后两次致函银海益沣公司，催促其将征收补偿资金支付到新里程公司。

2014 年 1 月 7 日，李某将《股权出让方通知函》邮寄给银海益沣公司，要求解除《股权转让协议》。同日，南明区房屋征收管理局致函危旧房公司，明确需待审批后再行拨付征收补偿资金。

因此，原告李某向被告银海益沣公司、新喜达屋公司，第三人贵州新里程房地产开发有限公司提起诉讼，请求法院：①确认其与银海益沣公司签订的《贵阳新喜达屋置业投资有限公司贵阳 G（11）52 号地块、市府路小学地块及中山西路商住楼地块项目开发建设投资合作及股权转让协议》已于解除；②判令银海益沣公司、新喜达屋公司将银海益沣公司在新喜达屋公司84%的股权恢复登记至李某名下；③判令本案全部诉讼费用由银海益沣公司、新喜达屋公司承担。

法院在审理过程中依职权追加贵阳市危旧房改造公司、贵阳市南明区教育局、贵州世联投资有限公司及李×文为本案第三人。

原告李某主张《股权转让协议》的标的既包括李某本人所持有的股权，又包括三个地块项目的合作开发权。被告银海益沣公司认为，《股权转让协议》的标的仅指李某所持有的股权。

本案的争议焦点：①《股权转让协议》的标的；②双方当事人是否构成违约；③《股权转让协议》的对价；④.《股权转让协议》是否符合法定解除条件。

（二）一审裁判要旨

经审理，一审法院认为：从《股权转让协议》的名称来看，《股权转让协议》的标的物包括两部分：一部分是贵阳市 G（11）52 号地块、市府路小学地块及中山西路商住楼地块项目，另一部分是李某持有的新喜达屋公司 84%的股权。而事实上，对于第一部分标的物中的贵阳市 G（11）52 号地块，在本《股权转让协议》中并未涉及该地块的开发建设问题。关于中山西路地块项目，新里程公司与新喜达屋公司已经于 2013 年 4 月 7 日签订了《〈中山西路合作开发合同〉权利义务股权转让协议》。关于市府路小学地块开发权的转让，则是在本协议签订后由新喜达屋公司与新里程公司、危旧房公司及南明区教育局签订四方协议达成的，《股权转让协议》并未就这两个地块项目开发权的转让设定具体的权利义务。并且，根据《股权转让协议》第 2.2.2 条和第 2.2.3 条的约定，李某在其中所起到的作用和应当履行的义务是"促成""督促"，因此，贵阳市 G（11）52 号地块、中山西路地块和市府路小学地块项目并非《股权转让协议》的转让标的。当然，《股权转让协议》的标的亦并不仅指李某所持有的股权，还有包括合同权利在内的其他权益。

李某已经履行了《股权转让协议》约定的主要合同义务，没有违约行为。银海益沣公司违约。

对于李某而言，《股权转让协议》的合同对价由转让股权和合同中约定的"促成""督促"等协助义务两部分组成。对于银海益沣公司而言，《股权转让协议》的合同对价亦由两部分组成，即李某的股权转让款和合同所附的其他条件。根据《股权转让协议》的约定，股权转让款为 11 640 万元，而其他条件包括释放世联公司的抵押物、足额提供中山西路地块的土地征收资金、按照《债权债务清单》偿付债务等，因此，银海益沣公司应当支付的合同对价不仅包括 11 640 万元的股权转让款，还应当包括一亿元的债务偿付等。

本案《股权转让协议》符合法定解除条件，李某有权解除《股权转让协议》。

《股权转让协议》解除条件已成就。由于合同对价既包括当事人约定的股权转让款，又包括合同中约定的其他条件，这两项构成合同的主要债务。截至判决前，银海益沣公司共支付 11 640 万元，而未按约履行合同约定的其他条件，构成对《股权转让协议》主要债务的违反，并经原告李某多次催告仍未履行。根据《中华人民共和国合同法》（以下简称《合同法》）第 94 条第 3 项："当事人一方迟延履行主要债务，经催告后在合理期限内仍未履行"的规定，李某有权解除《股权转让协议》。《合同法》第 96 条第 1 款规定，"当事人一方依照本法第 93 条第 2 款、第 94 条的规定主张解除合同的，应当通知对方。合同自通知到达对方时解除。对方有异议的，可以请求人民法院或者仲裁机构确认解除合同的效力"，根据已经查明的事实，李某于 2014 年 1 月 7 日向银海益沣公司发出《股权出让方通知函》，通知银海益沣公司解除合同，银海益沣公司于 2014 年 1 月 9 日收到该函，且未在法定期限内提出异议，因此，《股权转让协议》已于 2014 年 1 月 9 日解除。

关于《股权转让协议》解除之法律后果，《合同法》第 97 条规定，"合同解除后，尚未履行的，终止履行；已经履行的，根据履行情况和合同性质，当事人可以要求恢复原状、采取其他补救措施、并有权要求赔偿损失"，根据原告李某的诉讼请求，合同解除后，银海益沣公司应将其取得的新喜达屋公司的 84% 的股权返还登记至李某名下。在审理过程中，法院已就合同解除的法律后果征询过各方当事人意见，银海益沣公司与新喜达屋公司均明确表示不同意解除合同，且未主张赔偿损失。因此，合同解除后，李某应将其已经收取的 10 005 万元股权转让款返还银海益沣公司。银海益沣公司如有其他损失的，可另诉解决。本案经本院审判委员会讨论决定，根据《合同法》第 94 条第 3 项、第 96 条第 1 款、第 97 条的规定，判决如下：

1. 确认原告李某与被告贵州银海益沣房地产开发有限公司签订的《贵阳

新喜达屋置业投资有限公司贵阳市 G（11）52 号地块、市府路小学地块及中山西路商住楼地块项目开发建设投资合作及股权转让协议》已于 2014 年 1 月 9 日解除。

2. 被告贵州银海益沣房地产开发有限公司、贵阳新喜达屋置业投资有限公司于本判决生效后 10 日内将贵州银海益沣房地产开发有限公司在贵阳新喜达屋置业投资有限公司 84% 的股权恢复登记至原告李某名下。

3. 原告李某于本判决生效后 10 日内返还被告贵州银海益沣房地产开发有限公司股权转让款 10 005 万元。如果未按本判决指定的期间履行给付金钱义务，应当依照《中华人民共和国民事诉讼法》第 253 条之规定，加倍支付迟延履行期间的债务利息。

本案诉讼费用 1 123 800 元，由被告贵州银海益沣房地产开发有限公司、贵阳新喜达屋置业投资有限公司负担。

贵州银海溢沣房地产开发有限公司、贵阳新喜达屋置业投资有限公司不服一审判决，上诉至最高人民法院。在最高人民法院审理程序中，一审原告李某申请撤回起诉。

（二）二审裁判要旨

最高人民法院认为，李某申请撤回起诉是行使自身诉讼权利的行为。李某撤回起诉已经过本案其他当事人同意，也不损害国家利益、社会公共利益及他人合法权益，故对李某撤回起诉的申请应予准许。本院依照《中华人民共和国民事诉讼法》第 51 条、第 145 条第 1 款、第 174 条，《最高人民法院关于适用〈中华人民共和国民事诉讼法〉的解释》第 383 条第 1 款之规定，裁定如下：

1. 准许原审原告李某撤回对被告贵州银海溢沣房地产开发有限公司、贵阳新喜达屋置业投资有限公司以及原审第三人贵州新里程房地产开发有限公司、贵阳市危旧房改造公司、贵阳市南明区教育局、贵州世联投资有限公司、李×文的起诉。

2. 撤销贵州省高级人民法院（2014）黔高民商初字第 27 号民事判决。

本案一审案件受理费 1 123 800 元，减半收取为 561 900 元，由李某负担；二审案件受理费 1 123 800 元，减半收取为 561 900 元，由贵州银海溢沣房地产开发有限公司负担。

二、法律问题

在最高人民法院 2015 年发布实施《民诉法解释》之前，这类案件通常不允许在上诉程序中撤回起诉，即使有个别法院允许撤诉，也有理论上的争议以及对原《民诉法适用意见》第 191 条含义的争议。根据当时学理通说以及理论界多数人的观点，上诉程序中不得撤回一审起诉，所以允许撤诉的理由非常勉强，这一理由在最高人民法院对《民诉法解释》第 339 条的"理解与适用"的解释中得以间接印证。《民诉法解释》第 339 条规定："当事人在二审程序中达成和解协议的，人民法院可以根据当事人的请求，对双方达成的和解协议进行审查并制作调解书送达当事人；因和解而申请撤诉，经审查符合撤诉条件的，人民法院应当准许。"最高人民法院在其《最高人民法院民事诉讼法司法解释理解与适用》一书中表明："本条在沿用《92 年意见》第 191 条规定之基础上，将原条文中的'二审'修改为'第二审程序'。"[1] 这说明本条没有其他修改，但是，这里的撤诉是指撤回上诉，还是既包括撤回上诉又包括撤回起诉，本书在此条"条文理解"中特别强调——"值得注意的是，因本次修订增加了在第二审程序中撤回起诉的规定，故应明确当事人'因和解而申请撤诉'系申请撤回上诉抑或撤回起诉，并在此前提下分别适用相关法律条文予以审查。"[2] 这就说明之前的司法解释《民诉法适用意见》第 191 条的规定仅之撤回上诉，不包括撤回起诉。

2015 年之后根据最高人民法院《民诉法解释》第 338 条的规定："在第二审程序中，原审原告申请撤回起诉，经其他当事人同意，且不损害国家利益、社会公共利益、他人合法权益的，人民法院可以准许。准许撤诉的，应当一并裁定撤销一审裁判。""原审原告在第二审程序中撤回起诉后重复起诉的，人民法院不予受理。"根据该解释，本案原告李某在上诉程序中有权申请撤回一审起诉，但是必须具备经过其他当事人同意，并且不损害国家利益、社会公共利益、他人合法权益。上诉审程序中撤回起诉的法律后果除了因撤诉案件

---

〔1〕 沈德咏主编：《最高人民法院民事诉讼法司法解释理解与适用（下）》，人民法院出版社 2015 年版，第 897 页。

〔2〕 沈德咏主编：《最高人民法院民事诉讼法司法解释理解与适用（下）》，人民法院出版社 2015 年版，第 897 页。

终结外，还有撤回起诉后又重复起诉的，法院不予受理的法律后果。这点与一审程序中的原告撤诉不同，在我国，根据《民事诉讼法》的规定，一审原告撤诉后，可以再起诉，法律规定有禁诉期的在禁诉期起诉，法院不得受理的除外。

三、法理分析

是否允许一审原告在上诉审程序中撤回起诉的主要问题在于我们如何看待一审撤销判决的问题，过去不允许上诉程序中撤回起诉，就是囿于以下理由：撤诉是当事人的诉讼行为，一审裁判是法院行使司法裁判权的结果。上诉程序中若允许一审原告撤回起诉，一审裁判必然得撤销。但是，因为当事人撤回一审起诉的行为而撤销一审裁判，客观上形成了当事人的诉讼行为，及当事人行使其诉讼权利的行为，具有了理论上不得接受的撤销一审裁判的法律效果，发生了理论悖论的私权大于公权的后果。这是上诉程序中不得撤回起诉的主要"障碍"，其他理由均属次要理由。然而，这是真正的问题吗？现在看来是个伪问题，因为无论是 2015 年《民诉法解释》实施后的法院裁定，还是 2015 年之前个别法院的个别案件在上诉审程序中准予撤销一审起诉的裁定，都在二审法院的法律文书——裁定中出现一条撤销一审判决或裁定的主文。这也说明了一审的判决或裁定是上诉审法院撤销的。

拓展案例

神华准格尔能源有限责任公司与中国信达资产管理
股份有限公司公司盈余分配纠纷案

一、基本案情

中国信达资产管理股份有限公司（以下简称信达公司）公司因盈余分配问题与神华准格尔能源有限责任公司（以下简称神华准格尔公司）发生纠纷，2013 年向内蒙古自治区高级人民法院提起诉讼。被告神华准格尔公司以内蒙古自治区高级人民法院无管辖权为由提起管辖异议，内蒙自治区高级人民法院经审理，认为异议无理，作出（2013）内商初字第 6 号民事裁定，驳回神华准格尔公司的异议。该公司不服内蒙古自治区高级人民法院的裁定，向最高人民法院提起上诉。

在最高人民法院二审审理期间，信达公司于 2013 年 8 月 8 日向一审法院，即内蒙古自治区高级人民法院提交了撤诉申请，称双方经协商已对纠纷的处理达成一致意见，请求人民法院准予其撤回对神华公司的起诉。神华公司亦于 2013 年 10 月 24 日向一审法院提交了请尽快裁定准予信达公司撤诉的书面意见。但是，此案当时尚在最高人民法院审理期间，故一审法院于 2013 年 10 月 29 日向最高人民法院书面报告，认为鉴于双方当事人均有息诉的意思表示，对于信达公司的撤诉申请应予准许，但因案件现在最高人民法院管辖权异议二审期间，该院无法裁定准予撤诉，故报请最高人民法院处理。

2013 年 12 月 2 日，最高人民法院通知双方当事人到庭，就信达公司向一审法院申请撤回起诉的情况进行了核实。信达公司称其公司向一审法院申请撤诉并提交了申请书，现其公司撤诉申请的意思表示没有变化。同时神华公司亦请求法院尽快裁定准许信达公司撤诉。

最高人民法院认为："民事诉讼法第 145 条规定，宣判前，原告申请撤诉的，是否准许，由人民法院裁定。该条规定的'宣判'，应当理解为人民法院就当事人之间诉争的实体性事项作出的裁判。也就是说，当事人向人民法院申请撤回起诉，应当在一审法院就当事人之间的实体性争议事项宣判前提出。在一审宣判后，当事人之间诉争的事项由于已经由人民法院开庭审理并作出判决，具有国家公权力解决矛盾纠纷的性质，即使该判决因当事人提起上诉尚未发生法律效力，当事人也不得再行申请撤回起诉。但是，对涉及诉讼构成要件等程序性事项引起的纠纷，因该程序性事项在确定之前，诉的构成要件尚未完全齐备，诉的成立与否尚在审查与确定程序中，因此，当事人可以在程序性事项作出生效裁判前，向人民法院申请撤回起诉。本案中，信达公司在案件的管辖权异议二审审查期间，向一审法院申请撤回起诉，符合法律规定。从其撤诉申请书载明的理由看，系因双方经协商已对纠纷的处理达成一致意见，故向一审法院提交撤诉申请，请求该院准予其撤回对神华公司的起诉。经本院核实，该申请是信达公司的真实意思表示，内容不违背法律的强制性规定，人民法院应当裁定准许其撤回起诉。由于其在案件的二审期间向一审法院提出撤诉申请，一审法院无权在管辖权异议案件的二审期间作出准予撤诉的裁定，本院作为有权决定准予撤回起诉的人民法院，根据一审法院的报告和当事人的意思表示，裁定撤销一审裁定，准许信达公司撤回起诉。"因此，根据《中华人民共和国民事诉讼法》第 145 条第 1 款、第 154 条、第 171 条之规定，裁定撤销内蒙古自治区高级人民法院（2013）内商初字第 6 号民事裁定；准许中国信达资产管理股份有限公司撤回起诉。

二、法律问题

1. 此案是 2013 年提起的诉讼案件，2015 年最高人民法院的《民诉法解释》尚未问世，尚在研究、讨论、制定中，因此，无允许一审原告在上诉程序中申请撤诉的规定，即允许在其他当事人同意的前提条件下一审原告可以在上诉审程序中申请撤回起诉的司法解释条文尚未问世。最高人民法院作为上诉审法院，在审理管辖权异议的上诉程序中，应双方当事人快速解决纠纷撤回起诉的要求，作出准予撤回起诉的裁定，按照当时法律及其司法解释的规定，其理论是否充分？

2. 《民诉法解释》第 338 条第 2 款规定："原审原告在第二审程序中撤回起诉后又重复起诉的，人民法院不予受理。"这条规定是否应当写在法院准予撤诉的裁定中？

三、重点提示

1. 就本案而言，若机械适用法律和司法解释，法院难以及时作出本案准予撤回起诉的裁定。可能需要在上诉审管辖异议裁定作出后，无论是驳回上诉、维持原裁定，还是撤销一审裁定并裁定移送有管辖权的法院审理，案件回到一审法院，在实体审理前，一审法院裁定准予撤诉。若法院突破规范限制，灵活适用法律和司法解释，在当时的法律和司法解释范畴内寻找理由，以解决问题，就是本案这种裁定结果。即审理管辖异议上诉案件的最高人民法院作出裁定，一是撤销内蒙古高级人民法院驳回管辖异议的裁定，二是裁定准予原告撤回起诉。此案若发生在 2015 年《民诉法解释》发布实施后，上诉审法院就可以明确根据《民诉法解释》第 338 条，裁定准予。

2. 我们认为应当在上诉法院准予撤回起诉的裁定中写明："原审原告在第二审程序中撤回起诉后又重复起诉的，人民法院不予受理。"通过提示当事人注意，以保障当事人正确行使自己的诉讼权利，以免申请撤回起诉者因不了解法律对其与一审撤回起诉不同的法律后果而未审慎行使诉讼权利。当然，此处的当事人非本案当事人，是指广泛意义上的当事人。

专题二　上诉案件审理范围

📖 知识概要

上诉法院对上诉案件在什么范围内审理，体现了辩论主义与职权主义的不同特征。根据辩论主义的要求，对一审案件，法院应当在当事人的诉讼请求范围内审理；对上诉案件，法院应当在上诉人的上诉请求范围内审理。但是，根据职权主义观念，法院可以不顾及当事人的诉讼请求和上诉请求对案件所涉及的事实问题和法律问题进行全面审理。

一、观念变革：在上诉请求范围内审理

20世纪90年代前，我国的民事诉讼以及1982年颁布实施的《民事诉讼法（试行）》以职权主义为特征，审判员[1]审理民事诉讼案件可以超过当事人的诉讼请求，审理上诉案件也可以超过上诉人的诉讼请求，法院审判权不受原告和上诉人的诉讼请求和上诉请求的限制。对此，《民事诉讼法（试行）》第149条规定："第二审人民法院必须全面审查第一审人民法院认定的事实和适用的法律，不受上诉范围的限制。"对第一审案件，虽然《民事诉讼法（试行）》中无不受原告诉讼请求的限制，但是在诉讼实务中，法院审判员可以不受原告诉讼请求的限制，本着为当事人利益解决争议的目的，审理裁判的范围可以大于原告诉讼请求的范围。例如，原告因不熟悉法律，没有请律师，或者律师业务不够熟悉，提出的诉讼请求有应该提出而未提出的遗漏，或者提出的诉讼请求不准确，审判员在审理时、裁判中，可以为其补足、补正。诉讼更加注重追求实质正义，程序正义的理念尚未引入展开，诉讼竞技理论也尚未引入展开，特别是诉讼竞技的基础条件——律师代理制度刚刚恢复、起步，即使欲实施辩论主义，但因律师代理基础条件的缺乏使其几无可能。

---

[1]　我国1995年《法官法》颁布实施前，法官称为审判员。

　　1991 年，为了适应我国改革开放形势发展的需要，适应改革中的社会主义商品经济的需要，适应配合不断制定的实体法的需要，为了完善《民事诉讼法（试行）》的各项诉讼制度，重新制定并颁布实施的《民事诉讼法》进行了多项重大的修改。西方国家民事诉讼理论辩论主义的观念对其有所影响，并有所体现，比较明显的就是上诉案件审理范围的限制，《民事诉讼法》第151 条〔1〕规定："第二审人民法院应当对上诉请求的有关事实和适用法律进行审查。"这是第一次确定了当事人诉讼请求范围内审理的规则。正如立法者所言："这次修改《民事诉讼法（试行）》，由于思想观念上起了变化……比如强调当事人的举证责任，……法庭调查时，也不是规定审判人员对当事人、证人如何询问，而是当事人和他们的诉讼代理人进行陈述，提出证据。进行法庭辩论时，也不是审判人员与当事人及他们的诉讼代理人进行争论，而是让双方当事人互相辩论。在适用第二审程序审理上诉案件时，第二审人民法院不再是对案件进行全面审查，而是对上诉请求的有关事实和适用的法律进行审查。在申请诉讼保全和强制执行措施时，不是依职权进行，或者主要不是依职权进行，而是由当事人申请。"〔2〕上诉审范围有限的规定的理由还有："这是因为上诉程序的开始和一审程序的开始，是由当事人发动起来的，……当事人对不服一审判决、裁定的哪些方面提起上诉，这完全是上诉人的权利。既然第一审人民法院判决后，当事人已经接受判决其中的某些部分而不再提起上诉，第二审法院也就没有必要依职权进行审查……甚至作出违背上诉人愿望的新的处理……过去就有人认为，对上诉进行全面审查，违背了当事人对诉讼权利和民事权利处分的原则，或者说是处分原则的例外。"〔3〕此后，上诉案件在上诉范围内进行审理，被确定为上诉程序的一项原则。

　　上诉法院审理上诉案件，被上诉人也有权利表示不服原审裁判，提出自己的上诉主张，请求法院一并审理。我国 1991 年颁布实施的《民事诉讼法》之前的《民事诉讼法（试行）》，以及《民事诉讼法（试行）》之前的民事司法政策均奉行这条上诉审原则，如前所述。这一原则在外国法上称为上诉共通原则，所谓上诉共通原则，是指若一方当事人提起上诉，纵使被上诉人未

〔1〕　2007 年前我国《民事诉讼法》修订前的条文序号。
〔2〕　最高人民法院民事诉讼法培训班编：《民事诉讼法讲座》，法律出版社 1991 年版，第 65 页。
〔3〕　最高人民法院民事诉讼法培训班编：《民事诉讼法讲座》，法律出版社 1991 年版，第 151 页。

提起上诉，也要陈述其不服原判决，即使被上诉人未到场，上诉审法官亦应依职权考虑被上诉人的不服声明。只需实体真实有利于被上诉人，即应将原判决变更。换言之，一方当事人的上诉，其利益及于对方当事人。[1]上诉共通原则充分重视实质真实的发现，但忽略当事人的自由意志。

在严格意义上而言，上诉共通原则与我国 1991 年之前的职权主义的上诉程序审理范围规则还有所区别。1991 年之前，我国民事上诉程序职权主义范式的审理范围其实包括两种情况：一种是这种上诉共通原则，即审理上诉人提出的不服的上诉请求，也审理未上诉的被上诉人在上诉程序中提出的请求；另一种是即使双方当事人均未上诉的事实与法律问题，上诉法院发现有错误应当纠正的，也可以依职权审理裁判。前一种情况类似大陆法系国家中民事诉讼法规定的附带上诉制度，附带上诉制度的价值在于给当事人提供进一步的程序公平工具，弥补辩论主义、诉讼竞技主义的缺陷，在尊重当事人处分权的基础上，充分保障当事人诉讼权利的实施。

二、域外规则：利益变更禁止与不利益变更禁止原则

上诉不利益变更禁止原则，又称为禁止不利益变更原则，是指在只有一方当事人上诉的情形下，上诉审法院不能作出比第一审裁判更不利于上诉人的裁判。即使上诉法院发现一审裁判对上诉人有利的部分请求有错误，应当减少不应当获得的利益，但是，由于对方当事人未上诉要求改判，上诉人的上诉仅为获得更多利益，而非认为一审法院不应当判给其这些利益，故上诉法院只能在上诉人诉讼请求范围内裁判，上诉法院不得作出对其诉讼请求更不利的裁判。上诉不利益变更禁止原则所约束的是上诉人不服而提起上诉的范围，又称为"上诉不加重"，它所维护的是上诉人的利益，体现了对上诉人处分权的尊重。

与之相对的是上诉利益变更禁止原则，是指当事人对原判决未声明不服之部分，若对方未上诉或未附带上诉时，即使原判决有不当，上诉法院亦不得对上诉人为更有利之判决。即经上诉法院审理，即使发现上诉人可以胜诉

---

[1] 参见陈计男等："不利益变更禁止原则（之一）"，载民事诉讼研究基金会编：《民事诉讼法之研讨（七）》，三民书局 1998 年版。

更多，但是由于上诉请求范围约束上诉法院的审理裁判范围，故对其应当上诉获胜而未上诉的部分，法院不得判其获得这部分利益。上诉利益变更禁止原则所约束的是上诉人未声明不服的范围，即未上诉的范围，它所维护的是未上诉当事人的利益，同时也体现了对上诉人处分权的尊重。

韩国民事诉讼法学则有所不同，他们认为禁止不利益变更原则包括禁止利益变更原则："这种让控诉人不应获得超过自己申请不服范围而比一审判决更加不利的判决的规定（《韩国民事诉讼法》第 415 条），称作禁止不利益变更原则，它是处分权主义在控诉审中的体现。该原则不但禁止控诉法院超出不服范围进行不利益变更，也禁止超出申请范围进行利益性变更。"[1]同我国台湾地区民事诉讼法理论一样，他们也认为禁止不利益变更原则具有保障控诉人控诉自由之功能，即鼓励他们不服时提起上诉，不必担心上诉法院作出更不利的裁判。他们认为禁止不利益变更原则内容有两方面：一是禁止利益性变更；二是禁止不利益变更。[2]但是，韩国这项上诉审原则也有例外规定，与我国上诉审原则上在上诉请求范围内审理，法定情况下可以超过上诉人上诉请求审理的规定类似。韩国民事诉讼法学认为，禁止不利益变更原则在适用职权探知主义的行政诉讼和家事诉讼中不适用，以及在法定的几种情况下不适用。

上诉不利益变更禁止原则、利益变更禁止原则是大陆法系主要国家和地区在民事上诉审程序中重要的一对原则。《日本民事诉讼法》第 304 条规定："撤销或变更第一审判决，只在声明不服的范围内可以进行。"[3]这条规定是指撤销或变更第一审判决的范围，关于撤销和变更第一审判决的范围，包含了上诉不利益变更禁止原则和利益变更禁止原则。《德国民事诉讼法》第 536 条规定："对于第一审的判决只能在申请变更的范围内变更之。"[4]此规定意味着上诉审法院"对合法的控诉和未以裁定驳回的控诉作出的判决，即不允许超过

---

〔1〕　〔韩〕孙汉琦：《韩国民事诉讼法导论》，陈刚审译，中国法制出版社 2010 年版，第 474 页。

〔2〕　〔韩〕孙汉琦：《韩国民事诉讼法导论》，陈刚审译，中国法制出版社 2010 年版，第 474 ~ 475 页。

〔3〕　白绿铉编译：《日本新民事诉讼法》，中国法制出版社 2000 年版，第 106 页。

〔4〕　谢怀栻译：《德意志联邦共和国民事诉讼法》，中国法制出版社 2001 年版，第 123 ~ 124 页。

控诉申请的范围，也不允许为使控诉人不利而变更声明不服的判决"。[1]我国台湾地区"民事诉讼法"中也有这样的规定，其"上诉审程序"编第 450 条规定："第二审法院认为上诉为有理由者，应于上诉声明之范围内，为废弃或变更原判决之判决。"其中，废弃原判决是指废弃或自判决，自判决亦即我们所称之的"改判"；变更原判决即废弃第一审判决而自为判决以代之。[2]这一对规则不仅制约着上诉审法院的审理范围，规制着上诉人和被上诉人的言词辩论的边界，而且决定着上诉裁判可触及的范围，更是对当事人上诉权的原则性保护。

上诉不利益变更禁止与利益变更禁止原则的理性根据为私法自治原则，民事诉讼采当事人处分主义。法院审理民事诉讼案件的范围应当受当事人声明的约束，即受当事人诉讼请求或上诉请求的约束，除了法律特别规定外，法院不得就当事人未声明之事项审理裁判，言辞辩论应在当事人声明的范围内进行。因此，上诉人未声明不服的部分，法院的审理不涉及该部分，即使此部分有问题，原判决可以被变更也不允许变更。从尊重上诉人处分权的角度而言，这部分被变更而使上诉人更不利是不允许的，同时也是出于对未上诉一方当事人处分权的尊重；从尊重和保护未上诉一方处分权的角度而言，由于上诉人上诉未涉及这部分，所以法院就不应当主动行使职权予以变更，而使上诉人在其上诉请求之外获得更多的利益，此乃利益变更禁止原则产生之缘由。上诉人之所以上诉，是为了获得比一审法院裁判更多的利益，而非获得较一审裁判更多的不利益，出于尊重上诉人的意愿，也出于鼓励上诉人上诉的目的；反之，出于尊重未上诉一方当事人的意愿，不利益变更禁止原则得以确立。

但是，仍有国家的民事诉讼法规定，对上诉案件，上诉法院可以全面审理。例如，《俄罗斯联邦民事诉讼法》第 294 条关于"法庭审理上诉案件的范围"规定："法院依照诉讼程序审理案件时，审查第一审法院的判决是否合法和有无根据，审查范围以上诉范围为限，可以审查新证据和确认新的事实。……上诉审

---

〔1〕 ［德］奥特马·尧厄尼希：《民事诉讼法》，周翠译，法律出版社 2003 年版，第 380 页、第 327 页。

〔2〕 施茂林、陈维钧主编：《详明六法全书》，世一文化股份有限公司 2015 年版，第 508 页。

法院为了维护法制，有权对一审判决全面审查。"[1]原则上，俄罗斯法院根据其民事诉讼法，对上诉案件在当事人上诉的范围内或检察院抗诉的范围内审理，但是，当案件有《俄罗斯联邦民事诉讼法》第308条规定的"违反或不正确地适用诉讼法规范"的八种情形时，上诉法院可以不受原判决理由和当事人上诉范围的限制，对案件进行全面审查，可以依法撤销原判决。[2]

三、中外比较：上诉审范围原则

我国民事诉讼上诉审原则——在上诉请求范围内审理，与国外不利益变更禁止、利益变更禁止原则基本原理相同、性质相同，均为当事人的诉讼请求约束上诉法院的审理裁判权范围，均源于辩论主义观念，即当事人主义观念。我国《民事诉讼法》第168条规定了上诉案件审理范围的原则："第二审人民法院应当对上诉请求的有关事实和适用法律进行审查。"但是，最高人民法院的司法解释在此原则之外保留了些微职权主义观念，设置了原则的例外。1992年的最高人民法院民诉法司法解释《民诉法适用意见》（现已失效）第180条规定："第二审人民法院依据民事诉讼法第151条的规定，对上诉人上诉请求的有关事实和适用法律进行审查时，如果发现在上诉请求以外原判有错误的，也应予以纠正。"这条解释虽然从字面上可以解读为法院可以依职权对未上诉的内容部分审理裁判，但是法院的司法实践则解读为原则上在上诉请求范围内审理，未上诉的内容则通常不予审理。由此可见，此条司法解释的字面意义与司法实践的解读不同。至1998年，《最高人民法院关于民事经济审判方式改革问题的若干规定》第35条进一步补充解释："第二审案件的审理范围应当围绕当事人上诉请求的范围进行，当事人没有提出请求的，不予审查。但判决违反法律禁止性规定，侵害社会公共利益或他人利益的除外。"2015年的《民诉法解释》第323条综合了以上司法解释，规定："第二审人民法院应当围绕当事人的上诉请求进行审理，当事人没有提出请求的，不予审理，但一审判决违反法律禁止性规定，或者损害国家利益、社会公共利益、他人合法权益的除外。"这是我国民事诉讼上诉案件审理范围与上述各国和我国台湾

---

〔1〕　张西安、程丽庄译：《俄罗斯民事诉讼法·执行程序法》，中国法制出版社2002年版，第117页。

〔2〕　张家慧：《俄罗斯民事诉讼法研究》，法律出版社2004年版，第382页。

地区的民事诉讼程序中规定的不同之处。

四、附带上诉

1. 附带上诉。附带上诉，是指被上诉人在上诉人上诉的程序中，借上诉人上诉引起的上诉程序，提出自己的上诉主张，请求法院一并审理。关于附带上诉的概念，我国台湾地区学者杨建华是这样表述的："附带上诉者，当事人之一造对于第一审判决不利于己部分提起上诉后，被上诉人亦对原判决声明不服，请求废弃或变更第一审判决不利于己部分，而扩张有利于己部分之判决之行为也。"[1] 日本学者的表述是："被控诉人趁抗诉的机会把控诉审判的范围向有利于自己的方面扩大，并请求审判其主张的申请叫做附带控诉。"[2]（控诉是对第一审的终局判决向第二个事实审法院提出的上诉，用我们民事诉讼法学的概念解释，就是向第二审法院上诉）。

我国现行的《民事诉讼法》中没有附带上诉这样的规定。在已经废止的1982年颁布实施的《民事诉讼法（试行）》中，有被上诉人可以在上诉人提起的上诉程序中提出自己的上诉请求，请求法院一并审理的内容，但是，其并不是作为附带上诉制度规定的，而是作为法院职权主义的上诉案件审理方式所制定的，法院可以不考虑当事人的上诉请求范围，对上诉案件全面审理。由于历史的原因，1982年《民事诉讼法（试行）》带有强烈的职权主义色彩，第149条规定，"第二审人民法院必须全面审查第一审人民法院认定的事实和适用的法律，不受上诉范围的限制"，因此，在适用这部法律时就不存在附带上诉的问题，不论是上诉人不服判决上诉的问题，还是上诉人服从判决不上诉的问题，法院"必须全面审查"。如果被上诉人在第二审程序中也有问题并提出不服的，其自然可以提出，由第二审法院全面审理后作出裁判。《民事诉讼法（试行）》第149条的规定起到了附带上诉的作用，但它并不是附带上诉的制度，而是在法院职权主义审判方式的模式下，不考虑当事人行使诉权和当事人实施处分权的因素，不认可当事人进行民事诉讼的私权性质，由法院包揽诉讼的观念反映。

---

[1] 杨建华：《民事诉讼法事务问题研究》，三民书局1981年出版，第359页。

[2] ［日］兼子一、竹下守夫：《民事诉讼法》，白绿铉译，法律出版社1995年版，第229页。

1982 年《民事诉讼法（试行）》对法院对上诉案件应当全面审理的规定，虽然是职权主义的表现，但是包括了附带上诉的功能。我们认为，附带上诉制度也是当事人主义的一个修正期，充分保障了当事人诉讼权利的行使，在程序法方面最大限度地给当事人提供了公平的机会和武器。

2. 附带上诉的域外法律规定。在法国、德国、日本、意大利、俄罗斯以及我国台湾、澳门地区的民事诉讼法中都规定有附带上诉制度，可以说，附带上诉是大陆法系国家在民事诉讼法上诉制度上的共同特征。

《法国民事诉讼法》第 548～551 条是关于附带上诉制度的规定。这几条规定：附带上诉是由被上诉人针对上诉人与其他被上诉人附带提出的上诉。附带上诉，亦可就引起附带上诉的主上诉或附带上诉，由在一审程序中作为当事人的任何人提出，即使其并非被上诉人。附带上诉，或者由其引起的诉讼，得于诉讼之任何阶段提出，即使提出附带上诉的人已经丧失以本诉讼之名义进行诉讼的权利，亦同。第 550 条还规定，对意图迟延诉讼，故意不尽早提出附带上诉或不提出引起之诉讼的人，上诉法院得判处损害赔偿。[1]

提起附带上诉应当具备这些条件：首先，只有在主上诉存在的情况下，才可以提出附带上诉；其次，附带上诉人应当证明自己有提起此种上诉的利益，并且没有对一审判决作出认诺。[2]所谓上诉的利益，是指对于法院的判决，有对当事人不利的问题，当事人因此不服而提起上诉，以改变不利益的必要。如果原判决对当事人有利，原判决是依一方当事人之诉的申请作出的，那么此当事人对此判决结果就不应当有不服的问题，就没有提起上诉的必要，此时为无上诉的利益。

根据《法国民事诉讼法》第 549 条的规定，被上诉人提起附带上诉，既可以针对上诉人，又可以针对其他被上诉人。[3]

附带上诉与主上诉的关系，根据《法国民事诉讼法》第 550 条的规定，"只

---

〔1〕 ［法］罗结珍译：《法国新民事诉讼法》，中国法制出版社 1999 年版，第 111 页。

〔2〕 ［法］让·文森林、塞尔日·金沙尔：《法国民事诉讼法要义》，罗结珍译，中国法制出版 2001 年版，第 1194 页。

〔3〕 ［法］让·文森林、塞尔日·金沙尔：《法国民事诉讼法要义》，罗结珍译，中国法制出版 2001 年版，第 1194 页。

要是在提出主上诉的有效期间内提出附带上诉，即使主上诉得不到受理，附带上诉仍然可以'嫁接'其上"，即"如果附带上诉是在可以提出主上诉的期间届满之后才提出，那么，其是否可以受理则与主上诉可否受理紧密联系；但是，如果附带上诉是在可以提起主上诉的期间之内提出，则同主上诉一样，应当认为它可以自行成立，只不过在形式上具有附带性质，但其本身却是有效的"。[1]

《德国民事诉讼法》第521条至第523条，以及第556、577条是关于附带上诉制度的规定。德国民事诉讼中的上诉分为控诉、上告和抗告，其控诉和上告是指对判决不服提起的上诉，抗告是指对裁定不服提起的上诉。德国实行三审终审制，对于一审法院所作的终局判决不服的当事人提起的上诉，称为控诉；对于州高等法院在控诉审后所作的判决提起的上诉，称为上告。其附带上诉因此分为附带控诉、附带上告和附带抗告。另外，由于在德国的抗告种类多样，因此，其附带抗告中还有附带法律抗告。

《德国民事诉讼法》第521条规定："被控诉人即使在舍弃控诉或已逾控诉期间后，仍可以提出附带控诉。"根据该法第522条的规定，其附带控诉分为独立的和不独立的两种类型："控诉经撤回，或控诉因不合法而被驳回时，附带控诉失其效力。""被控诉人在控诉期间内提起附带控诉的，视为他独立提起控诉。"第522条之一是关于附带控诉的形式和理由的规定。[2]

《德国民事诉讼法》第556条规定：被上告人即使在舍弃上告后，仍可在上告人的上告理由书送达后或接受上告的裁定后1个月内提起附带上告。附带上告也分为独立的和非独立的两种，上告被撤回或因不合法被驳回时，附带上告失其效力。被上告人在上告期间内提起附带上告的，视为独立提起控诉，即此时的附带上告不因上告的撤回而失效，不因上告被驳回而失效。

《德国民事诉讼法》第577条规定："抗告的对方当事人，即使在舍弃抗告后或在抗告期间届满后，仍得提起附带抗告。"抗告被撤回或因不合法而被驳回时，附带抗告失去效力。对方当事人在抗告期间届满前，对附有期间的抗告提起附带抗告而未舍弃抗告的，附带抗告视为独立的抗告。

---

〔1〕 ［法］让·文森林、塞尔日·金沙尔：《法国民事诉讼法要义》，罗结珍译，中国法制出版社2001年版，第1198～1199页。

〔2〕 谢怀栻译：《德意志联邦共和国民事诉讼法》，中国法制出版社2001年版，第120～121页。

日本民事诉讼中同样规定了附带上诉制度。日本民事诉讼中的上诉也分为控诉、上告和抗告三种不同类型，实行三审终审制，附带上诉仅适用于事实审和法律审的第二审程序，不适用于仅作法律审的第三审，也不适用于抗告，即只有附带控诉。控诉"是对第一审的终局判决向第二个事实审法院提出的上诉"。[1]《日本民事诉讼法》第293条是关于附带控诉的规定："被控诉人即使其控诉权消灭后，但在口头辩论终结之前，仍可以提出附带控诉。""附带控诉在撤回控诉或因不合法而驳回控诉的情况下，失去其效力，但是具备控诉要件的，则视为独立的控诉。""附带控诉应根据关于控诉的规定。但是，提起附带控诉，应向控诉法院提出附带控诉状。"从此规定来看，其附带控诉也分为独立的和不独立的两种类型。

意大利民事诉讼法中也规定有附带上诉制度，《意大利民事诉讼法典》第333条规定了附带上诉制度，第343条规定了提起附带上诉的方式和期限："当事人根据第166条的规定到书记室完成诉讼的出席时，被上诉人可以在答辩状中提起附带性上诉（第333条），过期不行使该权利则丧失该权利。""如果当事人之所以提起附带性上诉，是由于非主上诉人的另一方当事人提起的对判决的质疑。"[2]

俄罗斯民事诉讼中也有附带上诉的制度，但是，其与前述国家的附带上诉有不同之处：①主体不同，俄罗斯民事诉讼中的附带上诉不是逾期未上诉的被上诉人提出的，而是与提起上诉的当事人为共同诉讼人及无独立请求权的第三人提起的；②这种附带上诉在上诉审法院对案件作出裁决前的任何时候都可以提出，在上诉案件开庭后也可以提出，时间范围很宽；③附带上诉可以在上诉案件审理时口头提出；④如果附带上诉请求与上诉人提出的请求相同，则免收规费，即诉讼费；如果与上诉人提出的诉讼请求不同，则附带上诉作为独立的上诉，需要交纳规费，即诉讼费。[3]

《韩国民事诉讼法》中也规定有附带上诉制度，针对不同的上诉客体，韩国的民事诉讼上诉分为控诉、上告和抗告。不服一审终局判决的诉讼称为控

〔1〕 ［日］兼子一、竹下守夫：《民事诉讼法》，白绿铉译，法律出版社1995年版，第226页。
〔2〕 白纶、李一娴译：《意大利民事诉讼法典》，中国政法大学出版社2017年版，第126页。
〔3〕 张家慧：《俄罗斯民事诉讼法研究》，法律出版社2004年版，第377页。

诉，其在 1960 年修法后称为抗诉。[1]《韩国民事诉讼法》第 403、404、405 条是关于附带控诉的规定，同德国、日本的附带控诉一样，是指被控诉人借助控诉人提起的控诉程序，对控诉审的审理范围向有利于自己的方面扩张，是被控诉人向控诉人的对抗措施。附带控诉的制度价值在于保障当事人之间诉讼对抗的武器平等，并实现诉讼经济的目的。韩国的附带控诉制度应具备的条件有：①在主控诉合法系属后向法院提起，之所以方称为附带；②由主控诉中的被控诉人向控诉人提起。双方当事人均提起主控诉的，不得提起附带控诉，即双方当事人均提起上诉的，不得提起附带上诉；③不论提起人的控诉期是否届满，均可以提起。被控诉人即使在其控诉权消灭或者放弃后，直至辩论终结前，也可以提起附带控诉。与上述几个国家的规定一样，韩国的附带控诉也分为独立的附带控诉和非独立的附带控诉。

我国台湾地区民事诉讼中的附带上诉制度与日本基本相同，在第二审程序中，被上诉人于言词辩论终结前，得为附带上诉；附带上诉，虽在被上诉人之上诉期间已满或曾舍弃上诉权或撤回上诉后，也可以提出。其附带上诉也分为独立的和不独立的两种类型，上诉经撤回或因不合法而被驳回者，附带上诉失其效力，但附带上诉具备上诉之要件者，视为独立之上诉。第三审程序中，被上诉人不得提起附带上诉。在对裁定的上诉，即抗告程序中无附带抗告的规定。

我国澳门地区《澳门民事诉讼法典》第 587 条是关于附带上诉制度的规定，该条共有五款，其内容包括：①双方当事人均有败诉时，如任一方当事人希望裁判中对其不利之部分获变更者，得提起上诉；在此情况下，任一方当事人提起之上诉得为独立上诉或附带上诉。②独立上诉须于一般期间内按一般程序提起；附带上诉得于受理他方当事人上诉之批示作出通知后 10 日内提起。③如首先上诉之人撤回上诉或其上诉不产生效力，又或法院不审理该上诉者，则附带上诉失效，而所有诉讼费用均由主上诉人负担。④一方诉讼人舍弃上诉权或明示或默示接纳裁判时，只有他方当事人对该裁判提起上诉，其亦得提起附带上诉，但其明示声明不提起附带上诉者除外。⑤凡可提起独立上诉，则亦可提起附带上诉，即使出现争执之裁判对附带上诉不利益之利益值等于或

---

〔1〕［韩］孙汉琦：《韩国民事诉讼法导论》，陈刚审译，中国法制出版社 2010 年版，第 461 页。

低于作出上诉所针对裁判之法院之法定上诉利益限额一半亦然。[1]

3. 附带上诉与不利益变更禁止、理由变更禁止的关系。利益变更禁止与不利益变更禁止所蕴含的理念是尊重当事人的处分权，是辩论主义原则的体现。前提是当事人行使处分权出于自愿，行使处分权的结果应当体现出公平的实质。但是，实务中却时有不公平的结果发生，例如，有的当事人对一审判决虽有些不满，但考虑到上诉耗费的代价，同时认为对方当事人并无理由上诉，因此采取息讼的态度而未上诉。但不料对方当事人却提起上诉，此时第二审程序不可避免，律师费的支出与时间耗费等不可避免。此时这方当事人即使也想对一审判决不满之部分上诉，但其上诉期间已逾，上诉权利丧失。而上诉法院根据民事诉讼法的规定，仅在上诉人上诉请求的范围内审理。如果对方当事人的上诉请求不包括被上诉人意图上诉的内容，显然不够公平。请不起或者没有请律师的当事人发生这种情况的并不少见。此外，还有上诉人滥用诉权的情形，为了拉长诉讼程序，其故意在对方当事人应当上诉而未上诉时，在一审法院裁判无误的范围内上诉，而我国的民事诉讼法并没有对上诉人滥用诉权的惩罚措施，此时对被上诉人显然不公平。[2]这也是诉讼竞技主义的天然缺陷，看似完满的当事人主义程序规范，此时却与法律公平的宗旨相背离。因此，我们认为大陆法系国家普遍制定附带上诉制度是当事人寻求主义的另一个修正器，赋予双方当事人寻求程序公平的武器，以体现法律的根本价值。

此外，从德国、日本和我国台湾地区的学者的观点来看，以及根据上述国家和地区的法律规定来分析，设置附带上诉制度主要理由如下：①作为法律对被上诉人的特别救济。从德国学者奥特马·尧厄尼希的著作《民事诉讼法》中的表述来看，附带上诉制度是作为法律赋予被告的特别救济途径。[3]②是禁止利益变更原则或禁止不利益变更原则的伴生物。实行这两项原则，特别是不利益禁止变更原则，就要求设置附带上诉制度，以求公平地保护双方当事人，在此情形之下对被上诉人给予救济的手段。反之，如果没有禁止利益变更原则或禁止不利益变更原则，上诉人与被上诉人在上诉程序中都可

---

〔1〕　赵秉志主编：《澳门民事诉讼法典》，中国人民大学出版社1999年版，第188页。

〔2〕　邱星美："建立我国民事诉讼附带上诉制度刍议"，载《政法论坛》2004年第6期。

〔3〕　[德] 奥特马·尧厄尼希：《民事诉讼法》，周翠译，法律出版社2003年版，第369页。

以得到救济，就不需要设置附带上诉制度。③为平等保护双方当事人。[1]

📚 经典案例

电梯劝阻吸烟段某某死亡　段妻诉求赔偿案

一、基本案情

（一）案情概要

2017 年 5 月 2 日，段某某与杨某先后进入他们所居住楼房的电梯，因段某某在电梯内吸烟，杨某提请其不要吸烟，吸烟对人身体不好，电梯空间不大，如果有孕妇和孩子更不好。段某某感到不悦，故而两人发生争执，直到他们走出电梯后仍在争执。段某某情绪激动，后经小区物业公司工作人员劝阻，杨某离开，段某某同物业公司工作人员进入物业公司办公室。几分钟后，患有心脏病、十年前做过心脏"搭桥"手术的段某某突然倒地，救护车很快赶到，但抢救无效死亡。

为此，段某某家人与杨某发生纠纷闹到派出所，派出所经调查，认为段某某死亡系意外，非刑事案件，不予立案。段某某家人要求杨某赔偿损失，段某某妻子田某某向法院起诉，段某某子女均放弃参加诉讼。田某某的诉讼请求为：①要求判令杨某赔偿死亡赔偿金 326 796 元、丧葬费 22 960 元、精神抚慰金 50 000 元，医疗费 755.8 元，以上共计 400 511.8 元；②本案诉讼费由杨某承担。

一审法院认为死者和被告均无过错，但根据我国《侵权责任法》第 24 条的规定，根据公平原则，酌情判决杨某给原告补偿 15 000 元。原告田某某不服，提起上诉。上诉法院认为一审认定事实正确，但是适用法律有错误，予以纠正。杨某虽然未上诉，但是根据最高人民法院《民诉法解释》第 323 条第 2 款的规定："第二审人民法院应当围绕当事人的上诉请求进行审理。当事人没有提出请求的，不予审理，但一审判决违反法律禁止性规定，或者损害国家利益、社会公共利益、他人合法权益的除外。"

（二）裁判要旨

一审法院经审理认为：因段某某在电梯内吸烟问题而致其与杨某发生言

---

[1] 邱星美："建立我国民事诉讼附带上诉制度刍议"，载《政法论坛》2004 年第 6 期。

语争执，经小区物业公司工作人员劝阻双方，杨某离开后，段某某猝死。段某某猝死的的结果非杨某所能预料到，杨某的行为与段某某的死亡之间无必然的因果关系，但考虑到段某某确实是在与杨某发生言语争执后猝死，故依照《侵权责任法》第24条的规定，受害人和行为人对损害的发生都没有过错的，可以根据实际情况，由双方分担损失。根据公平原则，结合本案案情，酌定杨某向死者亲属田某某补偿15 000元。一审法院还驳回了田某某要求追加物业公司为本案共同被告的请求。案件受理费7308元，由田某某负担7034元，由杨某负担274元。

田某某不服，提起上诉，杨某未上诉。上诉法院查明的事实与一审法院查明的事实基本一致。事实法院认为：本案属于生命权纠纷，应当适用《侵权责任法》相关规定。《侵权责任法》第6条第1款规定："行为人因过错侵害他人民事权益，应当承担侵权责任。"因此，确定杨某应否承担侵权责任，关键要看杨某对段某某在电梯间吸烟进行劝阻与段某某死亡的事实之间是否有因果关系、杨某是否存在过错。上诉法院认为杨某的劝阻行为与段某某死亡结果不存在法律上的因果关系，杨某无过错，不应承担侵权责任。田某某关于杨某有过错，应承担一般侵权责任的上诉理由不能成立，本院不予支持。

上诉审法院认为，我国《侵权责任法》第24条规定："受害人和行为人对损害的发生都没有过错的，可以根据实际情况，由双方分担损失。"该条法律的前提是行为与损害结果之间有法律上的因果关系，且受害人和行为人对损害的发生都没有过错。而本案中杨某劝阻吸烟行为与段某某死亡结果之间并无法律上的因果关系，因此，一审判决以段某某确实在与杨某发生言语争执后猝死为由，依照《侵权责任法》第24条的规定，适用公平原则判决杨某补偿田某某15 000元，属于适用法律错误。

上诉法院根据《民诉法解释》第323条的规定："第二审人民法院应当围绕当事人的上诉请求进行审理。当事人没有提出请求的，不予审理，但一审判决违反法律禁止性规定，或者损害国家利益、社会公共利益、他人合法权益的除外。"杨某虽未上诉，但一审判决适用法律错误，损害社会公共利益，依法应予改判，理由如下：保护生态环境、维护社会公共利益及公序良俗是民法的基本原则，弘扬社会主义核心价值观是民法的立法宗旨，司法裁判对保护生态环境、维护社会公共利益的行为应当依法予以支持和鼓励，以弘扬社会主义核心价值观。并且根据郑州市有关规定，公共交通工具、电梯间等公共场所禁止吸烟，公民有权制止在禁烟的公共场所的吸烟者吸烟。杨某对段某某在电梯内吸烟的劝阻行为合法正当，一审法院判决判令杨某分担损失，让正当行使劝阻吸烟权利的公民承担补偿责任，将会挫伤公民依法维护社会公共利益的积极性，既是对社会公共利益的损害，也与民法的立法宗旨相悖，不利于促进社会文明，不利于引导公众共同创造良好的公共环境。因此，一审法院认定事实正确，但适用法律错误，对一审判令杨某补偿田某某 15 000 元错误纠正。但是，对于杨某称其考虑到田某某不幸失去亲人，愿意对其捐赠金钱之事，因不属本案审理范围，可由双方当事人自行处理。上诉审法院经审判委员会讨论决定撤销一审判决，驳回段某某的诉讼请求。

二、法律问题

一审法院根据公平原则，结合具体案情，酌定判决杨某向死者亲属田某某补偿 15 000 元。被告杨某未上诉，原告田某某认为一审判决不公提起上诉。根据民事诉讼当事人主义理念，以及我国《民事诉讼法》第 168 条的规定："第二审人民法院应当对上诉请求的有关事实和适用法律进行审理。"即原则上在当事人上诉请求范围内审理，杨某未上诉，原则上对一审判其向原告补偿 15 000 元的判项，上诉法院不应当撤销、纠正。但是，最高人民法院的司法解释还有例外规定，即一审判决违反法律禁止性规定，或者损害国家利益、社会公共利益、他人合法权益的除外，即若有法律禁止性规定，或者损害国家利益、社会公共利益、他人合法权益的情形的，上诉审法院可以不局限于上诉人的诉讼请求进行审理裁判。

此案二审判决作出后，赢得社会良好反响，学者们多认为判决结果正义，但是在上诉审法院的适用法律方面，特别是关于是否应当适用这条司法解释，在民事诉讼法学界引起了激烈的讨论。

有一些学者认为被告并未上诉，二审却判决撤销一审判决，由被告杨某补偿原告 15 000 元的判项，驳回原告的全部诉讼请求，违反了民事诉讼"不利变更禁止原则"。虽然实体价值正确，但是程序法上却有瑕疵。

有学者认为二审超出了当事人上诉请求的范围，使原告遭到了不利益，"实体正义实现了，程序正义有隐忧"。二审法院不仅驳回了原告的诉讼请求，而且在被上诉人未上诉的情况下作出了对其有利的判决，明显违反了民事诉讼的处分原则，并提出了合理的判决方案。[1]

有学者以我国民诉法中不存在"不利益变更禁止"原则，实行"不利益变更禁止"的国家民诉法中还有配套的附带上诉制度为由，不赞同以"不利益变更禁止"原则批评二审判决不顾杨某行使了处分权，对上诉的事实加以改判。认为被上诉人在二审时提出"自己不应当承担任何法律责任"，仅仅是基于同情从而愿意对原告"进行一定费用的捐赠"，并提出"如果我们可以依据外国法上的'禁止上诉不利变更'来指责二审判决的错误，那么基于同样的逻辑，也完全可以基于外国法上的附带上诉制度，来解释这一判决的正当性"。[2]

有学者认为我国《民事诉讼法》规定的法院审理上诉案件应当在当事人诉讼请求范围内审理的原则可以说内含了不利益变更禁止原则，该原则适用的例外司法解释规定，即《民诉法解释》第 323 条有合理性，故此案二审判决合理合法。[3]

三、法理分析

本案上诉审法院适用我国《民事诉讼法》第 168 条原则规定和人民法院的《民诉法解释》第 323 条例外规定，我国民事诉讼案件的上诉审范围由原则和例外构成。原则规定得很清楚，上诉案件在当事人上诉请求的有关事实和适用法律范围内审理；例外规定则为一审判决违反法律禁止性规定，或者损害国家利益、社会公共利益、他人合法权益的情形。其中，法律禁止性规定的概念范畴明确，他人合法权益的概念范畴也明确，国家利益的概念范畴比较明确，而社会公共利益的概念范畴则较为抽象。公共利益给法院提供了行使自由裁量权的空间，法官通过具体案件裁判对社会公共利益作出解释。本案上诉审法院以社会公共利益为由，在被告杨某未上诉的情况下撤销了对其不利的判项，驳回了原告的诉讼请求。对此，有学者认为，对社会公共利

---

〔1〕 吴泽勇："实体正义实现了，程序正义有隐忧——评'电梯劝烟猝死案'二审判决"，载搜狐网 http://www.sohu.com/a/218751530 - 671251，访问日期：2018 年 10 月 10 日。

〔2〕 刘哲玮："阻吸烟案二审判决的诉讼技术分析——程序完全正义"，载大风号 http://we-media.ifeng.com/46511917/wemedia.shtml，访问日期：2018 年 10 月 10 日。

〔3〕 陈杭平："在评'电梯劝阻吸烟案'二审判决——返回法规范本身"，载大风号 http://we-media.ifeng.com/46748857/wemedia.shtml，访问日期：2018 年 10 月 10 日。

益的概念若掌控不当则会有被滥用的危险。

上诉案件审理范围包括两方面：一方面为一审法院认定的，上诉人不服的"事实"；另一方面为上诉人不服的一审法院所适用的法律。但是这个问题在 2015 年《民诉法解释》发布实施前有争议，形成了"事实说"及"事实与法律说"。一种观点认为，法律适用问题的法院决定的事项，非当事人决定的事项，因此，一审适用法律问题不论当事人是否上诉，上诉审法院均有权审查是否正确，若适用法律不准确、不正确，即使当事人的上诉未涉及，上诉审法院也有权改判，我们称之为"事实与法律说"。另一种观点认为，适用法律问题也在当事人诉讼请求范围内，上诉审法院审理范围受当事人诉讼请求约束，若当事人未对一审法院适用法律提出上诉，上诉法院就无权审理，因为《民事诉讼法》关于此问题的条文表述为"对上诉请求的有关事实和适用法律进行审查"，我们称之为"事实说"。

如果采"事实说"，本案中的上诉审法院可以以一审法院适用法律错误为由在上诉人诉讼请求范围之外予以纠正。然而，这不符合 1991 年《民事诉讼法》颁布实施后司法实务中的普遍解读。如果采"事实与法律说"，本案上诉审法院就以一审判决体现的价值观不符合社会公共利益为由，撤销对被上诉人杨某不利的判项。

关于我国《民事诉讼法》确定的在诉讼请求范围内审理的原则是否包含不利益变更禁止，我们认为应当包含。另外，利益变更禁止原则与不利益变更禁止原则系同一规则的正反两面的体现，故在上诉请求范围内审理的原则也包含了利益变更禁止原则。因为，当事人提起上诉均因不服一审裁判，请求上诉审法院纠正其认为错误的裁判或者裁判中的错误部分，没有当事人会因为一审裁判有错误，而不顾纠正了裁判中的错误同时又减损其利益来提起上诉。即当事人上诉是为了获得一审裁判未给予的利益或者未给予的更大利益，没有当事人上诉时是为了减损、减少自己通过一审裁判获得的利益。

四、参考意见

鉴于我国民事诉讼法中没有不利益变更禁止和利益变更禁止规定，一般民事诉讼法学中也尚未普遍确定这两项原则，所以，本案裁判不受这两项原则的约束。而附带上诉制度在我国民事诉讼法中更不见踪影，学术界和实务界的研究、倡导也尚未展开，更不可能考虑适用。

根据我国《民事诉讼法》和最高人民法院的司法解释的规定，对上诉审理的范围规范有原则与例外规定，如前所述。因此，以此为上诉审改判的适用依据合法合理。在例外规定的"一审判决违反法律禁止性规定，或者损害国家利益、社会公共利益、他人合法权益的情形"中，可以选择的只有损害"社会公共利益"的情形，但是，有学者担忧以此为先例恐怕会引起今后"社会公共利益"的泛化适用。此担忧有其道理，值得考虑。

拓展案例

中国民生银行股份有限公司深圳分行与天津九策实业集团有限公司、天津市九策高科技产业园有限公司等金融借款合同案

一、基本案情

2012 年 11 月 15 日，中国民生银行深圳分行与天津九策集团、案外人长安信托公司签订《贷款合同》，贷款人向借款人提供总计金额不超过人民币 6 亿元整的中长期贷款，并约定利息。2013 年 1 月 23 日，民生银行深圳分行向天津九策集团实际发放了人民币 6 亿元贷款。2013 年 6 月 21 日，民生银行深圳分行与天津九策集团、案外人长安信托公司又签署《并购银团贷款合同》补充协议，补充约定变更《贷款合同》的年利率。民生银行深圳分行向天津九策集团发放人民币 6 亿元贷款后，天津九策集团未能按照合同约定的还款期限偿还借款本息。

同日，民生银行深圳分行与龚某、张某、天津九策高科技公司、深圳九策公司、天津九策置业、天津隆侨公司签订《最高额保证合同》，约定上述保证人为天津九策集团在《贷款合同》项下债务提供最高额保证，担保的最高债权额为人民币 6 亿元，在本金不超过该限额的前提下，由此而产生的利息、罚息、实现债权支出的费用等均由上述被告承担连带保证责任。

同日，民生银行深圳分行与天津隆侨公司签订《最高额抵押合同》共计 13 份，约定天津隆侨公司自愿以其所有的房产为天津九策集团在《贷款合同》项下的债务提供最高额抵押担保，双方就抵押房产办理了抵押权登记手

续并取得 13 份他项权证。

同日，民生银行深圳分行与天津隆侨公司、天津九策高科技公司分别签订《应收账款最高额质押合同》《应收账款质押登记协议》，二公司同意依照合同约定为主合同项下的全部债务提供最高额质押担保，以概括性描述的应收账款向民生银行深圳分行提供最高额质押担保，并以涉案房产出租所产生的所有租金对应的应收账款质押给民生银行深圳分行，2013 年 1 月 22 日，中国人民银行征信中心出具《应收账款质押登记证明——初始登记》，证实上述应收账款质押依法办理了质押登记手续。

2013 年 9 月 18 日，案外人长安信托公司（甲方）与民生银行深圳分行（乙方）签署了《信贷资产转让（买断）合同》，约定甲方同意向乙方转让《贷款合同》项下享有的全部债权。民生银行深圳分行与深圳市盛康达科技有限公司（以下简称盛康达公司）签订《债权转让协议》，民生银行深圳分行向盛康达公司转让其合法享有的债权。天津一中院于 2015 年 3 月 24 日作出（2015）一中立破字第 0001 号民事裁定，受理天津九策高科技公司的重整申请。

民生银行深圳分行向天津九策集团发放人民币 6 亿元贷款后，天津九策集团未能按照合同约定的还款期限偿还借款本息。2013 年 9 月 21 日，天津九策集团仅偿还利息 6909.14 元。2013 年 10 月 23 日，天津九策集团仅偿还本金 449 122.50 元、偿还利息 11 505 590.86 元。2013 年 12 月 30 日，天津九策集团仅偿还本金 29 554 053.17 元。此后，天津九策集团再无偿还任何本金和利息。

上述当事人因借贷及担保合同履行发生争议，中国民生银行深圳分行将与天津九策集团等公司诉至广东省高级人民法院。广东省高级人民法院经审理判决如下：①解除民生银行深圳分行与天津九策集团签订的《贷款合同》；②天津九策集团向民生银行深圳分行偿还借款本金及相应利息，赔偿民生银行深圳分行已支出的维权费用，龚某、张某、天津九策高科技公司、深圳九策公司、天津九策置业、天津隆侨公司对天津九策集团债务承担连带还款责任。

天津九策实业公司、天津市九策高科技公司不服广东省高级人民法院（2015）粤高法民二初字第 1 号民事判决，向最高人民法院提出上诉。二审中，本案当事人均没有提交新证据，各方当事人对一审法院查明的事实无异议，故最高人民法院对一审法院查明的事实予以确认。二审法院认为，本案主要争议焦点有三：一是关于天津九策集团承担79.5万元维权费是否证据不足的问题；二是关于本案是否应当移送天津市第一中级人民法院按确认之诉审理，以及天津九策公司是否应对涉案维权费承担连带责任的问题；三是关于民生银行深圳分行对天津隆侨公司的涉案九处房产自2013年1月22日至2018年1月21日期间出租所产生的租金收益是否享有优先受偿权的问题。

我国《民事诉讼法》第168条规定："第二审人民法院应当对上诉请求的有关事实和适用法律进行审查。"《民诉法解释》第323条规定："第二审人民法院应当围绕当事人的上诉请求进行审理。当事人没有提出请求的，不予审理，但一审判决违反法律禁止性规定，或者损害国家利益、社会公共利益、他人合法权益的除外。"本案二审法院本应围绕上诉人天津九策集团和天津九策高科技公司的上诉请求进行审理。但是，鉴于原判决有关该公司就涉案九处房产的租金收益承担质押责任的判项，可能损害江苏省高级人民院另案申请执行人的合法权益，故上诉人民法院亦将涉案九处房产租金收益的质押问题纳入二审审理范围。为此，最高人民法院调取另案即江苏高院（2012）苏商初字第0003号一审案件及后续（2014）苏执字第0001号执行案件卷宗，查明相关事实后，作出判决：天津九策集团、天津九策公司的上诉请求和理由不成立，予以驳回。原判决认定事实及适用法律基本正确，仅第六项判令民生银行深圳分行对涉案九处房产租金收益享有优先受偿权有欠妥当，予以纠正。

二、法律问题

本涉案及的九处房产租金收益的质押问题并非上诉人诉讼请求事项，根据我国《民事诉讼法》的规定，即上诉审的一般原则，上诉审人民法院应当对上诉请求的有关事实和适用法律进行审查，当事人未上诉部分，根据处分原则和当事人主义，上诉审法院对一审判决第六项判令，即民生银行深圳分行对涉案九处房产租金收益享有优先受偿权的部分不应当依职权主动审理。但是，最高人民法院考虑到这一判项可能损害江苏省高级人民院另案申请执行人的合法权益，造成法院裁判冲突，故依职权在上诉人上诉请求范围之外，即对上诉人未上诉部分依职权审理后改判。并且依职权调取了江苏省高级人民法院（2012）苏商初字第0003号一审案件及后续（2014）苏执字第0001号执行案件卷宗，查明相关事实，对当事人未上诉部分予以改判。

  1. 本案一审判决第六项与江苏高院另案申请执行人之间是什么法律关系？

  2. 最高人民法院依职权在上诉人上诉请求范围外予以改判的理由？

三、重点提示

  我国《民事诉讼法》规定了上诉法院应当在上诉人诉讼请求的有关事实和适用法律问题进行审理的原则，在《民诉法解释》中又延续过去的司法解释，规定了依职权审理的例外规则。例外规则具体如何适用？外国民事诉讼法的上诉利益变更禁止原则、不利益变更禁止原则与我国上诉审范围原则与例外的价值取向有何区别？值得考虑。

📚 拓展资料

第十章专题一 理论拓展 第十章专题二 理论拓展

| 第十一章 |

再审程序

专题一　再审范围

📚 知识概要

一、再审范围

关于再审范围的问题，学界研究得比较少，理论界多聚焦于再审程序之性质问题、再审之诉问题、启动主体问题、申请理由问题等，对民事案件再审范围的问题缺乏应有的关注，偶有提及而少有专题论述。申请再审案件在什么范围内审理，我国《民事诉讼法》没有明确规定，在2008年《最高人民法院关于适用〈中华人民共和国民事诉讼法〉审判监督程序若干问题的解释》（以下简称《审判监督程序解释》）发布实施前是立法和司法解释的空白。在审判实践中，不同的法院或不同的法官会产生不同的理解。二十多年前，多数法官认为应当在原终审的范围内审理，少数法官认为应当在当事人申请再审或者向检察院申请抗诉的请求范围内审理。各方的理解不同，必然产生司法不统一的后果。之后，随着当事人主义理念的普及深入，并逐步引入我国司法界，司法实务界越来越多地根据上诉案件的审理范围应当在当事人上诉请求范围内审理的原则认为，再审案件的审理范围应当在当事人申请再审的范围内审查、审理，或者在检察院抗诉范围内审理。

考察理论界的态度，虽然此问题未引起学者们的重视，少有专题论述，但是涉及此问题时，学院派学者均认为应当对案件重新进行全面审理，[1]"因为我国的再审制度是建立在审判监督权的基础之上，而不是属于当事人的再审诉权……不存在受到当事人再审请求范围的限制问题"[2]。而法院实务界的学者则认为："再审审理应以再审理由为限，并且因再审诉讼请求不能超越原诉讼请求范围。故再审案件的审理范围仅限于对生效裁判不服而请求的范围，不能全案审理，更不能审理当事人超越原审诉讼请求的请求。"[3]但是，持此观点者并未陈述其理由。因此，形成了"全面审理说"与"在请求范围内审理说"两种观点。

"全面审理说"的主要理由：我国审判监督程序的性质决定现行再审案件的审理范围，并且申请再审是我国《民事诉讼法》"审判监督程序"之内的特殊救济途径。审判监督程序与一审程序、二审程序的性质不同，审判监督程序的启动与一审、二审程序的启动不同，一审程序、二审程序是当事人行使起诉权、上诉权引起的程序，而审判监督程序是因法院、检察院行使检察监督权引起的程序。审判监督程序是用于纠正法院作出的已经发生法律效力的错误裁判的一种补救程序，不具有审级的性质。审判监督程序与上诉审程序最本质的区别在于：其一，上诉审程序的开启，不是由于法院、检察院认为一审裁判有错误，而仅仅是由于当事人不服，认为一审裁判认定事实不清或适用法律错误就可以依法提出。其二，上诉审程序是第一审程序的继续，是上诉审法院对案件的继续审理，而非对原终审程序撤销之后，对案件的重新审理。其三，审判监督程序是一种源于国家权力的外在监督机制，是基于审判监督者行使监督权提起的程序，而一审程序和二审诉讼程序的启动都只是基于当事人的基本诉权、实体权利和诉讼权利的保护要求所开始的程序。前者不适用当事人的处分权，后者适用当事人的处分权。[4]因此，经过审判监督程序引起的再审案件的审理是否应当与上诉审案件一样在当事人申请的范围之内就值得斟酌。[5]

我国民事诉讼的审判监督程序与外国民事诉讼的再审之诉、再审程序，

---

[1] 参见杨荣馨主编：《民事诉讼原理》，法律出版社2003年版，第495页。

[2] 张卫平："民事再审：基础置换与制度重建"，载《中国法学》2003年第1期。

[3] 张伟："民事再审程序的改革与完善"，载中国法院网 http://www.chinacourt.org/article/detail/2004/02/id/104559.shtml，访问日期：2004年2月14日。

[4] 张卫平："民事再审：基础置换与制度重建"，载《中国法学》2003年第1期。

[5] 参见邱星美："民事再审案件审理范围探讨"，载《法律适用》2006年第12期。

二者的性质不同。在外国民事诉讼法上，除苏联、保加利亚等东欧社会主义国家外，无法院、检察院行使审判监督权、检察监督权的审判监督程序之规定，它们的再审程序表现为当事人依法提出的再审之诉程序。我国的审判监督与外国的再审之诉在目标上虽然有相同之处——发现错误裁判并纠正错误裁判，但是它们的性质却大相径庭。审判监督，顾名思义，体现了权力机关或权利人对法院行使的监督权，它是立足于上级法院和检察院对下级法院的民事审判行为与结果的监督，权利性质为法律上的监督权。而外国民事诉讼法中的再审之诉，是作为一种诉而存在的制度，是当事人在法院裁判生效后，基于民事程序法所享有的权利，在具备申请再审事由的条件下，向法院提出的废除生效判决并对案件再行审理的要求。提起再审之诉是当事人行使诉讼权利的结果，就该权利而言，其性质是当事人在诉讼法上的诉权。

我国审判监督程序与外国再审之诉的产生基础不同。我国的审判监督程序是建立在法律监督者对法院审结的案件监督的基础之上，其立法与理论基础沿袭了苏联民事诉讼法及其理论，苏联审判监督程序的产生与发展的历史轨迹清晰地昭示了这种背景。在苏联民事诉讼中，最高审判监督机构是在1920 年开始出现。20 世纪 20 年代先后确立了人民司法委员会、最高法院院长、检察院检察长、边疆区（州）级检察长及边疆区（州）级法院院长监督法院已生效判决是否合法的审判监督制度。20 世纪 30 年代，依法确立了对已经发生法律效力的判决、决定，由全苏俄检察长、加盟共和国检察长、苏联最高法院院长及加盟共和国最高法院院长，由加盟共和国最高法院民事案件审判委员会、苏联最高法院民事审判委员会和苏维埃最高法院全体会议行使对案件再审的权利。[1]之后几经修改，这种由法院院长和检察院检察长对生效裁判行使审判监督权的制度仍在施行。其他国家的再审之诉却不同，再审之诉是作为当事人不服生效终局判决，行使法律赋予他的诉权而提出，请求作出判决的法院就其判决是否正确进行审查的诉讼。因此，再审之诉的程序就不能与建立在当事人诉讼权利之上的一审、二审程序等同，就不应以当事人起诉的诉讼请求的范围来决定再审案件的审理范围，也不应当以当事人上诉请求的范围来决定再审案件的审理范围，而应当从审查原生效裁判是否正

---

〔1〕　张家慧：《俄罗斯民事诉讼法研究》，法律出版社 2004 年版，第 398～401 页。

确、是否有错误、是否撤销生效裁判、恢复案件审理的角度来考虑案件的审理范围。审判监督程序的性质决定了再审案件的审理范围，即恢复在原终审程序的审理范围内审理。

另外，根据我国民事诉讼法，虽然当事人对生效裁判有申请再审的权利，但当事人的申请并不直接引起再审程序的发生，当事人的申请实质上是作为享有审判监督权的法院、检察院发现错误裁判的渊源。因此，再审案件恢复到原终审状态的审理范围内审理具有应然之合理性。法院、检察院行使审判监督权时，他们是国家利益的代表人，是行使国家公权力对法院的司法行为和结果进行监督。他们不是民事私权利益的代表人，不是首先从维护民事私权的角度监督法院裁判的正当性，而是从维护国家司法及裁判的正当性和保障司法统一这两个角度来进行监督，因此，很显然，如此基础上的再审案件就不应当仅仅在当事人申请再审的范围内审理。

我国民事诉讼中的再审程序的发生是源于法院、检察院依法享有的审判监督权和检察监督权，当事人的申请作为享有审判监督权者的发现错误裁判的渊源，如果再审案件的审理范围限于当事人不服而申请的范围，那么就意味着提起再审程序者替代一方当事人行使了诉讼上的权利，导致了对另一方当事人诉讼权利上的不公平，法院居中裁判的中立者身份发生了错位。[1]

2008 年之后最高人民法院发布的司法解释结束了再审案件审理范围的争议。2008 年最高人民法院第一次在其发布实施的《审判监督程序解释》中的第 9 条作出规定："人民法院对再审申请的审查，应当围绕再审事由是否成立进行。"2015 年《民诉法解释》第 386 条在《审判监督程序解释》第 9 条的基础上作出规定："人民法院受理申请再审案件后，应当依照民事诉讼法第 200 条、第 201 条、第 204 条的规定，对当事人主张的再审事由进行审查。"《民事诉讼法》第 200 条是关于对判决、裁定申请再审事由的规定，第 201 条是关于对调解书申请再审事由的规定，第 204 条是对法院审查当事人再审申请的 3 个月期限和法院决定再审案件管辖法院的规定。

二、申请再审程序二元化

申请再审程序从一元化到二元化的演进。过去，我国《民事诉讼法》对

---

[1] 参见邱星美："民事再审案件审理范围探讨"，载《法律适用》2006 年第 12 期。

当事人申请再审案件的审查与审理程序没有明确区分，1992 年的司法解释《民诉法适用意见》也没有明确的区分。至 2007 年修订后的《民事诉讼法》才确定了当事人申请再审程序二元化、两阶段的格局，即再审审查程序和再审审理程序。

再审程序一元化与二元化的不同立法模式早在 19 世纪末期，即民事诉讼法脱离实体法进行单独立法的初期就已存在。"1877 年德国民事诉讼法在再审之诉的程序构造上采取的是一段式构造，即没有区分再审许否程序和（前诉）本案的再审理同时进行，而是直接将二者合而为一，也就是将再审事由的审理（前诉）与本案的再审理同时进行。而 1895 年奥地利民事诉讼法中对于再审之诉的程序构造采取了两段式构造的方法，即首先是再审许否程序，以审查再审事由是否存在，然后再进入第二阶段，即（前诉）本案的再审理阶段。"〔1〕

我国有学者在 2007 年《民事诉讼法》修订之前就提出了再审审判权二元分离理论，将法院对申请再审案件的权能分解为司法监督权阶段与纠纷的裁判权阶段，〔2〕并对此观点进行深入研究。

从 1991 年《民事诉讼法》的立法角度观察，已经确立了审判监督程序二元化形式，1991 年《民事诉讼法》第 178～183 条是关于当事人申请再审的审查阶段的规定；第 184 条是关于再审案件的审理阶段的规定；第 185～188 条是关于检察院抗诉的审查阶段和审理阶段的规定。但是在诉讼实务中，二元化阶段完全明确，是在我国 2007 年《民事诉讼法》修订后实现的。2007 年我国《民事诉讼法》修订后，从立法到实务，明确将申请再审分为申请再审审查阶段和再审案件审理阶段，实现再审程序二元化。

再审程序二元化以后，申请再审案件的审查范围与审理范围仍然可以分别研究。

三、审判监督程序与再审程序的关系

在我国民事诉讼理论中，审判监督程序、再审程序这两个概念常常以不同的含义被使用，《民事诉讼法》中"审判监督程序"一章中包括了当事人

---

〔1〕 吴杰主编：《民事再审原理及程序构造》，法律出版社 2012 年版，第 40 页。
〔2〕 张力："再审审判权的二元分离及其分置"，载《法律适用》2006 年第 7 期。

申请再审制度、检察院抗诉、人民法院自行监督三部分的内容。从立法层面观察，审判监督是申请再审和再审的上位规范。

在我国的民事诉讼理论中，审判监督程序与再审程序的概念常常并行出现，关于这两个概念的关系，理论上有两种不同观点：一种观点认为，审判监督程序就是再审程序，他们是同一制度的两个不同称谓，因此，持这种观点者在阐述审判监督程序的概念或再审程序的概念时，同时阐明"审判监督程序又称再审程序"或"再审程序又称审判监督程序"。另一种观点认为，审判监督程序与再审程序不同，严格地讲，它们是两种不同的程序。持这种观点者又可以再分为两种不同的观点，第一种认为："审判监督程序和再审程序虽然紧密关联，但是两者之间有着明确的界限，彼此不能混同……审判监督程序乃是开启再审程序必备的前置程序，它的全部作用集中表现为引起再审程序的发生与进行，但其本身并不能够直接使确有错误的生效裁判得到纠正；再审程序则是审判监督程序的后续程序，它的开启必须以审判监督程序的进行为前提，使它具有使确有错误的生效裁判得到纠正的独特功能。"[1]第二种认为，"审判监督程序是设在再审程序之中，为引起再审程序而设立的程序"，"再审程序是审判监督程序的继续和应产生的结果，而审判监督程序的是再审程序的前提和基础"[2]我们取第二种观点中的第一分支，即认为审判监督程序与再审程序的概念不同，它们是先后承接的两个密切关联的程序，严格地讲，它们是两种不同阶段程序的概念。审判监督程序，即依法享有审判监督权的法院、检察院及作出生效裁判的法院院长，对已经发生法律效力的裁判行使监督权，发现错误从而决定再审或提起抗诉要求再审的程序。再审程序，即法院行使审判监督权对已经生效的裁判决定再审后，对案件进行再审的程序，或者检察院行使检察监督权对已经生效的裁判抗诉后，法院对案件进行再审的程序。

四、被申请人再审申请的合并

有一种类似国外附带上诉、附带再审的制度在我国《民事诉讼法》的司法

---

〔1〕 江伟主编：《民事诉讼法学原理》，中国人民大学出版社 1999 年版，第 668 页。

〔2〕 杨荣新主编：《民事诉讼法学》，中国政法大学出版社 1997 年版，第 368 页。

解释中悄然问世，2008年最高人民法院《审判监督程序解释》发布实施，其中第22条规定："在审查再审申请过程中，对方当事人也申请再审的，人民法院应当将其列为申请再审人，对其提出的再审申请一并审查。"第26条规定："人民法院审查再审申请期间，人民检察院对该案提出抗诉的，人民法院应依照民事诉讼法第188条的规定裁定再审。申请再审人提出的具体再审请求应纳入审理范围。"上述规定，扩大了再审审查的范围，有利于纠纷的一次解决，给双方当事人提供了程序公平契机，弥补了诉讼竞技化、技术化的缺陷。

更进一步的变化是，2015年《民诉法解释》第398条规定："审查再审申请期间，被申请人及原审其他当事人依法提出再审申请的，人民法院应当将其列为再审申请人，对其再审事由一并审查，审查期限重新计算。经审查，其中一方再审申请人主张的再审事由成立的，应当裁定再审。各方再审申请人主张的再审事由均不成立的，一并裁定驳回再审申请。"第405条规定："人民法院审理再审案件应当围绕再审请求进行。当事人的再审请求超出原审诉讼请求的，不予审理；符合另案诉讼条件的，告知当事人可以另行起诉。被申请人及原审其他当事人在庭审辩论结束前提出的再审请求，符合民事诉讼法第205条规定的，人民法院应当一并审理。人民法院经再审，发现已经发生法律效力的判决、裁定损害国家利益、社会公共利益、他人合法权益的，应当一并审理。"对裁定再审案件的审理范围的进一步扩大，实际上为各方当事人提供了充分的程序性机会。只要各方当事人都提出自己的再审请求，法院都会予以审理。

经典案例

北京市昌宁产业有限公司与中外合资华东联合制罐
有限公司加工承揽合同纠纷案

一、基本案情

（一）案情概要

1994年10月，北京市昌宁产业有限责任公司（以下简称昌宁公司）与中外合资华东联合制罐有限公司（以下简称华罐公司）签订了两份《加工承揽合同》，约定由华罐公司按照昌宁公司的样（罐）稿制版，加工易拉罐

5000 万套，并约定了单价、总价、供货方式、验货标准、付款方式等合同内容。合同签订后，华罐公司根据昌宁公司提供的样稿制成样罐，经昌宁公司确认后进行加工生产。当年 12 月，华罐公司向昌宁公司发出第一批昌宁可乐易拉罐 150 万套，昌宁公司认为质量有问题，要求华罐公司派人解决并要求停止发货。后两公司就质量问题进行了协商，签订两份补充协议。然后华罐公司又向昌宁公司发货，昌宁公司向华罐公司支付了预付款。后昌宁公司称华罐公司生产的易拉罐表面褪色严重，要求华罐公司退预付款。华罐公司认为其产品质量合格，拒绝退款。1995 年 8 月 29 日，华罐公司向江苏省镇江市中级人民法院起诉，诉称：其与被告昌宁公司于 1994 年 10 月签订了易拉罐加工承揽合同，向昌宁公司提供易拉罐价值 11 488 895 元；昌宁公司仅付款 400 万元，且易拉罐不存在质量问题。其请求法院判令昌宁公司给付加工承揽款 804.6 万余元，承担违约责任、赔偿经济损失并承担诉讼费用。

（二）裁判要旨

镇江市中级人民法院受理后，根据华罐公司的先予执行申请，裁定先予执行昌宁公司银行存款人民币 230 万元。经审理认为，双方当事人签订的加工承揽合同合法有效。华罐公司已按合同约定履行了义务；昌宁公司认为第一批定作物加工存在质量问题，证据不足，不予采纳；昌宁公司在收到华罐公司向其提供的第二批易拉罐后，未能在合同规定的期限内提出质量异议，应视为华罐公司提供的定作物质量符合合同要求；昌宁公司收到加工定作物后未按合同规定支付华罐公司的价款有过错，应依约承担违约责任。镇江市中级人民法院作出（1995）镇经一初字第 130 号民事判决：①华罐公司与昌宁公司签订的 95008 号加工承揽合同终止履行；②昌宁公司结欠华罐公司加工承揽价款、运费、木托盘押金、逾期付款违约金合计 6 309 627.73 元，在本判决生效后 1 个月内给付华罐公司。诉讼费用由昌宁公司承担。

昌宁公司不服一审判决，上诉至于江苏省高级人民法院。江苏省高级人民法院经审理，经对昌宁公司存储易拉罐仓库现场勘察等，作出（1996）苏经终字第 294 号民事判决：①维持镇江市中级人民法院（1995）镇经（一）初字第 130 号民事判决第一项；②撤销镇江市中级人民法院（1995）镇经初字第 130 号民事判决第二项和案件受理费、财产保全费、鉴定费承担部分；③昌宁公司应再付华罐公司加工承揽价款及逾期付款违约金共计 2 658 336.02

元；④华罐公司于判决生效后 10 日内将存于昌宁公司仓库 3 013 356 套易拉罐及盖子自行运回；⑤昌宁公司于本判决生效后 10 日内将 1083 只托盘退回华罐公司，或将 86 640 元托盘押金给付华罐公司。一、二审案件受理费各 50 210元，由华罐公司承担 15 063 元，昌宁公司承担 35 147 元，财产保全费 41 520元由昌宁公司承担，鉴定费 600 元由华罐公司承担。

昌宁公司不服二审判决，向最高人民检察院申诉。最高人民检察院经审查认为：①二审判决在华罐公司向昌宁公司交付第一批定作物的事实认定和责任确定上，均有错误；②二审判决对第二批定作物质量争议问题的事实认定、责任确定和程序适用上，均有错误；③二审判决适用法律确有错误，应认定华罐公司承担全部责任却判令昌宁公司承担责任。最高人民检察院于1997 年 12 月 20 日以高检发民行抗字［1997］第 11 号民事抗诉书就本案向最高人民法院提出抗诉。最高人民法院于 1998 年 4 月 25 日作出（1998）经指字第 3 号民事裁定书，指令江苏省高级人民法院对本案进行再审。

江苏省高级人民法院经审理认为：昌宁公司认为华罐公司没有履行义务，应对第一批易拉罐的损失承担全部责任的申诉理由不能成立；原二审判决根据双方的各自过错，判决华罐公司对第一批易拉罐的损失承担主要责任，昌宁公司承担相应责任，并无不当之处，应予维持。昌宁公司认为华罐公司加工生产的第二批易拉罐外印刷油墨的色牢度不合格，没有法律依据。二审法院以昌宁公司贮存不当，导致易拉罐外层部分褪色为由，判决昌宁公司应对第二批易拉罐的损失承担全部责任，并无不当，应予维持。其于 1999 年 7 月13 日以（1998）苏经再终字第 1 号民事判决书作出判决：维持江苏省高级人民法院（1996）苏经终字第 294 号民事判决。再审测量费、计算费 17 500 元由昌宁公司承担。

昌宁公司对江苏省高级人民法院再审判决不服，1999 年 11 月 23 日再次向最高人民检察院提出申诉。2000 年 9 月 14 日，最高人民检察院以高检民行抗字（2000）43 号抗诉书对本案再次向最高人民法院提出抗诉。抗诉理由是，江苏省高级人民法院对本案的再审判决在认定事实、适用法律上均有错误。

最高人民法院对案件开庭审理，庭审中，华罐公司提出原终审判决也有问题，表示对其败诉那部分也不服，请求最高法院在原第二审程序审理范围内对案件进行审理。但是，法庭否定了制罐厂的请求，明确表示此案件应当在昌宁公司不服判决、请求抗诉再审的范围内审理。此案由最高人民法院审理后予以改判。

二、法律问题

根据我国民事诉讼法的设置，在审判监督框架下，对法院作出的生效判决、裁定和调解书，有法院系统自行监督机制，有检察院外部监督机制，还有当事人申请再审的监督机制。法院系统内部监督和检察院外部监督都是行使公权力的监督，与纯粹的再审之诉有本质区别，所以，在这种制度设置下，以当事人主义、辩论主义的理念确定再审案件的审查范围和审理范围具有天然的冲突。

三、法理分析

自 2007 年我国《民事诉讼法》修订后，我国民事诉讼的再审之诉逐步建立，最高人民法院副院长江必新在就 2007 年《民事诉讼法》修订回答记者问题中指出："一个最为核心的改革理念便是建立再审之诉。所谓再审之诉，简单来说，就是将宪法所规定的申诉权利，即将当事人对生效裁判的申诉权利，提升为一种诉讼权利。由此，通常所谓的申诉权，在民诉法修正案中被进一步明确为申请再审的诉权。犹如一审起诉权和二审上诉权一样，只要申请再审符合法定条件，人民法院即应当在 5 日内受理，以此解决以往申诉立案难问题。"[1]在再审之诉的制度设置下，再审审查与再审申请范围受再审申请人请求限制就具有其合理性。但是，当事人主义有其不完美之处，就像释明制度一样，其作为当事人主义的修正器出现，上诉于提起再审之诉而言，也应当作为一种修正器，以实现真正的程序公平。

四、参考意见

在当时我国《民事诉讼法》及其司法解释均无相关规定，以及我国案

---

[1] "最为核心的改革理念是建立再审之诉——《法制日报》专访最高人民法院副院长江必新"，载《法制日报》2008 年 12 月 8 日，第 2 版。

例指导指导尚未问世的情况下，法院对检察院抗诉的民商事案件审理范围的确定，以当事人主义理念为宗旨，体现了司法观念的变革，不足之处是缺乏相应的依据。囿于立法相对滞后的特点，及时行使司法解释权来制定新规范很有必要。

拓展案例

刘某与安阳市双狮通用设备有限公司、安阳市双狮粮油机械有限公司劳动关系争议案

一、基本案情

原告刘某因与安阳市双狮通用设备有限公司（以下简称通用公司）、安阳市双狮粮油机械有限责任公司（以下简称粮油公司）发生劳动关系争议，2011 年向安阳市北关区人民法院起诉，该法院经审理作出（2011）北民一初字第 154 号民事判决，刘某、粮油公司、通用公司均不服，向安阳市中级人民法院上诉。安阳市中院作出（2012）安中民三终字第 126 号民事判决。通用公司不服，2013 年 3 月 1 日向安阳市中院申请再审，刘某也不服，于 2013 年 6 月 13 日向该院申请再审。

一审原告刘某诉称：1980 年 12 月，1996 年其在工作过程中受伤，被认定为工伤，并构成 7 级伤残。2002 年，安阳市粮油机械厂改制为粮油公司，改制前，拖欠原告 6 个月工资没有支付。2007 年 5 月，粮油公司与通用公司签订资产转让协议，后者接受了前者所有职工和债权债务。2008 年公司董事会罢免了王某某的董事长职务。2009 年原董事长王某某带领社会闲散人员抢占公司，企业不能正常生产，就让职工回家待岗了。2010 年 10 月，原告查阅本人的养老保险缴费情况时，得知被解除劳动合同。被告违法解除劳动合同的行为，原告向安阳市北关区劳动争议仲裁委员会提起了仲裁，仲裁委员会作出不予受理的决定。现原告依法提起诉讼，要求：①判令被告将原告的养老保险、医疗保险缴纳至判决书生效之日；②判令被告支付原告拖欠的 2002 年 8 月改制前 6 个月的工资 7000 元，并支付经济补偿金 1750 元；③判令被告支付原告失业保险待遇 16 896 元；④判令被告从 2009 年元月至判决书生效之日止，每月支付原告工资 1791 元；⑤判令被告支付原告解除劳动合同赔偿金

105 669 元；⑥判令被告支付原告一次性医疗补助金和一次性伤残就业补助金共计 96 383.04 元。

一审被告粮油公司辩称：原告不可能同时与两个企业发生劳动关系。原告在 2007 年 10 月 1 日已与另一家企业签订有劳动合同，故被告粮油公司与原告劳动关系终止。如原告认为与被告粮油公司存在劳动争议，应在 2 个月内申请劳动仲裁，现在已超诉讼时效，应驳回原告起诉。

被告通用公司辩称，2007 年 10 月 1 日起至 2008 年 9 月 30 日原告与被告通用公司签订了为期 1 年的劳动合同，虽然说双方劳动关系是承接过来的，原告也没有提出签订无期限合同，故应认定 1 年期限劳动合同效力。现合同已到期，双方未签订新的劳动合同。经被告通用公司通知，原告未到被告处工作，故双方劳动关系已不存在。双方之间劳动关系终止的期限为 2008 年 10 月 1 日，而通知原告等 27 名人员报到时间分别为 2009 年 7 月 2 日、2009 年 9 月 9 日、2010 年 7 月 22 日，原告现向仲裁委提出申请，已超仲裁时效，对其诉求法院应不予支持。双方劳动关系已终止，故被告通用公司不具有缴纳的义务；土地置换案件原告提出再审，故现无法支付，只有等土地置换后再支付，也不应支付经济补偿金；原告经被告通用公司通知未去办理失业手续，故被告通用公司不承担支付失业保险待遇的责任；原告未在被告通用公司处提供劳动，故不应支付原告工资；对于双方的劳动合同已终止，经被告通知报到又未报到，故不应支付劳动合同赔偿金。

一审法院查明：原告刘某于 1980 年在原安阳市粮油机械厂（以下简称安阳粮机厂）参加工作，1996 年 10 月 17 日，在工作中左手被绞伤，经安阳市劳鉴部门认定为工伤，构成 7 级伤残。2002 年 8 月，原安阳粮机厂改制为粮油公司。粮油公司改制前后欠刘某 6 个月工资。2007 年 4 月 23 日，通用公司成立。2007 年 5 月 26 日，粮油公司与通用公司签订转让协议，约定：通用公司自愿接受安置粮机公司员工，安置费由通用公司承担并全部抵顶资产转让价款等。职工安置范围包括补偿费、欠社保的各项基金、欠员工的其他债务等。2007 年 10 月 1 日，通用公司与刘某签订劳动合同，期限为 1 年。2008 年 3 月，通用公司管理层人事变动，刘某未再上班。2009 年 6 月 15 日，刘某等股东向一审法院起诉，要求解散通用公司。通用公司于 2010 年 7 月 22 日在《安阳日报》刊登通知，要求刘某自登报之日起 15 日内到公司报到，逾期不到，则与其解除合同。2010 年 8 月 10 日，粮油公司作出决定，解除刘某与粮油公司的劳动合同，该文件未送达到刘某本人。2010 年 8 月 11 日，粮油公司与安阳市职业介绍服务中心签订了《委托保管人事档案协议书》，将刘某的档案委托给安阳市职业介绍服务中心保管。通用公司承认粮油公司的上述行为系通用公司委托粮油公司作出。2010 年 10 月，刘某查阅本人的养老保险缴费情况时，得知被解除劳动合同。2010 年 12 月 3 日，刘某向安阳市北关区劳动争议仲裁委员会申请劳动仲裁，仲裁委员会不予受理。刘某向安阳市北关区人民法院提起劳动争议诉讼。诉讼中，刘某明确表示，因被告非法与刘某解除劳动合同，责任不在自己，故不再回去工作。法院审理中查明本市企业职工基本养老保险费历年缴费基数、比例、金额明细，另查明，通用公司与粮油公司的工作场所、机器设备、财务管理、企业职工相同，实际为一套人马，两块牌子。

一审法院认为：根据粮油公司与通用公司的转让协议，刘某与通用公司存在劳动关系。通用公司与粮油公司实为一套人马、两块牌子混同经营，刘某在粮油公司的工作年限应连续计算为通用公司的工作年限，通用公司应与刘某签订无固定期限的劳动合同。通用公司虽在《安阳日报》上刊登通知要求刘某上班，但并未向刘某发出解除劳动合同的书面通知。粮油公司将刘某的档案移交至安阳市职业介绍服务中心保管，未书面通知刘某。刘某在 2010 年 10 月得知劳动合同被解除后，未要求二被告继续履行合同，而是申请劳动仲裁，要求支付解除劳动合同赔偿金等损失，并在诉讼中明确表示不再回去上班。因此，确认刘某与通用公司之间劳动关系解除。通用公司违法解除劳动合同造成的后果，应由二被告共同承担。粮油公司在改制时欠刘某 6 个月工资，因通用公司违法解除与刘某的劳动关系，故刘某要求二被告支付赔偿金，于法有据，予以支持。刘某要求二被告支付其在 2009 年 1 月至解除劳动关系前的工资，证据不足，不予支持。刘某与通用公司解除劳动关系后，与被告不存在劳动关系，刘某要求二被告支付其工资至本判决生效时，于法无据，不予支持。关于刘某要求被告给其缴纳判决书生效前的养老、医疗保险金的诉讼请求，不属于人民法院劳动争议的受理范围。依照法律、法规的规定，作出如下判决：①被告通用公司与被告粮油公司于本判决生效后 10 日内支付所欠刘某工资 2731.6 元、经济补偿金 682.9 元；②被告通用公司与被告粮油公司于本判决生效后 10 日内支付刘某赔偿金 4800 元、经济损失 15 360 元；③被告通用公司与被告粮油公司于本判决生效后 10 日内支付刘某一次性工伤医疗补助金 21 181 元、一次性伤残就业补助金 63 543 元；④驳回刘某的其他诉讼请求。一审案件受理费 10 元，由被告通用公司负担。

上诉：刘某不服一审法院判决，向安阳市中级人民法院提起上诉，请求撤销北关区人民法院（2011）北民一初字第 154 号民事判决第 2、3 项，改判由通用公司和粮油公司给付其 2009 年 1 月至判决生效之日止，每月支付工资 1791 元；请求支持被驳回的诉讼请求，粮油公司和通用公司应当赔偿解除劳动合同赔偿金 105 669 元及失业保险待遇 16 896 元。

通用公司及粮油公司也提出上诉，认为：①原审法院认定两个公司为一套人马、两块牌子混合经营，无法律依据，不应承担连带责任。②两公司各有工商登记，应各自独立承担法律责任。③原审法院判决由粮油公司和通用公司支付刘某 2002 年 9 月、10 月份工资，超出了刘某的诉讼请求。④原审法院判决给付刘某工资及赔偿所欠刘某工资赔偿金不当。⑤刘某有失业登记账户，双方终止了劳动合同关系，通用公司无义务为其办理失业手续。⑥刘某的工伤待遇请求已超过诉讼时效，原审法院判决支付不当；通用公司为职工缴纳工伤保险，即使支付也应当由工伤保险机构支付，原审法院参照支付工伤待遇的标准不当。其要求二审法院依法驳回刘某的诉讼请求或依法将本案发回重审。

二审法院经审理查明：二审法院查明事实与一审法院认定事实相同。

二审法院认为：上诉人刘某以及上诉人粮油公司、通用公司的各项上诉请求及理由均依法不能成立，本院依法不予支持。原审法院认定事实清楚，适用法律正确，判决并无不当。判决：驳回上诉，维持原判。二审案件受理费 10 元，由上诉人刘某负担 5 元；由上诉人通用公司、粮油公司共同负担 5 元。

再审：二审法院判决宣告后，通用公司向安阳市中级人民法院提出申诉，请求依法撤销一、二审判决，依法改判或将本案发回重审。申请再审人刘某不服，也向安阳市中级人民法院提出申诉，请求再审予以改判。

再审审查与审理结果：安阳市中级人民法院经审查，认为本案符合申请再审的条件，作出再审裁定。但是，在审查期间未将刘某提出的再审事由一并审查。

安阳市中院经再审审理：再审查明的事实与二审查明的事实一致。但是认为通用公司向申请再审期间，刘某也申请再审，法院应对刘某再审事由一并审查。故根据《审判监督程序解释》第 22 条规定，刘某应列为申请再审人一并审理。

再审法院经审理认为：二审判决认定事实清楚，判决结果并无不当。经审判委员会讨论决定，判决如下：维持（2012）安中民三终字第 126 号民事判决。

二、法律问题

1. 为什么 1991 年《民事诉讼法》规定对生效判决、裁定、调解书不服，请求法院特别救济的途径由申诉改为申请再审？

2. 为什么 2008 年《审判监督程序解释》中允许其他当事人在已经提起的申请再审审查程序中可以提出自己的再审申请意见？这种变革体现了什么制度价值？

三、重点提示

2012 年，再审法院再审判决书中使用仍然使用"申诉"一词不当，我国 1991 年颁布实施的《民事诉讼法》就已经将 1982 年颁布实施的《民事诉讼法（试行）》中的申诉改为申请再审，将申诉这种民主权力改为当事人的诉讼权利。虽然《民事诉讼法》的总则部分有一条规定中使用了"申诉"一词，但是在审判监督程序中全部改为申请再审，学理上一致认为当事人对法院作出的终审裁判认为有错误的救济途径为申请再审，而非申诉。本案再审判决是 2012 年作出，仍然使用"申诉"一词颇为不妥。

2008 年《审判监督程序解释》第 22 条规定，允许其他当事人在已经提起的申请再审审查程序中可以提出自己的再审申请，人民法院应当将其列为申请再审人，对其提出的再审申请一并审查。这条规定弥补了仅在申请再审的范围内审查的片面性，弥补了法律制度技术化带来的程序不公，有利于纠纷的全面解决。

专题二　附带再审

知识概要

一、当事人申请再审与再审之诉

当事人申请再审，是指当事人对已经发生法律效力的判决、裁定和调解书，认为其有错误，向人民法院提出再审的请求。

再审之诉，是指当事人对生效裁判仍然不服的，请求法院予以审查并再行审理，撤销或改变生效裁判的特殊救济请求。

申请再审在大陆法系国家的民事诉讼法中称为再审之诉，我国民事诉讼法中的当事人申请再审与大陆法系国家的民事诉讼法中的再审之诉的宗旨相同，但制度设计不同。再审之诉是以当事人行使诉权为基础而设置，符合法律规定条件的，法院就应当受理、审理、裁判。我国现行民事诉讼法中的当事人申请再审也是以当事人诉权为基础而设置，只要符合条件的，法院就应当受理、审查；审查符合条件的，法院就作出再审裁定，予以审理、裁判。但是，制度设计的区别在于，我国民事诉讼当事人申请再审制度仍然置于审判监督的大框架之下。如果说现行民事诉讼法规定的当事人申请再审救济属于再审之诉制度，那么审判监督与再审之诉在理念上相互冲突，逻辑关系矛盾。

二、申请再审的条件

申请再审必须具备以下条件。

1. 申请再审的主体。《民事诉讼法》第 199 条规定："当事人对已经发生法律效力的判决、裁定，认为有错误的，可以向上一级人民法院申请再审；当事人一方人数众多或者双方为公民的案件，也可以向上一级人民法院申请再审。当事人申请再审的，不停止判决、裁定的执行。"据此规定，申请再审的主体，只限于案件的当事人，包括第一审的原告和被告、共同诉讼人、有独立请求权的第三人、被判决承担民事责任的无独立请求权的第三人，以及第二审的上诉人和被上诉人。

2. 申请再审的裁判必须是已经发生法律效力的判决、裁定或调解书。对不予受理、驳回起诉的裁定，当事人可以申请再审。但是，当事人对已经发生法律效力的解除婚姻关系的判决，不得申请再审。这是因为：其一，是否准许离婚，其标准和界限具有一定的灵活性。其二，解除婚姻关系的判决一旦生效，当事人一方或者双方有可能与他人建立新的婚姻关系。当事人就离婚案件中财产分割问题申请再审的，如涉及判决中已分割的财产，人民法院审查符合再审条件的，应立案审理；如涉及判决中未作处理的夫妻共同财产，应告知当事人另行起诉。

3. 申请再审的法定情形。当事人申请再审，必须符合法定情形。2007 年《民事诉讼法》修改，将原第 179 条规定的对判决、裁定申请再审的法定情形由 5 项增加至 13 项，扩大了当事人申请再审特别救济的范围，强调了程序正当性的重要价值，增加了程序违法的再审事由。2011 年的修法，再审的事由虽然仍然是 13 项，但是略有调整，删掉了管辖错误一项，将第 3 款列为第 13 项。

4. 申请再审的期限。《民事诉讼法》第 205 条规定："当事人申请再审，应当在判决、裁定发生法律效力后 6 个月内提出；有本法第 200 条第 1 项、第 3 项、第 12 项、第 13 项规定情形的，自知道或者应当知道之日起 6 个月内提出。"这指当事人行使再审申请权通常必须遵守的期限，超过此期限，即丧失申请再审的权利。作此规定的目的在于促使当事人及时行使再审申请权，维护法院的正常工作秩序，便于再审工作的顺利进行。2011 年的修法将当事人再审的期间由过去的 2 年缩短为 6 个月，旨在促使当事人及时行使权利。

5. 申请再审的法院。根据《民事诉讼法》第 199 条的规定，当事人申请再审在原则上应向上一级人民法院提出，只有在当事人一方人数众多或者当事人双方为公民的案件，原审人民法院才有再审案件管辖权。这里说的原审人民法院，是指作出生效判决、裁定的法院，如果案件经过二审审结的，原审法院即指第二审法院；如果案件是只经过一审审结的，原审法院即指第一审法院。

2007 年修改《民事诉讼法》时，将再审案件管辖权统一提级到上一级人民法院，导致大量案件涌入高级人民法院和最高人民法院，严重增加了高级别法院的审案负担，无法充分发挥其案件指导、解释法律和统一法律适用的制度功能。因此，2011 年《民事诉讼法》修订时将两种类型案件的再审管辖权下放到原审人民法院。

（三）附带再审

1. 2015 年《民诉法解释》关于申请再审审查与再审案件审理范围的规定。如前所述，2008 年《审判监督程序解释》第 22 条规定："在审查再审申请过程中，对方当事人也申请再审的，人民法院应当将其列为申请再审人，对其提出的再审申请一并审查。"第 26 条规定："人民法院审查再审申请期间，人民检察院对该案提出抗诉的，人民法院应依照民事诉讼法第 188 条的规定裁定再审。申请再审人提出的具体再审请求应纳入审理范围。"上述规定，扩大了再审审查的范围，有利于纠纷的一次解决，给双方当事人提供了寻求程序公平的契机，弥补了诉讼竞技化、技术化的缺陷。

2009 年最高人民法院印发的《关于受理审查民事申请再审案件的若干意见》（以下简称《审查再审意见》）沿袭并完善这一制度，该意见第 22 条规定："人民法院在审查申请再审案件过程中，被申请人或者原审其他当事人提出符合条件的再审申请的，应当将其列为申请再审人，对于其申请再审事由一并审查，审查期限重新计算。经审查，其中一方申请再审人主张的再审事由成立的，人民法院即应裁定再审。各方申请再审人主张的再审事由均不成立的，一并裁定驳回。"

2011 年最高人民法院《第一次全国民事再审审查会议工作纪要》（以下简称《第一次民事再审会议》）对再审范围再次进行修正，其第 7 条规定："人民法院在审查申请再审案件过程中，被申请人或者其他当事人提出符合条件的再审申请的，应当将其列为申请再审人，对于其再审事由一并审查，审查期限重新计算。经审查，其中一方申请再审人主张的再审事由成立的，人民法院即应裁定再审。部分当事人主张的再审事由成立，其余当事人主张的再审事由不成立的，在裁定书中载明部分当事人主张的再审事由成立，对于其余当事人主张的再审事由是否成立不作结论。各方申请再审人主张的再审事由均不成立的，一并裁定驳回。""一方当事人申请再审经人民法院裁定再审后，被申请人或其他当事人在再审审理期间提出再审申请的，不再进行审查，移送再审审理机构处理。被申请人或其他当事人在前案再审结束后对原裁判申请再审的，告知其可针对新作出的再审裁判主张权利。"此规定内容增加有三：①对再审事由部分主张成立的，裁定书如何表述。②新增加第2款内容，再定再审案件审理程序中，对之前未申请再审的当事人提出的再审请求，省略审查程序，移送再审案件程序中一并审理。③案件再审程序结束后，其他当事人对原裁判又申请再审，规定其应当对再审后的裁判主张权利。此条文对再审审查阶段、审理阶段均有涉及，特别值得关注的新增之第2款规定突破了近三十多年来民事诉讼中片面的当事人主义理念，允许在再审案件审理程序中，被申请人及其他当事人提出其再审请求，这款规定不是补充完善现行规范，而是对现行规范的重大改革。然而却未引起理论界的注意，之前理论界也鲜有研究。[1]

2015年《民诉法解释》第398条承袭了上述规定："审查再审申请期间，被申请人及原审其他当事人依法提出再审申请的，人民法院应当将其列为再审申请人，对其再审事由一并审查，审查期限重新计算。经审查，其中一方再审申请人主张的再审事由成立的，应当裁定再审。各方再审申请人主张的再审事由均不成立的，一并裁定驳回再审申请。"

不仅如此，更为值得关注的是，《民诉法解释》第405条又规定："人民法院审理再审案件应当围绕再审请求进行。当事人的再审请求超出原审诉讼请求的，不予审理；符合另案诉讼条件的，告知当事人可以另行起诉。被申请人及原审其他当事人在庭审辩论结束前提出的再审请求，符合民事诉讼法第205条规定的，人民法院应当一并审理。人民法院经再审，发现已经发生法律效力的判决、裁定损害国家利益、社会公共利益、他人合法权益的，应当一并审理。"这两条解释突破了近三十多年来当事人主义引入后的思维定势，突破了对当事人主义理解的片面性。这种制度与大陆法系国家民事诉讼法中附带上诉制度的价值取向一致，与附带再审制度的价值取向一致。

《民诉法解释》第405条第2款的规定基本上承袭了《第一次民事再审会议》第7条第2款内容，但采用了更符合法理的表述："被申请人及原审其他当事人在庭审辩论结束前提出的再审请求，符合民事诉讼法第205条规定的，人民法院应当一并审理。"此处增加、明确了两项条件：①被申请人及原审其他当

---

〔1〕　邱星美、王宇茜："民事再审审查与审理范围之新理念——兼论我国民事诉讼附带上诉制度的建立"，载《司法改革评论》2016年第2期。

事人提出再审申请应当符合《民事诉讼法》第 205 条关于申请再审期间与法定事由的要求。②确定被申请人及原审其他当事人提出再审申请的期限——在庭审辩论结束前。这一时限很宽容，给再审案件审理程序中的被申请人及原审其他当事人提出其再审请求以充分的保障，反映了诉讼理念的变化。该条还增加了第 3 款规定："人民法院经再审，发现已经发生法律效力的判决、裁定损害国家利益、社会公共利益、他人合法权益的，应当一并审理。"与《民事诉讼法》中上诉案件审理范围原则上在当事人上诉请求范围内审理，特定情况下法院可以依职权扩大审理范围的规定是一致的。

上述变化体现了司法理念的变化，这并非是职权主义理念的体现，而是对当事人主义理念片面化的纠正。《民诉法解释》第 405 条第 2 款规定："被申请人及原审其他当事人在庭审辩论结束前提出的再审请求，符合民事诉讼法第 205 条规定的，人民法院应当一并审理。"这以当事人及原审其他当事人提出为前提，体现了当事人主义，但又僭越了我们这些年所主张的当事人主义藩篱；否定了之前的有限再审原则，无论是否为再审申请人的请求都可以在再审案件中一并审理。我们认为这是一项非常有益的变革，最高人民法院专家们的解释如下："鉴于再审对象是生效裁判，当事人的处分权受到更多限制，再审面临更复杂的程序等再审特殊性问题，不能简单套用原一、二审理范围的规则，固有必要单独予以规定。""为将再审程序打造成一次性纠错和彻底解决纠纷的程序，并适当维护生效裁判的安定性，本条对此作了较大的修改。"[1]即理由包括：一是出于平等保护各方当事人的需要，因为原生效裁判拘束所有当事人，各方当事人都应享有申请再审的权利，不应因他方当事人申请再审而失去受到再审救济的机会；二是为避免各方当事人多次申请再审，造成重复、矛盾的裁判；三是为一揽子解决纠纷，提高诉讼效率。[2]对此解释，笔者认为理由合理，但欠学理论证。[3]

2. 附带再审。与附带上诉制度的价值取向相同，我们认为应当建立附带

---

〔1〕 沈德咏主编：《最高人民法院民事诉讼法司法解释理解与适用（下）》，人民法院出版社 2015 年版，第 1070 页。

〔2〕 沈德咏主编：《最高人民法院民事诉讼法司法解释理解与适用（下）》，人民法院出版社 2015 年版，第 1070 页。

〔3〕 邱星美、王宇茜："民事再审审查与审理范围之新理念——兼论我国民事诉讼附带上诉制度的建立"，载《司法改革评论》2016 年第 2 期。

再审制度。但是，2015年《民诉法解释》第405条规定的不足之处在于允许再审程序中的其他当事人提出己方的再审请求，而且时间延长至庭审辩论结束前，需要符合《民事诉讼法》第205条的规定。《民事诉讼法》第205条是关于提出再审申请期限的规定，2012年的修法将之前的2年修改为在判决、裁定发生法律效力后6个月，申请再审的期限明显缩短，这样的后果是削弱了《民诉法解释》第405条规定的适用可能。因为当一方当事人申请再审，案件进入审查程序时，可能6个月已经届满。待案件进入再审审理阶段，6个月更可能届满。最高人民法院自2008年以来通过的一系列司法解释所设计的这一制度的效力在很大程度上被架空。因此，我们建议，提出附带再审者，不受6个月的限制。如同国外附带上诉制度一样，有独立的附带上诉和非独立的附带上诉两种。后者可以在己方的上诉期届满后提出，但是主上诉撤诉后，该附带上诉将随之结束。前者则不发生这种效力。

经典案例

陶某与凉山公路建设有限公司、彭×莉、彭×平建设工程施工合同纠纷案

一、基本案情

（一）案情概要

陶某与凉山公路建设有限公司（以下简称凉山公路公司）、彭×莉、彭×平因履行建设工程施工合同发生纠纷，陶某作为原告将凉山公路公司和彭×莉、彭×平诉至重庆市永川区人民法院，要求三被告连带支付工程款、违约金和资金占用利息。永川区人民法院经审理，认定陶某的诉讼请求部分合法，一审法院对合法部分予以支持，作出（2014）永法民初字第01445号民事判决。凉山公路公司不服一审判决，向重庆市第五中级人民法院提起上诉，请求撤销一审判决，依法改判驳回陶某的全部诉讼请求或发回重审。彭×莉、彭×平未上诉。

上诉法院经审理，查明的事实与一审审理查明的事实一致。上诉法院认为凉山公路公司的上诉请求成立，本院予以支持。一审判决认定事实错误，本院予以纠正。依照我国《合同法》第60条、第107条、第109条，《民事

诉讼法》第 170 条第 1 款第 2 项的规定，依法改判。

陶某不服重庆市第五中级人民法院（2015）渝五中法民终字第 01918 号民事判决，依据《民事诉讼法》第 200 条的规定向该院申请再审。在重庆市第五中级人民法院审查再审申请期间，彭×莉、彭×平也根据《民事诉讼法》第 200 条的规定分别向该院提出再审申请。重庆市第五中级人民法院根据《民诉法解释》第 398 条之规定，将彭×莉、彭×平也列为再审申请人，依法组成合议庭一并审查。

（二）裁判要旨

重庆市第五中级人民法院经过审查，对凉山公司应否承担向陶某支付工程款的责任问题，认为陶某申请再审理由不成立，不予支持。对彭×莉、彭×平应否承担向陶某支付工程款的责任问题，认为彭×莉、彭×平关于其不应向陶某承担支付工程款责任的申请再审理由不成立，不予支持。法院认为陶某、彭×莉、彭×平的再审申请不符合我国《民事诉讼法》第 200 条规定的情形。依照《民诉法解释》第 398 条之规定，裁定驳回陶某、彭×莉、彭×平的再审申请。裁判日期：2016 年 6 月 7 日。

二、法律问题

本案再审申请受诉法院在程序上适用法律是否正确？

三、法理分析

陶某是本案再审申请人，其他当事人为再审被申请人，从再审裁定书的内容看，陶某再审申请符合形式要件，故法院受理了陶某的再审申请，案件进入再审申请审查阶段。此时，被申请人彭×莉、彭×平也提出再审申请，因符合《民诉法解释》第 398 条规定的条件，予以受理，一并审查，一并作出再审裁定。

本案通过中国裁判文书网检索而来，该案名称为"陶某与凉山公司建设工程施工合同纠纷申诉、申请再审民事裁定书"，不当使用了"申诉"一词。

如前所述，早在 2008 年的《审判监督解释》中就确定了在再审审查程序中，之前未提起再审申请的当事人于此时提出再审申请的，受诉法院应当予以受理，一并审查。

1991 年我国《民事诉讼法》颁布实施，申诉制度改为申请再审制度，民主权力改为诉讼权利。2012 年修法取消了 1991 年《民事诉讼法》中遗留的唯一一处"申诉"用语。本案审理时已经是 2016 年，不应再使用"申诉"一词。

虽然，《民诉法解释》第 404 条第 1 款第 3 项、第 4 项使用了"申诉"，但是其适用于特定情形，根据该解释条款，适用于人民法院依职权再审的，有申诉人的情形。这两项规定如下："③人民法院依职权再审，有申诉人的，先由申诉人陈述再审请求及理由，后由被申诉人答辩、其他原审当事人发表意见；④人民法院依职权再审，没有申诉人的，先由原审原告或者原审上诉人陈述，后由原审其他当事人发表意见。"

四、参考意见

本案再审申请受诉法院在程序上适用法律正确。

拓展案例

常熟兴华港口有限公司与上海百鑫实业发展有限公司、江苏东联常荣不锈钢带管有限公司、常熟市汇达钢管有限公司买卖合同纠纷申请审案

一、基本案情

申请再审人常熟兴华港口有限公司（以下简称兴华港公司）为与一审原告、二审上诉人上海百鑫实业发展有限公司（以下简称百鑫公司）、二审被上诉人江苏东联常荣不锈钢带管有限公司（以下简称东联公司）、一审被告常熟市汇达钢管有限公司（以下简称汇达公司）、一审第三人上海百业信集团有限公司（以下简称百业信公司）买卖合同纠纷一案，不服上海市高级人民法院（2008）沪高民二（商）终字第 45 号民事判决，向最高人民法院申请再审。

2009 年 9 月 15 日，最高人民法院作出（2008）民申字第 631 号民事裁定，提审本案。本案在提审审理过程中，百鑫公司亦不服上海市高级人民法院民事判决，向最高人民法院申请再审。2010 年 11 月 23 日，最高人民法院作出（2010）民申字第 1529 号民事裁定，将百鑫公司的再审请求纳入本案一并审理。

最高人民法院在判决书中陈述：百鑫公司亦不服二审判决，向本院申请

再审，请求撤销二审判决、撤销一审判决第 5 项、改判兴华港公司对一审判决第 2 项中汇达公司全部付款责任（人民币 34 436 816.6 元）承担补充赔偿责任，案件受理费由兴华港公司承担。

最高人民法院经审理，根据查明的事实，适用法律，作出再审判决。

二、法律问题

本案审理时间是 2010 年；2010 年 12 月 14 日，最高人民法院作出再审判决。根据当时的《民事诉讼法》及其司法解释，审查再审期间，其他当事人也提出再审申请并符合条件的，受诉法院应当将其列为申请再审人，对其申请再审事由一并审查，审查期限重新计算。经审查，其中一方申请再审人主张的再审事由成立的，人民法院即应裁定再审。各方申请再审人主张的再审事由均不成立的，一并裁定驳回。在再审案件审理程序中，对之前未申请再审的当事人提出的再审请求，省略审查程序，移送再审案件程序中一并审理的司法解释尚未发布实施。即我们称之为附带再审的司法解释尚未问世，最高人民法院在本院审理的再审案件中先行一步，作出裁定，将百鑫公司的再审请求纳入本案一并审理。

三、重点提示

最高人民法院有权通过审理具体案件解释法律，在司法解释尚未问世时先行一步，创造新规范。附带再审是一项有意义的程序制度，有利于实现真正的程序公平，是当事人主义的又一个修正器。

拓展资料

第十一章专题一　理论拓展　　　第十一章专题二　理论拓展

| 第十二章 |

执行程序总论

专题一　强制执行措施的对抗效力

知识概要

　　效率是强制执行程序的核心理念之一。为了保证程序的高效运行，强制执行措施采取外观主义，执行机构有权对外观上属于被执行人的财产直接采取强制执行措施，无需顾及其真正的财产权属。换言之，在这种制度理念之下，强制执行措施会不可避免地及于一些不属于被执行人的财产。当然，执行机构对不属于被执行人的财产采取强制执行措施，进而将其变价并用于清偿被执行人的债务，对于财产的真正权属人来说无异于飞来横祸。因此，法律设置了案外人异议之诉制度，向主张自己是真正权属人的案外人提供了救济渠道。

　　具体来说，人民法院对被执行人的财产采取强制执行措施之后，案外人有权就被采取执行措施的标的主张权利，排除强制执行。《民事诉讼法》第 227 条规定："执行过程中，案外人对执行标的提出书面异议的，人民法院应当自收到书面异议之日起 15 日内审查，理由成立的，裁定中止对该标的的执行；理由不成立的，裁定驳回。案外人、当事人对裁定不服，认为原判决、裁定错误的，依照审判监督程序办理；与原判决、裁定无关的，可以自裁定送达之日起 15 日内向人民法院提起诉讼。"《民诉法解释》第 312 条第 1 款规定："对案外人提起的执行异议之诉，人民法院经审理，按照下列情形分别处理：①案外人就执行标的享有足以排除强制执行的民事权益的，判决不得执行该执行标的；②案外人就执行标的不享有足以排除强制执行的民事权益的，判决驳回诉讼请求。"从司法解释的条文可以看出，执行机构能否对执行标的继续执行的判断标准，在于案外人权利与执行措施之间的对抗关系，即案外人对执行标的是否"享有足以排除强制执行的民事权益"。

在本节中，我们将以预告登记为例，来探讨强制执行措施与案外人权利之间的对抗关系。预告登记是确保债权请求权实现的一种担保手段，经预告登记后的不动产物权转让请求权，具有排斥后来其他所有权变动的物权性质的效力。《物权法》第20条第1款规定："当事人签订买卖房屋或者其他不动产物权的协议，为保障将来实现物权，按照约定可以向登记机构申请预告登记。预告登记后，未经预告登记的权利人同意，处分该不动产的，不发生物权效力。"强制执行程序中的查封是指执行法院剥夺债务人对其特定财产的处分权，由国家取得处分权的一种强制执行措施，属于《物权法》第20条中的"处分"。因此，《最高人民法院关于人民法院办理执行异议和复议案件若干问题的规定》（以下简称《执行异议和复议规定》）第30条规定："金钱债权执行中，对被查封的办理了受让物权预告登记的不动产，受让人提出停止处分异议的，人民法院应予支持；符合物权登记条件，受让人提出排除执行异议的，应予支持。"

本节共设置三个案例，均出自最高人民法院。在经典案例中，我们选取了符合《执行异议和复议规定》第30条原则性情形的案例，即案外人（受让人）的预告登记能够对抗强制执行。在拓展案例中，我们选取了两个属于《执行异议和复议规定》第30条例外情况的案例，即案外人（受让人）的预告登记不能对抗强制执行。除此之外，有关"预告登记"在强制执行程序中的处置，还有另一种典型的场景，即商品房预售合同备案登记、预登记等其他登记类型在强制执行程序中是否享有等同于预告登记的效力。由于篇幅限制和主题设定的问题，本节予以省略。

📚 经典案例

案外人 Z 与申请执行人 X 等案外人执行异议纠纷[1]

一、基本案情

（一）案情概要

在申请执行人 X 与被执行人 Y 之间的民间借贷纠纷审理过程中，申请执行人 X 向吉林市中级人民法院（以下简称吉林中院）申请诉讼财产保全。2012 年 10 月 15 日，吉林中院作出民事裁定，查封了被执行人 Y 开发的永吉县某商业网点。2012 年 12 月 5 日，吉林中院再次作出民事裁定，查封了被执行人 Y 开发的永吉县某居民小区的 26 套住宅。2013 年 4 月 12 日吉林中院作出一审民事判决，支持了申请执行人 X 的诉讼请求，判决申请执行人 X 对被执行人 Y 享有 2766 万元债权。被执行人 Y 不服一审判决提出上诉，2013 年 9 月 9 日，吉林省高级人民法院（以下简称吉林高院）作出二审判决，判决驳回上诉，维持原判。

因被执行人 Y 未能履行生效判决确定的还款义务，申请执行人 X 申请执行。然而，在执行过程中，案外人 Z 就涉案房屋向吉林中院执行局提出异议申请，吉林中院作出（2014）吉中执外异字第 3 号执行裁定，裁定驳回了案外人案外人 Z 的异议。案外人 Z 不服，向吉林中院提起案外人执行异议之诉。案外人 Z 要求排除执行的理由如下：

2012 年 5 月 20 日、2012 年 7 月 20 日、2012 年 10 月 12 日，案外人 Z 与被执行人 Y 分别签订《商品房买卖合同》26 份，约定案外人 Z 购买被执行人 Y 开发建设的位于永吉县某居民小区共 26 套住宅。被执行人 Y 为案外人 Z 出具《收款收据》26 份，并于 2012 年 5 月 23 日开具了《销售不动产统一发票》26 张。2012 年 5 月 25 日、2012 年 7 月 20 日、2012 年 10 月 12 日，被执行人 Y 与案外人 Z 分别签订《预购商品房预告登记协议书》共计 26 份，约定对上述购买的涉案房屋到房管部门办理预购商品房预告登记手续。2012 年 5

---

[1] 再审：最高人民法院（2015）民申字第 3356 号；二审：吉林省高级人民法院（2015）吉民一终字第 24 号。

月 25 日、2012 年 7 月 20 日、2012 年 10 月 12 日，双方分别向房产处提交了
《预购商品房登记设立申请书》，同日在房产处《预购商品房预告登记备案》
登记簿上予以登记备案。2013 年 6 月 6 日，被执行人 Y 与案外人 Z 签订《以
房抵债协议书》，约定以本案争议房屋在内的 48 套房屋抵顶被执行人 Y 欠付
案外人 Z 的借款 1436 万元。2013 年 8 月 9 日，被执行人 Y 与案外人 Z 签订钥
匙交接单一份。2013 年 11 月 20 日，案外人 Z 与被执行人 Y 签订《入户费计
算表》《入户费用结算单》26 份，明确上述涉案房屋相应的入户费用、代收
费用等具体数额。

此外，在一审审理过程中，申请执行人 X 书面申请对 2013 年 6 月 6 日被
执行人 Y 与案外人 Z 签订《以房抵债协议书》的形成时间进行鉴定，吉林中
院依照法定程序委托司法鉴定科学技术研究所司法鉴定中心，对涉案的《以
房抵债协议书》的形成时间进行鉴定。2014 年 11 月 13 日，司法鉴定科学技
术研究所司法鉴定中心出具了《司法鉴定科学技术研究所司法鉴定中心鉴定
意见书》，载明：经仪器检验，未发现与时间相关的签名墨迹的变化规律，故
无法判断乙方落款处案外人 Z 签名的具体书写时间。受样本条件所限，无法
判断检材上被执行人 Y 印文的盖印时间。故无法判断《以房抵债协议书》落
款处案外人 Z 签名的书写时间及被执行人 Y 印文是否在 2013 年 6 月 6 日盖印
形成。

（二）裁判要旨

申请执行人 X 基于生效判决对被执行人 Y 享有债权，有权要求对被执行
人 Y 的财产进行强制执行，以便实现其债权。涉案房产虽系被执行人 Y 开发
建设，但却以抵债的形式于 2012 年 10 月 12 日，即吉林中院查封前出售给案
外人 Z，双方当事人签订了《商品房买卖合同》《预购商品房预告登记协议
书》，并在房产处办理了预告登记。根据《物权法》第 20 条第 1 款关于"当
事人签订买卖房屋或者其他不动产物权的协议，为保障将来实现物权，按照
约定可以向登记机构申请预告登记。预告登记后，未经预告登记的权利人同
意，处分该不动产的，不发生物权效力"的规定，案外人 Z 基于商品房买卖
合同，就其对涉案房产的债权请求权在房产管理部门办理了预告登记，使得
其请求权具有了物权的效力，即具有排他效力，可以对抗第三人。

二、法律问题

案外人 Z 的预告登记是否先于申请执行人 X 的查封成立？

三、法理分析

预告登记制度规定于我国《物权法》第 20 条之中，关于预告登记效力的性质主要有如下几种观点：①债权说。该说认为，预告登记只是对买受方未来可能发生的物权请求权进行登记，使该请求权具有社会公示性，进而获得物权的排他效力，但其并未改变请求权系债权的法律关系，不发生任何物权变动的效力。②物权说。该学说认为，经预告登记的请求权具有相当于物权的效力，其所保全的债权请求权对其后不动产发生的相同内容的处分具有排除效力，对在后的效力债权人可以主张无效。③债权物权化，又称准物权说。该观点为当前的主流观点，经过预告登记的权利是一种准物权，即具有物权性质的债权。

对于预告登记能否对抗拍卖强制措施，我国理论界也众说纷纭。

持肯定观点的学者通常考虑预告登记制度的立法目的，认为办理预告登记后的债权请求权，其效力介于债权与物权之间，虽仍系债权，但其具有社会公示力，被赋予了物权的排他效力。若执行程序中预告登记不能对抗强制措施，其保全债权请求权的功能将在一定程度上被架空。并且，民事强制执行虽然借助国家的公权力，但其强制执行的效果与目的都是实现金钱债权人的私权利。当国家行为是为了保护国家利益、社会公共利益，预告登记则不会具有对抗效力。然而国家行为仅仅是为了实现私人利益时，预告登记制度应当发挥其应有的作用，保障登记人的可期待权益。

持反对观点的学者则认为，预告登记的保全效力应当能对抗一切阻碍请求权实现的因素，当然就涉及强制执行程序。我国关于预告登记的效力的安排与德国不同，预告登记并未改变请求权的性质，其所保障的请求权仍系债权，具有相对性，只能向债务人提出，而不能对抗当事人之外的第三人。并且，由于预告登记具备不确定性，如权利人会综合考虑当时的房价市场而放弃权利，会导致有预告登记的不动产的强制执行被拖延，从而会损害执行权利人的利益。而执行程序正是追求效率，采取先到先得的方式来鼓励权利人尽快实现权利。

《执行异议和复议规定》第30条规定："金钱债权执行中，对被查封的办理了受让物权预告登记的不动产，受让人提出停止处分异议的，人民法院应予支持；符合物权登记条件，受让人提出排除执行异议的，应予支持。"最高人民法院院采用的是"先查封后解除"的模式，认为在预告登记向本登记推进的过程中，预告登记权利人并未取得不动产所有权，其所享有的是对不动产的物权期待权。关于案外人提起的异议之诉能否被支持，还需审查其诉讼请求的内容。因为预告登记制度的立法目的就是排除强制执行等处分行为，故对于案外人请求停止处分的异议请求，人民法院应当予以支持。如果案外人请求排除人民法院的查封强制措施，则应审查其是否已符合取得不动产所有权的条件：若符合条件，则人民法院应当裁定解除查封，案外异议人理应取得该不动产物权；反之，执行法院不能解除对该不动产的查封等执行措施。

四、参考意见

在法理上，对抗关系的判定并不复杂，原则上只需要比较预告登记的时间与查封措施的时间，在先成立的权利能够对抗在后成立的权利。但是，在实践中，时间节点的认定并非易事。

在本案的审理过程中，申请执行人 X（被告）提出，永吉县房地产管理处提供的预告登记簿、案外人 Z（原告）提供的以房抵债协议书、销售不动产发票以及商品房买卖合同等证据是伪造的，并申请对相关书证进行了鉴定。法院组织鉴定后，鉴定机构认为，由于检材的限制，鉴定机构未能判断检材上被执行人 Y 的签字时间和盖印时间。根据现有的鉴定技术，无论是笔迹的形成时间，还是印文的形成时间，都尚未确立较为科学的化学鉴定方式。基于笔迹老化、油墨变色等因素，并不能准确判断客观的形成时间。相比之下，物理方式更为客观。例如，印章在使用过程中发生的一些变化会在不同时期的文书中反映出来，如机械力造成的局部破损、修补特征，或者硬质颗粒被卡住或块状印泥被粘附形成的疵点、斑块等特征，可以成为判断检材印文形成时间的依据。通过印文的阶段性特征掌握印文的历时变化规律，也可以构成形成时间的鉴定依据。然而，物理方式需要搜集各阶段印文样本与检材印文比对，是否具备鉴定条件带有一定的偶然性。比如本案中，申请执行人 X

怀疑被执行人 Y 与案外人 Z 串通，并对被执行人 Y 的签字和盖章时间提出异议。此时，为了使鉴定满足科学上的条件，申请执行人 X 必须大量搜集盖章时间前后形成的、盖有被执行人 Y 印章的文件，用以作为鉴定的检材。在被执行人 Y 与案外人 Z 串通，站在申请执行人 X 对立面的情况下，除非申请执行人 X 与被执行人 Y 之间存在频繁的交易关系，否则几乎不可能从被执行人 Y 处获取充足的检材。

因此，由于印文与笔迹的形成时间在客观上无法通过证据证明，最高人民法院在再审阶段主要基于间接事实通过事实推定的方式进行了事实认定。这种事实推定主要包括两个方面：其一，原审判决基于案外人 Z 在原审中提供的购买涉案房屋的商品房买卖合同、收款收据及销售不动产发票、预购商品房预告登记协议、申请及房管部门的登记备案、入户费用计算表、入户费用结算单、交付钥匙记录等证据认定案外人 Z 已实际购买涉案房屋及实际占有。其二，办理预购商品房预告登记系永吉县房地产管理处依职权作出的行政行为，永吉县房地产管理处作为制作并提供该登记簿的行政主管部门，已经确认该证据的真实性，申请执行人 X 不能提供充分证据证明预告登记簿是伪造的。不过，熟悉我国实务的同学可能会知道，无论是实际占有和使用的痕迹，还是行政机关出具的文件，都有可能存在被捏造的可能。最高人民法院通过事实推定的方式进行事实认定，是一种不得已的做法。

法律问题十分明晰，但事实问题难以判断。法院如何识别正当权利和逃避执行，是强制执行实务的突出问题。这部分内容将在本章第二节（恶意串通逃避执行的识别）重点论述。

拓展案例

案例一：案外人 Z 与申请执行人 X 等案外人执行异议纠纷[1]

一、基本案情

（一）案情概要

申请执行人 X 依据荆州市中级人民法院（以下简称荆州中院）作出的民

---

〔1〕 再审：最高人民法院（2016）最高法民申 2 号；二审：湖北省高级人民法院（2015）鄂民一终字第 00137 号。

事调解书，向荆州中院申请执行。荆州中院于 2014 年 9 月 28 日依法受理该执行案件。执行过程中，由于被执行人 Y 未履行生效法律文书确定的义务，荆州中院于 2014 年 10 月 17 日作出执行裁定书，查封了被执行人 Y 所有的某住宅（以下简称涉案住宅）。

此后，案外人 Z 以其向被执行人 Y 购买了该房屋、签订了《房地产买卖契约》、支付了 140 万元购房款及 80 万元登记、过户费，并且海南省海口市住房和城乡建设局已向其颁发了《房屋预告登记证明》为由，向执行法院提出书面异议，请求中止对该房屋的执行，并解除查封。执行法院经审查后，于 2014 年 12 月 2 日作出执行裁定书，驳回案外人 Z 的异议。案外人 Z 于 2014 年 12 月 15 日收到执行裁定书后向荆州中院提起案外人异议之诉。本案的事实关系如下：

2014 年 7 月 28 日，被执行人 Y 的委托代理人与案外人 Z 的委托代理人签订一份甲方为被执行人 Y、乙方为案外人 Z 的《房地产买卖合同》。合同约定甲方将涉案住宅以 400 万价格出售给乙方，乙方在 2014 年 8 月 30 日前将钱款付给甲方，先预付 30 万元定金，该定金在最后一次付款时冲抵，该合同还约定了违约责任、争议解决方式等事项。2014 年 7 月 28 日，被执行人 Y 的委托代理人于出具收据一张，内载明"收到案外人 Z 购买涉案住宅预付金人民币叁拾万元整（现金支付）"。2014 年 8 月 30 日，被执行人 Y 的委托代理人又出具收条两张，分别载明"今收到案外人 Z 购买涉案住宅的购房款人民币贰佰玖拾万元整（现金支付）"。

房屋产权登记部门于 2014 年 8 月 26 日将涉案住宅所有权登记于被执行人 Y 名下，并为其颁发编号为海房字第××号房权证。

2014 年 8 月 30 日，被执行人 Y 的委托代理人与案外人 Z 的委托代理人又签订一份甲方为被执行人 Y、乙方为案外人 Z 的《房地产买卖契约》，约定："由于甲方已收到乙方预付的购房定金人民币叁拾万元整，双方同意就下列房地产买卖事项订立本契约，共同遵守。①甲方自愿将涉案住宅出售给乙方。该房地产的基本情况已载于本契约附件之一。乙方已对甲方所要出售的房地产做了充分了解，愿意购买该房地产。②甲乙双方议定上述房地产成交价格为人民币 140 万元。乙方 2014 年 8 月 30 日前一次付清给甲方，购房定金将在最后一次付款时冲抵。③双方同意于 2014 年 8 月 30 日由甲方将上述房地产正式交付给乙方。房屋移交时，其该建筑物范围内的土地使用权一并转移给乙方。"该契约还约定了违约责任、争议解决方式等事项。被执行人 Y 的委托代理人于 2014 年 8 月 30 日出具一张收条，载明"收到案外人 Z 购房款人民币140 万元整"，但买卖双方并未收付购房款。此后，案外人 Z 与被执行人 Y 对涉案住宅申请预告登记，并向登记部门提交《房地产买卖契约》及被执行人 Y 的委托代理人出具的 140 万元购房款收条等材料。2014 年 9 月 13 日，海口市住房和城乡建设局受理该登记申请，并于 2014 年 9 月 29 日核发登记号为海口市房预海房字第××号的《房屋预告登记证明》，预告登记权利人为案外人 Z、预告登记义务人为被执行人 Y。

荆州中院在对案外人 Z 的书面执行异议审查中，于 2014 年 11 月 20 日向涉案住宅的占有使用情况进行了调查取证，该房屋的物业管理工作人员证明，该房屋业主在 2013 年 1 月登记为案外人 A，无人居住，未缴纳物业管理费，亦未申请变更业主或向物业管理公司申请装修及交纳装修押金。2014 年 12 月5 日，案外人 A 向涉案住宅的物业管理公司交纳了 2013 年 1 月至 2014 年 7 月的水费 1425.40 元、电费 1.70 元、排污费 542.90 元、养护费 684 元、物业管理费 2052 元，共计 4706 元，同日，案外人 Z 向物业管理公司交纳了 2014 年8 月至 12 月的养护费 180 元、物业管理费 540 元，共计 720 元。

（二）裁判要旨

案外人 Z 与被执行人 Y 虽然签订有《房地产买卖合同》《房地产买卖契约》，但案外人 Z 并未办理涉案住宅的登记过户手续，该房屋仍然登记在被执行人 Y 名下。二审判决认为案外人 Z 在执行异议程序和一审诉讼中，分别主张其以 140 万元现金、400 万元现金向被执行人 Y 购买同一套房屋，在二审庭审中又主张是案外人 B 与案外人 C 之间的借款转为其向被执行人 Y 支付的购房款，对于变化之大的种种主张无合理解释。案外人 Z 就同一事实提出过三种主张，而且对于每种主张均提出相应的证据支持，案外人 Z 对于相互矛盾的陈述及证据均无合理解释，因而对其主张已支付全部购房款的理由不予采信并无不当。

根据荆州中院于 2014 年 11 月 20 日对涉案房屋的物业管理部门的调查情况，涉案房屋业主在 2013 年 1 月登记为案外人 A，无人居住，未缴纳物业管理费。一、二审判决据此认定在 2014 年 10 月 17 日即荆州中院查封涉案房屋时，案外人 Z 并未实际占有该房屋，依据充分，案外人 Z 并未提供充分的证据推翻上述认定。二审判决认为在具备办理涉案房屋过户登记条件下，案外人 Z 未及时办理过户登记手续，其以办理了预告登记主张其无过错的理由不能成立以及房屋预告登记权利人对该房屋的物权转让请求权不能产生对抗法院执行的效力的认定亦无不当。二审判决认定案外人 Z 并不具有涉案房屋的所有权，也不具备支付全部价款、实际占有涉案房屋、对未办理过户登记手续无过错的三个条件，从而认为其不享有足以排除人民法院强制执行的民事权益，对其诉讼请求不予支持，适用法律正确。

二、法律问题

《物权法》第 20 条赋予预告登记对抗强制执行的效力，是形式判断还是实质判断？

三、重点提示

本案中，最高人民法院法院的论述重点在于，预告登记制度的最终目的是实现所有权的转移，例如本案中被执行人 Y 与案外人 Z 之间不具备不动产买卖真实意思的情形，不得主张预告登记的对抗。最高人民法院站在了预告登记"自始无效"的立场，即预告登记即便形式上合法成立，也可能因为作为其原因行为的买卖合同的不成立而不具备对抗法院强制执行的效力。

如果我们换一个视角，通过分析《物权法》第 20 条第 2 款"预告登记后，债权消灭或者自能够进行不动产登记之日起 3 个月内未申请登记的，预告登记失效"的规定，即预告登记"合法成立但失效"，能否获得新的思路？

案例二：案外人 Z 与申请执行人 X 等案外人执行异议纠纷[1]

一、基本案情

（一）案情概述

申请执行人 X 依据上海仲裁委员会作出的仲裁裁决，向上海市第二中级

---

[1] 再审：最高人民法院（2016）最高法民申 3742 号；二审：上海市高级人民法院（2016）沪民终 94 号。

人民法院（以下简称上海二中院）申请执行。在执行程序中，上海二中院查封了登记在被执行人 Y 名下的位于上海市的某住宅（以下简称涉案住宅）。案外人 Z 向上海二中院提出案外人异议，该异议被驳回后，又依据以下理由，提起案外人异议之诉。

2012 年 1 月 9 日，案外人 Z 与被执行人 Y 签订了包括涉案住宅在内的 7 份《上海市商品房预售合同》，约定总房价款暂定为人民币 145 万余元。同日，案外人 Z 与被执行人 Y、案外人 A 签订《补充协议》一份，约定被执行人 Y 向案外人 Z 出售位于上海市嘉定区爱特路 89 弄房屋共 7 套，总房价款为 1000 万元。案外人 Z 承诺在被执行人 Y 办理房地产买卖预告登记并取得预告登记证明当日向被执行人 Y 一次性付清房款；被执行人 Y 在 2013 年 1 月 12 日前有权解除预售合同，案外人 Z 在收到全额房款以及全部利息补偿当日协助被执行人 Y 办理预告登记注销手续。被执行人 Y 承诺在 2013 年 1 月 12 日前，对占用案外人 Z 资金给予其利息补偿，每季按总房款的 7.5% 支付，在支付房款当日，被执行人 Y 将首 3 个月的利息支付案外人 Z，此后于每隔 3 个月之首日支付；案外人 Z 在 2013 年 1 月 12 日起至申领房屋产权证之前，有权单方解除《预售合同》，被执行人 Y 在收到解除通知之日起 3 日内，退还全额房款，案外人 Z 在收到全额房款以及全部利息补偿当日协助被执行人 Y 办理预告登记的注销手续。此外该协议还对违约以及相某某在被执行人 Y 违约的情况下须承担连带保证责任等作了约定。

2012 年 1 月 11 日，案外人 Z 向被执行人 Y 支付 1000 万元，付清了包括系争房屋在内的 7 套房屋的合同价款。2012 年 1 月 11 日，上海市嘉定区房地产登记处核发了预告登记权利人为案外人 Z 的系争房屋预告登记证明。

（二）裁判要旨

案外人 Z 与被执行人 Y 签订的《预售合同》名为购房合同，实为担保双方之间形成的借贷关系。其一，从《预售合同》的约定来看，案外人 Z 可以收取已支付房款的利息；被执行人 Y 在约定的期限内可返还房款及约定的利息从而行使任意解除权；案外人 Z 在约定的期限后可以通过行使任意解除权要求被执行人 Y 返还房款及利息，上述约定明显有别于一般的商品房买卖关系。其二，从《预售合同》履行来看，案外人 Z 在以房款名义支付两笔款项后，被执行人 Y 实际向案外人 Z 支付了 400 余万元的利息，这完全不符合一般商品房买卖关系常理。其三，案外人 Z 与被执行人 Y 在上海二中院已经查封了涉案房产后，又签订了《补偿协议》交付涉案房产，但该占有并非基于正常交付行为而产生。综合上述事实来看，案外人 Z 与被执行人 Y 签订的《预售合同》的真实意思是为了担保双方之间形成的借贷关系，确保出借人在其借款无法获得清偿时可以直接获得涉案房产，并非是以获得涉案房产所有权为目的而进行的商品房买卖法律关系。

预告登记制度设置的目的，是通过办理预告登记手续，保障以获得房屋所有权为目的的购房人将来能够实现所有权。涉案《预售合同》虽然办理了预告登记，但其真实目的并不是为了取得涉案房产的所有权，而是为借贷关系提供担保。此时案外人 Z 已不是涉案房屋的受让人，故本案并不符合适用《执行异议和复议规定》第 30 条规定的根本前提。因此，案外人 Z 对涉案房产不能享有足以排除强制执行的实体权益。

二、法律问题

《物权法》第 20 条赋予预告登记对抗强制执行的效力，是形式判断还是实质判断？

三、重点提示

本案与拓展案例一有相似之处。在两个案例中，最高人民法院都以预告登记的目的不是买卖为由，否定了案外人 Z 主张的预告登记效力。此时的关键问题与拓展案例一相同，不再赘述。

然而，两个案例又有不同之处。在拓展案例一中，法院认为，案外人 Z 对于其与被执行人 Y 之间的钱款交付提出过三种主张，而且对于每种主张均提出相应的证据支持，变化极大的种种主张均能获得证据支持，不符合常理。换言之，法院未就钱款的性质作出认定，而是在真伪不明的状态下进行了事实认定。与此相对，在拓展案例二中，法院直接将案外人 Z 与被执行人 Y 之间的钱款交付认定为借贷。从这些可以看出，法院已经将"案外人与被执行人之间具备买卖的实质"作为了一个相对独立的要件，并将该要件的证明责任赋予案外人。那么，这种独立的法律要件设置是否必要，证明责任的分配是否合理？值得深思。

专题二　恶意串通逃避执行的识别

📖 知识概要

在我国实践中，经常出现当事人通过故意捏造事实主动向法院提起虚假民事诉讼或者在他人提起的民事诉讼中捏造事实，骗取人民法院生效裁判文书或恶意串通逃避执行的情况。这类行为不仅严重侵害他人合法权益，也扰乱了正常的诉讼秩序，损害了司法权威。

案外人执行异议之诉在逻辑上可以分为两个层次：其一，案外人对执行标的确实拥有某种实体权利。其二，案外人对执行标的拥有的实体权利是否能够对抗执行。在传统意义上，后一种情形是强制执行法理论研究关注的重点。因此，本章将这部分内容置于第一节予以讨论。然而，我们在第一节的学习中已经发现，中国法实践的复杂程度远远超出理论的预设。以第一节的"经典案例"为例，尽管法理上对抗关系的判定并不复杂，原则上只需要比较预告登记的时间与查封措施的时间，在先成立的权利能够对抗在后成立的权利。但是，在实践中，时间节点的认定并非易事。由于司法实践中大量出现当事人伪造事实、伪造证据，甚至土地行政管理机关、工商行政管理机关等国家公权力机关参与造假的情形，事实认定问题往往比法律判断更为关键。

在此背景下，本节内容将聚焦于前一种情形，即在案外人执行异议之诉下，判断案外人对执行标的确实是否拥有某种实体权利。案外人的权利主张主要有两种可能：一是案外人单方面向法院主张虚假的权利；二是案外人与被执行人与案外人串通，通过虚假租赁、虚假买卖或虚假抵押等多种形式，转移执行标的的财产或者减损执行标的的价值，最终实现逃避执行的目的。本节的三个案例选自最高人民法院的裁判，探讨如何在具体案件中识别出恶意串通逃避执行的行为，保障真正权利人的合法权益。

⬢ 经典案例

案外人 Z 与申请执行人 X 等案外人异议纠纷[1]

一、基本案情

（一）案情概要

2007 年 6 月 23 日，被执行人 Y 与案外人 Z 签订了《摊位租赁合同书》，双方约定，甲方将白龙农贸市场一楼摊位经营权（以下简称涉案摊位）出租给乙方经营。2008 年 6 月 17 日，海口市房屋租赁管理所为案外人 Z 发放《房屋租赁证》，确认白龙农贸市场房屋符合商业用房出租标准及有关租赁条件，有效期 36 个月，自 2008 年 1 月 1 日起至 2011 年 1 月 1 日止。

2000 年 12 月 25 日，申请执行人 X 与被执行人 Y 签订《合作建设白龙农贸市场合同书》，约定由申请执行人 X 提供位于海口市某村的约 15 亩土地，被执行人 Y 提供建设资金兴建白龙农贸市场，合作期限为 35 年，新的农贸市场建好后，由被执行人 Y 承包经营管理。2004 年 2 月 28 日，申请执行人 X 与被执行人 Y 签订一份《白龙农贸市场建设补充合同书》，双方约定从 2004 年 1 月 1 日起白龙农贸市场由被执行人 Y 承包经营管理，从 2004 年 1 月起每月 5 日前向申请执行人 X 上交承包金，经营期限为 35 年，从 2004 年 7 月 1 日起至 2039 年 6 月 30 日止。被执行人 Y 分别于 2004 年 1 月 14 日、4 月 30 日、6 月 29 日、9 月 27 日向海口市白龙实业开发总公司交纳承包金 6 万元，共计 24 万元。之后，因被执行人 Y 未按约定缴纳承包金，申请执行人 X 遂于 2005 年 3 月 10 日向被执行人 Y 发出《解除合同通知书》，并于 2006 年 4 月 4 日起诉至海口市中级人民法院（以下简称海口中院）。海口中院支持了申请执行人 X 的诉讼请求后，判决解除《合作建设白龙农贸市场合同书》，返还白龙农贸市场的经营管理权。被执行人 Y 不服一审判决，上诉至海南省高级人民法院（以下简称海南高院），省高院于 2008 年 12 月 22 日作出判决，维持原判。

案外人 Z 向海口中院提出执行异议，请求海口中院中止对白龙农贸市场

---

　　[1] 再审：最高人民法院（2013）民申字第 2500 号；二审：海南省高级人民法院（2012）琼民一终字第 48 号。

一楼摊位经营管理权的强制执行，海口中院作出（2009）海中法执字第58－2号执行裁定书和省高院作出的（2011）琼执复议字第8号执行裁定书，分别驳回了案外人Z的执行异议和复议请求。

此外，海南高院在审理被执行人Y、案外人A与案外人B的房屋买合同纠纷一案中，根据案外人B的申请，于2004年9月14日作出民事裁定：①查封被执行人Y对白龙农贸市场一、二、三层的商铺经营权，该经营权不得转让或抵押；②白龙农贸市场未出租的商铺不得出租；③冻结被执行人Y对白龙农贸市场的经营收益590万元。2006年10月24日，海口中院在另案执行程序中作出裁定，查封被执行人Y的上述财产。案外人Z对此提出异议。2006年11月6日，海口中院作出民事裁定，裁定案外人Z对其提出异议的白龙农贸市场摊位经营权通过诉讼予以解决。案外人Z未依裁定提起诉讼。2006年12月21日，海口中院作出《通知》，通知将白龙农贸市场的管理权交给被执行人Y。

（二）裁判要旨

海南高院在审理被执行人Y、案外人A与案外人B的另案房屋买卖合同纠纷中，根据案外人B的申请，于2004年9月14日作出民事裁定，查封过本案的涉案摊位。对于另案的裁定，案外人Z对此提出异议。2006年11月6日，海口中院作出民事裁定，认为"案外人Z是否对其所主张的摊位拥有经营权，也应通过诉讼确认"，并裁定驳回案外人Z以摊位经营权抵投资款的异议。案外人Z未依该裁定提起诉讼。但是，案外人Z因法院裁定查封白龙农贸市场经营权而提出执行异议的事实，足以证明案外人Z与被执行人Y于2007年6月23日签订《摊位租赁合同书》时，知道白龙农贸市场已涉及相关诉讼争议。

此外，申请执行人X于2005年3月就因被执行人Y违约向其发出《解除合同通知》，并于2006年4月4日向法院起诉请求解除其与被执行人Y签订的《合作建设白龙农贸市场合同书》，收回该市场的经营权。对此，案外人Z和被执行人Y是明知的。因此，二审判决认定案外人Z与被执行人Y是在明知白龙农贸市场的承包经营权尚需要法院裁判确定的情况下签订的《摊位租赁合同书》，有法院的执行裁定及申请执行人X提起诉讼的事实予以证明。

《合同法》第52条第2项规定，恶意串通损害国家、集体或者第三人利益的合同无效。本案中，案外人 Z 与被执行人 Y 在明知涉案白龙农贸市场的承包经营权存有诉讼争议，且已被法院裁定查封的情形下，能够预料到合同不能得到履行的风险存在，仍然签订《摊位租赁合同书》，双方明显存在恶意串通的情形。因此，二审判决认定案外人 Z 与被执行人 Y 之间签订的白龙农贸市场的一楼《摊位租赁合同书》系双方恶意串通，且损害了申请执行人 X 的合法利益，确认该租赁合同无效，并无不当。

二、法律问题

被执行人 Y 与案外人 Z 之间，是否存在恶意串通？

三、法理分析

在案外人执行异议之诉中，恶意串通通常表现为虚假租赁、买卖或抵押等多种形式。

1. 买卖。在案外人执行异议之诉中，恶意串通的另一种方式就是债务人与案外人串通合谋，为逃避执行、转移财产，借助形式上合法的法律行为，将涉及债权人权益的涉案标的转移给案外人，造成履行不能的假象，企图达到不履行生效法律文书确定义务的目的，并由案外人提起诉讼。例如，在被执行人 Y 与案外人 Z 的房屋买卖合同合法有效，且客观上可以继续履行的情况下，被执行人 Y 与 C 恶意串通签署买卖合同并办理了产权过户手续，将涉案房屋的产权不正当地转移登记到 C 名下，该行为损害了善意买受人案外人 Z 的合法权利，这就是债务人与第三人恶意串通、买卖标的从而规避执行的典型表现。

2. 租赁。执行程序之下的虚假租赁，是指在人民法院对涉案财产执行时，被执行人与案外人恶意串通，借助假性租约给法院执行设置障碍。当前，虚假租赁成为案外人逃脱法院执行、获取不法利益的一种有效手段，这类现象日益泛滥，最高人民法院公布的指导案例中也有虚假租赁房屋的案件。在执行程序中，恶意的不动产租赁合同主要有两种产生原因：一种是产生于普通的经济往来，这一类的租赁合同通常具有租期较短、按期支付租金的特点；另外一种就是被执行人与案外人恶意通谋，通过不实的租赁合同，来为自身获取不当利益、逃避执行行为，这一种类的虚假租赁大多都租期较长，但租金往往提前一次性清结。虚假租赁这一现象的泛滥也有着不良后果，法律效果与社会影响都十分恶劣：首先，假性租约限制了债权人行使权力，债务人通常以假性租约的存在与债权人进行谈判和对抗。这种行为的结果往往表现为债权人、债务人双方协商；要么部分清偿，债权人放弃剩余债权；要么延长还款期限或者分期履行，债权人被迫与债务人达成协议。哪怕是已经进入了拍卖涉案财产这一环节，假性租约也会影响和阻碍申请执行人维护其合法权益，甚至使租约所涉及的财产在拍卖时价格过低或流拍，申请执行人的合法权益难以保证。其次，买受不动产的权利人权益受到限制。对于购买涉案财产的第三人来说，由于买卖不破租赁这一规定，买受人的所有权也不完整，不能直接使用涉案不动产，其购买该不动产的目的不能实现，收益也会有所减损。再次，虚假租赁将会降低执行效率。执行行为应当注意执行周期的控制，不可过长，从而做到实施有效率的执行。然而，虚假租赁可能会致使执行中止，影响执行程序效率，从而不利于债权人维护其受法律保护的经济利益，进而影响司法公信力。最后，这也会给债务人以纵容增加其恶意订立虚假租约的可能性。因此，如果要制止债务人恶意串通规避执行，就要加大对虚假租赁的打击力度，并完善相关规定。因此，如何预防、识别和认定虚假租赁，成为人民法院执行工作中的重要议题。

3. 抵押。虚假抵押是指债务人虚假设定房产上的抵押权，即在其财产上为他人设定担保物权的负担，危害债权人债权实现的做法。该行为的特点是：①承担义务的债务人以及案外人是行为主体，双方主观上都具有恶意，存在串通共谋的情形；②债务人在涉案财产上设定虚假抵押是为了规避人民法院的执行和逃脱法律制裁，免于被追责的同时获取不正当的财产利益；③若债务人恶意串通未被识别，虚假抵押将侵害债权人受法律保护的权益，将会削弱司法权威、影响司法公信力；④案外人与债权人利益相对：案外人主张其具有涉案财产抵押权，诉请法院维护其抵押权；但债权人要求法院认定债务人与案外人恶意串通，通过虚构抵押关系侵害其合法权益。

虽然恶意串通逃避执行被司法实践所熟知，但在裁判文书检索中可以发现，法院最终认定为恶意串通的案件较为少见。在大多数案件中，法院径行判定恶意串通不存在，或者因原告缺乏证据证明恶意串通行为存在而否定恶意串通的存在。出现这种状况的主要原因在于，原告无法提出充分有力的证据。为了证明恶意串通的存在，原告必须就三个方面提出证据：

第一，债务人存在恶意。认定债务人的恶意，首先要对债务人的明知进行判断，即债务人明知会对国家、集体以及第三人利益造成侵犯，其是否为恶意以串通时为准，法官在判定恶意时会依据债权人提交的证据来认定。然后就要认定债务人有侵害债权人权益的故意，这种故意是具有可归责性的，即债务人是主动的并且能够控制损害结果发生的。

第二，存在串通行为。串通是指债务人与案外人之间存在意思联络与共同故意，均具有借助恶意串通来侵害国家、集体以及第三人利益的目的。客观上，双方串通合作，共谋实施了恶意串通的实行行为。通过对司法实践的观察，当事人的串通行为既可通过明示，也可通过默示的方式来体现其内心真意。认定因恶意串通所做行为无效的行为要素，从行为整体上看，即将恶意与串通结合成为同一整体，也就是将主观层面上的恶意与客观层面的串通相结合。在本案中，案外人 Z 与被执行人 Y 在明知涉案白龙农贸市场的承包经营权存有诉讼争议且已被法院裁定查封的情形下，能够预料到合同不能得到履行的风险存在，仍然签订《摊位租赁合同书》，双方明显存在恶意串通的情形。

第三，存在利益损害。在实践中，债权人与案外人的恶意串通行为常常具有合法的外在表现，债务人与案外人会通过签订借款合同、抵押担保合同或者其他合同等形式来实施恶意串通。这些合同很可能完全符合其作为合同的法定形式要件，也具备共同的意思表示并且合同形式书写规范。案外人往往在人民法院执行过程中依据所具有的证据，向执行法院以合法的程序提出执行异议之诉，通过诉讼来要求实现其对执行财产的权利。恶意串通的案外人在同等条件下还对通过抵押、质押或者留置这类形式达成的债务关系具有得以优先于其他债权人受偿的权利。从而导致真正的债权人即合法权益的享有者的财产权益没能得到真正的保护，而涉案执行标的或者财产权益仍然归属于债务人，或者使债务人获得了大量经济利益，这样不仅是对司法资源的浪费，也是对社会秩序正常运行的极大危害。

分析司法审判案例，依据提起恶意串通诉讼所需证明的三项要素，可以看出，其中原告所承担的举证责任过重。若想要认定串通行为的存在，必须从主客观两方面，即不仅在意思表示上有串通的意思，而且债务人与案外人实施了串通的行为。而若要判定恶意，则要求债权人证明债务人故意的心理状态，就是说其行为动机不良，还需要对债务人存在串通行为提供合法证据加以证明。由债权人承担举证责任，也是引起恶意串通的原因。债权人在参加诉讼时需对债务人故意的心理状态，与双方间串通行为的存在举证证明，而这着实存在着较大的证明难度，因此往往要承担举证不能的不利后果。由债权人来承担该举证责任，纵容了债权人的恶意串通行为的大量产生。

当前我国司法实践中，对有恶意串通行为的当事人通常采取训诫教育的处罚方式，处罚力度较轻，并不触及其经济利益与财产权益。所以，为规制恶意串通行为，要增强处罚力度，对参与恶意串通的债务人与案外人采取严厉的惩罚措施，增强处罚的震慑力。也可从立法层面进一步加以明确，除却基本强制措施外，也可以通过限制当事人出境、限制高消费、将债务人逃避执行的信息录入征信系统，或者向行政机关发出司法建议等新型手段加以处罚，多方联动，威慑债务人履行其应尽义务。若是债权人涉嫌犯罪，则应当依据刑法加以刑事处罚。这样既能震慑当事人，减少规避执行的现象，又能维护司法公信力与审判权威，能够达成良好的法律效果与社会效果。

四、参考意见

《合同法》第 52 条第 2 项规定，恶意串通损害国家、集体或者第三人利益的合同无效。我们在前述法理分析中讨论到，强制执行程序中对恶意串通逃避执行的认定，也主要依据"恶意""串通""利益损害"三个要件。由于恶意串通是在申请执行人的支配领域之外发生的，作为秘密的串通行为的第三者，申请执行人难以获得有力的证据。并且，恶意串通的当事人往往会以合法形式实施串通行为，串通的结果往往具备规范的权利外观。恶意串通行为的"造假容易、揭穿难"是一个结果性的矛盾。

在本案中，被执行人 Y 与案外人 Z 之间的串通行为被揭穿带有一定的偶然因素。具体来说，在被执行人 Y 与案外人 Z 签订《摊位租赁合同书》之前，案外人 Z 曾经在另案中对涉案摊位的权属问题提出过执行异议。这次偶然的救济程序经历，成为本案中认定恶意串通的关键因素。假设没有这次执行异议经历，或者这次执行异议在《摊位租赁合同书》签订之后发生，最高人民法院会作出怎样的裁判？结果不得而知。目前，我国学界对于恶意串通等虚假诉讼规制的文献大多集中于学理的分析和比较法的研究，其为恶意串通等的认定提供了总体的框架。然而，过于抽象的研究结论无法有效地指导实践的现状。恶意串通的实务认定，亟待经验理性的类型化整理。

事实上，除了最高人民法院在本案中采取的分析逻辑之外，以"案外人Z的权利是否能够对抗查封债权人"的对抗关系为视角也是一种可行的思路。两种路径相比较，对抗关系路径更具备规范性。我们无从知道，最高人民法院为什么没有采纳对抗关系路径，而是径行以"被执行人Y与案外人Z之间的权利转移是否真实"为由，驳回案外人Z的诉讼请求。一个可能的解释是："摊位使用权"是一种非典型权利，对于这种非典型权利如何成立对抗关系的分析尚未形成统一意见，不宜过早地表达观点。然而，将分析重点落脚于"是否存在恶意串通"的做法，加大了裁判结果的不确定性。

拓展案例

案例一：案外人Z与申请执行人X等案外人异议纠纷[1]

一、基本案情

（一）案情概要

被执行人Y是广州市甲住宅小区的开发建设单位。2003年9月16日、2003年12月21日，被执行人Y与案外人Z先后两次签订《协议书》，约定将被执行人Y开发的甲住宅小区的某住宅（以下简称涉案住宅）出售给案外人Z，案外人Z向被执行人Y交付定金，其余价款通过银行按揭的方式支付。之后，被执行人Y和案外人Z没有签订《商品房买卖合同》。2004年4月19日，案外人Z在《收楼确认书》上签名，在涉案住宅中一直居住至今。

2001年9月28日，被执行人Y将涉案住宅抵押给乙银行。2002年4月10日，乙银行出具《承诺书》，同意被执行人Y出售上述抵押商品房。但自2003年起，涉案住宅被广州市中级人民法院（以下简称广州中院）查封。2008年，案外人Z等人向广州中院提出执行异议。同年11月25日，广州中院作出执行裁定书，裁定驳回案外人Z等人提出的异议。

---

[1] 最高人民法院（2014）民申字第742号。

2009 年 1 月 7 日，案外人 A 与被执行人 Y 签订《商品房认购协议》并交付定金，约定案外人 A 向被执行人 Y 认购涉案住宅。2009 年 2 月 17 日，被执行人 Y 与案外人 A 签订《商品房买卖合同》。2009 年 2 月 18 日，案外人 A 通过广州市商业银行东风支行转账 71 万余元给被执行人 Y。2009 年 4 月 8 日，广州中院作出民事裁定，解除对被执行人 Y 包括涉案住宅在内的 8 套房产的查封。2009 年 4 月 22 日，被执行人 Y 开具涉案住宅的不动产发票给案外人 A。2009 年 5 月 19 日，案外人 A 取得涉案住宅的契税完税证。2009 年 7 月 6 日，案外人 A 取得涉案住宅的房地产权证。2009 年 11 月 25 日，案外人 A 将涉案住宅抵押给广州市农村信用合作联社。

在涉案住宅被查封期间的 2009 年 2 月 9 日，案外人 Z 向广州中院提出执行异议之诉。

（二）裁判要旨

虽然案外人 A 购买涉案房屋时，房屋仍登记在被执行人 Y 名下，但 2003 年被执行人 Y 已与案外人 Z 签订购房《协议书》，并于 2004 年将涉案房屋交付给案外人 Z 使用至今，且 2008 年案外人 Z 已向一审法院提出执行异议，引起涉案房屋的权属争议。被执行人 Y 在涉案房屋出售并交付给案外人 Z 居住使用多年，且在案外人 Z 正通过诉讼主张涉案房屋产权的情况下，又将该房屋出售给案外人 A，有转移财产之嫌。且对于房屋的交易价格，被执行人 Y 表示其是参照与案外人 Z 签订的《协议书》确定的价格将涉案房屋出售给案外人 A，但在一审法院调解过程中案外人 Z 同意按照该价格购买涉案房屋时，被执行人 Y 坚持要求按照市场价格出售，进而导致调解不成，此后被执行人 Y 又在未告知案外人 Z 的情况下以与案外人 Z 签订协议所约定的价格将涉案房屋出售给案外人 A，此销售价格远低于当时的市场价。因此，被执行人 Y 出售涉案房屋给案外人 A 的行为存在主观恶意。2009 年案外人 A 在购买涉案房屋时已知道有他人在该房屋居住，在被执行人 Y 告知该房屋存在租约的情况下，案外人 A 并未核实租户的具体情况，包括租期、租金等与自身利益直接相关的基本事项，甚至没有核查租赁合同以及查看涉案房屋的现状，案外人 A 的购房行为有违房屋买卖的常理，说明其在购买房屋过程中存在重大过失。被执行人 Y 在一审中已自认涉案房屋附近楼房的销售价格为每平方米18 000 元左右，而案外人 A 购买涉案房屋的价格每平方米才 6000 元左右，说明案外人 A 购买涉案房屋的价格远低于其签订房屋买卖合同时的市场价。案外人 A 采用一次性付款的方式在涉案房屋楼盘购买了包括涉案房屋在内的 5 套房屋，但又拒绝对其资金来源作任何说明；取得涉案房产后又立即将 5 套房屋办理抵押贷款，但又不愿提交抵押贷款合同供法院查明事实，说明案外人 A 有意隐瞒事实。因此，一、二审法院认定案外人 A 并非涉案房屋的善意买受人，依据充分。在被执行人 Y 出售涉案房屋存在恶意，案外人 A 亦非善意买受人，且被执行人 Y 与案外人 A 之间的房屋买卖关系损害了案外人 Z 利益的情况下，一、二审法院均依据《合同法》第 52 条第 2 项的规定，确认被执行人 Y 与案外人 A 的《商品房买卖合同》为无效合同，理据充分。被执行人 Y 主张其与案外人 A 的《商品房买卖合同》合法有效，案外人 A 应取得涉案房屋的所有权，并无事实和法律依据，本院不予支持。

二、法律问题

本案有两个关键的法律问题：

1. 案外人 Z 向法院提起案外人异议之诉，主张排除强制执行，其权利依据是什么？

2. 被执行人 Y 向案外人 A 出售房产的行为，是否构成恶意串通逃避执行？

其中，问题 1 与本节主题关联不大，同学们在讨论时可予以适当省略，将重点置于问题 2，重点思考是什么因素使得法院产生了"恶意串通"的内心确信。

三、重点提示

在本案中，被执行人 Y 在涉案房屋出售并交付给案外人 Z 居住使用多年，且在案外人 Z 正通过诉讼主张涉案房屋产权的情况下，又将该房屋出售给案外人 A，有转移财产之嫌。对于房屋的交易价格，在一审法院调解过程中案外人 Z 同意按照协议价格购买涉案房屋，而被执行人 Y 坚持要求按照市场价格出售，进而导致调解不成，此后被执行人 Y 又在未告知案外人 Z 的情况下，以与案外人 Z 签订协议所约定的价格将涉案房屋出售给案外人 A，此销售价格远低于当时的市场价。因此，被执行人 Y 出售涉案房屋给案外人 A 的行为存在主观恶意。

案例二：案外人 Z 与申请执行人 X 等案外人执行异议纠纷案[1]

一、基本案情

（一）案情概要

葫芦岛市中级人民法院（以下简称葫芦岛中院）根据辽宁高院于 2013 年 9 月 15 日作出的民事调解书，依申请执行人 X 的执行申请启动了对被执行人 Y 的强制执行程序。案外人 Z 向葫芦岛中院提起了案外人异议之诉。

2013 年 12 月 10 日，被执行人 Y 与案外人 Z 向土地管理部门申请变更登记，将涉案土地使用权人由被执行人 Y 变更为案外人 Z。案外人 Z 成立于 2013 年 11 月 4 日，注册资本为 50 万元，企业类型为有限责任公司（法人独资），唯一股东为被执行人 Y，案外人 Z、被执行人 Y 的法定代表人同为谢某某一人。

（二）裁判要旨

本案系案外人执行异议之诉，当事人双方争议的焦点是案外人 Z 是否依法享有可以阻却法院对涉案土地使用权进行强制执行的实体权利。根据《民事诉讼法》第 227 条及《最高人民法院关于人民法院民事执行中查封、扣押、冻结财产的规定》（以下简称《查封规定》）第 17 条的规定，案外人 Z 作为执行案件的案外人，其提出的执行异议具备成立的法定条件，是其为执行标的的所有权人。案外人 Z 为证明涉案土地使用权人在查封前已由被执行人 Y 变更为案外人 Z，向法院提交了 215 号土地证。经审查，首先，该证书上有"此次登记为预登记，根据相关法律法规政策规定，土地登记有效期限与建设用地批准书有效期限一致，逾期无效"的备注。在案外人 Z 主张取得该权属证书的时间至本案诉讼期间，案外人 Z 始终未取得涉案土地的建设用地批准书。因此，依据上述备注信息说明，案外人 Z 所持有的该权属证书是无效的。

1. 葫芦岛中院依据土地管理部门的不动产登记簿记载的内容，依法查封本案诉争的土地使用权，所采取的执行措施并无不当之处。虽然松原市国土资源局出具了"预登记并非是预告登记，该土地登记为变更登记"的说明，但根据《物权法》第 14、17 条的规定："不动产物权的设立、变更、转让和消灭，依照法律规定应当登记的，自记载于不动产登记簿时发生效力。""不

---

[1] 最高人民法院（2016）最高法民申 1079 号。

动产权属证书是权利人享有该不动产物权的证明，不动产权属证书记载的事项，应当与不动产登记簿一致；记载不一致的，除有证据证明不动产登记簿确有错误外，以不动产登记簿为准。"因此，松原市国土资源局出具的说明不能否认其不动产登记簿记载的内容及由其颁发的 215 号土地证上"此次登记为预登记，根据相关法律法规政策规定，土地登记有效期限与建设用地批准书有效期限一致，逾期无效"的备注内容。

2. 葫芦岛中院根据申请执行人 X 的执行申请，查封了涉案土地和涉案土地上的建筑物，被执行人 Y、案外人 Z 及其他案外人均未提出异议。由于涉案土地上已建设的未办理商品房预售许可证的房屋归被执行人 Y 所有，现该房屋已被依法查封，被执行人 Y 将涉案土地使用权单独转让，也不符合相关法律规定。

3. 经审查，葫芦岛中院执行查封涉案土地的依据是辽宁高院于 2013 年 9 月 15 日作出民事调解书，说明申请执行人 X 对被执行人 Y 的债权自 2013 年 9 月 15 日已确定。案外人 Z 成立于 2013 年 11 月 4 日，注册资本为 50 万元，企业类型为有限责任公司（法人独资），唯一股东为被执行人 Y，其主张涉案土地使用权人由被执行人 Y 变更为案外人 Z，向土地管理部门申请登记时间为 2013 年 12 月 10 日，在上述时间内，案外人 Z、被执行人 Y 的法定代表人同为谢某某一人。上述事实说明，谢某某作为案外人 Z、被执行人 Y 两个关联企业的实际控制人，在明知被执行人 Y 的抵押资产无法清偿申请执行人 X 的全部债权的情况下，将本案诉争的土地使用权无偿划至案外人 Z，该行为明显属于恶意转移资产、逃避债务，损害了申请执行人 X 的合法权益。综上，案外人 Z 要求确认涉案土地使用权归其所有，请求解除对该土地的查封，停止对该土地使用权强制执行的主张，不符合《查封规定》第 17 条规定的情形，辽宁高院不予支持，并无不当。

二、法律问题

什么因素是法院对案外人 Z 与被执行人 Y 之间的"恶意串通"产生内心确信的原因？这些因素是偶然因素还是可供一般化的因素？

三、重点提示

在本案中，法院认定属于恶意串通的关键因素主要有两个：其一，案外人 Z 是被执行人 Y 的全资子公司，两个公司的实际控制人为同一自然人。其二，本案诉争的土地使用权是由被执行人 Y 无偿划转至案外人 Z 的。最高人民法院认为，谢某某作为案外人 Z、被执行人 Y 两个关联企业的实际控制人，在明知被执行人 Y 的抵押资产无法清偿申请执行人 X 的全部债权的情况下，将本案诉争的土地使用权无偿划至案外人 Z，该行为明显属于恶意转移资产、逃避债务，损害了申请执行人 X 的合法权益。同学们需要思考，实际控制人同一以及无偿转让这两个因素是否可以直接作为认定"恶意串通"的依据？如果不能，本案中还有哪些因素起到了关键作用，这些因素是否具有普遍意义？

拓展资料

第十二章专题一　案例裁判文书　　　　第十二章专题二　案例裁判文书

| 第十三章 |

执行程序分论

专题一 不动产执行

📚 知识概要

《物权法》第9条第1款规定："不动产物权的设立、变更、转让和消灭，经依法登记，发生效力；未经登记，不发生效力，但法律另有规定的除外。"按照这一规定，我国不动产的物权变动原则上采登记生效主义，除非构成《物权法》第28条（因人民法院、仲裁委员会的法律文书或者人民政府的征收决定等产生的物权变动）、第29条（因继承或者受遗赠产生的物权变动）、第30条（因合法建造、拆除房屋等事实行为产生的物权变动）等法定的例外情形，否则无法取得物权。

但是，在实践中，我国当前的不动产登记制度与房地产开发还存在不少的缺陷。例如，开发商向消费者出售期房时，尚未取得所有的开发许可，导致缴纳了房款的购房者无法获得物权登记（俗称"过户手续"）。或者，开发商虽然取得了全部的开发许可，但销售房屋时已经将开发的楼盘作为在建工程抵押给了银行。根据《物权法》第191条第2款的规定："抵押期间，抵押人未经抵押权人同意，不得转让抵押财产，但受让人代为清偿债务消灭抵押权的除外。"开发商未经银行等抵押权人的同意而向购房者销售房产的，也可能导致购房者无法按购房合同获得物权登记。

房子是当代中国人的命根子，也是中国城市居民最主要的资产配置手段，一套城市住宅甚至可能倾注了祖父母、父母、子女的所有积蓄。再加上，中国社会历来强调"无恒产者无恒心"，如果硬性执行《物权法》的相关规定，不考虑购房者（买受人）的合法权益，把房屋所有权归于开发商等被执行人，并允许申请执行人将该房屋用于实现其金钱债权，可能会使普通居民瞬间失去其相当一部分财富。因此，从社会政策的角度看，严格意义上的登记生效主义对买受人来说是"极不公平的"。为了避免发生严重的社会问题，增强公众对法律的信仰和对司法公平的信心，最高人民法院制定了一系列司法解释，在一定要件下允许尚未获得不动产所有权的购房人以类似所有权人的地位，享有可以对抗第三人的不动产买受人优先权。根据最高人民法院的解读，我国的不动产买受人优先权制度借鉴了德国法上的物权期待权制度。最高人民法院的这种解读可以作为我们思考的逻辑起点，但两国的制度存在较大差异，不宜直接关联。

本节共选取三个案例，均出自最高人民法院。由于不动产买受人优先权制度具备完整、细致的规范要件结构，司法实务得以按照较为统一的论证框架展开。鉴于《执行异议和复议规定》第 28 条为不动产买受人优先权制度的现行一般规定，经典案例与拓展案例均围绕该条展开。

经典案例

案外人 Z 与申请执行人 X 案外人执行异议纠纷案[1]

一、基本案情

（一）案情概要

2011 年 10 月 18 日，案外人 A（郴州市某市政公司）委托案外人 Z 与被执行人 Y 签订某住宅小区（以下简称涉案小区）的施工承包合同，并代表案外人 A 全权负责施工、结算等一切事宜，工程款直接付给案外人 Z 账户。

2013 年 6 月 4 日，项目竣工验收合格。9 月 16 日，被执行人 Y 与案外人 A 确认涉案小区工程造价 2182 余万元。同日，被执行人 Y、案外人 A、案外人 Z 签订《工程款结算还款协议》，约定被执行人 Y 应支付涉案小区建设工

---

[1] 再审：最高人民法院（2017）最高法民申 3536 号；二审：湖南省高级人民法院（2016）湘民终 822 号。

程款税后价款 2182 万余元，已支付 1290 万元，尚欠 892 万余元；建筑工程项目由案外人 Z 负责施工建设，本协议签订后 3 个月内由被执行人 Y 向案外人 Z 支付建设工程款 892 万余元，或以被执行人 Y 开发的涉案小区住宅抵付其拖欠案外人 Z 的工程款。10 月 16 日，案外人 Z 与被执行人 Y 签订 16 份《楼宇认购书》，以总价款 647 万元的 16 套住宅一次性抵付案外人 Z 工程款。同日，被执行人 Y 向案外人 Z 出具了 16 套房屋的购房款收据和《收楼确认书》，并在购房款收据中注明"此房款抵工程款"。但是，上述房屋均未办理网签及产权登记手续。

（二）裁判要旨

本案中，案外人 Z 并非作为一般购房人与被执行人 Y 订立《楼宇认购书》，根据原审查明的事实，其用以抵顶房款的债权属于涉案房产项目的工程款，依法具备优先性。即使不考虑其原先享有的债权属性，从以下几点分析，案外人 Z 对于涉案房产享有的权益亦足以排除他人申请的强制执行。

1. 案外人 Z 已合法占有涉案房屋。根据本案查明的事实，在申请执行人 X 与被执行人 Y 的商品房预售合同纠纷一案中，法院查封涉案房屋的时间为 2014 年 12 月 29 日。而在此之前，案外人 Z 已与被执行人 Y 于 2013 年 10 月 16 日签订《楼宇认购书》，被执行人 Y 在认购书签订当日，即向案外人 Z 出具了 16 套房屋的购房款收据和《收楼确认书》，原判决据此认定案外人 Z 已合法占有该房屋并无不当。

2. 案外人 Z 已支付购房款。2013 年 9 月 16 日，被执行人 Y 与郴州市苏仙市政建设有限公司、案外人 Z 签订《工程款结算还款协议》，约定案外人 Z 对被执行人 Y 享有工程款债权。2013 年 10 月 16 日，案外人 Z 与被执行人 Y 签订《楼宇认购书》，认购被执行人 Y 开发的涉案 16 套房屋，并在认购书及购房款收据中注明此房款抵付工程款，被执行人 Y 亦向案外人 Z 出具购房款收据，表明案外人 Z 已通过抵扣工程款方式支付合同全部价款。

3. 涉案房屋未能办理物权变更登记并非案外人 Z 自身原因所致。根据相关法律规定，已设定抵押的物品并非禁止流通，买受人在购买已设定抵押的物品时，仅需考虑抵押权实现时可能面临的风险，其购买抵押物的行为本身并不构成过错。从本案事实看，导致涉案房屋物权未发生变更登记的原因是其已抵押给华融湘江郴州分行，而非案外人 Z 自身原因所致。虽然案外人 Z

在 2012 年 6 月 20 日向华融湘江郴州分行出具《证明及承诺》，表明其知道涉案在建工程已抵押给该行，但不能就此认定系案外人 Z 单方面的原因导致物权变动未发生。

二、法律问题

案外人 Z 是否享有不动产买受人优先权？

三、法理分析

（一）不动产买受人优先权制度的沿革

中国法上不动产买受人的优先保护，始于 2002 年最高人民法院制定的《关于建设工程价款优先受偿权问题的批复》（以下简称《工程优先权批复》）。《工程优先权批复》第 2 条规定："消费者交付购买商品房的全部或者大部分款项后，承包人就该商品房享有的工程价款优先受偿权不得对抗买受人。"在《工程优先权批复》中，不动产买受人优先权体现了司法解释制定者对于"无恒产者无恒心"的制度关怀，带有相当浓郁的社会救济特征，其保护的核心在于自然人的居住权。《工程优先权批复》第 2 条的优先保护效力的不动产买受人要件可以做一个划分。其中，身份要件包括两点，即"商品房""消费者"，行为状态要件包括一点，即"交付了全部或者大部分款项"。与后期的制度相比，在《工程优先权批复》中，身份要件较为严格、行为状态要件较为宽松。

但是，《工程优先权批复》第 2 条的立法指向在 2004 年制定的《查封规定》中获得了变更。《查封规定》第 17 条规定："被执行人将其所有的需要办理过户登记的财产出卖给第三人，第三人已经支付部分或者全部价款并实际占有该财产，但尚未办理产权过户登记手续的，人民法院可以查封、扣押、冻结；第三人已经支付全部价款并实际占有，但未办理过户登记手续的，如果第三人对此没有错过，人民法院不得查封、扣押、冻结。"相比《工程优先权批复》第 2 条，《查封规定》第 17 条在身份要件和行为状态要件上作出了一松一紧的改变。首先，缓和了身份要件，将能够享受不动产买受人优先权的主体从购买了商品房的消费者扩张到了从所有类型人处（不限于开发商）购买了所有类型不动产（不限于住宅）的所有类型买受人（不限于自然人）。例如，甲公司从开发商处购买了 100 套商铺用于出租营利，也可以成为享受不动产买受人优先权的主体。身份要件的缓和，极大地淡化了不动产买受人优先权的社会救济特征。其次，强化了行为状态要件。《工程优先权批复》第2条规定，"交付购买商品房的全部或者大部分款项"即可享受不动产买受人优先权，而《查封规定》第17条则规定，买受人不仅要"支付全部价款并实际占有"，还应当"没有过错"。换言之，司法解释制定者在放宽了身份要件的同时，拧紧了行为状态要件的螺丝。这样一松一紧的操作，使得不动产买受人优先权从社会救济性质的特别制度变成一种更具有普适性的一般制度，其制度目的从保护自然人的居住权转换为利益相关人之间的事实上的衡平。

从历史沿革可以看出，我国的不动产买受人优先权是双轨制的：一是《工程优先权批复》第2条保护自然人居住权的不动产买受人优先权；二是《查封规定》第17条实现不动产买卖中利益相关人之间的事实上衡平的不动产买受人优先权。自从《查封规定》制定之后，二者一直处于并存的状态。

此后，最高人民法院于2015年制定了《执行异议和复议规定》，这一司法解释对于强制执行程序中涉及实体法判断的各种规定作了统一的清理，不动产买受人优先权的相关制度被涵盖在内。《执行异议和复议规定》继承了之前的不动产买受人双轨制。首先，《执行异议和复议规定》第29条对应《工程优先权批复》第2条，该条规定："金钱债权执行中，买受人对登记在被执行的房地产开发企业名下的商品房提出异议，符合下列情形且其权利能够排除执行的，人民法院应予支持：①在人民法院查封之前已签订合法有效的书面买卖合同；②所购商品房系用于居住且买受人名下无其他用于居住的房屋；③已支付的价款超过合同约定总价款的50%。"与《工程优先权批复》第2条相比，《执行异议和复议规定》第29条有了两点改变：一是在身份要件方面，把"购买了商品房的消费者"转换为"所购商品房系用于居住且买受人名下无其他用于居住的房屋"的买受人。新的规定采取了更严格的要件，将所有的消费者的范围予以限缩。《执行异议和复议规定》第29条直接点出了"居住"二字，是对不动产买受人优先权制度之社会救济目的的明确宣示。二是在行为状态要件方面，对"交付了全部或者大部分款项"作了进一步的明确，将其解释为"已支付的价款超过合同约定总价款的百分之五十"。此外，"在人民法院查封之前已签订合法有效的书面买卖合同"是一个隐性的要件，《执行异议和复议规定》对其予以明示。其次，《执行异议和复议规定》第28

条对应《查封规定》第 17 条，该条规定："金钱债权执行中，买受人对登记在被执行人名下的不动产提出异议，符合下列情形且其权利能够排除执行的，人民法院应予支持：①在人民法院查封之前已签订合法有效的书面买卖合同；②在人民法院查封之前已合法占有该不动产；③已支付全部价款，或者已按照合同约定支付部分价款且将剩余价款按照人民法院的要求交付执行；④非因买受人自身原因未办理过户登记。"《执行异议和复议规定》第 28 条延续了《查封规定》第 17 条的基本框架。具体来说，《执行异议和复议规定》第 28 条对身份要件未作限制，允许所有类型买受人成为不动产买受人优先权的主体。就行为状态要件而言，主要从三个方面予以审查：占有、支付全部价款、对未能过户登记无过错。其中，《执行异议和复议规定》对支付全部价款的要件作了宽松的处理。实践中，在一部分不动产买卖中，由于各种原因，购房人并没有向开发商支付全部的购房款（例如，购房人可能会与开发商约定，在项目达到能够办理过户登记的状态之前，购房人缓缴一部分购房款）。考虑到这些现实的问题，新的司法解释允许买受人"将剩余价款按照人民法院的要求交付执行"之后，获得不动产买受人优先权。买受人向法院交付的剩余价款将用于对被执行人的其他债权人的清偿，体现了优先权人与"劣后权人"之间的衡平。这一规定既照顾到了中国的实际，又在实施层面便于操作，值得称赞。

在最高人民法院的裁判中，也出现了《执行异议和复议规定》第 28 条和第 29 条竞合时的处理问题〔例如，最高人民法院（2016）最高法民申 2736 号〕。申请执行人（债权人）主张，在"被执行人是房地产开发企业时"，案外人是否享有足以排除强制执行的权利，应当根据《执行异议和复议规定》第 29 条而不是第 28 条。由于《执行异议和复议规定》第 28 条与第 29 条是基于不同的制度目的而形成的双轨制条款，是一般法与特别法的关系，即包含关系，而不是非此即彼的并列关系。因此，申请执行人将《执行异议和复议规定》第 28 条和第 29 条置于对立的位置，这样的理解显然是错误的。在（2016）最高法民申 2736 号裁定书中，最高人民法院对上述问题作出了明示性的判断："《执行异议规定》第 28 条规定，金钱债权执行中，买受人对登记在被执行人名下的不动产提出异议，符合下列情形且其权利能够排除执行的，人民法院应予支持：①在人民法院查封之前已签订合法有效的书面买卖合同；②在人民法院查封之前已合法占有该不动产；③已支付全部价款，或者已按照合同约定支付部分价款且剩余价款按照人民法院的要求交付执行；④非因买受人自身原因未办理过户登记。第29条规定，金钱债权执行中，买受人对登记在被执行的房地产开发企业名下的商品房提出异议，符合下列情形且其权利能够排除执行的，人民法院应予支持：①在人民法院查封之前已签订合法有效的书面买卖合同；②所购商品房系用于居住且买受人名下无其他用于居住的房屋；③已支付的价款超过合同约定总价款的50%。富申公司主张因同方公司系房地产开发企业，应当适用第29条而非第28条，本院认为，该司法解释的两个条款并非以被执行人是否系房地产开发企业作为区分标准，第28条系普适性的条款，对于所有类型的被执行人均可适用，而第29条是专门针对房地产开发企业的被执行人而规定的特别条款。房地产开发企业作为被执行人的案件中，既可以适用特别条款也可以适用普通条款。"

（二）不动产买受人优先权的要件

在本专题中，我们主要就不动产买受人优先权的一般条款《执行异议和复议规定》第28条的相关案例进行分析。该条款规定了四个条件，但其中的"在人民法院查封之前已签订合法有效的书面买卖合同"宜与"已支付全部价款，或者已按照合同约定支付部分价款且剩余价款按照人民法院的要求交付执行"合并处理，作为"交易的真实存在"统一讨论。此外，由于"已按照合同约定支付部分价款且剩余价款按照人民法院的要求交付执行"后半部分的"剩余价款按照人民法院的要求交付执行"是建立在法院认定买受人满足不动产买受人优先权的所有要件的前提之上的，虽然其构成了要件的一部分，但不属于法院的审查内容，下文不予讨论。

1. 交易的真实存在。司法实践中，当事人恶意串通骗取不动产买受人优先权的情况经常发生。基于社会生活的常识，不动产买卖的标的额往往较大，法院不能仅凭借收条及当事人陈述等形式性判断方法作出判断。例如，不动产的价格超过100万人民币，但该大额交易无银行转账等任何交易流水，买受人主张全款现金交易。此时，法院应尽量查明当事人财产现状、当事人与他人之间关系，综合交易习惯、财产状况、资金流向、付款方式等因素，排除被执行人与第三人恶意串通的合理怀疑，避免损害债权人利益。不过，经验法则并非科学法则，在适用时不能过于苛责。例如，房屋买卖合同未加盖商品房预售备案章，按照经验法则合同未成立，但若已申请备案登记，交易就有可能是真实存在的。又如，在商品房买卖合同的履行过程中存在先交款开临时收据，之后再换正式票据的情形，所以以付款时间晚于交房时间为由否认《商品房买卖合同》真实性的观点不可轻易采纳。再如，双方签订的房屋买卖合同存在条款表述相互矛盾之处，那么法院就应该仔细审查、辨别该条款是否为合同核心或较重要内容，以得出合同是否真实的结论。

2. 实际占有。占有是物权法当中的概念。自被执行人将财产交付至第三人可实现有效的管控时，第三人便完成了对标的物的实际占有，此种占有可以是直接占有，也可是间接占有。在适用《执行异议和复议规定》第28条时，"合法占有不动产"要件的理解往往会存在分歧。根据最高人民法院的解读，在保护案外人的物权期待权的同时，为了减少被执行人与案外人恶意通谋损害申请执行人的合法权益的可能性，案外人需要在法院对不动产查封之前已经占有。不过，这种"占有"并不以实际入住为判断标准，只需要案外人对该不动产已经享有了事实上的管理权和支配权即可。例如，买受人已经将房屋钥匙交由第三方物业公司管理，由物业公司接受业主的委托对房屋进行实际的管理，可以视为买受人对房屋进行了实际控制和管理。在各类证据当中，《商品房交付使用交接书》、缴纳物业管理服务费的票据等是比较有说服力的证据。我们在前面提到，不动产买受人优先权是双轨制的。其中，作为一般条款的《执行异议与复议规定》第28条（前身是《查封规定》第17条）重视的是不动产买卖过程中各类利益相关人的利益衡平，实际占有的意义在于其外在的公示效力，因此占有的模式不是重要的考虑因素。与此相对，作为特别条款的《执行异议与复议规定》第29条（前身是《工程优先权规定》第2条）重视的则是自然人居住权的保护。此时，买受人对不动产的占有应具有实质内涵，即应当是以居住为目的的。具体来说，买受人或者其近亲属应当实际居住于涉案住宅，或者处于装修中等实际居住的准备阶段。

3. 买受人无过错。在《查封规定》第17条的阶段，第三人无过错的问题较为复杂。因为行为是主客观结合的产物，因而在判断第三人行为有无过错时，究竟将判断的重点置于主观判断还是客观判断就成为重要的问题。如果将重点置于主观判断，则买受人必须证明其没有怠于行使其权利；而如果将重点放置于客观判断，则买受人只需要证明未办理过户登记手续归责于自己。在实际生活中，登记手续的不完善、出卖方的懈怠、标的物瑕疵、登记部门"打太极"等现象比比皆是，这些原因都可能造成未能办理过户登记手续，此时，如果采取重视主观方面的立法模式，要求买受人就其曾经"以诉讼或其他方式向被执行人要求办理涉案房产的产权变更手续等方式积极地行使权利，但被执行人不予协助和配合"负证明责任的话，由于除了诉讼之外的维权行动通常是非正式的，通常难以留存文书等确凿的证据，买受人将极易因无法履行证明责任而败诉。因此，《执行异议和复议规定》第 28 条选择了重视客观要素的路径，用"非因买受人自身原因未办理过户登记"替代"第三人对未办理过户登记手续没有过错"的表达。在现行法的框架下，虽然在法律明确物权变动只有在登记后才生效，买受人有义务积极行使其权利，督促出卖方履行合同义务、办理过户登记手续，以使标的物之权利尽快确定，但只要未办理登记不能归咎于买受人，其利益就应当受到保护，这也符合民法的公平原则。例如，被执行人（开发商）尚未就其开发的商住区项目办理产权总登记，案外人所购买的商品房自然也就不具备办理产权过户登记的条件，那么可以直接认定买受人不存在过错。又如，开发商将在建工程整体抵押给了银行，导致无法过户，法律也可以认定为买受人不存在过错。在审理中，法院还要特别关注是否存在买受人与被执行人恶意串通的情况，买受人明知被执行人系为逃避债务或其为无权处分等的，不满足法定要件。

四、参考意见

本案中，案外人要求排除执行的主张是否应予以支持，必须分析其是否满足不动产买受人优先权的三个要件：

1. 交易真实存在。案外人并非作为一般购房人与被执行人订立《楼宇认购书》，而是其用以物抵债的方式获得涉案房产。最高人民法院认为，"根据原审查明的事实，其用以抵顶房款的债权属于涉案房产项目的工程款，依法具备优先性。即使不考虑其原先享有的债权属性，从以下几点分析，案外人 Z 对于涉案房产享有的权益亦足以排除他人申请的强制执行"。并且，根据

"2013 年 9 月 16 日，被执行人 Y 与郴州市苏仙市政建设有限公司、案外人 Z 签订《工程款结算还款协议》，约定案外人 Z 对被执行人 Y 享有工程款债权。2013 年 10 月 16 日，案外人 Z 与被执行人 Y 签订《楼宇认购书》，认购被执行人 Y 开发的涉案 16 套房屋，并在认购书及购房款收据中注明此房款抵付工程款，被执行人 Y 亦向案外人 Z 出具购房款收据，表明案外人 Z 已通过抵扣工程款方式支付合同全部价款"。在本案中，最高人民法院认为，被采取以物抵债方式清偿的债权的性质不重要，"即使不考虑其原先享有的债权属性"也可以认定为存在真实的买卖。然而，在另案（2015）民申字第 530 号裁定中，最高人民法院却采取了不同的立场。最高人民法院在该案中认为，案外人并非通过与被执行人订立房屋买卖合同而是通过签订《债务清偿协议》约定以房屋抵债而占有涉案房屋的，两者之间设立的是借贷法律关系，而非房屋买卖合同法律关系，因此不能适用《查封规定》第 17 条。那么，同样是以物抵债，为何本案构成真实的买卖，而另案（2015）民申字第 530 号则不构成真实的买卖呢？建设工程优先受偿权转化成其他财富存在形式的，是否保留原来的优先权性质？是否就是这一转化，实质上影响了法官的判断？

2. 实际占有。在本案中，被执行人 Y 在认购书签订当日，即 2013 年 10 月 16 日向案外人 Z 出具了 16 套房屋的《收楼确认书》，而法院查封涉案房屋的时间为 2014 年 12 月 29 日。最高人民法院据此认定，案外人 Z 实际占有涉案住宅的时间早于法院查封。我们在法理分析中提到，这种"占有"并不以实际入住为判断标准，只需要案外人对该不动产已经享有了事实上的管理权和支配权即可，法院在本案中认定案外人已经通过《收楼确认书》的方式获得管理权和支配权并无不可。但是，《收楼确认书》是在案外人 Z 与被执行人 Y 之间签订的，不具备任何的公示效果。在实践中，无论是机打文件的形成时间鉴定还是手写文件的形成时间鉴定，都没有客观科学的鉴定方法，包括法院在内的、缔约当事人之外的第三人无法获知该确认书是否真实签订以及真实的签订时间。考虑到司法解释将实际占有作为要件的目的是对抗关系，仅将不具备公示效力的观念上的占有认定为"实际占有"的做法，存在商榷的余地。

3. 买受人无过错。在本案中，案外人作为买受人是否无过错的问题，较为明确。最高人民法院认为，"根据相关法律规定，已设定抵押的物品并非禁止流通，买受人在购买已设定抵押的物品时，仅需考虑抵押权实现时可能面临的风险，其购买抵押物的行为本身并不构成过错。从本案事实看，导致涉案房屋物权未发生变更登记的原因是其已抵押给华融湘江郴州分行，而非案外人 Z 自身原因所致。虽然案外人 Z 在 2012 年 6 月 20 日向华融湘江郴州分行出具《证明及承诺》，表明其知道涉案在建工程已抵押给该行，但不能就此认定系案外人 Z 方面的原因导致物权变动未发生"。由此可见，判断买受人是否无过错，并非采用一般民法规则中"知道或应当知道"的主观模式，而是采用"买受人的过错是否是造成无法过户的原因"的客观模式。

拓展案例

案例一：北京富申联合供应链管理有限公司与刘乃生案外人执行异议纠纷案[1]

一、基本案情

（一）案情概要

案外人刘乃生与被执行人北京富申联合供应链管理有限公司（以下称富申公司）于 2010 年 3 月 24 日签订《商品房预定书》，购买涉案房产，实际成交总价 367 734 元。2011 年 7 月 1 日，被执行人富申公司向案外人刘乃生开具房款 367 734 元的《收款收据》。2011 年 7 月 20 日，被执行人富申公司向案外人刘乃生开具位于沈阳市某住宅（以下简称涉案住宅）的《入住通知单》。被执行人富申公司陈述其于 2009 年将涉案住宅的钥匙交给物业公司存放，沈阳同峰物业有限公司为案外人刘乃生开具了《入住汇签单》。基于上述已经查明的事实，本案的关键在于能否认定案外人刘乃生已经实际占有房屋。

（二）裁判要旨

本院认为，《查封规定》第 17 条规定，"被执行人将其所有的需要办理过户登记的财产出卖给第三人，第三人已经支付部分或者全部价款并实际占有

---

〔1〕 再审：最高人民法院（2016）最高法民申 2736 号；二审：辽宁省高级人民法院（2016）辽民终 116 号。

该财产但尚未办理产权过户登记手续的，人民法院可以查封、扣押、冻结；第三人已经支付全部价款并实际占有，但未办理过户登记手续的，如果第三人对此没有过错，人民法院不得查封、扣押、冻结"。根据上述条款规定，案外人在未办理财产登记的情况下，虽不能依照《物权法》的规定取得物权，但符合下列条件的，仍享有排除强制执行的民事权利：一是被执行人与案外人签订买卖合同；二是案外人已经支付全部价款；三是案外人实际占有财产；四是未办理登记并非案外人的原因造成。

被执行人富申公司已经向案外人刘乃生出具《入住通知单》表示交付房屋，并将房屋钥匙交由第三方物业公司管理，物业公司系为业主服务的第三方管理人，其管理钥匙的行为应认定为受业主委托进行管理，案外人刘乃生作为业主可以随时取回房屋钥匙，因此案外人刘乃生已经对房屋进行了实际控制和管理，而房屋的实际占有，应以实际控制为标准，至于购房人是否实际入住则不是房屋占有的必要条件。至于富申公司提出的涉案房产并非案外人刘乃生的唯一居住用房，属于闲置房等主张，并不影响案外人刘乃生作为购房人实际控制房产的事实，本院不予支持。综上，二审法院认定事实清楚，本院予以维持。

二、法律问题

被执行人富申公司已经向案外人刘乃生出具《入住通知单》并将房屋钥匙交由第三方物业公司管理的行为，是否可以被认定为案外人刘乃生已经实际占有涉案住宅？

三、重点提示

本案的关键问题在于，案外人是否已经满足"实际占有"的要件。在不动产买受人优先权问题上，所谓实际占有，是指案外人对该不动产已经享有了事实上的管理权和支配权。最高人民法院认为，房屋的实际占有应以实际控制为标准，购房人是否实际入住则不是房屋占有的必要条件。本案中，被执行人富申公司没有直接向案外人刘乃生交付钥匙，而是将钥匙移交给物业公司管理，由于案外人刘乃生可以从物业公司处随时取回钥匙，故其已经对房屋进行了实际控制和管理。

案例二：案外人 Z 与申请执行人 X 等案外人异议纠纷[1]

一、基本案情

（一）案情概要

2008 年 12 月 20 日，案外人 Z 的母亲案外人 A 与被执行人 Y 签订《商品房买卖合同》，购买被执行人 Y 开发的西安市某大厦房屋（以下简称涉案住宅），但始终未办理不动产变更登记。2012 年 3 月 9 日，西安市中级人民法院（以下简称西安中院）作出执行裁定书，查封了涉案住宅。案外人 Z 向西安中院提出案外人异议后被驳回，随后提起案外人异议之诉。

（二）裁判要旨

2009 年 2 月 7 日，案外人 Z 与陕西兴盛物业管理有限公司就涉案住宅签订《前期物业服务管理协议》及涉案房屋收楼、入住手续。2010 年 3 月 29 日，案外人 Z 向西安市房屋管理局缴纳了西安市房屋专项维修资金 13 907.52 元。2012 年 12 月 28 日，案外人 Z 向西安市莲湖区财政局缴纳了涉案住宅的契税 13 840 元。2008 年 12 月 10 日，案外人 Z 的父亲案外人 B 与租户一签订的《写字楼租赁合同》、2012 年 1 月 1 日其与租户二签订的《房屋租赁合同》、2013 年 1 月 18 日陕西兴强物业服务有限公司与租户三签订的《房屋租赁合同》及物业费票据等进一步证明案外人 Z 以对外出租的形式使用房屋。至于案外人 Z 在购买和入住之前就已经与承租人租户签订租赁合同，并不足以影响对案外人 Z 在人民法院查封之前已合法占有该不动产这一事实的认定。

2008 年 12 月 27 日，被执行人 Y 给案外人 Z 出具了售房专用收款收据，载明了涉案房屋的房号与房款总额，并盖有被执行人 Y 的财务专用章。对于此关键证据，振安公司并未提供相反证据予以否认。至于涉案房产契税完税证明、专项维修基金收据和房屋买卖合同上载明的房屋面积不一致的问题，属于房屋买卖过程中的正常现象，房屋最终面积是以产权证的记载为准，上述不一致的情况不影响对案外人 Z 支付价款的认定。综上，案外人 Z 已支付全部价款。

---

[1] 再审：最高人民法院（2017）最高法民申 3983 号；二审：陕西省高级人民法院（2016）陕民终 650 号。

2007年6月28日，被执行人Y以案外人C的名义签订《商品房买卖合同》购买涉案住宅，同时《商品房买卖合同》在西安市房屋管理局已备案登记在案外人C名下，同时在该房产上还设定了抵押。案外人C也承认被执行人Y借用其名字购房并抵押贷款，其从未付过款，也未办理过产权过户手续，其不是该涉案售房合同所属房屋产权人。在案外人Z购买涉案房屋之前，被执行人Y以案外人C的名义签订《商品房买卖合同》并将合同备案，还设定了抵押，设定抵押权的房产不能过户，故无法过户登记的责任在于被执行人Y，非因买受人案外人Z自身原因未办理过户登记。综上，案外人Z提出执行异议符合《执行异议和复议规定》第28条的规定，案外人Z对涉案房屋享有足以排除强制执行的民事权益，依法不得执行该房屋。

二、法律问题

本案有三个关键的法律问题：

1. 买受人是否已经实际占有房屋？具体来说，哪些行为是认定实际占有的关键？

2. 买受人是否已经支付全部购房款？

3. 买受人对于房屋未过户，是否存在过错？

三、重点提示

1. 就买受人是否已经实际占有房屋的问题，案外人不仅办理了收楼、入住手续，还向西安市房屋管理局缴纳了西安市房屋专项维修资金、向西安市莲湖区财政局缴纳了涉案住宅的契税，并将房屋先后出租给三个租户。其中，虽然部分租赁合同存在租赁合同的始期早于买受人购房日期的问题，但不足以否定租赁合同的真实性。本案中，案外人向房管局和财政局缴纳了房屋专项维修基金和契税的行为，在证明买受人已经具备实际占有的问题上起到了相当大的作用，假设没有这两项公信力较强的费用缴纳行为，法院可能会作出不同的事实认定。

2. 涉案房产的契税完税证明、专项维修基金收据与房屋买卖合同上载明的房屋面积存在不一致的问题，申请执行人X以主张案外人Z并未支付全部价款。但法院认为，这种程度的不一致属于房屋买卖过程中的正常现象，房屋最终面积是以产权证的记载为准，不影响对案外人 Z 支付价款的认定。

3. 对于买受人是否有过错的问题，采用"买受人的过错是否是造成无法过户的原因"的客观模式，而不是采用一般民法规则中"知道或应当知道"的主观模式。本案中，由于被执行人将涉案房屋抵押给了案外人 C，导致案外人 Z 无法办理过户，不能认定案外人 Z 存在过错。

专题二　债权执行

知识概要

在强制执行实务中，银行存款是极其重要的执行对象。和其他类型的财产相比，银行存款有着鲜明的特点，即银行存款是一种流动性很强的财产，在很多情况下银行存款就是金钱的代名词。由于对银行存款的强制执行无需经历类似于不动产执行的查封、变价、分配等漫长的过程，其具有极高的效率，对于债权人来说，银行存款是优质的执行标的。不过，围绕银行存款的强制执行也是执行救济的高发区，其在我国的案外人执行异议之诉的实践中占了不小的比例。在这类案件里，案外人的执行异议成立与否主要取决于银行存款的归属主体，因此银行存款的归属判定就成了解决金钱类执行异议之诉的重中之重。

然而，围绕银行账户存款的归属问题，民事实体法上存在争议。特别是，当有意或偶然发生存款名义人与货币实际来源人不一致的情况时，如何认定该存款债权的权利归属就成为一个理论和实践上的难题。具体来说，银行存款是存款人因在银行开立账户并将货币存入账户而对银行产生的债权，关于这种债权的本质，至少有两种截然对立的思路。首先，如果侧重存款债权是实物货币并存储于银行账户的一面，即强调存款债权的渊源，那么围绕存款债权的法律逻辑就受到实物货币（动产）的影响，掺入一定的物权考量。其次，如果是侧重存款债权是一种记账债权的一面，即强调作为结果的存款债权，那么围绕存款债权的法律逻辑就会主要受到债权的影响，遵循债权的逻辑规则。一般认为，我国司法实践倾向于采取前一种思路，将现金的"占有即所有"法则转用于存款货币，以解决存款的归属和返还问题。然而，在本节选取案例中，大家可以发现，这种理解并不一定准确。如附于案例后的裁判要旨所述，在最高人民法院层级，虽然"占有即所有"法则往往形成双方当事人的攻防重点之一，但该法则并没有起到决定性作用。

实践中，有关银行存款的案外人执行异议的案件类型丰富复杂，为了体现这种特色，本节选取的三个案例也各具特色。首先，经典案例系错误汇款案，最高人民法院在论证是否属于"误划、误转"的问题上使用了大量的论证篇幅，卓有趣味。其次，拓展案例一是对存放于保证金账户中款项进行强制执行的案例。在该案中，尽管账户外观没有任何变化，相关款项却发生了控制权的转移。最后，拓展案例二是向他人出借金钱存放于保证金账户的案例。在该案中，案外人是否失去了对涉案金钱的控制，是在何时因何原因失去控制，是关键的判断要素。

经典案例

案外人 Z 与申请执行人 X 等案外人异议纠纷案[1]

一、基本案情

（一）案件概要

2015 年 7 月 3 日，案外人河南省金博士地开发有限公司（以下称金博公司）向被执行人 Y 开设于建设银行的账户先后转账四次，共计近 437 万元。四份转账均完整保留凭证，回单的"客户附言"处分别载明："甲县 2012 年项目二标段""甲县 2012 年项目三标段""甲县 2013 年项目三标段""乙县 2012 年 2013 年项目"。

但是，因被执行人 Y 与申请执行人 X 之间的另案执行程序，被执行人 Y 的建设银行账户已经于 2015 年 1 月 10 日被榆林市中级人民法院（以下简称榆林中院）冻结。案外人金博公司向该账户划入上述四笔款项之后，榆林中院于 2015 年 7 月 6 日将上述款项扣划至该院执行账户。此后，案外人金博公司以上述四笔款项系误转为由，向榆林中院提出执行异议，榆林中院裁定驳

---

［1］ 再审：最高人民法院（2017）最高法民申 322 号；二审：陕西省高级人民法院（2016）陕民终 679 号。

回其执行异议后，案外人金博公司向该院提起执行异议之诉。

（二）裁判要旨

本案双方争议的焦点问题是：案外人金博公司就涉案款项424万余元享有足以排除强制执行的民事权益。

1. 要判定案外人金博公司就涉案款项是否享有足以排除强制执行的民事权益，须以判定涉案款项的归属为前提；而本案中涉案款项的归属，取决于案外人金博公司向被执行人Y划款的行为是否确系误划。

根据本院查明事实，甲县工程完工之后，经双方及审核单位结算审核，案外人金博公司应付被执行人Y工程款1647万余元，案外人金博公司已通过甲县财政部门向被执行人Y付款1634万余元，尚欠12万余元未支付。根据常理，案外人金博公司仅需向被执行人Y支付尚欠工程款12万余元即可，但是，案外人金博公司于2015年7月3日先后向被执行人Y划款四笔，共计近437万元。对此，案外人金博公司称，其财务人员在向被执行人Y支付尚欠工程款时，本应按照审核决算价减去已付工程款的计算方法，支付尚欠工程款12万余元，但其误将被执行人Y报送的申报结算价作为审核结算价进行计算，以至于错误得出涉案甲县项目三个标段的应付款为137万余元、102万余元、159万余元。案外人Z与案外人A外聘财务人员为同一人，因案外人金博公司与案外人A（万博公司）名称相近，且支付对象均为被执行人Y，该财务人员又误将案外人A欠付被执行人Y的37万余元通过案外人Z的账户，一并转账给被执行人Y。经审查，案外人金博公司于2015年7月3日向被执行人Y支付的四笔款项，在每一笔划款回单的"客户附言"处均载明所付款项对应的标段名称，其中三笔款项注明的标段名称与涉案甲县项目三个标段名称吻合，且款项数额与对应标段申报结算价扣减已付工程款之后的差额完全一致；另一笔款项注明"乙县2012年2013年项目"，与乙县项目名称一致，款项数额与案外人A在乙县项目中欠被执行人Y工程款数额亦相符。被执行人Y亦认可案外人金博公司仅欠其工程款12万余元，其余款项系误划，并表示愿意将上述误转款项返还给案外人金博公司。案外人金博公司关于涉案款项系误划的诉讼主张符合常理和日常逻辑，且与上述事实相符，应予认定。

2. 由于案外人金博公司向被执行人Y划款424万余元系误转所致，案外人金博公司对于划款行为不具有真实的意思表示，被执行人Y亦缺乏接受款项的意思表示，故该划款行为不属于能够设立、变更、终止民事权利和民事义务的民事法律行为，而仅属于可变更或撤销的民事行为——即该误转款项的行为未能产生转移款项实体权益的法律效果，该款项的实体权益仍属案外人金博公司所有，而不属于被执行人 Y。涉案款项虽因误转进入被执行人 Y 账户，但因该账户已被榆林中院冻结，在款项进入冻结账户后即被榆林中院扣划至其执行账户，故该款项事实上并未被被执行人 Y 占有、控制或支配，且因账户冻结及被划至执行账户使其得以与其他款项相区别，已属特定化款项。在此情况下，案外人金博公司对该 424 万余元款项享有合法的民事权益，该民事权益足以排除榆林中院对该款项的强制执行。

3. 申请执行人 X 主张货币属于一种特殊的种类物，其性质和职能决定货币的所有权不得与对货币的占有相分离，即货币"占有即所有"原则，且该原则并无例外，不适用《物权法》第 34 条（无权占有）、第 245 条（占有人的物权请求权）规定，因此其认为案外人金博公司只能根据不当得利之债的相关规定而另案主张权益，二审判决在本案中排除适用上述原则，实质上适用《物权法》第 34 条规定处理本案属适用法律错误。

"占有即所有"的主张在本案中不能成立，理由如下：①虽然货币属特殊种类物，在一般情况下适用"占有即所有"原则，但本案中案外人金博公司向被执行人 Y 误转 424 万余元，系通过银行账户转账实现，并非以交付作为"物"的货币予以实现，被执行人 Y 事实上并未从案外人 Z 处获得与涉案款项 424 万余元相等价的货币；且如前所述，涉案款项因被榆林中院冻结账户并直接扣划至执行账户，被执行人 Y 并未实际占有、控制或支配上述款项。因而，本案中并不存在申请执行人 X 所主张的作为"特殊种类物"的货币，且被执行人 Y 亦并未占有涉案款项，故不具备适用"货币占有即所有原则"的基础条件，二审法院未适用该原则处理本案并无不当。②案外人执行异议之诉旨在保护案外人合法的实体权利，在已经查明涉案款项的实体权益属案外人案外人 Z 的情况下，直接判决停止对涉案款项的执行以保护案外人的合法权益，该处理方式符合案外人执行异议之诉的立法目的，也有利于节省司法资源和当事人的诉讼成本；如仍要求案外人再通过另一个不当得利之诉寻求救济，除了增加当事人诉讼成本、浪费司法资源之外，并不能产生更为良好的法律效果和社会效果，亦不符合案外人执行异议之诉的立法初衷。

二、法律问题

最高人民法院有没有将"占有即所有"作为逻辑的起点？如果没有的话，它的逻辑思路是什么？

三、法理分析

针对银行存款债权的性质，我国学界主要有两种观点。

1. 物权说认为，存款人在将一定数额的金钱存入银行账户中后，仍然对该笔金钱享有所有权。这种观点的逻辑基点是，存款人将资金存入银行的行为是一种特殊的货币贮藏方式，即通过暂时让渡使用权而保留其所有权，是一种延期的消费支出。存款人可以按照存款合同的约定行使取回存款的物权请求权，而银行则取得对存入的资金的利用权。物权说在原社会主义法系国家中比较盛行，我国受苏联法学的影响，在立法中也倾向于将存款人对于银行存款的权利看作是物权。例如，《民法通则》第 75 条、《物权法》第 65 条规定保护私人合法储蓄，似乎将存款作为所有权的客体，《储蓄管理条例》第 5 条也规定"国家保护个人合法储蓄存款的所有权"。进一步，《中国人民银行关于执行〈储蓄管理条例〉的若干规定》第 3 条规定，"国家宪法保护个人合法储蓄存款的所有权不受侵犯"。

2. 债权说认为，存款人将自己的资金存入银行后，对于存款人存入的钱款，由银行取得所有权；而存款人转让资金所有权的代价，仅是取得相应的偿还请求权，也就是债权。也就是说，存款合同转移了该项存款的所有权，存款所有权由存款人转移给了银行，并且同时取得了与存款数额相等的债权。这种观点的逻辑基点是：存款人将资金存入银行的行为是一种所有权的转让，存款人因此丧失所有权，并转而取得作为债权的转让对价。债权说是大陆法系和英美法系国家的通说观点。例如，《意大利民法典》规定，银行对于存入的货币享有所有权，并在约定期间届满时，或者是存款人提出请求时，银行负有返还同种货币的义务。《瑞士债法典》规定，经明示或者默示约定寄托存款的，寄托人不必返还寄托时的存款，只要求返还与寄托的存款数额相同的金钱。美国的法律在处理银行与存款人的法律关系时，是将银行作为债务人而非受托人，银行没有义务将两个存款人的金钱分隔存放，银行并不是金钱的受托人。英国法与美国法持相同的态度，银行可以为自己的需求使用存款人存入的金钱，在存款人要求时或者在到达一定时间后，向存款人支付相等数额的金钱。我国《商业银行法》第 71 条第 2 款规定："商业银行进行破产清算时，在支付清算费用、所欠职工工资和劳动保险费用后，应当优先支付个人储蓄存款的本金和利息。"由此来看，《商业银行法》的规定似乎采取了债权说的观点。

要区分银行存款是属于物权还是债权，具有重要的意义。假设我们采取物权说的观点，将银行存款看做是一种物权，那么实际把金钱存入银行的人，将拥有银行存款的所有权。虽然在通常情况下，银行存款的账户名称一般就是银行存款的所有人，以银行账户名称来判定存款归属是判断银行存款归属的一般规则。但是如果发生实际存入金钱的人与账户户主（外观上存入金钱的人）不符的情形，实际存入金钱的人以案外人身份提起案外人异议之诉的，法院将支持实际存入金钱的人排除强制执行的请求。

然而，严格意义上的物权说与债权说，都不是最优的选择。因为，物权说的实质是，"向银行账户存入金钱的人"对存入的金钱拥有绝对的支配权，债权说的实质则是"银行"对存入账户的金钱拥有绝对的支配权，二者都是建立在拟制的基础上的，未必符合普通大众对于存款账户的社会认知。具体来说，虽然银行对于存储在若干存款账户的金钱没有分别管理的义务，"账户"只是一种会计处理的记账工具，不具有物理隔绝作用。但是，每个账户都构成了一个独立的支配对象，并且由于银行通常会向账户户主实施无条件的、即时的兑付，使得银行存款具备了极强的流动性，在社会认知层面，"账户户主"才是对存入账户的金钱拥有支配权的人。在此意义上，无论是物权说还是债权说，都是不完美的拟制措施。

与此相对，司法实践中自发形成的"特定化"进路是一种值得肯定的做法。这种做法认为，一般情况下可以根据银行账户名称来判断银行存款资金的归属，户主即资金的权利人。但是，在资金可以被特定化的特殊情况下，例如准备金等存放于特定专用账户中的货币，或者他人的错误汇款尚未与账户户主的资金混同的，银行账户中的资金并不一定归属于银行账户名称的所有人。特定化成为影响银行存款归属的一个重要因素，因为存款被特定下来，使得该特定存款可以区分于其他存款。这些银行存款由于当事人的约定和法律的规定等种种原因被特定下来，使得其在法院强制执行之中不能同普通银行存款一样被随意扣划。

四、参考意见

在本案的裁判要旨中，最高人民法院的两点分析值得关注：

1. 明确采用了特定化进路："涉案款项虽因误转进入被执行人 Y 账户，但因该账户已被榆林中院冻结，在款项进入冻结账户后即被榆林中院扣划至其执行账户，故该款项事实上并未被被执行人 Y 占有、控制或支配，且因账户冻结及被划至执行账户使其得以与其他款项相区别，已属特定化款项。"根据这段叙述，涉案款项构成特定化款项的理由有几个：一是款项进入 Y 账户时，该账户已被查封，导致涉案款项因查封而与账户中原有的金钱产生了隔绝，未被被执行人 Y 支配，二是涉案款项在进入 Y 账户之后，旋即被划至法院的执行账户，因而与其他款项相区别。从这两点可以看出，最高人民法院认为，错误打款的案外人金博公司是否仍然对涉案款项拥有权利，关键在于被执行人 Y 有没有获得对涉案款项的支配权。这印证了我们在法律分析中提出的观点，即账户内资金的支配权人原则上属于账户户主，而非存入资金的人或者银行。在此基础上，最高人民法院进一步推论，资金的特定化仅指与账户户主其他资金的隔离，并不一定需要以"专户"的形式进行特殊保管。因此，虽然涉案款项被划至法院的执行账户后，可能与账户内的其他执行款项发生混同，但其仍然具有"特定化"款项的性质。

2. 在承认"占有即所有"原则的基础上，大幅限定了其使用范围："虽然货币属特殊种类物，在一般情况下适用'占有即所有'原则，但本案中案外人金博公司向被执行人 Y 误转 424 万余元，系通过银行账户转账实现，并非以交付作为'物'的货币实现，被执行人 Y 事实上并未从案外人金博公司处获得与涉案款项 424 万余元相等价的货币。"如前所述，最高人民法院在本案中明确采用了特定化进路，但为了照顾实践中根深蒂固的"占有即所有"原则，必须对其有所回应。对此，判例的采取的思路是：一方面，承认"占有即所有"原则；另一方面，将其限制于以交付作为"物"的货币来实现的情形。考虑到现实生活中以转账方式存入资金是原则情形，而以现金方式存入资金是例外情形，最高人民法院的这种说理变相地实现了原则与例外的逆转。

拓展案例

案例一：案外人 Z 与申请执行人 X 等案外人异议纠纷案[1]

一、基本案情

（一）案情概要

被执行人 Y 与申请执行人 X 于 2011 年 12 月 6 日签订了借款合同，借款金额 8000 万元，借款日期为 2011 年 12 月 6 日，还款日期为 2011 年 12 月 7 日。由于被执行人 Y 在借款合同约定的还款日期未还款，2012 年 5 月，申请执行人 X 以被执行人 Y 作为被告向廊坊市中级人民法院（以下简称廊坊中院）提起诉讼，同时申请了财产保全。2012 年 5 月 28 日，廊坊中院作出裁定，冻结了被执行人 Y 在案外人 Z 处开立的保证金账户中的 8000 万元。

2011 年 12 月 6 日，被执行人 Y 与案外人 Z（甲银行）签订了汇票承兑合同，被执行人 Y 将 8000 万元存入案外人 Z 的账户。同日，案外人 Z 将 8000 万元转至汇票承兑合同指定的保证金账户。同日，案外人 Z 在被执行人 Y 作为出票人，收款人为案外人 A，付款行为人为案外人 Z，金额为 1000 万元，出票日期为 2011 年 12 月 6 日，汇票到期日为 2012 年 6 月 6 日的 8 张银行承兑汇票正面"本汇票已经承兑，到期日由本行付款"处加盖了汇票专用章后，将汇票后交付出票人被执行人 Y，但未填写承兑日期。2012 年 5 月 23 日，案外人 C（乙银行）以委托收款形式对 6 张银行承兑汇票进行收款。2012 年 5 月 25 日，案外人 D（丙银行）对 2 张银行承兑汇票进行收款。2012 年 6 月 6 日，案外人 Z（甲银行）依据汇票承兑合同的约定向 8 张银行承兑汇票的持票人足额兑付，总计金额 8000 万元。同日，案外人 Z 将 8000 万元转为承兑逾期垫款。

2013 年 9 月 25 日，案外人 Z 向廊坊中院提出书面异议，要求纠正错误的冻结行为，解除对银行保证金存款 4000 万元的查封。廊坊中院认为，原审法院于 2012 年 5 月 28 日冻结了被执行人 Y 在案外人 Z 保证金账户中的存款，案外人 Z 于 2012 年 6 月 6 日对汇票进行了兑付，法院冻结保证金账户存款的时间早于案

---

[1] 再审：最高人民法院（2015）民提字第 174 号；二审：河北省高级人民法院（2014）冀民二终字第 31 号。

外人 Z 对汇票进行承兑和付款时间。最高人民法院、中国人民银行《关于依法规范人民法院执行和金融机构协助执行的通知》第 9 条规定："人民法院依法可以对银行承兑汇票保证金采取冻结措施，但不得扣划。如果金融机构已对汇票承兑或者已对外付款，根据金融机构的申请，人民法院应当解除对银行承兑汇票保证金相应部分的冻结措施。银行承兑汇票保证金已丧失保证金功能时，人民法院可以依法采取扣划措施。"本案中，在法院已经采取冻结措施的情况下，案外人 Z 不考虑此款项交易存在的风险，无视法院的冻结措施，仍对外继续承兑，继续付款，且案外人案外人 Z 在本案中未考虑可能涉及虚假交易合同及出票存在的问题，故案外人 Z 请求法院解除冻结 4000 万元的请求，原审法院不予支持。案外人 Z 执行异议被驳回后，向廊坊中院提起了案外人异议之诉。

（二）裁判要旨

《物权法》第 210 条规定："设立质权，当事人应当采取书面形式订立质权合同。质权合同一般包括下列条款：①被担保债权的种类和数额；②债务人履行债务的期限；③质押财产的名称、数量、质量、状况；④担保的范围；⑤质押财产给付的时间。"第 212 条规定："质权自出质人交付质押财产时设立。"《担保法解释》第 85 条规定："债务人或者第三人将其金钱以特户、封金、保证金等形式特定化后，移交债权人占有作为债权的担保，债务人不履行债务时，债权人可以以该金钱优先受偿。"根据上述法律及司法解释的规定，金钱作为一种特殊的动产，具备一定形式要件后，可以用于质押。具体到本案，案外人 Z 对涉案 4000 万元是否享有质权，应当从案外人 Z 与被执行人 Y 之间是否存在质押合同关系以及质权是否有效设立两个方面进行审查。

《物权法》第 170 条规定，担保物权人在债务人不履行到期债务或者发生当事人约定的实现担保物权的情形，依法享有就担保财产优先受偿的权利；第 208 条规定，为担保债务的履行，债务人或者第三人将其动产出质给债权人占有的，债务人不履行到期债务或者发生当事人约定的实现质权的情形，债权人有权就该动产优先受偿。因此，案外人 Z 在履行涉案承兑汇票付款义务后，对被执行人 Y 享有垫款之债权，也即《汇票承兑合同》约定的担保之债权已经发生，为实现该债权，案外人 Z 有权就 4000 万元保证金主张优先受偿。但本案的特殊之处在于，在申请执行人 X 与被执行人 Y 的借款合同纠纷中，法院判决申请执行人 X 对被执行人 Y 享有 4000 万元本金及相应利息的债权，在该案执行中，该 4000 万元作为被执行人 Y 的资金已被廊坊中院予以冻结，因此出现了在同一执行标的即涉案 4000 万元保证金之上，案外人 Z 主张质权而申请执行人 X 主张债权的冲突问题。案外人 Z 享有的质权能否排除申请执行人 X 借款合同纠纷一案的强制执行，是本案需要解决的终极问题，而该问题取决于物权与债权的关系如何。

从权利属性和分类上来讲，案外人 Z 对被执行人 Y 享有的质权属于担保物权，因此该权利具备物权的基本特征和法律效力。《物权法》第 2 条第 3 款明确规定，"本法所称物权，是指权利人依法对特定的物享有直接支配和排他的权利"，据此，物权相较之债权而言具有优先性，此即意味着当同一标的物之上同时存在债权人主张债权与物权人主张物权相冲突时，物权优先于债权实现。具体到本案，案外人 Z 对涉案 4000 万元保证金享有担保物权，而申请执行人 X 作为被执行人 Y 的普通债权人对被执行人 Y 存款享有的仅是一般债权，两种权利虽都是当事人的合法民事权利，但二者相比较，案外人 Z 享有的物权应当优先于申请执行人 X 的普通债权得以实现。因此可以得出结论，案外人 Z 对执行标的即 4000 万元保证金享有的质权足以排除申请执行人 X 与被执行人 Y 借款案的强制执行。案外人 Z 的再审主张有事实及法律依据，本院予以支持。原审法院认定案外人 Z 对 4000 万元保证金不享有优先受偿权，适用法律错误，本院予以纠正。

另外，申请执行人 X 还提出，案外人 Z 在票据付款过程中亦存在过错，在廊坊中院对涉案保证金采取冻结措施后，案外人 Z 不应再进行付款。但从本案事实看，案外人 Z 在出票的同时已经在汇票正面"本汇票已经承兑，到期日由本行付款"处加盖了汇票专用章，即进行了承兑。案外人 Z 一经承兑，则负有汇票到期无条件交付票款的责任，且已经实际履行该付款责任。根据最高人民法院、中国人民银行《关于依法规范人民法院执行和金融机构协助执行的通知》第 9 条关于"人民法院依法可以对银行承兑汇票保证金采取冻结措施，但不得扣划。如果金融机构已对汇票承兑或者已对外付款，根据金融机构的申请，人民法院应当解除对银行承兑汇票保证金相应部分的冻结措施；银行承兑汇票保证金丧失保证功能时，人民法院可以依法采取扣划措施"的规定，廊坊中院虽然于 2012 年 5 月 28 日对涉案保证金进行了冻结，但该冻结措施发生于案外人 Z 承兑之后，而在被执行人 Y 未在汇票到期日前将汇票金额足额交存的情况下，案外人 Z 已经实际履行了付款责任，与被执行人 Y

形成垫付款的债权债务关系，此时涉案 4000 万元保证金并未丧失保证功能。因此，案外人 Z 有权对廊坊中院采取的冻结措施提出异议，该院应当解除对保证金相应部分的冻结措施。原审法院关于案外人 Z 在人民法院冻结 4000 万元保证金之后未要求被执行人 Y 在汇票到期日之前将汇票金额存入指定账户，而是进行了兑付，存在明显过错，案外人 Z 应对其损失自负的认定，无法律依据，本院予以纠正。

二、法律问题

1. 最高人民法院在裁判理由的主论述中，没有提及债权"特定化"的逻辑进路，而是将论述的重点置于质权与普通债权的优劣，得出了"物权优于债权"的结论。请思考，这种逻辑进路是否合理？

2. 最高人民法院在裁判理论的补充论述中，提出了对抗要件的内容。即"廊坊中院虽然于 2012 年 5 月 28 日对涉案保证金进行了冻结，但该冻结措施发生于案外人 Z 承兑之后"。请思考，在承兑汇票的场景下，付款人何时具备对抗要件？

三、重点提示

在本案中，需要特别注意以下若干个重要的时点。①冻结的时点：2012 年 5 月 28 日，廊坊中院对涉案保证金进行了冻结。②承兑的时点：2011 年 12 月 6 日，案外人 Z（甲银行）对涉案票据进行了承兑。③兑付的时点：2012 年 6 月 6 日，案外人 Z（甲银行）依据汇票承兑合同的约定向 8 张银行承兑汇票的持票人足额对付，总计金额 8000 万元。

案例二：案外人 Z 与申请执行人 X 等案外人异议纠纷案[1]

一、基本案情

（一）案件概要

2013 年 6 月 18 日，案外人 Z 与案外人 A（甲银行）签订《借款合同》，

---

〔1〕 再审：最高人民法院（2015）民二终字第 277 号；二审：青海省高级人民法院（2015）青民一初字第 22 号。

约定案外人 Z 从案外人 A 处借款 7000 万元，用于中小企业、个体工商户小额贷款业务，借款期限为 1 年（该笔借款已按期清偿）。同日，被执行人 Y 作为保证人与案外人 A 签订了一份《保证合同》，为案外人 Z 前述《借款合同》项下的 5500 万元借款本金及利息等提供连带责任保证。根据该《保证合同》第 7 条第 10 项关于"保证人如为融资性担保机构的，应在贷款人处开立保证金账户，并存入主债权×10% 的保证金。当借款人不能按照借款合同约定的时间将贷款本息及时足额归还时，贷款人可直接从保证金账户扣收资金"的约定，被执行人 Y 应向在案外人 A 处开立的保证金账户内存入 550 万元保证金。

但是，被执行人 Y 没有以其自有资金向案外人 A（甲银行）支付的保证金。2013 年 6 月 19 日，案外人 Z（借款人）向被执行人 Y（保证人）转款 550 万元，被执行人 Y 又将该资金转入其在案外人 A 开立的保证金账户（以下简称涉案保证金）。被执行人 Y 向案外人 Z 出具了 550 万元的保证金收据。

2013 年 10 月 25 日，经申请执行人 X 申请诉前财产保全，青海省高级人民法院（以下简称青海高院）作出民事裁定，冻结了被执行人 Y 在案外人 A 开立的保证金账户内的存款 1200 万元，其中包括涉案保证金。2014 年 4 月 4 日，青海高院对申请执行人 X 与被执行人 Y 借款合同纠纷案作出民事判决，判决发生法律效力后，经申请执行人 X 申请进入执行程序。案外人 Z 得知法院强制执行被执行人 Y 的保证金后提出案外人执行异议，青海高院经审查裁定驳回了案外人 Z 的异议，并划拨了该保证金账户的资金。

2014 年 6 月 18 日，上述借款期限届满，案外人 Z 分别于 2014 年 6 月 12 日向案外人 A 归还贷款 4000 万元、同年 6 月 18 日归还 2466 万元、550 万元及 184 万元，合计偿还贷款本息 7200 万元，双方有关合同约定的借款义务已全部履行。

（二）裁判要旨

本案系申请执行人 X 申请执行被执行人 Y 一案中，因案外人 Z 对一审法院冻结的被执行人 Y 账户中的 550 万元主张所有权所引起的纠纷。本案二审争议焦点是：①案外人 Z 对法院冻结的涉案保证金账户中的 550 万元是否享有所有权；②案外人 Z 对法院冻结的涉案保证金账户中的 550 万元是否享有足以排除强制执行的民事权益。

关于案外人 Z 对法院冻结的涉案保证金账户中 550 万元是否享有所有权。

1. 《合同法》第 396 条规定："委托合同是委托人和受托人约定，由受托人处理委托人事务的合同。"第 399 条规定："受托人应当按照委托人的指示处理委托事务。"涉案《保证合同》载明："保证人如为融资性担保机构的，应在贷款人处开立保证金账户，并存入主债权×10% 的保证金。当借款人不能按照借款合同约定的时间将贷款本息及时足额归还时，贷款人可直接从保证金账户扣收资金。"可见，被执行人 Y 作为担保人，在案外人 A 处开立保证金账户，并存入 550 万元作为保证金是基于该合同的约定，并非是案外人 Z 委托的事务，交纳保证金不属于案外人 Z 的义务。

2. 《执行异议和复议规定》第 25 条规定："对案外人的异议，人民法院应当按照下列标准判断其是否系权利人：③银行存款和存管在金融机构的有价证券，按照金融机构和登记结算机构登记的账户名称判断……"因我国实行储蓄实名制，且金钱属于特殊动产，在案外人 Z 将 550 万元转入被执行人 Y 账户后，所有权也随之转移至该公司，被执行人 Y 成为该 550 万元的所有权人，案外人 Z 无权支配该账户中的资金。

3. 《担保法解释》第 85 条规定："债务人或者第三人将其金钱以特户、封金、保证金等形式特定化后，移交债权人占有作为债权的担保，在债务人不履行债务时，债权人可以以该金钱优先受偿。"涉案 550 万元的保证金账户名称虽然不是案外人 A，但 550 万元已经存入被执行人 Y 在该行开立的保证金账户中，在债务人不履行债务时，案外人 A 可以以该金钱优先受偿，其作为债权人取得了涉案保证金的控制权，此种控制权移交符合出质金钱移交债权人占有的要求。也即被执行人 Y 与案外人 A 根据订立的《保证合同》，已就涉案保证金账户内的资金设立了金钱质押，而质权人或出质人并非案外人 Z，案外人 Z 主张其对该资金享有所有权缺乏依据。

4. 案外人 Z 为实现借款的交易目的，将其自有资金 550 万元汇入被执行人 Y 的账户，被执行人 Y 将该资金转入其在案外人 A 开立的保证金账户中，案外人 Z 支付该笔资金后，即与被执行人 Y 之间形成了债权债务关系，一审法院认定双方为借款关系是否正确，不影响金钱的所有权转移的性质。

综上，案外人 Z 关于其对法院冻结的涉案保证金账户中 550 万元享有所有权的主张因缺乏事实和法律依据，本院不予支持。

关于案外人 Z 对法院冻结的涉案保证金账户中的 550 万元是否享有足以排除强制执行的民事权益。

在案外人 Z 对案外人 A 的借款履行期未到期时，因申请执行人 X 与被执行人 Y 借款合同纠纷一案，申请执行人 X 向一审法院申请强制执行，一审法院冻结了涉案账户中的资金，其中涉及讼争 550 万元。在借款履行期限届满时，案外人 Z 秉承诚信原则，分期归还了借款本息，使其与案外人 A 的债权债务关系消灭，案外人 A 与被执行人 Y 设定的质押权也消灭，涉案账户中 550 万元不再具有作为质物的法律效力。因案外人 Z 对该账户中的 550 万元并不享有所有权，其对被执行人 Y 享有的金钱债权请求权不能排除申请执行人 X 对被执行人 Y 的另一个金钱债权的实现，其不享有足以排除强制执行的民事权益，故本院难以支持案外人 Z 的主张。

二、法律问题

存入账户内的资金在原则上由账户户主享有支配权，例外情形下可能由实际存入金钱的其他人享有支配权。本案中，存在两次向账户内存入资金的行为。即案外人 Z 首先向被执行人 Y 转款 550 万元，随后被执行人 Y 又将该笔资金全额转入其在案外人 A（银行）开立的保证金账户。案外人 Z 是在哪一个阶段失去了对涉案款项的支配权？假设如案外人 Z 所述，其与被执行人 Y 之间存在委托关系，即被执行人 Y 是受案外人 Z 的委托向案外人 A（银行）开设的保证金账户存入资金的，是否影响最终的结论？

三、重点提示

账户户主原则上对账户内资金享有所有权的结论，除了能够在大多数情况下保护真正的权利人之外，还具有对第三方公示的效果。如果放任仅凭双方当事人的私下约定决定账户内资金的支配权的话，很可能被恶意的当事人作为侵害第三人的手段。本案中，案外人 Z 主张与被执行人 Y 之间存在委托关系，即属于此。假设如案外人 Z 所述，被执行人 Y 是受到案外人 Z 的委托向案外人 A（银行）开设的保证金账户存入资金的，虽然在案外人 Z 与被执行人 Y 之间，被执行人 Y 仍然对涉案款项拥有支配权，但被执行人 Y 的支配权不得对抗第三人，即站在第三方的角度，账户户主拥有账户内资金的所有权。

拓展资料

第十三章专题一　案例裁判文书　　　　　　第十三章专题二　案例裁判文书

图书在版编目（ＣＩＰ）数据

民事诉讼法学案例研究指导/王娣主编. —北京：中国政法大学出版社，2019.5
ISBN 978-7-5620-8995-7

Ⅰ.①民… Ⅱ.①王… Ⅲ.①民事诉讼法-法的理论-研究-中国 Ⅳ.①D925.101

中国版本图书馆CIP数据核字(2019)第081807号

出 版 者	中国政法大学出版社
地　　址	北京市海淀区西土城路 25 号
邮　　箱	fadapress@163.com
网　　址	http://www.cuplpress.com （网络实名：中国政法大学出版社）
电　　话	010-58908435(第一编辑部) 58908334(邮购部)
承　　印	北京中科印刷有限公司
开　　本	720mm×960mm　1/16
印　　张	28
字　　数	459 千字
版　　次	2019 年 5 月第 1 版
印　　次	2019 年 5 月第 1 次印刷
印　　数	1～5000 册
定　　价	65.00 元